2009第二次全国R&D资源清查资料汇编

工业企业卷

中华人民共和国国家统计局
第二次全国R&D资源清查领导小组办公室

R&D 2009

中国统计出版社
China Statistics Press

（京）新登字 041 号

图书在版编目（CIP）数据

2009 第二次全国 R&D 资源清查资料汇编. 工业企业卷 / 国家统计局，第二次全国 R&D 资源清查领导小组办公室编. -- 北京：中国统计出版社，2011.4
ISBN 978-7-5037-6207-9

Ⅰ. ①2… Ⅱ. ①国… ②第… Ⅲ. ①工业企业 - 科学研究事业 - 资料 - 汇编 - 中国 - 2009 Ⅳ. ①F425

中国版本图书馆 CIP 数据核字(2011)第 046533 号

2009 第二次全国 R&D 资源清查资料汇编——工业企业卷

作　者/国家统计局　第二次全国 R&D 资源清查领导小组办公室　编
责任编辑/徐　涛　骞金昌
装帧设计/杨　超
出版发行/中国统计出版社
通信地址/北京市西城区月坛南街 57 号　邮政编码/100826
办公地址/北京市丰台区西三环南路甲 6 号
电　话/邮购（010）63376907　书店（010）68783172
印　刷/河北天普润印刷厂
经　销/新华书店
开　本/880 × 1230mm　1/16
印　张/42.75
字　数/1368 千字
版　别/2011 年 5 月第 1 版
版　次/2011 年 5 月第 1 次印刷
书　号/ISBN 978-7-5037-6207-9/F.3011
定　价/380.00 元

《2009第二次全国R&D资源清查资料汇编——工业企业卷》

编者说明

为全面掌握我国研究与试验发展（以下简称 R&D）活动情况，更好地适应新形势下宏观管理的需求，经国务院批准，国家统计局、科技部、国家发展改革委、教育部、财政部、国防科工局于2009年联合开展了第二次全国 R&D 资源清查。本资料汇编是根据第二次全国 R&D 资源清查结果编辑整理的有关工业企业 R&D 活动及相关情况数据资料，是此次清查系列资料之一。

本资料汇编的范围为年主营业务收入在500万元及以上的工业企业，内容包括工业企业的基本情况、R&D 人员情况、R&D 经费情况、R&D 项目情况、企业办研发机构情况、新产品开发和生产情况、专利情况、政府相关政策落实情况、技术获取和技术改造情况等。

本资料汇编内容丰富翔实，可为有关管理部门制定科技政策和工业科技发展规划，以及科研人员和企业经营管理者研究我国工业科技问题提供参考，同时也是社会公众全面了解我国工业企业科技实力和科技进步状况的重要窗口。

本资料汇编因小数取舍而产生的误差均未作配平调整；各表中的“空格”表示该项统计指标数据不足本表最小单位数或无该项数据；“#”表示其中主要项。地区分组中，东部地区包括北京、天津、河北、辽宁、上海、江苏、浙江、福建、山东、广东和海南；中部地区包括山西、吉林、黑龙江、安徽、江西、河南、湖北和湖南；西部地区包括内蒙古、广西、重庆、四川、贵州、云南、西藏、陕西、甘肃、青海、宁夏和新疆。

目　录

一、综合

二、企业基本情况

三、R&D 人员情况

四、R&D 经费情况

R&D 经费内部支出情况

五、R&D 项目情况

全部 R&D 项目情况

限额以上 R&D 项目情况

六、企业办研发机构情况

七、新产品开发和生产情况

八、专利情况

九、政府相关政策落实情况

十、技术获取和技术改造情况

附录　主要统计指标解释

一、综　合

1-1 按企业规模分工业企业R&D及相关活动情况

指 标	单位	合计	大型	中型	小型
一、企业基本情况					
企业数	个	429378	3231	37561	388586
#有R&D活动的企业	个	36387	1997	10437	23953
#有研发机构的企业	个	25391	1942	9799	13650
年末从业人员数	人	87420647	20202212	27421932	39796503
主营业务收入	万元	5454850211	1783820078	1559589398	2111440736
二、R&D人员情况					
R&D人员	人	1914274	853691	665300	395283
#女性	人	402071	181289	145852	74930
R&D人员全时当量	人年	1446826	664597	494661	287568
三、R&D经费情况					
R&D经费内部支出	万元	37757113	20110436	11991863	5654814
#日常性支出	万元	33085661	17856051	10362062	4867548
资产性支出	万元	4671452	2254385	1629802	787265
#政府资金	万元	1600403	828815	538933	232655
企业资金	万元	35382682	18961096	11138764	5282822
R&D经费外部支出	万元	2762873	1728596	769344	264933
四、R&D项目情况					
项目数	项	194400	63102	70750	60548
参加项目人员	人	1524374	676530	529170	318674
项目经费	万元	31858656	16872020	10092009	4894627
五、企业办研发机构情况					
机构数	个	29879	3522	11695	14662
机构人员数	人	1549790	684271	595380	270139
#博士和硕士	人	182434	97439	53662	31333
机构经费支出	万元	29836233	16443424	9807181	3585627
仪器和设备原价	万元	24914711	12775247	9126951	3012513
六、新产品开发和生产情况					
新产品开发项目数	项	237754	67438	85332	84984
新产品开发经费支出	万元	44819855	22238556	14307575	8273724
新产品销售收入	万元	658382082	394718390	185062156	78601536
#新产品出口	万元	115725306	72063401	34723797	8938108
七、自主知识产权及相关情况					
专利申请数	件	265808	81187	85575	99046
#发明专利	件	92450	37546	25465	29439
有效发明专利数	件	118245	44492	37100	36653
专利所有权转让及许可数	件	304567	2977	70545	231045
专利所有权转让及许可收入	万元	672835	404202	104042	164592
拥有注册商标数	件	271163	64970	66956	139237
形成国家或行业标准数	项	21143	6003	7851	7289
八、政府相关政策落实情况					
使用来自政府部门的科技活动资金	万元	2589494	1294018	831924	463553
研究开发费用加计扣除减免税	万元	1850606	940005	564395	346206
高新技术企业减免税	万元	3082755	1485429	1119779	477547
九、技术获取和技术改造情况					
引进国外技术经费支出	万元	4221705	2894420	1051710	275575
引进技术消化吸收经费支出	万元	1819883	1289903	348561	181418
购买国内技术经费支出	万元	2033590	1216715	530506	286369
技术改造经费支出	万元	43446823	26489488	10224024	6733311

1-2 按登记注册类型分工业

指　　标	单位	内资企业	国有企业	集体企业	股份合作企业
一、企业基本情况					
企业数	个	355011	8860	10187	5010
#有R&D活动的企业	个	28155	1251	298	357
#有研发机构的企业	个	19449	940	174	203
年末从业人员数	人	63080297	6647284	1955884	663193
主营业务收入	万元	3948815243	523137551	95326146	36041385
二、R&D人员情况					
R&D人员	人	1431061	174768	14360	9902
#女性	人	300660	38827	3134	1994
R&D人员全时当量	人年	1069706	126315	10896	6349
三、R&D经费情况					
R&D经费内部支出	万元	27789291	3309867	474829	149092
#日常性支出	万元	24162482	2890937	435895	126996
资产性支出	万元	3626809	418930	38934	22096
#政府资金	万元	1388827	149813	9068	5396
企业资金	万元	25982953	3072887	461669	140604
R&D经费外部支出	万元	1986088	305621	43568	13096
四、R&D项目情况					
项目数	项	149817	17865	2220	1315
参加项目人员	人	1135270	131304	12035	7669
项目经费	万元	23059762	2476726	419430	124698
五、企业办研发机构情况					
机构数	个	23008	1311	208	229
机构人员数	人	1141352	117884	10230	6686
#博士和硕士	人	142251	13431	872	610
机构经费支出	万元	21080016	2132986	270876	134771
仪器和设备原价	万元	17860444	1754593	120589	91939
六、新产品开发和生产情况					
新产品开发项目数	项	181305	18682	1878	1576
新产品开发经费支出	万元	32354329	3679200	392690	187256
新产品销售收入	万元	424544508	68218798	8634218	1668132
#新产品出口	万元	50420262	2952079	1428190	216378
七、自主知识产权及相关情况					
专利申请数	件	197803	13086	1815	1140
#发明专利	件	69235	4747	811	341
有效发明专利数	件	89101	6478	700	415
专利所有权转让及许可数	件	234331	257	178	146
专利所有权转让及许可收入	万元	270380	22224	4870	38
拥有注册商标数	件	207062	13084	1061	718
形成国家或行业标准数	项	17930	1497	813	197
八、政府相关政策落实情况					
使用来自政府部门的科技活动资金	万元	2246997	239360	14369	8704
研究开发费用加计扣除减免税	万元	1459667	200340	3764	3672
高新技术企业减免税	万元	1690656	99547	13340	8795
九、技术获取和技术改造情况					
引进国外技术经费支出	万元	2233966	304685	5720	4812
引进技术消化吸收经费支出	万元	1360486	137355	6144	9495
购买国内技术经费支出	万元	1748076	281845	16169	17265
技术改造经费支出	万元	38638926	8423122	208152	208028

企业R&D及相关活动情况

联营企业	有限责任公司	#国有独资公司	股份有限公司	私营企业	其他内资企业	港澳台商投资企业	外商投资企业
745	64870	1397	9301	253366	2672	33865	40502
53	7683	486	2230	16153	130	3525	4707
30	5708	431	1994	10304	96	2612	3330
175226	18254424	3220891	5597060	29301473	485753	11313008	13027342
11800148	1194885168	210087509	493864622	1572074870	21685354	513607874	992427094
3308	580102	140510	285987	356350	6284	198824	284389
839	122171	28883	63165	68949	1581	40414	60997
2252	437794	103800	225162	257574	3364	148707	228413
80301	12036359	3135762	5793450	5829145	116250	3645268	6322554
75733	10461919	2708432	5118134	4960320	92548	3222800	5700379
4568	1574440	427329	675316	868825	23702	422468	622175
1213	742111	188809	282587	196594	2045	95338	116238
78455	11141022	2917744	5435155	5541557	111604	3465348	5934380
6802	870462	241548	463154	280027	3358	234851	541934
217	60029	12130	25186	42378	607	18199	26384
2718	459855	107919	227154	289185	5350	161926	227178
52239	9890728	2642889	4951892	5055954	88095	3170111	5628783
35	7080	693	2759	11279	107	2992	3879
3466	453617	90130	261186	283713	4570	172637	235801
447	57470	8212	44072	25041	308	14445	25738
17356	9075152	1838723	5436836	3957350	54689	2913163	5843054
45969	7914193	2442612	4482748	3392859	57554	2315172	4739095
253	70812	13232	29998	57464	642	22261	34188
74906	13468323	3323662	6949051	7475123	127779	4451524	8014002
1455443	159597112	40013108	92897884	90470431	1602490	64270926	169566648
57797	21375157	4343078	11221802	13034134	134727	24009861	41295184
173	58072	6961	39402	83153	962	29741	38264
35	22608	2227	18961	21493	239	8318	14897
51	33612	2981	20985	26528	332	11179	17965
2	44048	217	968	188673	59	68650	1586
	111977	65227	13054	115217	3000	10554	391902
365	43502	7782	31654	115920	758	41771	22330
9	6334	1197	3519	5414	147	1403	1810
2604	1165755	322336	456872	356025	3306	144881	197616
1449	596828	190276	300921	335216	17476	123529	267410
1250	593509	77076	614606	353875	5734	397205	994894
2000	927738	307948	767201	216642	5168	298595	1689144
7844	780699	289012	245089	168468	5393	97717	361679
11274	586859	244001	525233	301661	7770	118275	167239
172635	15551415	5868991	7160017	6848990	66567	1803698	3004199

1-3 按行业分工业

指标	单位	采矿业	制造业	
				农副食品加工业
一、企业基本情况				
企业数	个	19521	400677	24374
#有R&D活动的企业	个	411	35642	1029
#有研发机构的企业	个	308	24875	891
年末从业人员数	人	7777031	76218173	3258645
主营业务收入	万元	341277046	4723345796	275993187
二、R&D人员情况				
R&D人员	人	110837	1777395	24772
#女性	人	18857	378004	5873
R&D人员全时当量	人年	75624	1355658	17920
三、R&D经费情况				
R&D经费内部支出	万元	1702767	35712795	527522
#日常性支出	万元	1482743	31312949	447974
资产性支出	万元	220023	4399846	79548
#政府资金	万元	38750	1554995	16910
企业资金	万元	1643349	33406143	491748
R&D经费外部支出	万元	207967	2404436	26092
四、R&D项目情况				
项目数	项	7191	184631	2686
参加项目人员	人	91652	1412115	19869
项目经费	万元	1276789	30355064	456122
五、企业办研发机构情况				
机构数	个	544	29094	1033
机构人员数	人	62304	1471480	27300
#博士和硕士	人	7827	171951	3453
机构经费支出	万元	1134883	28576160	448261
仪器和设备原价	万元	712407	23972602	545124
六、新产品开发和生产情况				
新产品开发项目数	项	3143	232346	3917
新产品开发经费支出	万元	778802	43722520	769113
新产品销售收入	万元	11336229	646373420	9726604
#新产品出口	万元	809276	114838012	761011
七、自主知识产权及相关情况				
专利申请数	件	2792	259826	3068
#发明专利	件	947	90560	1073
有效发明专利数	件	1887	115408	1384
专利所有权转让及许可数	件	43	304502	113
专利所有权转让及许可收入	万元	1904	670654	6163
拥有注册商标数	件	64232	206606	5333
形成国家或行业标准数	项	581	20480	539
八、政府相关政策落实情况				
使用来自政府部门的科技活动资金	万元	86133	2483618	46329
研究开发费用加计扣除减免税	万元	77211	1753353	8643
高新技术企业减免税	万元	5949	3056407	12639
九、技术获取和技术改造情况				
引进国外技术经费支出	万元	106661	4111159	20241
引进技术消化吸收经费支出	万元	147698	1643672	17572
购买国内技术经费支出	万元	66366	1934086	21932
技术改造经费支出	万元	2957753	37984790	710423

企业R&D及相关活动情况

食品制造业	饮料制造业	烟草制品业	纺织业	纺织服装、鞋、帽制造业	皮革、毛皮、羽毛(绒)及其制品业	木材加工及木、竹、藤、棕、草制品业	家具制造业
8654	5839	159	32094	18077	8429	10687	5492
679	482	48	1380	371	254	385	179
539	415	40	942	238	203	220	153
1611040	1183139	204961	6105572	4474616	2541074	1295048	972217
88683169	75815147	51568965	224307464	101975063	62166222	56256953	33367938
20976	22230	5238	53076	11620	7092	5794	4867
5689	5951	1259	19673	4817	2456	941	885
14555	16537	4193	37169	9098	5149	3620	3197
402799	449619	128580	811743	168772	98661	103504	69282
331678	358643	108609	670798	144255	88090	86945	59746
71121	90976	19971	140945	24517	10570	16559	9536
16676	12005	2602	18616	3979	1927	6634	298
382606	434123	119210	776040	158570	93296	95684	67625
13513	25434	54757	24446	9865	3313	2854	2398
2584	2893	1237	5645	944	1130	923	447
16299	18023	4302	44651	9610	5884	4785	3893
336895	358639	66651	697697	150138	86426	90350	58360
624	498	44	1085	292	215	257	172
17797	21491	2762	45515	14175	8210	4170	4345
2460	1603	607	2468	738	319	430	200
355679	534070	164364	648621	214014	114719	59538	51279
251546	476909	127700	681257	151529	88489	49521	44513
3240	3512	790	7547	1414	1954	1435	664
506479	585494	139429	1087500	258839	163494	134196	101103
5760295	5407713	7607132	17889720	5072699	3203870	2334952	1488788
641920	124007	38444	4079588	1323754	984816	324868	696305
3220	2397	666	8826	2351	1533	1758	2557
1292	547	245	1289	215	142	464	303
1341	697	173	1282	373	109	523	654
94	1714	7	759	468	7	50	24
1101	6933		1610	1019	20	1980	522
9749	12678	6795	4991	3632	23823	1617	1451
323	261	39	444	115	58	87	71
37473	22891	2982	31799	5998	3591	12836	1055
13278	6511	5680	18390	3027	3250	1120	4963
41968	7104	819	26083	839	4225	2160	17006
38939	36372	6633	73072	6429	4803	8695	1958
9020	8145	28758	73681	2903	2207	6201	1574
13767	20502	37589	47811	8310	4476	7959	1153
321590	712693	648610	861800	119726	59420	206025	40767

1-3

指　　标	单位	造纸及纸制品业	印刷业和记录媒介的复制	文教体育用品制造业	石油加工、炼焦及核燃料加工业
一、企业基本情况					
企业数	个	9797	6533	4700	2282
#有R&D活动的企业	个	355	217	252	174
#有研发机构的企业	个	263	149	204	133
年末从业人员数	人	1523250	805945	1217763	841342
主营业务收入	万元	80162476	28752313	25655258	213045970
二、R&D人员情况					
R&D人员	人	16575	7532	8480	14252
#女性	人	3649	1623	1772	3020
R&D人员全时当量	人年	11161	5179	6587	10208
三、R&D经费情况					
R&D经费内部支出	万元	368105	109723	107124	370907
#日常性支出	万元	312405	86977	94176	311987
资产性支出	万元	55700	22746	12948	58920
#政府资金	万元	14003	2111	3402	14043
企业资金	万元	349056	104990	100431	348444
R&D经费外部支出	万元	7086	2534	2762	37483
四、R&D项目情况					
项目数	项	1036	735	904	1342
参加项目人员	人	13335	6151	6971	10794
项目经费	万元	313478	87149	92965	274014
五、企业办研发机构情况					
机构数	个	293	181	235	175
机构人员数	人	14017	6277	8556	9678
#博士和硕士	人	977	407	432	1388
机构经费支出	万元	307506	88752	98412	254944
仪器和设备原价	万元	189573	129174	91387	267078
六、新产品开发和生产情况					
新产品开发项目数	项	1141	906	1492	1144
新产品开发经费支出	万元	373235	153319	168320	309601
新产品销售收入	万元	6320544	1706396	1504718	6501033
#新产品出口	万元	499316	175460	756302	66478
七、自主知识产权及相关情况					
专利申请数	件	1255	1486	4175	595
#发明专利	件	416	357	450	401
有效发明专利数	件	434	531	1085	949
专利所有权转让及许可数	件	63	25	136	6
专利所有权转让及许可收入	万元	1760	38	896	330
拥有注册商标数	件	1769	396	2819	676
形成国家或行业标准数	项	100	86	169	64
八、政府相关政策落实情况					
使用来自政府部门的科技活动资金	万元	24587	4914	4964	23216
研究开发费用加计扣除减免税	万元	5011	31919	2447	19178
高新技术企业减免税	万元	20827	16531	4423	5622
九、技术获取和技术改造情况					
引进国外技术经费支出	万元	230570	27163	4501	71692
引进技术消化吸收经费支出	万元	21318	4721	2190	22397
购买国内技术经费支出	万元	13047	10703	3532	33052
技术改造经费支出	万元	687058	195007	63765	2029026

续表 1

化学原料及化学制品制造业	医药制造业	化学纤维制造业	橡胶制品业	塑料制品业	非金属矿物制品业	黑色金属冶炼及压延加工业
28496	6761	1914	4657	19619	31987	7667
3475	2045	196	358	1017	1540	449
2526	1549	146	293	661	1090	326
4382730	1550717	414587	966210	2555080	5003567	3176998
362387935	90766880	37901610	46465590	106169758	240227168	438580624
136027	90222	13766	18215	26029	55029	89700
28134	32167	3149	3708	4597	9998	13478
102425	70111	10093	12204	19971	39873	62470
2663068	1345385	357555	404649	451757	815449	3117999
2335880	1143201	311880	347186	374221	692208	2673156
327188	202185	45674	57463	77536	123240	444843
91880	83101	8130	6315	8414	32346	31532
2490839	1231439	348646	392845	429249	764226	3054280
224591	199599	7751	10287	8380	28299	114966
14079	12698	910	2106	2671	4721	5640
108208	70586	11083	13973	21289	43395	68157
2298793	1120750	310348	349591	393392	694621	2609186
2960	1839	170	319	723	1233	436
109058	68211	12101	17221	25196	41382	51166
12230	11776	779	833	1705	3859	6196
2144015	1073194	321422	389438	361141	581306	1452091
1779759	1078964	430989	519289	520122	681166	963377
14718	14360	1040	3219	3647	5682	6087
2813021	1550581	465784	547957	618564	936820	3467141
36789229	15924583	7749054	6552184	6909031	11511430	48959029
4107027	1702401	554800	1800694	1250195	1804826	2800093
12081	8601	904	1703	6355	8789	5295
6925	5166	268	419	1695	3792	2005
7141	6017	421	670	2046	8633	2280
482	183466	85	63	278	230	143
32994	70459	214	3500	1364	5412	4855
17263	28516	548	2212	2285	5269	1885
1922	3480	76	220	303	769	292
172266	120969	13348	14390	17113	52924	59385
134087	104844	32546	16921	17861	32669	182357
188262	285911	21234	42658	34190	91708	46947
483457	56446	22443	34341	8566	37833	546593
139447	52051	9533	8725	6651	33395	311336
182701	99667	13007	20291	36987	67599	670967
3745340	830973	345362	282246	271745	1441826	10424841

1-3

指　标	单位	有色金属冶炼及压延加工业	金　属制品业	通用设备制 造 业	专用设备制 造 业
一、企业基本情况					
企业数	个	7974	24422	36999	18922
#有R&D活动的企业	个	807	1382	4082	3066
#有研发机构的企业	个	544	883	2701	2012
年末从业人员数	人	1761508	3201319	4797918	3020310
主营业务收入	万元	209875458	155956488	267879123	164111771
二、R&D人员情况					
R&D人员	人	47405	44330	161325	136626
#女性	人	7267	7685	29618	25652
R&D人员全时当量	人年	34044	32095	118165	106717
三、R&D经费情况					
R&D经费内部支出	万元	1150618	658571	2720500	2502059
#日常性支出	万元	976842	568322	2360185	2237296
资产性支出	万元	173776	90249	360315	264764
#政府资金	万元	48689	20102	115209	127736
企业资金	万元	1085003	629650	2564067	2322634
R&D经费外部支出	万元	82489	19505	146832	86153
四、R&D项目情况					
项目数	项	3606	4092	19764	16098
参加项目人员	人	38199	35372	127578	107946
项目经费	万元	976152	568510	2310486	2052925
五、企业办研发机构情况					
机构数	个	675	988	3059	2366
机构人员数	人	36305	34518	125606	110328
#博士和硕士	人	2981	2473	9695	12309
机构经费支出	万元	939315	461887	2102308	1889280
仪器和设备原价	万元	758996	487537	1670652	1222955
六、新产品开发和生产情况					
新产品开发项目数	项	3922	5712	25505	20774
新产品开发经费支出	万元	1163349	918384	3496364	3275247
新产品销售收入	万元	16466471	10095898	39998344	30665895
#新产品出口	万元	2798507	2149517	4522104	3096524
七、自主知识产权及相关情况					
专利申请数	件	4457	8849	23070	21629
#发明专利	件	1644	1899	5771	6294
有效发明专利数	件	2696	2873	8504	9004
专利所有权转让及许可数	件	236	347	1400	1189
专利所有权转让及许可收入	万元	3670	12626	18455	99066
拥有注册商标数	件	2120	5075	8891	7663
形成国家或行业标准数	项	732	811	1775	1697
八、政府相关政策落实情况					
使用来自政府部门的科技活动资金	万元	83896	34157	176929	204460
研究开发费用加计扣除减免税	万元	35120	28114	159075	202971
高新技术企业减免税	万元	67218	40583	317988	189466
九、技术获取和技术改造情况					
引进国外技术经费支出	万元	214503	34493	213122	95641
引进技术消化吸收经费支出	万元	140980	25150	108323	42240
购买国内技术经费支出	万元	87777	16698	90367	63370
技术改造经费支出	万元	2126908	521071	1941520	1753593

续表 2

交通运输设备制造业	电气机械及器材制造业	通信设备、计算机及其他电子设备制造业	仪器仪表及文化、办公用机械制造业	工艺品及其他制造业	电力、燃气及水的生产和供应业
19235	26298	14159	5656	7654	9180
2438	4053	3121	1460	322	334
1766	2761	2089	928	198	208
4920566	5266857	6614768	1109095	1341191	3425443
411995231	325066345	442477761	48678088	43853415	390227369.6
197976	194660	296136	54463	12647	26042
37509	38946	64359	10604	3465	5210
159716	142988	246800	43137	10043	15544
4902174	4003274	6011283	745507	141044	341551.7
4372238	3481429	5538250	667107	126511	289968.6
529936	521845	473033	78400	14534	51583.1
477948	110558	231603	42439	5516	6657.8
4317904	3812973	5627904	676245	131346	333190
643526	221907	354228	37908	5338	150468.7
19036	24443	23611	7248	1350	2578
153688	153566	240418	43562	10248	20607
4004199	3434423	5413544	621523	123172	226803.2
2110	3223	2554	1098	225	241
167586	165147	269441	43734	9999	16006
14607	13150	56925	6208	701	2656
3804248	3330336	5684818	590605	109810	125189.9
3838611	2521463	3771078	487872	144074	229701.4
24955	29680	32306	9674	1836	2265
6315052	4723470	7461815	1029939	180922	318532.4
150064104	69228923	109456919	9376391	2020166	672433.1
14702045	14173994	45831046	2322614	749312	78019.2
23969	36576	49225	10925	3449	3190
5185	9549	29385	2871	460	943
6440	14432	29498	4448	744	950
827	68914	42879	445	52	22
127083	18466	230267	11214	8640	277.6
14581	17643	12831	2817	1264	325
934	2898	1225	855	129	82
727633	179881	328026	65515	9253	19743.4
271808	146581	210140	47313	7532	20041.6
301212	533492	641922	83195	10173	20398.2
969812	257759	545668	56407	3009	3884.7
431424	87508	31993	12304	1895	28512.9
201204	76500	65801	13158	4011	33138
4096792	2204072	961189	292865	74308	2504281

1-4 各地区工业企业R&D

指　标	单位	北 京	天 津	河 北	山 西
一、企业基本情况					
企业数	个	6890	6875	12755	4022
#有R&D活动的企业	个	1114	620	532	262
#有研发机构的企业	个	549	413	465	220
年末从业人员数	人	1198942	1313406	3182814	2110992
主营业务收入	万元	119671665	132083307	241102276	91426609
二、R&D人员情况					
R&D人员	人	53086	41010	50333	40963
#女性	人	14092	9973	12971	8502
R&D人员全时当量	人年	41546	30074	36418	32703
三、R&D经费情况					
R&D经费内部支出	万元	1137030	1238392	933016	603934
#日常性支出	万元	1054791	1048434	750864	499753
资产性支出	万元	82240	189958	182152	104180
#政府资金	万元	134428	23756	16496	22770
企业资金	万元	964254	1173806	895239	577811
R&D经费外部支出	万元	152015	206522	43073	44606
四、R&D项目情况					
项目数	项	7494	7609	4445	2044
参加项目人员	人	41523	30969	39005	33487
项目经费	万元	831767	1035671	742588	500082
五、企业办研发机构情况					
机构数	个	670	560	573	261
机构人员数	人	34985	28886	40586	19297
#博士和硕士	人	7990	2991	4020	1951
机构经费支出	万元	643828	640375	644149	295849
仪器和设备原价	万元	365862	836409	669504	301652
六、新产品开发和生产情况					
新产品开发项目数	项	9100	8537	4943	2019
新产品开发经费支出	万元	1417379	1356563	870897	668441
新产品销售收入	万元	28314951	28262709	11634045	6296160
#新产品出口	万元	6729746	7731218	1997051	1222522
七、自主知识产权及相关情况					
专利申请数	件	7016	7162	3190	1798
#发明专利	件	3573	2782	1009	694
有效发明专利数	件	5168	3663	1539	856
专利所有权转让及许可数	件	187	271	73	74
专利所有权转让及许可收入	万元	15313	72296	1980	2142
拥有注册商标数	件	7409	1949	5092	1549
形成国家或行业标准数	项	325	374	406	406
八、政府相关政策落实情况					
使用来自政府部门的科技活动资金	万元	168198	47249	31327	52108
研究开发费用加计扣除减免税	万元	45197	41920	47251	92313
高新技术企业减免税	万元	223543	38727	55666	4863
九、技术获取和技术改造情况					
引进国外技术经费支出	万元	130545	206527	94558	56557
引进技术消化吸收经费支出	万元	13239	58028	207123	116530
购买国内技术经费支出	万元	18023	51724	49538	29508
技术改造经费支出	万元	1001329	1112896	1859674	1217882

及相关活动情况

内蒙古	辽 宁	吉 林	黑龙江	上 海	江 苏	浙 江
4464	23359	5936	4389	16905	60831	60479
191	897	194	302	1389	7278	7842
136	628	156	156	1147	4435	5347
1102502	3712370	1309230	1443581	2816452	10289063	7971112
104272469	278709155	96768787	77290936	253949780	719526640	409478435
16627	69192	18154	36422	79769	292015	184929
4735	16450	4179	7682	17016	59361	39620
12307	48112	14671	27658	67420	222625	150888
390612	1654323	329615	627240	2365150	5707105	3301031
325721	1476787	316248	569598	2088419	5277892	2852525
64892	177536	13367	57643	276731	429213	448506
8652	113544	14153	75844	74118	160722	93273
367599	1530148	307580	546518	2256899	5297733	3171989
10041	99119	18045	63863	239003	353494	210485
898	7472	1597	3968	9667	27454	22986
13591	52868	11570	25320	63686	233086	161701
312969	1185440	285663	495233	1961319	5125128	3082179
183	782	196	211	1322	5094	5692
13414	48104	13841	20942	79164	187533	187381
1546	5688	1803	2587	13559	17977	13078
278382	889049	338535	309080	2254292	3797592	3171508
154407	923039	336057	243761	2248649	2868582	2728436
1027	8760	2128	3628	13559	31985	32537
267573	2248810	374768	708150	2991877	6919176	4182500
3340301	25868782	28925805	5097624	54440825	85236348	63482974
448314	1949080	132032	229095	8497006	21284823	16119960
1050	6402	1433	1797	15472	40043	46402
495	2649	560	622	6246	11920	8692
422	3061	993	1618	9668	14156	11787
11	128	43	35	506	2488	1817
95	14938	2191	464	20516	287306	21165
2217	4518	3577	4423	7750	24715	28018
135	568	445	283	1031	3371	3097
15832	205110	32023	90378	126278	250784	136896
18887	54681	13491	22020	208602	219889	260106
11747	66606	15232	56409	232177	527176	283419
25464	280215	44723	69961	609478	325619	213677
36689	49353	6778	32530	294505	153930	99058
58569	195942	6159	21036	328769	191094	160832
1097138	2393828	639538	606354	1385137	5346210	3293638

1-4

指　标	单位	安　徽	福　建	江　西	山　东
一、企业基本情况					
企业数	个	13459	16822	7538	45511
#有R&D活动的企业	个	1084	1329	476	2311
#有研发机构的企业	个	1262	889	270	1876
年末从业人员数	人	2312105	3607300	1744914	9140521
主营业务收入	万元	127473095	164139434	99194077	720089861
二、R&D人员情况					
R&D人员	人	53976	59897	29583	178650
#女性	人	8015	12904	5085	39672
R&D人员全时当量	人年	37649	46433	19959	129892
三、R&D经费情况					
R&D经费内部支出	万元	907544	1144347	582649	4567136
#日常性支出	万元	748438	939240	506190	3888323
资产性支出	万元	159106	205107	76459	678814
#政府资金	万元	76553	39132	44590	128655
企业资金	万元	816320	1080100	519538	4370637
R&D经费外部支出	万元	84070	59548	49722	300528
四、R&D项目情况					
项目数	项	5233	5435	2799	18858
参加项目人员	人	43139	47510	21104	146333
项目经费	万元	744445	926586	499800	3818300
五、企业办研发机构情况					
机构数	个	1567	1028	331	2233
机构人员数	人	53872	49299	16392	161223
#博士和硕士	人	4968	3868	1464	16928
机构经费支出	万元	883485	957004	285123	3982566
仪器和设备原价	万元	692131	690168	261862	2840813
六、新产品开发和生产情况					
新产品开发项目数	项	8612	5839	2511	20838
新产品开发经费支出	万元	1442068	1382920	466584	4757571
新产品销售收入	万元	15333831	17674924	5094716	71919279
#新产品出口	万元	946978	6646201	690208	9396412
七、自主知识产权及相关情况					
专利申请数	件	8504	8075	1398	18441
#发明专利	件	2407	2251	500	5430
有效发明专利数	件	3496	2482	511	6507
专利所有权转让及许可数	件	376	289	70	1106
专利所有权转让及许可收入	万元	5831	1315	3826	33551
拥有注册商标数	件	4365	30557	2964	13413
形成国家或行业标准数	项	761	622	174	2823
八、政府相关政策落实情况					
使用来自政府部门的科技活动资金	万元	122522	67176	50010	188129
研究开发费用加计扣除减免税	万元	52317	34058	13329	121025
高新技术企业减免税	万元	102094	80543	20835	204069
九、技术获取和技术改造情况					
引进国外技术经费支出	万元	70280	181828	59153	487362
引进技术消化吸收经费支出	万元	97791	30325	38387	152535
购买国内技术经费支出	万元	74021	107901	23121	143384
技术改造经费支出	万元	1336033	907003	497568	2889379

续表 1

河 南	湖 北	湖 南	广 东	广 西	海 南
18510	14024	13307	52186	5586	490
1327	1133	1586	3583	414	53
1095	691	697	2601	309	37
4239268	2581152	2398973	14446633	1203038	118297
285416945	153455298	130742343	669779250	64488204	10088494
93537	69180	52036	299008	15782	1467
17795	15011	10110	54746	3344	360
69647	50425	38041	228907	12042	1046
1334943	1205733	1096144	5523733	324191	22616
1110159	1056319	964629	4963807	278331	19918
224784	149414	131514	559926	45860	2697
48854	53576	39047	176579	17376	530
1275479	1134924	1047786	5265568	306281	20683
82192	49912	57107	289936	24094	6222
6981	6104	5669	24888	2920	311
73387	55250	41484	238699	13386	1077
1179514	913304	880251	5016490	283298	20497
1369	789	832	3242	374	56
70120	42746	33811	271645	12870	1155
6309	5308	4481	49789	1089	105
919561	752483	553878	5113862	235475	13645
785031	707142	431777	3395278	156090	12123
7961	8109	6134	31126	3176	281
1508452	1612357	1333370	6294129	443277	27222
17710388	18116899	23187749	82955488	8223781	249246
1062642	1400684	1028461	24486893	249477	10756
7551	7899	7790	54922	1322	289
2096	2813	3786	27768	501	149
3388	3834	7864	27476	761	131
347	2112	37	69380	28	16
4796	125482	4811	21971	20	96
5620	4469	67339	29424	2371	715
407	614	327	1989	274	80
78010	88462	56703	253969	37695	2346
70518	57908	45159	165773	20061	1139
90623	54469	79190	810193	9081	3270
48131	115314	59119	721965	3099	1858
57820	20189	48627	88637	4135	4054
116768	23616	56153	107437	13977	1425
1906792	2761209	2397084	1876455	1799239	8078

1-4

指　标	单位	重　庆	四　川	贵　州	云　南
一、企业基本情况					
企业数	个	6412	12998	2512	3390
#有R&D活动的企业	个	549	843	143	212
#有研发机构的企业	个	383	681	143	213
年末从业人员数	人	1371893	3142452	743241	839905
主营业务收入	万元	66221990	172961383	32499234	49253903
二、R&D人员情况					
R&D人员	人	33065	58356	9517	12104
#女性	人	7352	12428	2465	2033
R&D人员全时当量	人年	23279	44370	7234	6790
三、R&D经费情况					
R&D经费内部支出	万元	564856	817664	187695	151147
#日常性支出	万元	458212	699039	171050	123947
资产性支出	万元	106644	118625	16645	27201
#政府资金	万元	30852	52988	16824	9706
企业资金	万元	526845	754344	166394	122142
R&D经费外部支出	万元	49926	70929	14255	36431
四、R&D项目情况					
项目数	项	3726	6974	1278	991
参加项目人员	人	24725	45179	7135	9486
项目经费	万元	455834	557021	155140	104554
五、企业办研发机构情况					
机构数	个	436	827	175	225
机构人员数	人	23618	60951	11053	9860
#博士和硕士	人	2080	5350	693	731
机构经费支出	万元	490020	1053459	202625	173819
仪器和设备原价	万元	939728	1053183	216199	139473
六、新产品开发和生产情况					
新产品开发项目数	项	4380	8762	1962	1244
新产品开发经费支出	万元	766572	1142995	258805	261718
新产品销售收入	万元	19029836	21846719	1891156	2739668
#新产品出口	万元	1029630	1300131	123877	190839
七、自主知识产权及相关情况					
专利申请数	件	5567	4979	1481	1049
#发明专利	件	1217	1650	653	421
有效发明专利数	件	1584	2456	781	807
专利所有权转让及许可数	件	112	224723	173	37
专利所有权转让及许可收入	万元	1312	29665	31	722
拥有注册商标数	件	4825	6225	1293	1974
形成国家或行业标准数	项	318	844	223	188
八、政府相关政策落实情况					
使用来自政府部门的科技活动资金	万元	47660	134819	36157	40310
研究开发费用加计扣除减免税	万元	41659	81012	8392	5413
高新技术企业减免税	万元	14256	23270	6145	10635
九、技术获取和技术改造情况					
引进国外技术经费支出	万元	148674	77535	2441	43812
引进技术消化吸收经费支出	万元	22272	44488	2341	5973
购买国内技术经费支出	万元	63311	51465	10868	40646
技术改造经费支出	万元	745102	3132660	921595	267195

续表 2

西　藏	陕　西	甘　肃	青　海	宁　夏	新　疆
87	4265	1985	415	969	1995
7	319	135	25	113	122
5	262	104	21	85	113
18846	1369758	687953	170745	272788	558813
475015	81852403	38613245	10896774	13900938	38966664
433	36917	13403	2348	5009	7472
234	9396	2727	707	1079	2023
378	25897	10239	1551	3568	5023
6376	582497	189931	41322	77591	140932
5828	500290	170263	36456	64440	119237
548	82207	19667	4865	13151	21695
630	105231	9422	1409	6975	3685
5746	458203	180008	39895	70547	131085
632	54971	36120	11383	2042	42497
19	3921	926	147	766	818
277	27002	10630	1883	4131	5722
5970	393502	143053	29774	66215	106454
7	419	148	35	107	133
447	29410	10414	1755	5635	9349
30	3430	972	110	492	1035
3942	580369	104032	58626	80062	128936
6100	468307	150971	36964	114507	140022
12	5972	1139	94	819	558
2102	701121	163449	31629	98097	118664
48166	6566624	2348957	542937	963234	1034710
408	335369	189931	112	112434	183017
24	2642	693	114	357	928
12	907	255	39	127	220
40	1636	790	150	171	447
	70	13		1	42
	870			26	105
28	2082	389	83	860	944
11	531	186	36	125	169
722	180307	15503	5649	14399	12731
298	90962	7476	1095	5373	3280
195	30957	4750	93	10337	12185
	44740	57429	302	26676	14663
	8924	108052	348	8492	8730
	20754	38190	1707	12998	14655
1822	1030372	528772	47592	301277	137973

二、企业基本情况

2-1 企业基本情况

项 目	企业数(个)	#有R&D活动的企业数	#有研发机构的企业数	年末从业人员(人)	主营业务收入(万元)
总 计	**429378**	**36387**	**25391**	**87420647**	**5454850211**
按企业规模分组					
大中型企业	40792	12434	11741	47624144	3343409475
大型企业	3231	1997	1942	20202212	1783820078
中型企业	37561	10437	9799	27421932	1559589398
小型企业	388586	23953	13650	39796503	2111440736
按企业控股情况分组					
国有控股	20284	4362	3381	18162426	1539435155
集体控股	17315	1314	949	4005840	230552240
私人控股	312832	23142	15601	41506482	2322129031
港澳台商控股	28792	2602	1907	9891799	414228702
外商控股	31610	3384	2280	10215212	710170695
按登记注册类型分组					
内资企业	355011	28155	19449	63080297	3948815243
国有企业	8860	1251	940	6647284	523137551
集体企业	10187	298	174	1955884	95326146
股份合作企业	5010	357	203	663193	36041385
联营企业	745	53	30	175226	11800148
有限责任公司	64870	7683	5708	18254424	1194885168
#国有独资公司	1397	486	431	3220891	210087509
股份有限公司	9301	2230	1994	5597060	493864622
私营企业	253366	16153	10304	29301473	1572074870
其他内资企业	2672	130	96	485753	21685354
港澳台商投资企业	33865	3525	2612	11313008	513607874
外商投资企业	40502	4707	3330	13027342	992427094

2-2 大中型企业基本情况

项目	企业数（个）	#有R&D活动的企业数	#有研发机构的企业数	年末从业人员（人）	主营业务收入（万元）
总计	**40792**	**12434**	**11741**	**47624144**	**3343409475**
按企业控股情况分组					
国有控股	7464	2947	2674	16166135	1399866640
集体控股	2023	586	562	2154035	139801094
私人控股	17665	5502	5536	14268716	876266352
港澳台商控股	5514	1196	1071	6210564	278690489
外商控股	6140	1611	1287	6903759	508623397
按登记注册类型分组					
内资企业	26528	8656	8441	31759463	2260830806
国有企业	3080	888	767	5620143	466262160
集体企业	685	92	80	814767	43047251
股份合作企业	313	99	77	240809	16253403
联营企业	80	17	14	92946	7599024
有限责任公司	8693	3073	2988	12230268	838783877
#国有独资公司	762	419	383	3111631	204726530
股份有限公司	2797	1522	1547	4789729	438989292
私营企业	10699	2917	2923	7739527	440955134
其他内资企业	181	48	45	231274	8940666
港澳台商投资企业	6498	1602	1447	7084659	349430648
外商投资企业	7766	2176	1853	8780022	733148021

2-3 大型企业基本情况

项目	企业数（个）	#有R&D活动的企业数	#有研发机构的企业数	年末从业人员（人）	主营业务收入（万元）
总计	**3231**	**1997**	**1942**	**20202212**	**1783820078**
按企业控股情况分组					
国有控股	1353	969	938	11192132	1030508565
集体控股	125	76	75	660574	69013845
私人控股	798	478	499	3409419	275355669
港澳台商控股	332	163	150	1741125	111217148
外商控股	498	234	195	2554256	237184735
按登记注册类型分组					
内资企业	2202	1456	1455	14831436	1279116462
国有企业	419	255	237	3437401	325276142
集体企业	30	15	14	192616	20051768
股份合作企业	13	9	7	50137	3772867
联营企业	4	3	2	36153	4366496
有限责任公司	910	631	639	6804373	510733568
#国有独资公司	268	212	205	2656721	180194459
股份有限公司	501	386	390	2929957	310044760
私营企业	316	152	161	1292095	101717009
其他内资企业	9	5	5	88704	3153853
港澳台商投资企业	382	198	176	1982012	138683480
外商投资企业	647	343	311	3388764	366020135

2-4 中型企业基本情况

项 目	企业数(个)	#有R&D活动的企业数	#有研发机构的企业数	年末从业人员(人)	主营业务收入(万元)
总 计	**37561**	**10437**	**9799**	**27421932**	**1559589398**
按企业控股情况分组					
国有控股	6111	1978	1736	4974003	369358075
集体控股	1898	510	487	1493461	70787249
私人控股	16867	5024	5037	10859297	600910683
港澳台商控股	5182	1033	921	4469439	167473341
外商控股	5642	1377	1092	4349503	271438662
按登记注册类型分组					
内资企业	24326	7200	6986	16928027	981714344
国有企业	2661	633	530	2182742	140986018
集体企业	655	77	66	622151	22995483
股份合作企业	300	90	70	190672	12480536
联营企业	76	14	12	56793	3232528
有限责任公司	7783	2442	2349	5425895	328050308
#国有独资公司	494	207	178	454910	24532071
股份有限公司	2296	1136	1157	1859772	128944532
私营企业	10383	2765	2762	6447432	339238125
其他内资企业	172	43	40	142570	5786814
港澳台商投资企业	6116	1404	1271	5102647	210747169
外商投资企业	7119	1833	1542	5391258	367127886

2-5 小型企业基本情况

项 目	企业数(个)	#有R&D活动的企业数	#有研发机构的企业数	年末从业人员(人)	主营业务收入(万元)
总 计	**388586**	**23953**	**13650**	**39796503**	**2111440736**
按企业控股情况分组					
国有控股	12820	1415	707	1996291	139568515
集体控股	15292	728	387	1851805	90751146
私人控股	295167	17640	10065	27237766	1445862679
港澳台商控股	23278	1406	836	3681235	135538213
外商控股	25470	1773	993	3311453	201547299
按登记注册类型分组					
内资企业	328483	19499	11008	31320834	1687984438
国有企业	5780	363	173	1027141	56875392
集体企业	9502	206	94	1141117	52278895
股份合作企业	4697	258	126	422384	19787982
联营企业	665	36	16	82280	4201124
有限责任公司	56177	4610	2720	6024156	356101292
#国有独资公司	635	67	48	109260	5360980
股份有限公司	6504	708	447	807331	54875329
私营企业	242667	13236	7381	21561946	1131119736
其他内资企业	2491	82	51	254479	12744688
港澳台商投资企业	27367	1923	1165	4228349	164177226
外商投资企业	32736	2531	1477	4247320	259279073

2-6 按行业分企业基本情况

行业	企业数(个)	#有R&D活动的企业数	#有研发机构的企业数	年末从业人员(人)	主营业务收入(万元)
总 计	**429378**	**36387**	**25391**	**87420647**	**5454850211**
采矿业	**19521**	**411**	**308**	**7777031**	**341277046**
煤炭开采和洗选业	8656	165	139	5071404	175548189
石油和天然气开采业	323	51	45	1082162	78303711
黑色金属矿采选业	3916	54	31	587834	36402500
有色金属矿采选业	2386	74	47	499423	28868718
非金属矿采选业	4212	67	46	533163	21998856
制造业	**400677**	**35642**	**24875**	**76218173**	**4723345796**
农副食品加工业	24374	1029	891	3258645	275993187
食品制造业	8654	679	539	1611040	88683169
饮料制造业	5839	482	415	1183139	75815147
烟草制品业	159	48	40	204961	51568965
纺织业	32094	1380	942	6105572	224307464
纺织服装、鞋、帽制造业	18077	371	238	4474616	101975063
皮革、毛皮、羽毛(绒)及其制品业	8429	254	203	2541074	62166222
木材加工及木、竹、藤、棕、草制品业	10687	385	220	1295048	56256953
家具制造业	5492	179	153	972217	33367938
造纸及纸制品业	9797	355	263	1523250	80162476
印刷业和记录媒介的复制	6533	217	149	805945	28752313
文教体育用品制造业	4700	252	204	1217763	25655258
石油加工、炼焦及核燃料加工业	2282	174	133	841342	213045970
化学原料及化学制品制造业	28496	3475	2526	4382730	362387935
医药制造业	6761	2045	1549	1550717	90766880
化学纤维制造业	1914	196	146	414587	37901610
橡胶制品业	4657	358	293	966210	46465590
塑料制品业	19619	1017	661	2555080	106169758
非金属矿物制品业	31987	1540	1090	5003567	240227168
黑色金属冶炼及压延加工业	7667	449	326	3176998	438580624
有色金属冶炼及压延加工业	7974	807	544	1761508	209875458
金属制品业	24422	1382	883	3201319	155956488
通用设备制造业	36999	4082	2701	4797918	267879123
专用设备制造业	18922	3066	2012	3020310	164111771
交通运输设备制造业	19235	2438	1766	4920566	411995231
电气机械及器材制造业	26298	4053	2761	5266857	325066345
通信设备、计算机及其他电子设备制造业	14159	3121	2089	6614768	442477761
仪器仪表及文化、办公用机械制造业	5656	1460	928	1109095	48678088
工艺品及其他制造业	7654	322	198	1341191	43853415
电力、燃气及水的生产和供应业	**9180**	**334**	**208**	**3425443**	**390227370**
电力、热力的生产和供应业	6259	258	159	2801701	361779591
燃气生产和供应业	904	20	9	179876	18857062
水的生产和供应业	2017	56	40	443866	9590717

2-7 按行业分大中型企业基本情况

行　业	企业数(个)	#有R&D活动的企业数	#有研发机构的企业数	年末从业人员(人)	主营业务收入(万元)
总　计	**40792**	**12434**	**11741**	**47624144**	**3343409475**
采矿业	**2077**	**290**	**257**	**5704413**	**229613749**
煤炭开采和洗选业	1245	141	126	3952192	124416368
石油和天然气开采业	81	37	38	1052040	73895262
黑色金属矿采选业	274	31	27	274345	12682981
有色金属矿采选业	317	51	36	264329	13890574
非金属矿采选业	160	30	30	161507	4728565
制造业	**36578**	**11923**	**11324**	**39303498**	**2798583595**
农副食品加工业	1557	275	298	1326412	105463216
食品制造业	948	225	212	816180	48549350
饮料制造业	726	212	225	694190	46882057
烟草制品业	97	37	35	194120	49367410
纺织业	3026	611	609	2940561	103049994
纺织服装、鞋、帽制造业	1660	149	169	1707143	43690973
皮革、毛皮、羽毛(绒)及其制品业	963	126	138	1354871	30989842
木材加工及木、竹、藤、棕、草制品业	372	67	62	263942	11675834
家具制造业	492	66	85	422020	12649031
造纸及纸制品业	754	166	165	626726	38202154
印刷业和记录媒介的复制	399	85	77	276837	9585043
文教体育用品制造业	493	90	93	577883	10632474
石油加工、炼焦及核燃料加工业	507	107	91	706223	186085092
化学原料及化学制品制造业	2169	915	924	2132605	182007677
医药制造业	1011	661	632	925591	54566996
化学纤维制造业	238	106	96	290715	27849886
橡胶制品业	476	150	145	527926	28005509
塑料制品业	1119	235	236	894889	32049458
非金属矿物制品业	2379	494	515	1889263	85776219
黑色金属冶炼及压延加工业	1108	271	240	2572535	362799478
有色金属冶炼及压延加工业	876	318	282	1157885	124924545
金属制品业	1394	409	363	1096719	52438354
通用设备制造业	2416	1170	1090	1947294	116550620
专用设备制造业	1480	742	711	1477352	84602667
交通运输设备制造业	2620	1119	1065	3244212	320214942
电气机械及器材制造业	2929	1349	1269	2971978	195598523
通信设备、计算机及其他电子设备制造业	3203	1310	1077	5164591	387148965
仪器仪表及文化、办公用机械制造业	612	344	302	625417	28764138
工艺品及其他制造业	523	112	115	461022	17072728
电力、燃气及水的生产和供应业	**2137**	**221**	**160**	**2616233**	**315212132**
电力、热力的生产和供应业	1775	183	131	2280273	301755499
燃气生产和供应业	129	13	6	114868	8470298
水的生产和供应业	233	25	23	221092	4986335

2-8 按行业分大型企业基本情况

行业	企业数(个)	#有R&D活动的企业数	#有研发机构的企业数	年末从业人员(人)	主营业务收入(万元)
总计	**3231**	**1997**	**1942**	**20202212**	**1783820078**
采矿业	**300**	**152**	**147**	**4246321**	**172869134**
煤炭开采和洗选业	213	94	89	3028249	99419423
石油和天然气开采业	40	31	32	1016055	63654448
黑色金属矿采选业	21	8	7	102556	3375059
有色金属矿采选业	15	10	10	59300	5413586
非金属矿采选业	11	9	9	40161	1006619
制造业	**2772**	**1783**	**1755**	**14763683**	**1437759749**
农副食品加工业	84	38	40	371062	30650581
食品制造业	57	31	32	227115	15374885
饮料制造业	59	40	44	265518	18233357
烟草制品业	25	20	17	136172	38898646
纺织业	151	82	91	807361	35534909
纺织服装、鞋、帽制造业	60	21	22	343487	11894730
皮革、毛皮、羽毛(绒)及其制品业	59	21	24	311532	8824362
木材加工及木、竹、藤、棕、草制品业	13	4	4	57191	3117303
家具制造业	20	4	5	69936	2476326
造纸及纸制品业	38	30	28	154101	13137338
印刷业和记录媒介的复制	7	5	6	34003	1161207
文教体育用品制造业	16	8	7	95777	1625444
石油加工、炼焦及核燃料加工业	67	46	37	372297	118050927
化学原料及化学制品制造业	201	145	159	837220	70219453
医药制造业	78	69	66	309081	20892429
化学纤维制造业	32	29	27	153346	11612204
橡胶制品业	45	29	32	187412	15151924
塑料制品业	32	15	15	137036	5392387
非金属矿物制品业	82	47	54	359665	15615969
黑色金属冶炼及压延加工业	234	133	122	1987370	285009749
有色金属冶炼及压延加工业	108	76	70	617212	62537451
金属制品业	48	30	31	196194	10550967
通用设备制造业	139	113	114	511961	40431607
专用设备制造业	120	101	102	577408	39808842
交通运输设备制造业	307	217	236	1644871	202604307
电气机械及器材制造业	196	151	139	974796	79040486
通信设备、计算机及其他电子设备制造业	430	240	195	2754657	265627897
仪器仪表及文化、办公用机械制造业	48	27	25	210354	12287596
工艺品及其他制造业	15	11	11	57048	1809137
电力、燃气及水的生产和供应业	**159**	**62**	**40**	**1192208**	**173191195**
电力、热力的生产和供应业	136	52	36	1115069	170202554
燃气生产和供应业	8	3		24633	1956484
水的生产和供应业	15	7	4	52506	1032157

2-9 按行业分中型企业基本情况

行　业	企业数(个)	#有R&D活动的企业数	#有研发机构的企业数	年末从业人员(人)	主营业务收入(万元)
总　计	**37561**	**10437**	**9799**	**27421932**	**1559589398**
采矿业	**1777**	**138**	**110**	**1458092**	**56744615**
煤炭开采和洗选业	1032	47	37	923943	24996945
石油和天然气开采业	41	6	6	35985	10240814
黑色金属矿采选业	253	23	20	171789	9307922
有色金属矿采选业	302	41	26	205029	8476988
非金属矿采选业	149	21	21	121346	3721946
制造业	**33806**	**10140**	**9569**	**24539815**	**1360823846**
农副食品加工业	1473	237	258	955350	74812635
食品制造业	891	194	180	589065	33174466
饮料制造业	667	172	181	428672	28648700
烟草制品业	72	17	18	57948	10468765
纺织业	2875	529	518	2133200	67515085
纺织服装、鞋、帽制造业	1600	128	147	1363656	31796243
皮革、毛皮、羽毛(绒)及其制品业	904	105	114	1043339	22165480
木材加工及木、竹、藤、棕、草制品业	359	63	58	206751	8558531
家具制造业	472	62	80	352084	10172705
造纸及纸制品业	716	136	137	472625	25064816
印刷业和记录媒介的复制	392	80	71	242834	8423836
文教体育用品制造业	477	82	86	482106	9007029
石油加工、炼焦及核燃料加工业	440	61	54	333926	68034165
化学原料及化学制品制造业	1968	770	765	1295385	111788223
医药制造业	933	592	566	616510	33674566
化学纤维制造业	206	77	69	137369	16237682
橡胶制品业	431	121	113	340514	12853584
塑料制品业	1087	220	221	757853	26657071
非金属矿物制品业	2297	447	461	1529598	70160251
黑色金属冶炼及压延加工业	874	138	118	585165	77789730
有色金属冶炼及压延加工业	768	242	212	540673	62387094
金属制品业	1346	379	332	900525	41887387
通用设备制造业	2277	1057	976	1435333	76119013
专用设备制造业	1360	641	609	899944	44793825
交通运输设备制造业	2313	902	829	1599341	117610635
电气机械及器材制造业	2733	1198	1130	1997182	116558037
通信设备、计算机及其他电子设备制造业	2773	1070	882	2409934	121521069
仪器仪表及文化、办公用机械制造业	564	317	277	415063	16476541
工艺品及其他制造业	508	101	104	403974	15263590
电力、燃气及水的生产和供应业	**1978**	**159**	**120**	**1424025**	**142020937**
电力、热力的生产和供应业	1639	131	95	1165204	131552944
燃气生产和供应业	121	10	6	90235	6513815
水的生产和供应业	218	18	19	168586	3954178

2-10 按行业分小型企业基本情况

行　业	企业数（个）	#有R&D活动的企业数	#有研发机构的企业数	年末从业人员（人）	主营业务收入（万元）
总　计	**388586**	**23953**	**13650**	**39796503**	**2111440736**
采矿业	**17444**	**121**	**51**	**2072618**	**111663297**
煤炭开采和洗选业	7411	24	13	1119212	51131821
石油和天然气开采业	242	14	7	30122	4408449
黑色金属矿采选业	3642	23	4	313489	23719519
有色金属矿采选业	2069	23	11	235094	14978144
非金属矿采选业	4052	37	16	371656	17270292
制造业	**364099**	**23719**	**13551**	**36914675**	**1924762201**
农副食品加工业	22817	754	593	1932233	170529971
食品制造业	7706	454	327	794860	40133819
饮料制造业	5113	270	190	488949	28933090
烟草制品业	62	11	5	10841	2201555
纺织业	29068	769	333	3165011	121257470
纺织服装、鞋、帽制造业	16417	222	69	2767473	58284089
皮革、毛皮、羽毛(绒)及其制品业	7466	128	65	1186203	31176381
木材加工及木、竹、藤、棕、草制品业	10315	318	158	1031106	44581119
家具制造业	5000	113	68	550197	20718907
造纸及纸制品业	9043	189	98	896524	41960323
印刷业和记录媒介的复制	6134	132	72	529108	19167270
文教体育用品制造业	4207	162	111	639880	15022784
石油加工、炼焦及核燃料加工业	1775	67	42	135119	26960878
化学原料及化学制品制造业	26327	2560	1602	2250125	180380259
医药制造业	5750	1384	917	625126	36199884
化学纤维制造业	1676	90	50	123872	10051724
橡胶制品业	4181	208	148	438284	18460082
塑料制品业	18500	782	425	1660191	74120300
非金属矿物制品业	29608	1046	575	3114304	154450948
黑色金属冶炼及压延加工业	6559	178	86	604463	75781146
有色金属冶炼及压延加工业	7098	489	262	603623	84950913
金属制品业	23028	973	520	2104600	103518135
通用设备制造业	34583	2912	1611	2850624	151328503
专用设备制造业	17442	2324	1301	1542958	79509104
交通运输设备制造业	16615	1319	701	1676354	91780290
电气机械及器材制造业	23369	2704	1492	2294879	129467822
通信设备、计算机及其他电子设备制造业	10956	1811	1012	1450177	55328796
仪器仪表及文化、办公用机械制造业	5044	1116	626	483678	19913950
工艺品及其他制造业	7131	210	83	880169	26780687
电力、燃气及水的生产和供应业	**7043**	**113**	**48**	**809210**	**75015238**
电力、热力的生产和供应业	4484	75	28	521428	60024092
燃气生产和供应业	775	7	3	65008	10386763
水的生产和供应业	1784	31	17	222774	4604382

2-11 按行业分国有控股企业基本情况

行 业	企业数(个)	#有R&D活动的企业数	#有研发机构的企业数	年末从业人员(人)	主营业务收入(万元)
总 计	**20284**	**4362**	**3381**	**18162426**	**1539435155**
采矿业	**1567**	**242**	**201**	**4870675**	**200284779**
煤炭开采和洗选业	837	125	111	3429565	109357384
石油和天然气开采业	110	38	35	1041825	74653179
黑色金属矿采选业	130	16	11	126547	5344586
有色金属矿采选业	266	44	24	167294	8316675
非金属矿采选业	223	19	20	105361	2612403
制造业	**13656**	**3872**	**3033**	**10362605**	**991656665**
农副食品加工业	822	46	41	188313	15407358
食品制造业	375	49	41	148916	6855311
饮料制造业	337	67	64	235703	14830791
烟草制品业	122	40	32	195805	51204027
纺织业	412	82	82	324495	6200990
纺织服装、鞋、帽制造业	184	13	13	94216	1320633
皮革、毛皮、羽毛(绒)及其制品业	32	3	3	11929	272870
木材加工及木、竹、藤、棕、草制品业	165	10	11	57835	1427752
家具制造业	38	4	4	10503	842170
造纸及纸制品业	181	32	34	122252	6121172
印刷业和记录媒介的复制	536	28	24	125698	3908960
文教体育用品制造业	62	9	7	15407	377918
石油加工、炼焦及核燃料加工业	205	73	52	395960	150033943
化学原料及化学制品制造业	1319	398	342	1075541	75089983
医药制造业	547	268	205	281668	13081160
化学纤维制造业	53	23	20	100458	3882873
橡胶制品业	116	43	41	114085	6248056
塑料制品业	291	45	31	73629	3596411
非金属矿物制品业	1323	152	140	495700	23297131
黑色金属冶炼及压延加工业	321	106	95	1365044	181832711
有色金属冶炼及压延加工业	461	160	108	615178	64275476
金属制品业	499	92	71	161412	9975868
通用设备制造业	1076	399	286	640765	42463474
专用设备制造业	928	408	282	673911	40431986
交通运输设备制造业	1366	485	453	1699736	185569783
电气机械及器材制造业	684	245	181	349402	28243806
通信设备、计算机及其他电子设备制造业	710	369	248	610074	45683731
仪器仪表及文化、办公用机械制造业	339	185	97	126017	4783079
工艺品及其他制造业	118	35	24	50537	3013998
电力、燃气及水的生产和供应业	**5061**	**248**	**147**	**2929146**	**347493711**
电力、热力的生产和供应业	3566	200	120	2462523	332176045
燃气生产和供应业	249	14	5	101491	8586392
水的生产和供应业	1246	34	22	365132	6731274

2-12 按行业分内资企业基本情况

行业	企业数（个）	#有R&D活动的企业数	#有研发机构的企业数	年末从业人员（人）	主营业务收入（万元）
总 计	**355011**	**28155**	**19449**	**63080297**	**3948815243**
采矿业	**19211**	**394**	**296**	**7686175**	**327538447**
煤炭开采和洗选业	8616	164	137	5043514	171404896
石油和天然气开采业	303	48	42	1077785	73423504
黑色金属矿采选业	3870	52	30	574672	35471225
有色金属矿采选业	2324	70	44	479182	26343344
非金属矿采选业	4070	60	43	507977	20740408
制造业	**327473**	**27461**	**18970**	**52200646**	**3266700734**
农副食品加工业	21791	875	749	2600942	206526793
食品制造业	7080	545	423	1136408	57525472
饮料制造业	5034	392	334	877779	50224179
烟草制品业	156	48	39	204174	51533561
纺织业	26481	1068	703	4599935	175704556
纺织服装、鞋、帽制造业	11836	246	153	2359389	61320473
皮革、毛皮、羽毛(绒)及其制品业	5796	160	125	1098400	34424557
木材加工及木、竹、藤、棕、草制品业	9696	329	180	1119758	49008052
家具制造业	4153	121	105	569058	21889933
造纸及纸制品业	8326	254	191	1115834	55211427
印刷业和记录媒介的复制	5760	154	103	587012	21476301
文教体育用品制造业	2818	153	133	432834	12128222
石油加工、炼焦及核燃料加工业	2078	151	115	760132	185624580
化学原料及化学制品制造业	24259	2805	2042	3738532	270258066
医药制造业	5621	1600	1211	1205531	65494723
化学纤维制造业	1603	143	107	326661	26650194
橡胶制品业	3665	264	222	593588	29394222
塑料制品业	15441	763	483	1523710	71036981
非金属矿物制品业	28962	1239	866	4278537	204337165
黑色金属冶炼及压延加工业	7083	364	262	2900858	380031994
有色金属冶炼及压延加工业	7126	689	452	1550019	179509871
金属制品业	20430	1090	676	2327660	116487501
通用设备制造业	32195	3340	2204	3863399	206239032
专用设备制造业	15418	2498	1617	2315964	124080283
交通运输设备制造业	15648	1853	1350	3535402	225195690
电气机械及器材制造业	20844	3067	2074	3247429	221029761
通信设备、计算机及其他电子设备制造业	7525	1829	1170	1882918	100350070
仪器仪表及文化、办公用机械制造业	4147	1154	725	584342	24020435
工艺品及其他制造业	5521	244	146	779002	29133804
电力、燃气及水的生产和供应业	**8327**	**300**	**183**	**3193476**	**354576063**
电力、热力的生产和供应业	5782	234	145	2660271	335174730
燃气生产和供应业	676	17	6	122994	11547220
水的生产和供应业	1869	49	32	410211	7854112

2-13 按行业分国有企业基本情况

行业	企业数(个)	#有R&D活动的企业数	#有研发机构的企业数	年末从业人员(人)	主营业务收入(万元)
总 计	**8860**	**1251**	**940**	**6647284**	**523137551**
采矿业	**816**	**80**	**64**	**1566798**	**44107662**
煤炭开采和洗选业	469	44	37	1038535	25598036
石油和天然气开采业	44	14	11	336799	13360717
黑色金属矿采选业	63	5	4	69362	2408989
有色金属矿采选业	109	12	5	59041	1515027
非金属矿采选业	130	5	7	62978	1224341
制造业	**4860**	**1024**	**793**	**3056346**	**238163845**
农副食品加工业	402	11	8	66579	4276410
食品制造业	131	13	10	43271	1615838
饮料制造业	111	15	14	54400	1833079
烟草制品业	76	25	22	136823	37302599
纺织业	146	20	23	101167	1785406
纺织服装、鞋、帽制造业	79	4	4	47999	674524
皮革、毛皮、羽毛(绒)及其制品业	13	2	3	7722	155058
木材加工及木、竹、藤、棕、草制品业	76	4	4	22518	466551
家具制造业	11		1	1551	30270
造纸及纸制品业	50	8	6	33732	1499194
印刷业和记录媒介的复制	325	10	10	74927	1834139
文教体育用品制造业	18	1	1	5227	53447
石油加工、炼焦及核燃料加工业	58	17	12	71211	21474851
化学原料及化学制品制造业	416	107	88	350893	21263551
医药制造业	130	62	42	72073	2542144
化学纤维制造业	12	6	5	37760	1297122
橡胶制品业	45	14	15	21646	647877
塑料制品业	65	12	7	12155	414234
非金属矿物制品业	491	42	42	161402	4944070
黑色金属冶炼及压延加工业	101	31	26	454894	51595370
有色金属冶炼及压延加工业	111	31	19	133786	16234312
金属制品业	180	29	20	61196	4273864
通用设备制造业	441	133	90	209872	7608803
专用设备制造业	354	118	76	161347	6508960
交通运输设备制造业	504	133	128	450980	31181448
电气机械及器材制造业	217	56	45	95519	6680774
通信设备、计算机及其他电子设备制造业	132	49	28	94366	7674697
仪器仪表及文化、办公用机械制造业	102	54	30	43955	1327355
工艺品及其他制造业	50	15	13	26153	857026
电力、燃气及水的生产和供应业	**3184**	**147**	**83**	**2024140**	**240866044**
电力、热力的生产和供应业	2149	127	70	1730086	235862997
燃气生产和供应业	95	1		36351	1557951
水的生产和供应业	940	19	13	257703	3445097

2-14 按行业分港澳台商投资企业基本情况

行业	企业数(个)	#有R&D活动的企业数	#有研发机构的企业数	年末从业人员(人)	主营业务收入(万元)
总　计	**33865**	**3525**	**2612**	**11313008**	**513607874**
采矿业	**142**	**8**	**4**	**31601**	**8178240**
煤炭开采和洗选业	18			9804	2177325
石油和天然气开采业	8	2	1	1924	4671486
黑色金属矿采选业	25			6198	519077
有色金属矿采选业	23	2	1	3344	229194
非金属矿采选业	68	4	2	10331	581158
制造业	**33346**	**3493**	**2596**	**11175734**	**490503855**
农副食品加工业	851	60	54	202927	19173610
食品制造业	584	53	50	172962	10261863
饮料制造业	266	28	24	99206	7674122
烟草制品业	2		1	525	30158
纺织业	3122	189	140	924427	27599049
纺织服装、鞋、帽制造业	3216	67	52	1245898	23778451
皮革、毛皮、羽毛(绒)及其制品业	1439	40	36	849946	16084201
木材加工及木、竹、藤、棕、草制品业	484	28	20	92235	3428337
家具制造业	670	27	22	209399	5749989
造纸及纸制品业	815	49	37	185876	10358378
印刷业和记录媒介的复制	465	45	31	151214	4624006
文教体育用品制造业	1027	58	40	526513	7783287
石油加工、炼焦及核燃料加工业	76	10	8	34205	10208841
化学原料及化学制品制造业	1759	272	187	253768	28634818
医药制造业	445	187	143	130027	7970349
化学纤维制造业	178	29	23	51063	5925845
橡胶制品业	451	26	27	152115	6035963
塑料制品业	2223	118	88	577662	16814468
非金属矿物制品业	1379	140	110	348608	16841275
黑色金属冶炼及压延加工业	269	36	30	138479	27782733
有色金属冶炼及压延加工业	380	54	46	94050	12904609
金属制品业	1910	128	103	446978	17707959
通用设备制造业	1613	270	184	312309	15151076
专用设备制造业	1296	217	155	286422	10556045
交通运输设备制造业	1070	175	133	302389	20664357
电气机械及器材制造业	2618	456	333	943005	34009856
通信设备、计算机及其他电子设备制造业	2896	578	406	1879644	105924359
仪器仪表及文化、办公用机械制造业	636	107	79	223798	6765059
工艺品及其他制造业	1158	45	33	335557	8724559
电力、燃气及水的生产和供应业	**377**	**24**	**12**	**105673**	**14925779**
电力、热力的生产和供应业	211	15	6	63660	12345982
燃气生产和供应业	101	3	2	25431	2103844
水的生产和供应业	65	6	4	16582	475953

2-15 按行业分外商投资企业基本情况

行 业	企业数（个）	#有R&D活动的企业数	#有研发机构的企业数	年末从业人员（人）	主营业务收入（万元）
总 计	**40502**	**4707**	**3330**	**13027342**	**992427094**
采矿业	**168**	**9**	**8**	**59255**	**5560359**
煤炭开采和洗选业	22	1	2	18086	1965969
石油和天然气开采业	12	1	2	2453	208721
黑色金属矿采选业	21	2	1	6964	412198
有色金属矿采选业	39	2	2	16897	2296181
非金属矿采选业	74	3	1	14855	677290
制造业	**39858**	**4688**	**3309**	**12841793**	**966141207**
农副食品加工业	1732	94	88	454776	50292783
食品制造业	990	81	66	301670	20895835
饮料制造业	539	62	57	206154	17916846
烟草制品业	1			262	5246
纺织业	2491	123	99	581210	21003860
纺织服装、鞋、帽制造业	3025	58	33	869329	16876139
皮革、毛皮、羽毛(绒)及其制品业	1194	54	42	592728	11657464
木材加工及木、竹、藤、棕、草制品业	507	28	20	83055	3820564
家具制造业	669	31	26	193760	5728016
造纸及纸制品业	656	52	35	221540	14592671
印刷业和记录媒介的复制	308	18	15	67719	2652006
文教体育用品制造业	855	41	31	258416	5743749
石油加工、炼焦及核燃料加工业	128	13	10	47005	17212549
化学原料及化学制品制造业	2478	398	297	390430	63495051
医药制造业	695	258	195	215159	17301808
化学纤维制造业	133	24	16	36863	5325571
橡胶制品业	541	68	44	220507	11035406
塑料制品业	1955	136	90	453708	18318309
非金属矿物制品业	1646	161	114	376422	19048728
黑色金属冶炼及压延加工业	315	49	34	137661	30765897
有色金属冶炼及压延加工业	468	64	46	117439	17460978
金属制品业	2082	164	104	426681	21761028
通用设备制造业	3191	472	313	622210	46489015
专用设备制造业	2208	351	240	417924	29475443
交通运输设备制造业	2517	410	283	1082775	166135184
电气机械及器材制造业	2836	530	354	1076423	70026727
通信设备、计算机及其他电子设备制造业	3738	714	513	2852206	236203333
仪器仪表及文化、办公用机械制造业	873	199	124	300955	17892594
工艺品及其他制造业	975	33	19	226632	5995052
电力、燃气及水的生产和供应业	**476**	**10**	**13**	**126294**	**20725528**
电力、热力的生产和供应业	266	9	8	77770	14258878
燃气生产和供应业	127		1	31451	5205997
水的生产和供应业	83	1	4	17073	1260652

2-16 各地区企业基本情况

地 区	企业数（个）	#有R&D活动的企业数	#有研发机构的企业数	年末从业人员（人）	主营业务收入（万元）
总 计	**429378**	**36387**	**25391**	**87420647**	**5454850211**
东部地区	303103	26948	18387	57796910	3718618296
中部地区	81185	6364	4547	18140215	1061768090
西部地区	45078	3073	2455	11481934	674402222
北 京	6890	1114	549	1198942	119671665
天 津	6875	620	413	1313406	132083307
河 北	12755	532	465	3182814	241102276
山 西	4022	262	220	2110992	91426609
内蒙古	4464	191	136	1102502	104272469
辽 宁	23359	897	628	3712370	278709155
吉 林	5936	194	156	1309230	96768787
黑龙江	4389	302	156	1443581	77290936
上 海	16905	1389	1147	2816452	253949780
江 苏	60831	7278	4435	10289063	719526640
浙 江	60479	7842	5347	7971112	409478435
安 徽	13459	1084	1262	2312105	127473095
福 建	16822	1329	889	3607300	164139434
江 西	7538	476	270	1744914	99194077
山 东	45511	2311	1876	9140521	720089861
河 南	18510	1327	1095	4239268	285416945
湖 北	14024	1133	691	2581152	153455298
湖 南	13307	1586	697	2398973	130742343
广 东	52186	3583	2601	14446633	669779250
广 西	5586	414	309	1203038	64488204
海 南	490	53	37	118297	10088494
重 庆	6412	549	383	1371893	66221990
四 川	12998	843	681	3142452	172961383
贵 州	2512	143	143	743241	32499234
云 南	3390	212	213	839905	49253903
西 藏	87	7	5	18846	475015
陕 西	4265	319	262	1369758	81852403
甘 肃	1985	135	104	687953	38613245
青 海	415	25	21	170745	10896774
宁 夏	969	113	85	272788	13900938
新 疆	1995	122	113	558813	38966664

2-17 各地区大中型企业基本情况

地　区	企业数（个）	#有R&D活动的企业数	#有研发机构的企业数	年末从业人员（人）	主营业务收入（万元）
总　计	**40792**	**12434**	**11741**	**47624144**	**3343409475**
东部地区	27161	8796	8186	30183339	2243356636
中部地区	7943	2228	2128	10580076	654196623
西部地区	5688	1410	1427	6860729	445856216
北　京	633	266	201	688423	90916543
天　津	673	203	195	783880	95068730
河　北	1471	266	285	1964160	159513936
山　西	1003	148	147	1731211	77047835
内蒙古	593	93	96	684201	62710737
辽　宁	1320	306	278	1948188	147642655
吉　林	468	74	83	753872	61016867
黑龙江	528	131	96	1078925	60713681
上　海	1626	574	519	1454982	184505195
江　苏	4717	2159	1778	5116584	420104096
浙　江	4328	1867	1983	3312196	207899899
安　徽	954	304	409	1285147	78640839
福　建	1858	447	440	1769063	92261847
江　西	654	169	140	776094	44478179
山　东	3821	1099	1094	4863900	394743282
河　南	2258	633	594	2530156	170188270
湖　北	1174	369	345	1447232	102408037
湖　南	904	400	314	977439	59702915
广　东	6618	1593	1395	8209757	443305645
广　西	657	142	142	600003	38960249
海　南	96	16	18	72206	7394808
重　庆	671	277	223	752285	43509922
四　川	1460	324	362	1659833	94756456
贵　州	374	90	101	474040	23772469
云　南	539	103	117	504061	37124242
西　藏	11	2	3	8918	235816
陕　西	591	178	180	955810	61271695
甘　肃	281	75	68	485260	32984935
青　海	81	12	17	129622	8878768
宁　夏	144	55	55	205392	10456430
新　疆	286	59	63	401304	31194496

2-18 各地区大型企业基本情况

地区	企业数(个)	#有R&D活动的企业数	#有研发机构的企业数	年末从业人员(人)	主营业务收入(万元)
总计	**3231**	**1997**	**1942**	**20202212**	**1783820078**
东部地区	2006	1228	1168	11506464	1148219901
中部地区	711	442	443	5530093	387776964
西部地区	514	327	331	3165655	247823213
北京	55	39	31	301383	57588987
天津	58	34	30	366222	50890203
河北	160	77	80	979325	96664551
山西	127	52	54	1077004	47556356
内蒙古	64	26	28	341325	31759104
辽宁	131	75	68	1137006	91164601
吉林	54	22	25	458133	45168172
黑龙江	69	51	42	745281	45575070
上海	97	67	63	449873	106919422
江苏	415	296	245	2122877	225131018
浙江	189	131	147	748991	61890997
安徽	81	58	62	663041	45127248
福建	98	55	67	391687	31483046
江西	40	29	28	282018	24771717
山东	374	238	253	2352351	204752803
河南	183	122	126	1254731	84963584
湖北	96	61	58	684040	62518722
湖南	61	47	48	365845	32096096
广东	425	215	182	2644004	220585120
广西	34	25	25	147637	14765284
海南	4	1	2	12745	1149154
重庆	67	54	48	293109	23397895
四川	107	66	74	698919	44616212
贵州	32	22	24	231825	13370722
云南	38	22	18	166624	18019369
西藏	1			3009	49703
陕西	81	56	56	570925	41887820
甘肃	29	23	19	296624	25395006
青海	12	6	9	78885	6274277
宁夏	17	11	10	108837	5727051
新疆	32	16	20	227936	22560772

2-19 各地区中型企业基本情况

地　区	企业数（个）	#有R&D活动的企业数	#有研发机构的企业数	年末从业人员（人）	主营业务收入（万元）
总　计	**37561**	**10437**	**9799**	**27421932**	**1559589398**
东部地区	25155	7568	7018	18676875	1095136735
中部地区	7232	1786	1685	5049983	266419659
西部地区	5174	1083	1096	3695074	198033004
北　京	578	227	170	387040	33327556
天　津	615	169	165	417658	44178527
河　北	1311	189	205	984835	62849385
山　西	876	96	93	654207	29491480
内蒙古	529	67	68	342876	30951633
辽　宁	1189	231	210	811182	56478054
吉　林	414	52	58	295739	15848695
黑龙江	459	80	54	333644	15138611
上　海	1529	507	456	1005109	77585774
江　苏	4302	1863	1533	2993707	194973079
浙　江	4139	1736	1836	2563205	146008902
安　徽	873	246	347	622106	33513591
福　建	1760	392	373	1377376	60778801
江　西	614	140	112	494076	19706462
山　东	3447	861	841	2511549	189990479
河　南	2075	511	468	1275425	85224686
湖　北	1078	308	287	763192	39889315
湖　南	843	353	266	611594	27606820
广　东	6193	1378	1213	5565753	222720524
广　西	623	117	117	452366	24194966
海　南	92	15	16	59461	6245654
重　庆	604	223	175	459176	20112027
四　川	1353	258	288	960914	50140244
贵　州	342	68	77	242215	10401747
云　南	501	81	99	337437	19104873
西　藏	10	2	3	5909	186114
陕　西	510	122	124	384885	19383875
甘　肃	252	52	49	188636	7589929
青　海	69	6	8	50737	2604492
宁　夏	127	44	45	96555	4729380
新　疆	254	43	43	173368	8633724

2-20 各地区小型企业基本情况

地　区	企业数（个）	#有R&D活动的企业数	#有研发机构的企业数	年末从业人员（人）	主营业务收入（万元）
总　计	**388586**	**23953**	**13650**	**39796503**	**2111440736**
东部地区	275942	18152	10201	27613571	1475261660
中部地区	73242	4136	2419	7560139	407571467
西部地区	39390	1663	1028	4621205	228546006
北　京	6257	848	348	510519	28755122
天　津	6202	417	218	529526	37014577
河　北	11284	266	180	1218654	81588339
山　西	3019	114	73	379781	14378774
内蒙古	3871	98	40	418301	41561732
辽　宁	22039	591	350	1764182	131066500
吉　林	5468	120	73	555358	35751920
黑龙江	3861	171	60	364656	16577256
上　海	15279	815	628	1361470	69444584
江　苏	56114	5119	2657	5172479	299422544
浙　江	56151	5975	3364	4658916	201578536
安　徽	12505	780	853	1026958	48832256
福　建	14964	882	449	1838237	71877587
江　西	6884	307	130	968820	54715898
山　东	41690	1212	782	4276621	325346579
河　南	16252	694	501	1709112	115228675
湖　北	12850	764	346	1133920	51047261
湖　南	12403	1186	383	1421534	71039428
广　东	45568	1990	1206	6236876	226473605
广　西	4929	272	167	603035	25527955
海　南	394	37	19	46091	2693685
重　庆	5741	272	160	619608	22712068
四　川	11538	519	319	1482619	78204927
贵　州	2138	53	42	269201	8726765
云　南	2851	109	96	335844	12129661
西　藏	76	5	2	9928	239199
陕　西	3674	141	82	413948	20580708
甘　肃	1704	60	36	202693	5628310
青　海	334	13	4	41123	2018006
宁　夏	825	58	30	67396	3444507
新　疆	1709	63	50	157509	7772168

2-21 各地区国有控股企业基本情况

行　业	企业数（个）	#有R&D活动的企业数	#有研发机构的企业数	年末从业人员（人）	主营业务收入（万元）
总　计	**20284**	**4362**	**3381**	**18162426**	**1539435155**
东部地区	9425	2360	1699	7126107	813417371
中部地区	5401	1067	854	6365723	409465873
西部地区	5458	935	828	4670596	316551911
北　京	1058	371	187	470876	60410971
天　津	671	198	145	380325	54803969
河　北	779	125	110	921670	74821587
山　西	636	96	86	1177282	52616817
内蒙古	517	59	51	422026	36338261
辽　宁	883	165	117	1149056	96364432
吉　林	411	41	42	540147	44618411
黑龙江	504	93	63	828009	48185880
上　海	1075	383	272	471325	100612795
江　苏	831	263	210	678539	79287433
浙　江	730	156	128	304391	59224026
安　徽	696	147	137	783058	53479867
福　建	510	92	65	219037	23217063
江　西	641	78	57	409825	26019614
山　东	1294	299	244	1580556	143666588
河　南	829	197	172	1235346	78344235
湖　北	864	220	159	807199	67593213
湖　南	820	195	138	584857	38607837
广　东	1344	269	198	885506	116537096
广　西	609	85	67	314672	25647028
海　南	250	39	23	64826	4471410
重　庆	521	154	131	419111	25960232
四　川	916	164	146	939208	51211107
贵　州	479	82	88	402349	20776785
云　南	533	85	78	339724	29557164
西　藏	36	2	1	11111	212688
陕　西	702	148	131	787794	52263343
甘　肃	446	67	52	436311	31439874
青　海	89	10	12	102801	7329382
宁　夏	110	24	18	132297	7119838
新　疆	500	55	53	363192	28696209

2-22 各地区内资企业基本情况

地 区	企业数 (个)	#有R&D活动的企业数	#有研究机构的企业数	年末从业人员 (人)	主营业务收入 (万元)
总 计	**355011**	**28155**	**19449**	**63080297**	**3948815243**
东部地区	235699	19610	13133	36029138	2404356877
中部地区	76598	5747	4082	16376629	936889726
西部地区	42702	2796	2232	10672942	607507037
北 京	5493	908	423	837426	70272925
天 津	4769	467	320	795815	78037348
河 北	11650	443	384	2752484	202344257
山 西	3842	242	204	1986607	86116940
内蒙古	4240	170	115	1021659	93787792
辽 宁	20270	735	528	3026682	222401295
吉 林	5537	172	141	1192808	75568694
黑龙江	4095	273	138	1302960	69321697
上 海	10690	794	630	1288874	102281967
江 苏	47252	5138	3129	6216706	426700774
浙 江	51296	6189	4049	5829965	305331378
安 徽	12618	982	1140	2067389	111628052
福 建	11405	807	501	1760806	84356367
江 西	6724	424	240	1384029	83760139
山 东	39470	1967	1602	7430087	592414392
河 南	17936	1209	994	4008104	266071052
湖 北	13133	979	594	2216860	123503054
湖 南	12713	1466	631	2217872	120920099
广 东	33005	2125	1540	6002233	314994517
广 西	5065	367	273	1004353	49657977
海 南	399	37	27	88060	5221658
重 庆	6122	489	342	1248078	53151136
四 川	12408	774	629	2962834	160439533
贵 州	2411	136	134	715299	31443347
云 南	3168	187	188	789214	46017333
西 藏	85	7	4	18266	437614
陕 西	4035	295	244	1283863	74971618
甘 肃	1934	131	100	674555	37765494
青 海	392	22	19	152625	8489562
宁 夏	928	99	75	260381	13290007
新 疆	1914	119	109	541815	38055624

2-23 各地区国有企业基本情况

地　区	企业数（个）	#有R&D活动的企业数	#有研发机构的企业数	年末从业人员（人）	主营业务收入（万元）
总　计	**8860**	**1251**	**940**	**6647284**	**523137551**
东部地区	3742	610	413	2515301	277802648
中部地区	2603	336	260	2349172	148880462
西部地区	2515	305	267	1782811	96454442
北　京	261	51	21	80518	11415841
天　津	181	34	21	86918	17359228
河　北	436	49	48	353425	23212572
山　西	280	22	18	252016	12526611
内蒙古	231	9	10	141787	9742681
辽　宁	422	46	31	527656	29343534
吉　林	188	18	16	227075	15608231
黑龙江	263	28	14	397744	12927714
上　海	279	92	48	96314	19327011
江　苏	339	95	68	264603	38080120
浙　江	305	38	31	106139	32961189
安　徽	236	43	34	120425	10827200
福　建	223	22	15	82979	10394450
江　西	310	27	22	192281	10610836
山　东	654	126	95	512921	52438174
河　南	437	59	56	431505	30206108
湖　北	407	77	54	427422	37910387
湖　南	482	62	46	300704	18263376
广　东	587	54	34	385681	42320505
广　西	374	36	28	159752	11285741
海　南	55	3	1	18147	950025
重　庆	163	45	35	78283	2817656
四　川	412	61	53	482513	22423935
贵　州	288	30	28	201617	12568501
云　南	218	27	26	104208	7942934
西　藏	29	1	1	8486	139786
陕　西	333	53	57	354457	17953884
甘　肃	243	27	15	137522	5569433
青　海	41	1	1	18743	1313573
宁　夏	40	4	4	27206	1812637
新　疆	143	11	9	68237	2883681

2-24 各地区港澳台商投资企业基本情况

地 区	企业数（个）	#有R&D活动的企业数	#有研发机构的企业数	年末从业人员（人）	主营业务收入（万元）
总 计	**33865**	**3525**	**2612**	**11313008**	**513607874**
东部地区	30877	3185	2365	10324728	461848453
中部地区	2075	253	174	713362	36865739
西部地区	913	87	73	274918	14893682
北 京	378	55	34	105755	12142039
天 津	394	42	26	126510	8703888
河 北	313	26	30	173735	15621880
山 西	58	5	5	18657	1099060
内蒙古	66	3	3	15411	1513866
辽 宁	619	49	30	145676	12977193
吉 林	73	4	2	24044	1587377
黑龙江	97	9	3	30460	1200374
上 海	1857	150	139	455276	41347224
江 苏	5016	800	511	1441504	82934829
浙 江	4243	801	640	976136	46116700
安 徽	344	42	46	95742	4986453
福 建	3469	296	225	1160350	43067511
江 西	490	26	19	211503	6719724
山 东	1285	91	80	325219	25873062
河 南	263	58	41	120221	9211323
湖 北	421	51	26	115324	6941172
湖 南	329	58	32	97411	5120257
广 东	13269	867	646	5408063	172870027
广 西	278	19	13	97315	3586948
海 南	34	8	4	6504	194099
重 庆	107	23	18	42540	3306163
四 川	197	22	20	63213	3893618
贵 州	47	2	4	8143	411283
云 南	102	12	10	21090	1130903
西 藏					
陕 西	55			13034	554799
甘 肃	21	2	2	5799	197400
青 海	7	1		1051	33881
宁 夏	7	2	1	817	58260
新 疆	26	1	2	6505	206560

2-25 各地区外商投资企业基本情况

地　区	企业数（个）	#有R&D活动的企业数	#有研发机构的企业数	年末从业人员（人）	主营业务收入（万元）
总　计	**40502**	**4707**	**3330**	**13027342**	**992427094**
东部地区	36527	4153	2889	11443044	852412965
中部地区	2512	364	291	1050224	88012625
西部地区	1463	190	150	534074	52001504
北　京	1019	151	92	255761	37256700
天　津	1712	111	67	391081	45342071
河　北	792	63	51	256595	23136138
山　西	122	15	11	105728	4210609
内蒙古	158	18	18	65432	8970811
辽　宁	2470	113	70	540012	43330668
吉　林	326	18	13	92378	19612716
黑龙江	197	20	15	110161	6768866
上　海	4358	445	378	1072302	110320589
江　苏	8563	1340	795	2630853	209891037
浙　江	4940	852	658	1165011	58030358
安　徽	497	60	76	148974	10858590
福　建	1948	226	163	686144	36715556
江　西	324	26	11	149382	8714215
山　东	4756	253	194	1385215	101802406
河　南	311	60	60	110943	10134569
湖　北	470	103	71	248968	23011073
湖　南	265	62	34	83690	4701987
广　东	5912	591	415	3036337	181914706
广　西	243	28	23	101370	11243279
海　南	57	8	6	23733	4672736
重　庆	183	37	23	81275	9764691
四　川	393	47	32	116405	8628232
贵　州	54	5	5	19799	644604
云　南	120	13	15	29601	2105667
西　藏	2		1	580	37402
陕　西	175	24	18	72861	6325986
甘　肃	30	2	2	7599	650350
青　海	16	2	2	17069	2373331
宁　夏	34	12	9	11590	552671
新　疆	55	2	2	10493	704479

2-26 各地区分行业基本情况

地 区	采矿业				
	企业数(个)	#有R&D活动的企业数	#有研发机构的企业数	年末从业人员(人)	主营业务收入(万元)
总 计	**19521**	**411**	**308**	**7777031**	**341277046**
东部地区	5887	145	118	2218624	115849205
中部地区	7495	163	101	3374574	129352465
西部地区	6137	103	89	2183720	96063613
北 京	55	8	6	60143	5415339
天 津	21	9	6	83127	11130457
河 北	1109	10	12	394114	24225992
山 西	1291	29	21	954219	34686124
内蒙古	851	15	13	305748	25073362
辽 宁	1950	16	10	462250	17280828
吉 林	432	6	6	206859	7280896
黑龙江	410	8	4	411338	19803813
上 海	1	1		170	115701
江 苏	247	13	11	163694	4793964
浙 江	282	8	7	27108	1318573
安 徽	586	19	19	382531	10203086
福 建	553	9	5	94940	3503503
江 西	625	11	4	149665	4581014
山 东	1187	53	49	861241	39331300
河 南	1480	43	24	798819	38466856
湖 北	950	7	6	162177	5450311
湖 南	1721	40	17	308966	8880366
广 东	447	16	12	62530	8385429
广 西	313	6	2	60391	2300658
海 南	35	2		9307	348119
重 庆	784	9	7	192987	3629832
四 川	1406	26	18	489693	15535060
贵 州	669	3	4	234606	4011038
云 南	649	13	14	173535	3982856
西 藏	22	1		4164	146493
陕 西	753	13	10	308638	21054092
甘 肃	251	3	3	118939	3213700
青 海	47	2	3	41458	3431169
宁 夏	115	1	1	61542	2355296
新 疆	277	11	14	192019	11330055

2-26 续表 1

地 区	制造业				
	企业数(个)	#有R&D活动的企业数	#有研发机构的企业数	年末从业人员(人)	主营业务收入(万元)
总 计	**400677**	**35642**	**24875**	**76218173**	**4723345796**
东部地区	293191	26617	18169	54119536	3366358422
中部地区	71335	6111	4388	13643639	845603989
西部地区	36141	2912	2316	8453523	511333546
北 京	6683	1100	542	1075030	94081109
天 津	6757	601	403	1193781	115793987
河 北	11312	513	449	2616101	198718759
山 西	2601	225	193	1069316	47531341
内蒙古	3263	167	114	688963	67096060
辽 宁	21007	871	613	3076753	248345895
吉 林	5232	179	144	989710	84186472
黑龙江	3696	285	144	779576	48257784
上 海	16812	1373	1139	2774338	238805644
江 苏	60151	7232	4402	9981349	685283637
浙 江	59579	7803	5320	7830514	372243840
安 徽	12626	1051	1239	1819647	104687120
福 建	15823	1311	881	3433618	149784170
江 西	6640	462	262	1507170	88598804
山 东	43705	2222	1810	8012010	644527019
河 南	16689	1262	1054	3233916	224961573
湖 北	12733	1120	680	2290953	134354541
湖 南	11118	1527	672	1953351	113026354
广 东	50958	3541	2573	14032837	610123795
广 西	4960	400	303	1058480	55308873
海 南	404	50	37	93205	8650569
重 庆	5443	536	373	1109545	58255902
四 川	10952	807	654	2488213	145359247
贵 州	1639	136	136	444346	20313571
云 南	2366	190	192	589736	38956324
西 藏	57	6	5	10600	262680
陕 西	3328	305	247	973275	54444690
甘 肃	1485	127	96	486751	31472286
青 海	336	21	17	112136	5955646
宁 夏	803	109	82	183344	9295100
新 疆	1509	108	97	308134	24613166

2-26 续表 2

地区	农副食品加工业				
	企业数（个）	#有R&D活动的企业数	#有研发机构的企业数	年末从业人员（人）	主营业务收入（万元）
总计	**24374**	**1029**	**891**	**3258645**	**275993187**
东部地区	12674	561	487	1800881	155085065
中部地区	7797	336	280	900893	78912217
西部地区	3901	132	124	556809	41986593
北京	220	24	20	37117	2646769
天津	149	8	5	17467	3216029
河北	698	22	20	102250	10788492
山西	158	3	5	24536	1293106
内蒙古	548	4	6	62153	7400556
辽宁	1822	20	28	222915	20343891
吉林	851	6	5	113428	11616129
黑龙江	643	10	8	86113	8522375
上海	195	7	7	30158	2506695
江苏	1757	96	90	161114	18489997
浙江	1091	158	121	86617	6362297
安徽	1340	59	92	111436	9051151
福建	934	77	56	136019	8880150
江西	455	21	15	62770	4812533
山东	4768	88	83	826334	66346618
河南	1904	70	62	263631	23330803
湖北	1489	48	36	129422	10198867
湖南	957	119	57	109557	10087255
广东	959	58	54	154943	14690025
广西	517	29	21	122080	8601882
海南	81	3	3	25947	814104
重庆	387	9	10	45624	2434876
四川	1063	45	36	152928	14716660
贵州	133	4	7	11153	666821
云南	280	12	15	47308	1961251
西藏	7	1	1	505	17821
陕西	342	2	6	41613	2901774
甘肃	260	11	10	38639	1038856
青海	29	1		2567	171719
宁夏	82	8	6	5955	352336
新疆	253	6	6	26284	1722042

2-26 续表 3

地区	食品制造业				
	企业数（个）	#有R&D活动的企业数	#有研发机构的企业数	年末从业人员（人）	主营业务收入（万元）
总计	**8654**	**679**	**539**	**1611040**	**88683169**
东部地区	4964	416	331	886594	52170859
中部地区	2259	170	131	466966	22991013
西部地区	1431	93	77	257480	13521298
北京	213	26	12	39519	2075668
天津	130	15	9	23977	1977988
河北	275	11	17	64996	3743066
山西	104	4	7	18830	537806
内蒙古	169	4	7	55616	5343246
辽宁	454	6	7	52645	3672599
吉林	186	1	1	24994	1555159
黑龙江	183	12	6	50008	3261655
上海	291	19	13	61980	4142901
江苏	443	58	38	68546	3308678
浙江	452	74	70	80998	3331367
安徽	284	27	26	40283	1557922
福建	465	44	38	91467	3910538
江西	171	18	12	38631	1767540
山东	1364	99	78	234823	17160318
河南	639	42	42	156709	8604789
湖北	347	19	19	64436	2486479
湖南	345	47	18	73075	3219663
广东	850	62	48	162749	8516098
广西	155	16	14	28253	772672
海南	27	2	1	4894	331639
重庆	157	7	11	21498	811783
四川	408	25	13	65867	3176752
贵州	46	1	5	8227	390082
云南	78	5	5	13155	407644
西藏	2	1		259	8551
陕西	170	15	8	28932	1184607
甘肃	67	6	3	11885	243248
青海	17			2255	107736
宁夏	41	8	5	6198	363816
新疆	121	5	6	15335	711162

2-26 续表 4

地 区	饮料制造业				
	企业数(个)	#有R&D活动的企业数	#有研发机构的企业数	年末从业人员(人)	主营业务收入(万元)
总 计	**5839**	**482**	**415**	**1183139**	**75815147**
东部地区	2524	233	192	517338	37280533
中部地区	1937	152	135	352276	18658687
西部地区	1378	97	88	313525	19875927
北 京	66	4	4	27605	1759452
天 津	46	9	6	14706	1024332
河 北	173	13	11	36979	2028231
山 西	62	4	6	19168	789775
内蒙古	124	8	7	28800	1732820
辽 宁	283	11	13	40484	2656200
吉 林	232	3	4	38827	2614364
黑龙江	148	6	1	31140	1300230
上 海	67	5	7	12936	1556079
江 苏	246	32	23	68154	4738697
浙 江	372	43	48	68985	6093247
安 徽	305	31	36	55931	2173658
福 建	409	46	21	57671	2719621
江 西	111	10	9	21916	1056473
山 东	570	36	37	114467	8519563
河 南	423	41	38	85489	5112944
湖 北	379	17	20	63750	3561065
湖 南	277	40	21	36055	2050178
广 东	278	32	21	72991	6024919
广 西	146	9	10	25089	1272124
海 南	14	2	1	2360	160193
重 庆	84	4	9	15841	788119
四 川	492	35	30	131014	10965529
贵 州	92	7	4	26901	1428076
云 南	144	8	4	23269	720387
西 藏	6		1	941	55486
陕 西	117	7	10	26564	1626868
甘 肃	84	6	1	18247	610464
青 海	7	3	1	1822	108538
宁 夏	25	6	5	4452	130703
新 疆	57	4	6	10585	436815

2-26 续表 5

地　区	烟草制品业				
	企业数(个)	#有R&D活动的企业数	#有研发机构的企业数	年末从业人员(人)	主营业务收入(万元)
总　计	**159**	**48**	**40**	**204961**	**51568965**
东部地区	53	21	12	51656	20367572
中部地区	54	16	16	77034	14737233
西部地区	52	11	12	76271	16464160
北　京	1	1	1	846	321573
天　津	1			918	188346
河　北	4	1		6829	977680
山　西	1	1		1242	234795
内蒙古	2			2150	418303
辽　宁	4			2298	436583
吉　林	5	1	2	4354	812770
黑龙江	7	1	1	5364	563595
上　海	2	1	1	4166	3892783
江　苏	6	4	3	7689	2959897
浙　江	4	1	2	3171	2349875
安　徽	8	2	2	8462	1968474
福　建	7	3	1	4460	3102598
江　西	1	1	1	4797	844766
山　东	10	3	1	11302	2284870
河　南	13	3	4	24275	2763584
湖　北	12	4	3	12455	3066225
湖　南	7	3	3	16085	4483025
广　东	13	6	2	9490	3739406
广　西	3	1	1	2114	1055179
海　南	1	1	1	487	113960
重　庆	4	1		5443	817293
四　川	9		1	8722	1898039
贵　州	8	1	1	15053	1859212
云　南	19	6	7	33668	8517942
西　藏					
陕　西	3	1	1	5964	1042843
甘　肃	2	1	1	2239	644889
青　海					
宁　夏	1			30	2143
新　疆	1			888	208316

2-26 续表 6

地区	纺织业				
	企业数(个)	#有R&D活动的企业数	#有研发机构的企业数	年末从业人员(人)	主营业务收入(万元)
总计	**32094**	**1380**	**942**	**6105572**	**224307464**
东部地区	27046	1147	752	4717337	183277103
中部地区	3678	173	131	957738	28380854
西部地区	1370	60	59	430497	12649507
北京	152	7	10	24590	673536
天津	134	11	5	24720	635418
河北	789	8	10	208558	7506387
山西	42	3	1	15707	168903
内蒙古	227	5	2	45321	3102812
辽宁	577	17	13	83512	2950560
吉林	62	3	1	22400	567320
黑龙江	63	2	1	22520	271057
上海	826	20	18	113553	3086494
江苏	8240	402	211	1186925	48204999
浙江	8776	516	342	1174184	45641688
安徽	688	31	45	145173	3491560
福建	844	57	41	219476	8082249
江西	440	8	4	116668	3899017
山东	3806	83	75	1007395	48004635
河南	1004	44	34	271714	10418490
湖北	1055	29	24	260959	6589700
湖南	324	53	21	102597	2974806
广东	2896	25	26	673358	18460258
广西	151	6	7	44713	714544
海南	6	1	1	1066	30880
重庆	226	6	6	45862	1263575
四川	415	20	24	146644	4781184
贵州	10			4318	31676
云南	26	1	1	11069	88500
西藏	1			110	3297
陕西	126	9	6	67941	829858
甘肃	31	1	1	8577	118711
青海	7			5895	114232
宁夏	46	7	3	9525	700715
新疆	104	5	9	40522	900404

2-26 续表 7

地区	纺织服装、鞋、帽制造业				
	企业数(个)	#有R&D活动的企业数	#有研发机构的企业数	年末从业人员(人)	主营业务收入(万元)
总计	**18077**	**371**	**238**	**4474616**	**101975063**
东部地区	15964	336	210	3971685	90079601
中部地区	1817	26	25	424270	9901003
西部地区	296	9	3	78661	1994459
北京	285	1	2	65343	968439
天津	258	7	3	94456	1514227
河北	286	2	2	70661	1783796
山西	15	1		7290	112010
内蒙古	43	2		9338	287982
辽宁	811			157231	4642051
吉林	62		1	13614	369272
黑龙江	15			2534	73446
上海	1087	5	4	219523	4579699
江苏	3714	81	39	823767	22362506
浙江	3271	176	89	668742	13895402
安徽	550	7	11	102950	1479934
福建	1243	30	29	396229	9560606
江西	288	1	4	77959	2323455
山东	1481	14	17	378209	12145024
河南	254	9	5	61464	1974836
湖北	492	3	1	121630	2535721
湖南	141	5	3	36829	1032330
广东	3526	20	25	1091941	18566947
广西	50			11620	201197
海南	2			5583	60906
重庆	57	3	1	12718	243892
四川	87	2	1	27808	927312
贵州	6			2359	34579
云南	7			1145	23842
西藏	1			147	1009
陕西	27	1		6153	173067
甘肃	7			1713	17183
青海	5			3651	58487
宁夏	1	1	1	805	7306
新疆	5			1204	18603

2-26 续表 8

地 区	皮革、皮毛、羽毛(绒)及其制品				
	企业数(个)	#有R&D活动的企业数	#有研发机构的企业数	年末从业人员(人)	主营业务收入(万元)
总 计	**8429**	**254**	**203**	**2541074**	**62166222**
东部地区	7083	220	177	2237060	51122899
中部地区	849	25	22	210622	7528371
西部地区	497	9	4	93392	3514953
北 京	33			3037	88139
天 津	42	3		9844	190398
河 北	392	2	3	63936	4869733
山 西	1			35	510
内蒙古	20			2503	319479
辽 宁	79			9991	512047
吉 林	17			1658	82269
黑龙江	9			696	144755
上 海	232	1	1	48245	1148873
江 苏	655	27	15	141490	3878024
浙 江	2208	118	92	419175	10382403
安 徽	197	4	6	31908	968238
福 建	1096	46	37	529654	11771036
江 西	131		1	77850	1357692
山 东	576	11	10	147443	6522792
河 南	312	15	11	54211	3745356
湖 北	54			9039	166443
湖 南	128	6	4	35225	1063109
广 东	1768	12	19	864121	11756177
广 西	76		1	19928	438467
海 南	2			124	3279
重 庆	123	3		16785	393299
四 川	244	4	2	49582	2210127
贵 州	1			107	12916
云 南	1			68	539
西 藏	1			91	693
陕 西	4			1279	18612
甘 肃	11	1	1	2049	78561
青 海	2			136	2496
宁 夏	10	1		451	16779
新 疆	4			413	22985

2-26 续表 9

地区	木材加工及木、竹、藤、棕、草制品业				
	企业数(个)	#有R&D活动的企业数	#有研发机构的企业数	年末从业人员(人)	主营业务收入(万元)
总计	**10687**	**385**	**220**	**1295048**	**56256953**
东部地区	6775	244	149	745392	35427961
中部地区	2891	128	57	396957	15847933
西部地区	1021	13	14	152699	4981059
北京	55	2	1	4513	145199
天津	54	2		5228	163527
河北	140	2	1	21505	1432209
山西	6			1260	53842
内蒙古	137	2		16695	1038831
辽宁	578	3	2	49858	3315619
吉林	394	5	7	77086	3330814
黑龙江	316	4		46141	1238469
上海	179	3	3	19701	746199
江苏	1605	128	64	196999	8291375
浙江	957	55	49	79175	3793488
安徽	537	9	23	48941	1783475
福建	982	26	12	102523	3503824
江西	286	8	6	46085	1678778
山东	1577	6	8	168708	10164341
河南	565	23	8	85106	3959862
湖北	240	4	2	27475	917721
湖南	547	75	11	64863	2884974
广东	634	17	9	95454	3824326
广西	435	7	5	76858	1849281
海南	14			1728	47857
重庆	53	1	1	5931	136195
四川	228	3	4	27882	1399813
贵州	60		1	6782	214197
云南	53		2	11961	182901
西藏	4			996	10953
陕西	24		1	3193	82121
甘肃	6			843	10807
青海					
宁夏	5			273	6075
新疆	16			1285	49886

2-26 续表 10

地 区	家具制造业				
	企业数（个）	#有R&D活动的企业数	#有研发机构的企业数	年末从业人员（人）	主营业务收入（万元）
总 计	**5492**	**179**	**153**	**972217**	**33367938**
东部地区	4416	139	132	808331	26844759
中部地区	760	29	14	102842	4268854
西部地区	316	11	7	61044	2254325
北 京	143	1	1	18391	524334
天 津	88	3	2	17476	395128
河 北	127	2	1	17904	793857
山 西	7			395	7360
内蒙古	11			1055	124583
辽 宁	261			36590	2486685
吉 林	72			7957	301529
黑龙江	63	4	3	15227	284569
上 海	301	4	5	48376	1911941
江 苏	304	30	8	49362	1526712
浙 江	873	59	74	156307	4412220
安 徽	127	2	3	11095	354621
福 建	271	9	5	51942	1575291
江 西	58	1	1	10347	424248
山 东	634	7	9	85468	4774253
河 南	245	10	2	35118	1832849
湖 北	80	3	2	7636	219849
湖 南	108	9	3	15067	843830
广 东	1409	24	27	324932	8428358
广 西	34	2		5123	144824
海 南	5			1583	15979
重 庆	63	5	2	6604	269264
四 川	168	3	5	40308	1537670
贵 州	2			210	1588
云 南	5	1		663	7158
西 藏					
陕 西	15			2543	50224
甘 肃	4			929	6733
青 海	1			69	981
宁 夏	6			531	9190
新 疆	7			3009	102111

2-26 续表 11

地区	造纸及纸制品业				
	企业数(个)	#有R&D活动的企业数	#有研发机构的企业数	年末从业人员(人)	主营业务收入(万元)
总　计	**9797**	**355**	**263**	**1523250**	**80162476**
东部地区	7118	231	175	1045942	58358938
中部地区	1669	86	59	279829	15235634
西部地区	1010	38	29	197479	6567904
北　京	123	1		10851	661948
天　津	176	7	5	17289	807771
河　北	297	3	1	50738	2759527
山　西	34			5091	81690
内蒙古	40	1	2	6999	613120
辽　宁	370	5	1	35664	1974002
吉　林	85	1	2	16395	587019
黑龙江	82	4	2	14076	478271
上　海	357	6	3	37763	1960372
江　苏	896	44	25	118667	9222338
浙　江	1509	74	61	192924	8719543
安　徽	233	10	15	29324	1374668
福　建	565	17	15	84539	3545711
江　西	155	2		26081	1229490
山　东	1043	28	27	219828	16251022
河　南	427	26	21	94902	6557219
湖　北	270	8	7	34089	1748732
湖　南	383	35	12	59871	3178546
广　东	1767	46	36	271707	11919933
广　西	224	9	3	49939	1053402
海　南	15		1	5972	536772
重　庆	133	7	1	21064	812187
四　川	340	5	7	53529	2508507
贵　州	38		1	3498	135838
云　南	83	7	5	14002	415460
西　藏					
陕　西	75	3	4	23407	480218
甘　肃	22		2	6199	73201
青　海					
宁　夏	17	4	4	12733	336357
新　疆	38	2		6109	139615

2-26 续表 12

地　区	印刷业和记录媒介的复制				
	企业数(个)	#有R&D活动的企业数	#有研发机构的企业数	年末从业人员(人)	主营业务收入(万元)
总　计	**6533**	**217**	**149**	**805945**	**28752313**
东部地区	4963	154	107	601893	20666458
中部地区	966	41	27	118069	4943315
西部地区	604	22	15	85983	3142540
北　京	341	8	4	46545	1285286
天　津	97	5	2	10906	335647
河　北	117	4	3	20290	885357
山　西	25	1		5094	89751
内蒙古	25			2158	79326
辽　宁	188	3	2	16439	839303
吉　林	66	3	1	6544	204777
黑龙江	49	2	1	5527	127916
上　海	425	14	15	48736	1892232
江　苏	604	27	17	63468	2310034
浙　江	976	41	22	76320	2713751
安　徽	181	4	8	21631	768668
福　建	247	14	7	28504	807386
江　西	89	1	2	14167	711164
山　东	495	6	3	52950	2778112
河　南	205	15	8	25297	1256442
湖　北	201	7	3	23716	882235
湖　南	150	8	4	16093	902364
广　东	1460	32	31	236585	6793196
广　西	82	6	1	9912	363429
海　南	13		1	1150	26153
重　庆	82	3	2	12307	420575
四　川	202	4	3	24304	1121400
贵　州	24		1	3408	106391
云　南	64	5	7	11617	459871
西　藏	6			1122	9392
陕　西	51	3	1	11493	413546
甘　肃	18			3877	44527
青　海	7			1260	37849
宁　夏	12	1		1546	28850
新　疆	31			2979	57384

2-26 续表 13

地　区	文教体育用品制造业 企业数（个）	#有R&D活动的企业数	#有研发机构的企业数	年末从业人员（人）	主营业务收入（万元）
总　计	**4700**	**252**	**204**	**1217763**	**25655258**
东部地区	4287	238	186	1139743	24021573
中部地区	376	12	16	71289	1514496
西部地区	37	2	2	6731	119189
北　京	42	2	3	7978	155676
天　津	71	3	2	13978	397512
河　北	63			9149	211818
山　西	11	1	2	2169	49439
内蒙古					
辽　宁	67	3	2	8624	271756
吉　林	14			1571	40297
黑龙江	32			3513	65013
上　海	264	11	11	51811	1401413
江　苏	813	44	26	147385	4296749
浙　江	1105	112	85	141427	3715160
安　徽	149	3	11	28579	362989
福　建	222	9	9	63599	1220458
江　西	70			18732	420910
山　东	407	9	8	85504	3688289
河　南	43	4	1	8342	282358
湖　北	21	1	1	3102	75430
湖　南	36	3	1	5281	218060
广　东	1233	45	40	610288	8662743
广　西	18	1	1	4653	62210
海　南					
重　庆	5			679	5980
四　川	7	1	1	332	25590
贵　州	3			631	8597
云　南					
西　藏					
陕　西	3			316	13745
甘　肃	1			120	3067
青　海					
宁　夏					
新　疆					

2-26 续表 14

地 区	石油加工、炼焦及核燃料加工业				
	企业数(个)	#有R&D活动的企业数	#有研发机构的企业数	年末从业人员(人)	主营业务收入(万元)
总 计	**2282**	**174**	**133**	**841342**	**213045970**
东部地区	1251	98	79	338860	134022949
中部地区	551	45	36	316366	42422676
西部地区	478	31	18	185838	36583669
北 京	47	5	4	17432	7045159
天 津	44	5	5	16707	4729933
河 北	116	6	5	52868	11678321
山 西	221	9	11	172327	11042138
内蒙古	38	3	1	14923	2703368
辽 宁	343	10	8	73944	25362451
吉 林	39	2	1	8856	938904
黑龙江	77	8	3	56289	9798961
上 海	49	4	4	24327	9976393
江 苏	166	22	14	24506	10018891
浙 江	69	8	3	9827	9744209
安 徽	28	3	1	7053	2499151
福 建	19	5	5	4890	3132796
江 西	21	4	2	11975	2698672
山 东	290	20	20	90270	29961261
河 南	89	10	10	27194	7193590
湖 北	39	2	2	10444	4640719
湖 南	37	7	6	22228	3610541
广 东	105	13	11	23460	19067893
广 西	14	1		2117	862041
海 南	3			629	3305643
重 庆	33	4	3	6476	408282
四 川	85	3	3	21168	3406571
贵 州	40			11377	492964
云 南	42	3	2	16691	1481048
西 藏					
陕 西	85	4	1	25004	9082686
甘 肃	21	3	2	32345	7651829
青 海	2			1380	135528
宁 夏	31		1	18497	1567446
新 疆	87	10	5	35860	8791909

2-26 续表 15

地 区	化学原料及化学制品制造业				
	企业数（个）	#有R&D活动的企业数	#有研发机构的企业数	年末从业人员（人）	主营业务收入（万元）
总 计	**28496**	**3475**	**2526**	**4382730**	**362387935**
东部地区	18728	2546	1837	2376593	253862979
中部地区	6426	646	437	1141528	66108392
西部地区	3342	283	252	864609	42416564
北 京	411	71	35	41872	2724468
天 津	563	73	48	61691	5651810
河 北	898	50	52	174176	10588896
山 西	259	25	25	114701	4378905
内蒙古	385	17	14	72254	5955320
辽 宁	1366	98	80	174052	13591131
吉 林	417	10	8	91470	8863429
黑龙江	261	14	5	45608	2237564
上 海	1169	147	116	119017	17124039
江 苏	4630	897	587	565595	69682085
浙 江	2294	510	365	241113	27195428
安 徽	851	120	131	115000	7748863
福 建	711	75	55	75781	5397548
江 西	827	82	30	120853	6802068
山 东	3989	331	285	601582	70209119
河 南	1089	102	90	203761	13810288
湖 北	1009	130	82	170276	11537560
湖 南	1713	163	66	279859	10729715
广 东	2659	289	210	315601	31022381
广 西	525	37	27	84630	3733837
海 南	38	5	4	6113	676074
重 庆	309	50	39	74074	3771573
四 川	941	78	75	292787	11820542
贵 州	166	14	14	55455	3305313
云 南	297	19	23	72076	4448272
西 藏	3	1		277	4747
陕 西	249	16	15	64761	2467397
甘 肃	146	13	11	57721	2118550
青 海	63	3	5	23498	1249583
宁 夏	115	10	10	27045	1314975
新 疆	143	25	19	40031	2226456

2-26 续表 16

地区	医药制造业				
	企业数(个)	#有R&D活动的企业数	#有研发机构的企业数	年末从业人员(人)	主营业务收入(万元)
总计	**6761**	**2045**	**1549**	**1550717**	**90766880**
东部地区	3563	1201	915	815862	54182502
中部地区	1973	512	391	460444	23076945
西部地区	1225	332	243	274411	13507434
北京	225	89	58	49664	3075990
天津	124	43	38	41961	2786405
河北	195	38	33	77054	3798481
山西	105	21	17	26783	673410
内蒙古	81	17	13	18969	1350241
辽宁	287	45	39	45172	3332147
吉林	319	44	37	57870	3625093
黑龙江	117	39	22	48260	2401736
上海	238	95	81	56052	3595947
江苏	672	239	164	140377	11012678
浙江	541	264	210	110824	6100613
安徽	232	53	65	47207	1761200
福建	115	50	39	21110	1096468
江西	250	54	37	71537	3484583
山东	722	156	123	166380	13231401
河南	390	91	88	99679	5309639
湖北	316	83	64	65735	3073841
湖南	244	127	61	43373	2747443
广东	396	156	114	99479	5707096
广西	162	64	44	32348	1147685
海南	48	26	16	7789	445278
重庆	112	46	38	36313	1565573
四川	378	77	58	80512	4535638
贵州	89	19	11	23316	1223710
云南	97	38	30	19141	1002966
西藏	8	3	3	2068	66146
陕西	178	33	22	38186	1837292
甘肃	60	13	11	11418	374208
青海	26	8	3	4430	135914
宁夏	12	7	5	4485	190276
新疆	22	7	5	3225	77783

2-26 续表 17

地　区	化学纤维制造业				
	企业数（个）	#有R&D活动的企业数	#有研发机构的企业数	年末从业人员（人）	主营业务收入（万元）
总　计	**1914**	**196**	**146**	**414587**	**37901610**
东部地区	1741	177	128	325808	33679705
中部地区	119	13	12	49946	2386142
西部地区	54	6	6	38833	1835762
北　京	12	3	1	1131	27175
天　津	12	1	1	1408	74123
河　北	37	2	2	12714	413029
山　西	3			430	9517
内蒙古					
辽　宁	36	5	2	24325	879930
吉　林	7	2	2	13097	570200
黑龙江	4	1		1080	59071
上　海	53	2	2	5109	372100
江　苏	878	71	50	122744	12895353
浙　江	460	71	53	96170	13986078
安　徽	29	1	3	6538	355212
福　建	65	5	4	20167	2133791
江　西	11		1	4784	344808
山　东	103	8	7	23600	1443719
河　南	31	2	2	14303	604602
湖　北	18	1	1	5692	212636
湖　南	16	6	3	4022	230096
广　东	83	9	6	17978	1408172
广　西	2			124	3733
海　南	2			462	46236
重　庆	3			614	51098
四　川	22	3	3	11942	685107
贵　州					
云　南	1		1	334	119390
西　藏					
陕　西	6			827	114950
甘　肃	5	2	1	16635	140460
青　海					
宁　夏					
新　疆	15	1	1	8357	721024

2-26 续表 18

地　区	橡胶制品业				
	企业数（个）	#有R&D活动的企业数	#有研发机构的企业数	年末从业人员（人）	主营业务收入（万元）
总　计	**4657**	**358**	**293**	**966210**	**46465590**
东部地区	3829	274	216	776398	38160057
中部地区	614	56	51	119882	5901572
西部地区	214	28	26	69930	2403962
北　京	45	6	4	8464	230472
天　津	103	13	14	24432	1061541
河　北	299	10	13	44299	2019712
山　西	19	5	3	5170	231177
内蒙古	5	1		565	28214
辽　宁	305	11	8	39968	2420234
吉　林	34			2548	106026
黑龙江	18	1	1	5938	196087
上　海	268	16	12	42416	1842610
江　苏	642	82	47	119524	5983999
浙　江	677	62	52	103586	4158467
安　徽	142	13	18	33503	1187918
福　建	231	14	13	70629	2629265
江　西	51	6	5	8608	442161
山　东	658	31	28	174746	14299616
河　南	179	16	15	38917	2723087
湖　北	95	10	6	13195	601168
湖　南	76	5	3	12003	413948
广　东	599	29	25	147614	3504302
广　西	18	4	4	5578	149489
海　南	2			720	9837
重　庆	57	6	5	13077	386683
四　川	74	6	7	24788	788626
贵　州	9	3	4	12315	605467
云　南	8	2	1	1227	29583
西　藏					
陕　西	27	1	3	5299	197976
甘　肃	5	1		1340	10455
青　海	1			73	932
宁　夏	4	2	1	3740	182675
新　疆	6	2	1	1928	23863

2-26 续表 19

地 区	塑料制品业				
	企业数(个)	#有R&D活动的企业数	#有研究机构的企业数	年末从业人员(人)	主营业务收入(万元)
总 计	**19619**	**1017**	**661**	**2555080**	**106169758**
东部地区	15911	845	529	2147147	86121801
中部地区	2461	119	95	260538	13211303
西部地区	1247	53	37	147395	6836654
北 京	272	15	10	21136	837454
天 津	342	13	13	48706	2262639
河 北	465	13	9	53636	3345578
山 西	51	1	1	8158	232154
内蒙古	61	2	2	6302	575712
辽 宁	891	20	11	96099	5972071
吉 林	167	3	2	15690	812305
黑龙江	122	7	3	11928	421853
上 海	1068	40	37	125808	5116259
江 苏	2482	224	94	274504	11895611
浙 江	3546	303	180	320718	14794520
安 徽	661	33	49	57175	2836464
福 建	930	53	35	167223	5799510
江 西	211	5	1	29760	1279157
山 东	1551	35	29	152132	10986333
河 南	466	24	17	59639	3637812
湖 北	514	29	14	52480	2418568
湖 南	269	17	8	25708	1572991
广 东	4351	128	111	886256	25067119
广 西	141	5	3	20437	575655
海 南	13	1		929	44705
重 庆	177	6	3	18446	653163
四 川	427	18	11	53197	3361616
贵 州	51	2	2	5925	203274
云 南	85	4	3	8301	350697
西 藏					
陕 西	92	3	1	12091	448933
甘 肃	67	4	3	9729	223146
青 海	4			270	6429
宁 夏	29	2		2379	68365
新 疆	113	7	9	10318	369664

2-26 续表 20

地区	非金属矿物制品业				
	企业数(个)	#有R&D活动的企业数	#有研究机构的企业数	年末从业人员(人)	主营业务收入(万元)
总计	**31987**	**1540**	**1090**	**5003567**	**240227168**
东部地区	17860	958	674	2738961	141423993
中部地区	9368	444	300	1402978	66649842
西部地区	4758	138	116	861404	32142334
北京	440	43	24	68490	3522115
天津	246	16	8	25961	1882794
河北	1191	30	28	245370	9983878
山西	453	28	21	101197	1932310
内蒙古	426	10	8	62158	4176484
辽宁	2083	43	35	246237	16446109
吉林	548	5	5	87905	5497515
黑龙江	315	10	6	47191	1578223
上海	663	49	40	80770	5016650
江苏	2826	262	160	367131	19542649
浙江	1816	205	119	210221	11438005
安徽	1309	39	50	138914	5842941
福建	1642	62	40	274938	9900480
江西	884	66	30	165487	7192015
山东	4242	132	103	680346	40997014
河南	2910	134	112	451395	29724458
湖北	1584	47	28	187225	7218460
湖南	1365	115	48	223664	7663921
广东	2660	116	116	530878	22139443
广西	631	15	14	131267	3807372
海南	51		1	8619	554854
重庆	586	28	17	103175	3147965
四川	1465	53	39	270338	11402272
贵州	309	4	4	52700	1229799
云南	334	5	11	59946	1725263
西藏	14			3774	75968
陕西	408	4	9	70585	2863026
甘肃	201	5	4	42512	1116175
青海	54			12946	416041
宁夏	129	9	5	16368	708745
新疆	201	5	5	35635	1473223

2-26 续表 21

地区	黑色金属冶炼及压延加工业制造业				
	企业数(个)	#有R&D活动的企业数	#有研发机构的企业数	年末从业人员(人)	主营业务收入(万元)
总计	**7667**	**449**	**326**	**3176998**	**438580624**
东部地区	4681	295	209	1778361	293370562
中部地区	1381	95	67	761957	83925667
西部地区	1605	59	50	636680	61284395
北京	40	7	2	38822	6216239
天津	331	9	11	110285	28728030
河北	477	27	29	493841	74332884
山西	175	8	8	169153	15525923
内蒙古	219	7	5	111061	13435795
辽宁	618	27	22	340287	36654943
吉林	64	4	4	37356	4044717
黑龙江	43	6	2	26901	2329324
上海	126	4	6	40103	14753048
江苏	1218	112	64	294418	62747496
浙江	838	54	36	99639	14023357
安徽	158	9	9	79997	10862901
福建	173	13	7	52080	7124418
江西	92	8	5	69895	7586114
山东	420	25	20	226437	34943602
河南	289	19	17	122439	16440655
湖北	155	11	6	150971	18534060
湖南	405	30	16	105245	8601974
广东	437	16	11	80467	13658891
广西	251	5	6	56992	7694331
海南	3	1	1	1982	187655
重庆	123	11	8	29851	2815541
四川	331	16	11	176873	13508416
贵州	188	3	4	55930	3188881
云南	124	7	7	55435	5985787
西藏					
陕西	99	3	2	35715	4018852
甘肃	109	2	2	51531	5126545
青海	40		1	19564	1146692
宁夏	73	2	1	15488	688413
新疆	48	3	3	28240	3675143

2-26 续表 22

地　区	有色金属冶炼及压延加工业				
	企业数（个）	#有R&D活动的企业数	#有研发机构的企业数	年末从业人员（人）	主营业务收入（万元）
总　计	**7974**	**807**	**544**	**1761508**	**209875458**
东部地区	4472	429	288	661582	95164165
中部地区	2266	246	161	566160	68441728
西部地区	1236	132	95	533766	46269565
北　京	91	19	6	7677	686914
天　津	108	11	5	9388	2253381
河　北	190	9	6	29322	2932878
山　西	110	9	9	71013	2746462
内蒙古	204	26	15	58724	9057753
辽　宁	391	18	12	64004	7960317
吉　林	45	4	3	13338	964744
黑龙江	32	3	4	14223	390714
上　海	257	23	18	29860	3713575
江　苏	1317	137	80	137825	22462208
浙　江	886	104	73	85445	12299969
安　徽	188	20	26	47978	8495972
福　建	137	18	14	29621	3100894
江　西	499	28	14	106884	18073249
山　东	389	42	32	126394	22212460
河　南	519	61	41	163354	22057940
湖　北	184	15	10	40445	4825529
湖　南	689	106	54	108925	10887118
广　东	702	47	41	141822	17533172
广　西	135	14	14	56269	3597762
海　南	4	1	1	224	8398
重　庆	125	13	7	42062	3087471
四　川	203	18	15	54518	4555721
贵　州	83	4	3	32674	1769594
云　南	203	18	16	108485	7122697
西　藏					
陕　西	154	16	9	53931	4331882
甘　肃	50	9	5	77272	9187046
青　海	25	3	4	18875	1706506
宁　夏	27	8	6	24040	1488132
新　疆	27	3	1	6916	365001

2-26 续表 23

地区	金属制品业				
	企业数（个）	#有R&D活动的企业数	#有研发机构的企业数	年末从业人员（人）	主营业务收入（万元）
总计	**24422**	**1382**	**883**	**3201319**	**155956488**
东部地区	20208	1105	694	2605202	128880246
中部地区	2859	194	121	343646	17185084
西部地区	1355	83	68	252471	9891159
北京	472	25	17	42329	2047043
天津	781	39	22	77959	5497232
河北	884	24	17	124980	8133474
山西	101	4	2	18144	388807
内蒙古	105	8	4	11350	933413
辽宁	1256	29	24	139318	8788969
吉林	181	2	4	17231	1254835
黑龙江	135	12	3	13920	554579
上海	1585	53	42	185003	7502624
江苏	4141	315	182	482769	27963155
浙江	3779	390	223	423074	17329967
安徽	667	39	41	66476	3002037
福建	569	31	21	81911	3324402
江西	218	8	6	28543	1752083
山东	1968	49	38	219656	16868645
河南	619	41	30	79397	4357461
湖北	576	43	24	67866	3289517
湖南	362	45	11	52069	2585765
广东	4768	150	108	826974	31262725
广西	127	6	5	16430	750945
海南	5			1229	162011
重庆	221	16	9	34671	1159713
四川	498	32	29	126222	4356081
贵州	32	3	3	15545	474103
云南	71	4	3	9448	457862
西藏					
陕西	122	5	4	16177	665416
甘肃	62	4	4	8678	278204
青海	17			2117	141768
宁夏	35	3	3	4973	198328
新疆	65	2	4	6860	475326

2-26 续表 24

地　区	通用设备制造业				
	企业数(个)	#有R&D活动的企业数	#有研发机构的企业数	年末从业人员(人)	主营业务收入(万元)
总　计	**36999**	**4082**	**2701**	**4797918**	**267879123**
东部地区	29518	3268	2104	3636684	210293305
中部地区	5238	564	386	756416	36715807
西部地区	2243	250	211	404818	20870011
北　京	569	97	46	68284	3960016
天　津	655	70	48	87284	6278860
河　北	1185	55	45	179274	7802535
山　西	297	27	21	60484	1377553
内蒙古	131	15	8	23124	1420627
辽　宁	3607	149	97	390734	26942413
吉　林	279	13	6	37342	1767731
黑龙江	308	25	15	62165	3693038
上　海	2122	182	149	289342	22432290
江　苏	7100	937	544	803927	46526126
浙　江	6888	1193	753	725552	28475320
安　徽	1065	134	131	120548	5221676
福　建	672	73	41	88642	4677452
江　西	249	24	9	37673	1724968
山　东	4798	300	241	666828	48257059
河　南	1311	116	88	213838	12321418
湖　北	915	102	61	121533	5363822
湖　南	814	123	55	102833	5245603
广　东	1919	211	140	336004	14894064
广　西	198	23	20	31383	1451021
海　南	3	1		813	47169
重　庆	372	48	28	65243	3055320
四　川	945	86	72	145567	10303850
贵　州	54	9	10	9778	235693
云　南	100	10	11	15068	488024
西　藏					
陕　西	258	24	31	72024	2847135
甘　肃	79	13	11	19850	395633
青　海	9	1	2	7191	278774
宁　夏	47	17	14	11994	296021
新　疆	50	4	4	3596	97914

2-26 续表 25

地区	专用设备制造业				
	企业数(个)	#有R&D活动的企业数	#有研发机构的企业数	年末从业人员(人)	主营业务收入(万元)
总计	**18922**	**3066**	**2012**	**3020310**	**164111771**
东部地区	14300	2329	1478	2012411	109868711
中部地区	3301	513	364	668204	37115869
西部地区	1320	223	169	339645	17124590
北京	574	172	67	81604	4702376
天津	461	63	37	68579	4549401
河北	597	63	48	115266	4941168
山西	129	32	23	103174	2989776
内蒙古	75	16	8	40981	2698194
辽宁	1384	97	60	157917	12429553
吉林	260	16	12	32885	1905151
黑龙江	256	41	19	51900	2436886
上海	1131	148	118	152137	8710005
江苏	3311	658	378	433857	23670883
浙江	2391	611	428	240018	9859466
安徽	554	77	93	64299	2975218
福建	440	92	57	63278	3532712
江西	150	18	15	31537	1313665
山东	2142	173	135	342658	26124282
河南	990	130	107	203164	13175373
湖北	530	103	50	57180	2451878
湖南	432	96	45	124065	9867922
广东	1864	251	149	356432	11325006
广西	178	33	27	37046	2315607
海南	5	1	1	665	23860
重庆	149	33	20	45238	1620887
四川	498	61	47	102067	6326747
贵州	42	9	8	9612	290806
云南	55	15	15	15026	582794
西藏					
陕西	211	36	29	62532	2364216
甘肃	61	12	8	17985	530747
青海	2			388	5983
宁夏	13	2	2	4281	236692
新疆	36	6	5	4489	151916

2-26 续表 26

地 区	交通运输设备制造业				
	企业数(个)	#有R&D活动的企业数	#有研发机构的企业数	年末从业人员(人)	主营业务收入(万元)
总 计	**19235**	**2438**	**1766**	**4920566**	**411995231**
东部地区	12835	1605	1116	2887499	264404538
中部地区	3862	498	380	1176227	91822292
西部地区	2537	335	270	856775	55767199
北 京	412	48	29	107809	14916105
天 津	535	38	30	142199	14979125
河 北	516	41	37	153945	8565582
山 西	85	13	13	33717	951416
内蒙古	50	5	6	15124	1857657
辽 宁	873	63	43	249933	21616934
吉 林	505	26	23	207383	29403491
黑龙江	149	21	14	62694	3778522
上 海	996	115	105	257343	37998203
江 苏	2750	395	266	586526	48307287
浙 江	3299	582	358	489428	26584707
安 徽	768	105	114	158319	10847310
福 建	535	72	49	111959	9960194
江 西	213	17	12	82597	5079184
山 东	1618	114	103	369092	39414708
河 南	614	54	56	149274	9770081
湖 北	1174	179	103	366791	25089733
湖 南	354	83	45	115452	6902555
广 东	1267	135	94	411120	41371848
广 西	315	45	36	93274	9543606
海 南	34	2	2	8145	689844
重 庆	1382	152	98	334951	23062469
四 川	501	59	52	155506	9267656
贵 州	67	26	27	52600	1286834
云 南	45	6	8	18121	1179776
西 藏	2			104	5736
陕 西	133	37	37	173391	9165156
甘 肃	22	2	2	9738	285724
青 海	4		1	1183	24529
宁 夏	4			397	3780
新 疆	12	3	3	2386	84277

2-26 续表 27

地区	电气机械及器材制造业				
	企业数（个）	#有R&D活动的企业数	#有研发机构的企业数	年末从业人员（人）	主营业务收入（万元）
总计	**26298**	**4053**	**2761**	**5266857**	**325066345**
东部地区	21973	3403	2288	4410331	265819887
中部地区	2994	472	345	591643	40516178
西部地区	1329	177	127	264102	18724262
北京	481	106	55	59294	6123621
天津	435	52	36	62306	6165399
河北	571	39	25	103957	9370355
山西	67	8	8	15395	556392
内蒙古	84	11	4	9820	1087665
辽宁	1152	87	49	155456	12719399
吉林	185	11	5	20726	1217204
黑龙江	144	25	9	28386	1538937
上海	1512	167	142	243971	15934852
江苏	4347	899	551	761086	63507758
浙江	5564	1104	774	796755	36446634
安徽	841	126	146	153281	12296707
福建	617	129	67	147584	6877098
江西	332	35	22	104766	6575256
山东	1861	208	154	342393	37696568
河南	551	73	63	109553	8469307
湖北	463	106	47	91377	5083855
湖南	411	88	45	68159	4778519
广东	5428	610	433	1735924	70748926
广西	141	30	21	26537	1665091
海南	5	2	2	1605	229278
重庆	220	25	20	47684	3089001
四川	457	54	35	78796	5898451
贵州	43	6	7	7526	524994
云南	72	6	9	11972	787191
西藏					
陕西	181	22	14	51003	2932196
甘肃	59	9	7	18039	774914
青海	8	1		1092	73613
宁夏	29	8	7	4943	301179
新疆	35	5	3	6690	1589968

2-26 续表 28

地 区	通信设备、计算机及其他电子设备制造业				
	企业数(个)	#有R&D活动的企业数	#有研发机构的企业数	年末从业人员(人)	主营业务收入(万元)
总 计	**14159**	**3121**	**2089**	**6614768**	**442477761**
东部地区	12433	2688	1791	5963143	413173462
中部地区	1143	271	189	371142	15315650
西部地区	582	162	109	280468	13985617
北 京	439	170	81	126175	23388525
天 津	424	46	31	126348	14680437
河 北	117	16	15	46337	1725887
山 西	28	9	4	61473	900700
内蒙古	21	2	2	4895	1026952
辽 宁	322	41	30	100326	6218600
吉 林	50	6	6	8529	622652
黑龙江	31	8	4	6729	201570
上 海	740	154	126	341390	50544746
江 苏	2797	718	444	1560149	102286877
浙 江	1667	478	336	311134	14664195
安 徽	230	57	55	48350	1623994
福 建	505	159	115	215277	17082466
江 西	184	23	9	69439	2450532
山 东	770	104	64	282231	28401772
河 南	126	37	40	29734	1360422
湖 北	258	70	43	93739	6205250
湖 南	236	61	28	53149	1950530
广 东	4648	801	549	2851808	154121491
广 西	93	18	7	41019	961354
海 南	4	1		1968	58467
重 庆	51	11	10	20578	1010694
四 川	281	73	54	139938	8685252
贵 州	24	12	12	9430	380064
云 南	13	2		2167	130471
西 藏					
陕 西	86	37	19	50119	1540845
甘 肃	8	6	4	9039	128164
青 海	1			69	5320
宁 夏	1			62	14963
新 疆	3	1	1	3152	101539

2-26 续表 29

地　区	仪器仪表及文化、办公用机械制造业				
	企业数(个)	#有R&D活动的企业数	#有研发机构的企业数	年末从业人员(人)	主营业务收入(万元)
总　计	**5656**	**1460**	**928**	**1109095**	**48678088**
东部地区	4629	1175	749	921938	41580858
中部地区	679	188	116	119199	4681323
西部地区	348	97	63	67958	2415907
北　京	366	128	38	34903	2305205
天　津	134	34	15	14114	1274521
河　北	88	20	15	13224	527417
山　西	19	8	6	4510	141874
内蒙古	5			100	22121
辽　宁	342	53	21	30377	1516012
吉　林	47	8	2	4657	174048
黑龙江	50	16	11	8989	206989
上　海	352	69	48	56036	2904803
江　苏	867	259	202	181085	12589178
浙　江	1134	313	235	165303	5336303
安　徽	93	24	21	9992	641769
福　建	223	49	30	51538	1285975
江　西	61	12	7	17015	419426
山　东	345	84	51	45215	2957977
河　南	172	45	36	35175	1481217
湖　北	131	36	15	19405	521696
湖　南	106	39	18	19456	1094305
广　东	777	166	94	329933	10880908
广　西	29	9	8	5028	103726
海　南	1			210	2558
重　庆	103	34	21	21107	738295
四　川	96	16	11	13027	663574
贵　州	10	4	2	2841	57871
云　南	29	5	3	3955	135648
西　藏					
陕　西	55	21	12	17550	572830
甘　肃	7	2	2	1275	21843
青　海	1	1		657	8278
宁　夏	8	3	3	2153	80841
新　疆	5	2	1	265	10882

2-26 续表 30

地　区	工艺品及其他制造业				
	企业数（个）	#有R&D活动的企业数	#有研发机构的企业数	年末从业人员（人）	主营业务收入（万元）
总　计	**7654**	**322**	**198**	**1341191**	**43853415**
东部地区	6557	262	155	1125317	36802178
中部地区	818	35	22	157650	5387381
西部地区	279	25	21	58224	1663856
北　京	97	18	6	12591	910747
天　津	158	2	2	18670	566619
河　北	104		1	20347	643992
山　西	13			2670	33841
内蒙古	18	1		4963	252041
辽　宁	218	5	4	28953	1069510
吉　林	31			2768	160836
黑龙江	19	2		4020	87828
上　海	216	8	5	26003	2191308
江　苏	572	29	15	83563	3153430
浙　江	1929	117	65	237853	6385569
安　徽	161	9	7	24190	677950
福　建	933	32	18	189116	3957366
江　西	112	1	1	28173	719327
山　东	1038	19	20	163666	7358689
河　南	273	5	6	63396	2468365
湖　北	104	8	6	14188	625160
湖　南	105	10	2	18245	614075
广　东	1289	32	19	344346	10547971
广　西	94	5	3	16776	264512
海　南	3			209	16980
重　庆	32	3	4	4434	110324
四　川	62	7	4	10438	353268
贵　州	8	5	5	4609	153579
云　南	22	1	3	4169	129341
西　藏	2			206	2880
陕　西	24	2	2	4541	158181
甘　肃	9	1		5767	214053
青　海	4			748	17720
宁　夏					
新　疆	4			1573	7957

2-26 续表 31

地区	电力、燃气及水的生产和供应业				
	企业数(个)	#有R&D活动的企业数	#有研发机构的企业数	年末从业人员(人)	主营业务收入(万元)
总计	**9180**	**334**	**208**	**3425443**	**390227370**
东部地区	4025	186	100	1458750	236410670
中部地区	2355	90	58	1122002	86811637
西部地区	2800	58	50	844691	67005063
北京	152	6	1	63769	20175217
天津	97	10	4	36498	5158863
河北	334	9	4	172599	18157525
山西	130	8	6	87457	9209145
内蒙古	350	9	9	107791	12103046
辽宁	402	10	5	173367	13082433
吉林	272	9	6	112661	5301420
黑龙江	283	9	8	252667	9229339
上海	92	15	8	41944	15028435
江苏	433	33	22	144020	29449040
浙江	618	31	20	113490	35916022
安徽	247	14	4	109927	12582889
福建	446	9	3	78742	10851762
江西	273	3	4	88079	6014260
山东	619	36	17	267270	36231542
河南	341	22	17	206533	21988516
湖北	341	6	5	128022	13650447
湖南	468	19	8	136656	8835623
广东	781	26	16	351266	51270026
广西	313	8	4	84167	6878673
海南	51	1		15785	1089805
重庆	185	4	3	69361	4336257
四川	640	10	9	164546	12067075
贵州	204	4	3	64289	8174625
云南	375	9	7	76634	6314723
西藏	8			4082	65842
陕西	184	1	5	87845	6353622
甘肃	249	5	5	82263	3927258
青海	32	2	1	17151	1509959
宁夏	51	3	2	27902	2250541
新疆	209	3	2	58660	3023443

三、R&D 人员情况

3-1 企业R&D人员

项　　目	R&D人员合计(人)	#女性	R&D人员全时当量(人年)	#研究人员
总　　计	**1914274**	**402071**	**1446826**	**626428**
按企业规模分组				
大中型企业	1518991	327141	1159258	523052
大型企业	853691	181289	664597	336197
中型企业	665300	145852	494661	186855
小型企业	395283	74930	287568	103376
按企业控股情况分组				
国有控股	701926	151162	535349	301195
集体控股	102727	22518	86357	60926
私人控股	676061	136446	495517	172523
港澳台商控股	155114	31759	116459	32084
外商控股	201942	43575	160089	39667
按登记注册类型分组				
内资企业	1431061	300660	1069706	521778
国有企业	174768	38827	126315	81335
集体企业	14360	3134	10896	4362
股份合作企业	9902	1994	6349	2393
联营企业	3308	839	2252	1273
有限责任公司	580102	122171	437794	240379
#国有独资公司	140510	28883	103800	56470
股份有限公司	285987	63165	225162	103485
私营企业	356350	68949	257574	87227
其他内资企业	6284	1581	3364	1324
港澳台商投资企业	198824	40414	148707	40525
外商投资企业	284389	60997	228413	64125

3-2 大中型企业R&D人员

项目	R&D人员合计（人）	#女性	R&D人员全时当量（人年）	#研究人员
总　计	**1518991**	**327141**	**1159258**	**523052**
按企业控股情况分组				
国有控股	665969	143078	508913	288785
集体控股	89305	19914	76589	56735
私人控股	406784	86994	300361	103366
港澳台商控股	129584	26774	97898	26530
外商控股	170486	37473	136584	32550
按登记注册类型分组				
内资企业	1118529	242151	843667	437580
国有企业	166323	36913	120462	78242
集体企业	11495	2584	8941	3551
股份合作企业	6386	1329	3821	1345
联营企业	2655	705	1736	1034
有限责任公司	489584	104158	371979	213724
#国有独资公司	138742	28456	102564	55817
股份有限公司	268312	59557	212169	97829
私营企业	168791	35568	122052	40876
其他内资企业	4983	1337	2507	979
港澳台商投资企业	163344	33330	122724	32614
外商投资企业	237118	51660	192867	52858

3-3 大型企业R&D人员

项目	R&D人员合计（人）	#女性	R&D人员全时当量（人年）	#研究人员
总　计	**853691**	**181289**	**664597**	**336197**
按企业控股情况分组				
国有控股	507897	104674	390686	225583
集体控股	56001	11855	51377	46312
私人控股	125478	29530	92925	33894
港澳台商控股	62898	12131	47486	12278
外商控股	81336	18042	68467	12881
按登记注册类型分组				
内资企业	659964	141263	506308	296288
国有企业	119643	26043	85128	55948
集体企业	8305	1849	6788	2706
股份合作企业	1130	224	472	226
联营企业	2221	605	1377	921
有限责任公司	327717	67155	253534	161456
#国有独资公司	122201	24324	90201	48623
股份有限公司	164896	35632	134111	65945
私营企业	33838	9140	24072	8816
其他内资企业	2214	615	826	270
港澳台商投资企业	73274	13498	54582	13672
外商投资企业	120453	26528	103707	26237

3-4 中型企业R&D人员

项　目	R&D人员合计(人)	#女性	R&D人员全时当量(人年)	#研究人员
总　计	**665300**	**145852**	**494661**	**186855**
按企业控股情况分组				
国有控股	158072	38404	118227	63202
集体控股	33304	8059	25212	10423
私人控股	281306	57464	207436	69472
港澳台商控股	66686	14643	50412	14252
外商控股	89150	19431	68117	19669
按登记注册类型分组				
内资企业	458565	100888	337359	141292
国有企业	46680	10870	35334	22294
集体企业	3190	735	2153	845
股份合作企业	5256	1105	3349	1119
联营企业	434	100	359	113
有限责任公司	161867	37003	118445	52268
#国有独资公司	16541	4132	12363	7194
股份有限公司	103416	23925	78058	31884
私营企业	134953	26428	97980	32060
其他内资企业	2769	722	1681	709
港澳台商投资企业	90070	19832	68142	18942
外商投资企业	116665	25132	89160	26621

3-5 小型企业R&D人员

项　目	R&D人员合计(人)	#女性	R&D人员全时当量(人年)	#研究人员
总　计	**395283**	**74930**	**287568**	**103376**
按企业控股情况分组				
国有控股	35957	8084	26436	12410
集体控股	13422	2604	9768	4191
私人控股	269277	49452	195156	69157
港澳台商控股	25530	4985	18561	5554
外商控股	31456	6102	23505	7117
按登记注册类型分组				
内资企业	312532	58509	226039	84198
国有企业	8445	1914	5853	3093
集体企业	2865	550	1955	811
股份合作企业	3516	665	2528	1048
联营企业	653	134	516	239
有限责任公司	90518	18013	65815	26655
#国有独资公司	1768	427	1236	653
股份有限公司	17675	3608	12993	5656
私营企业	187559	33381	135522	46351
其他内资企业	1301	244	857	345
港澳台商投资企业	35480	7084	25983	7911
外商投资企业	47271	9337	35546	11267

3-6 按行业分企业R&D人员

行业	R&D人员合计(人)	#女性	R&D人员全时当量(人年)	#研究人员
总计	**1914274**	**402071**	**1446826**	**626428**
采矿业	**110837**	**18857**	**75624**	**43891**
煤炭开采和洗选业	69593	8760	46411	23338
石油和天然气开采业	32289	8898	23326	17330
黑色金属矿采选业	2123	190	1478	977
有色金属矿采选业	4135	402	2306	1288
非金属矿采选业	2697	607	2103	958
制造业	**1777395**	**378004**	**1355658**	**570294**
农副食品加工业	24772	5873	17920	6430
食品制造业	20976	5689	14555	5186
饮料制造业	22230	5951	16537	5919
烟草制品业	5238	1259	4193	2427
纺织业	53076	19673	37169	10746
纺织服装、鞋、帽制造业	11620	4817	9098	3328
皮革、毛皮、羽毛(绒)及其制品业	7092	2456	5149	1056
木材加工及木、竹、藤、棕、草制品业	5794	941	3620	1123
家具制造业	4867	885	3197	565
造纸及纸制品业	16575	3649	11161	3494
印刷业和记录媒介的复制	7532	1623	5179	1373
文教体育用品制造业	8480	1772	6587	1175
石油加工、炼焦及核燃料加工业	14252	3020	10208	6975
化学原料及化学制品制造业	136027	28134	102425	44941
医药制造业	90222	32167	70111	30537
化学纤维制造业	13766	3149	10093	3467
橡胶制品业	18215	3708	12204	3854
塑料制品业	26029	4597	19971	7064
非金属矿物制品业	55029	9998	39873	15535
黑色金属冶炼及压延加工业	89700	13478	62470	35201
有色金属冶炼及压延加工业	47405	7267	34044	16447
金属制品业	44330	7685	32095	11210
通用设备制造业	161325	29618	118165	51510
专用设备制造业	136626	25652	106717	48898
交通运输设备制造业	197976	37509	159716	68081
电气机械及器材制造业	194660	38946	142988	50682
通信设备、计算机及其他电子设备制造业	296136	64359	246800	110650
仪器仪表及文化、办公用机械制造业	54463	10604	43137	18676
工艺品及其他制造业	12647	3465	10043	3674
电力、燃气及水的生产和供应业	**26042**	**5210**	**15544**	**12243**
电力、热力的生产和供应业	24247	4820	14271	11408
燃气生产和供应业	275	42	142	57
水的生产和供应业	1520	348	1131	778

3-7 按行业分大中型企业R&D人员

行　业	R&D人员合计(人)	#女性	R&D人员全时当量(人年)	#研究人员
总　计	**1518991**	**327141**	**1159258**	**523052**
采矿业	**108827**	**18628**	**74417**	**43355**
煤炭开采和洗选业	69093	8723	46111	23225
石油和天然气开采业	31799	8803	23093	17179
黑色金属矿采选业	1894	179	1302	933
有色金属矿采选业	3727	361	2069	1143
非金属矿采选业	2314	562	1842	875
制造业	**1385846**	**303556**	**1070290**	**467798**
农副食品加工业	15297	3945	11172	4205
食品制造业	13801	3915	9517	3426
饮料制造业	18702	5150	14073	4894
烟草制品业	5009	1191	4023	2322
纺织业	44225	17317	30924	9152
纺织服装、鞋、帽制造业	9374	3799	7336	2993
皮革、毛皮、羽毛(绒)及其制品业	5696	2066	4186	852
木材加工及木、竹、藤、棕、草制品业	2337	431	1325	438
家具制造业	3440	682	2145	360
造纸及纸制品业	14426	3304	9617	2921
印刷业和记录媒介的复制	5416	1193	3798	943
文教体育用品制造业	6151	1288	4882	788
石油加工、炼焦及核燃料加工业	13246	2800	9474	6695
化学原料及化学制品制造业	95662	19694	72726	32801
医药制造业	64859	24562	51133	23118
化学纤维制造业	12395	2890	9103	3079
橡胶制品业	15196	3119	10006	3081
塑料制品业	16101	2856	12573	4597
非金属矿物制品业	38819	7177	28301	10959
黑色金属冶炼及压延加工业	86857	13094	60374	34248
有色金属冶炼及压延加工业	39665	6094	28345	14421
金属制品业	30845	5687	22705	8091
通用设备制造业	114815	22662	84262	39122
专用设备制造业	94145	18943	75552	36844
交通运输设备制造业	175899	34153	143801	62576
电气机械及器材制造业	145932	30056	108143	38585
通信设备、计算机及其他电子设备制造业	255641	55990	216540	101203
仪器仪表及文化、办公用机械制造业	32269	6711	26359	12062
工艺品及其他制造业	9553	2779	7834	3019
电力、燃气及水的生产和供应业	**24318**	**4957**	**14551**	**11899**
电力、热力的生产和供应业	22981	4667	13627	11194
燃气生产和供应业	203	30	97	52
水的生产和供应业	1134	260	827	653

3-8 按行业分大型企业R&D人员

行业	R&D人员合计（人）	#女性	R&D人员全时当量（人年）	#研究人员
总 计	**853691**	**181289**	**664597**	**336197**
采矿业	**103267**	**17974**	**71073**	**41358**
煤炭开采和洗选业	67790	8615	45256	22791
石油和天然气开采业	31032	8651	22683	17021
黑色金属矿采选业	785	93	513	154
有色金属矿采选业	2210	225	1312	770
非金属矿采选业	1450	390	1309	622
制造业	**732679**	**159306**	**582877**	**285744**
农副食品加工业	6908	1874	5441	1818
食品制造业	5037	1309	3378	1344
饮料制造业	11246	3226	9347	2948
烟草制品业	3739	694	2833	1983
纺织业	19490	8357	13493	3649
纺织服装、鞋、帽制造业	4591	1738	3495	2042
皮革、毛皮、羽毛(绒)及其制品业	2288	897	1848	366
木材加工及木、竹、藤、棕、草制品业	476	89	187	112
家具制造业	1143	181	639	24
造纸及纸制品业	8338	2076	5620	1641
印刷业和记录媒介的复制	546	120	439	205
文教体育用品制造业	2174	375	1879	299
石油加工、炼焦及核燃料加工业	9568	2106	7055	5691
化学原料及化学制品制造业	45806	8906	35867	17901
医药制造业	23367	9478	19728	11284
化学纤维制造业	7889	2075	5662	1829
橡胶制品业	9126	1827	5986	1524
塑料制品业	5795	1089	4891	2281
非金属矿物制品业	12935	2431	10582	3952
黑色金属冶炼及压延加工业	78761	11995	55016	32231
有色金属冶炼及压延加工业	23855	3816	18127	10972
金属制品业	8618	1865	6782	1873
通用设备制造业	42999	9110	30713	16205
专用设备制造业	45915	9842	37954	20794
交通运输设备制造业	117134	23754	99183	44079
电气机械及器材制造业	64241	13561	47895	16945
通信设备、计算机及其他电子设备制造业	158528	33854	138977	76934
仪器仪表及文化、办公用机械制造业	9098	1749	7315	4012
工艺品及其他制造业	3068	912	2545	806
电力、燃气及水的生产和供应业	**17745**	**4009**	**10647**	**9095**
电力、热力的生产和供应业	17205	3889	10243	8762
燃气生产和供应业	37	8	19	12
水的生产和供应业	503	112	385	321

3-9　按行业分中型企业R&D人员

行　业	R&D人员合计（人）	#女性	R&D人员全时当量（人年）	#研究人员
总　计	**665300**	**145852**	**494661**	**186855**
采矿业	**5560**	**654**	**3344**	**1997**
煤炭开采和洗选业	1303	108	855	434
石油和天然气开采业	767	152	410	158
黑色金属矿采选业	1109	86	789	779
有色金属矿采选业	1517	136	757	373
非金属矿采选业	864	172	533	253
制造业	**653167**	**144250**	**487413**	**182054**
农副食品加工业	8389	2071	5731	2387
食品制造业	8764	2606	6139	2082
饮料制造业	7456	1924	4726	1946
烟草制品业	1270	497	1190	339
纺织业	24735	8960	17431	5503
纺织服装、鞋、帽制造业	4783	2061	3841	951
皮革、毛皮、羽毛(绒)及其制品业	3408	1169	2338	486
木材加工及木、竹、藤、棕、草制品业	1861	342	1138	326
家具制造业	2297	501	1506	336
造纸及纸制品业	6088	1228	3997	1280
印刷业和记录媒介的复制	4870	1073	3359	738
文教体育用品制造业	3977	913	3003	489
石油加工、炼焦及核燃料加工业	3678	694	2419	1004
化学原料及化学制品制造业	49856	10788	36859	14900
医药制造业	41492	15084	31405	11834
化学纤维制造业	4506	815	3441	1250
橡胶制品业	6070	1292	4020	1557
塑料制品业	10306	1767	7682	2316
非金属矿物制品业	25884	4746	17719	7007
黑色金属冶炼及压延加工业	8096	1099	5358	2017
有色金属冶炼及压延加工业	15810	2278	10218	3449
金属制品业	22227	3822	15923	6218
通用设备制造业	71816	13552	53549	22917
专用设备制造业	48230	9101	37598	16050
交通运输设备制造业	58765	10399	44618	18497
电气机械及器材制造业	81691	16495	60248	21640
通信设备、计算机及其他电子设备制造业	97113	22136	77563	24269
仪器仪表及文化、办公用机械制造业	23171	4962	19044	8050
工艺品及其他制造业	6485	1867	5289	2213
电力、燃气及水的生产和供应业	**6573**	**948**	**3904**	**2804**
电力、热力的生产和供应业	5776	778	3384	2432
燃气生产和供应业	166	22	78	40
水的生产和供应业	631	148	442	332

3-10 按行业分小型企业R&D人员

行　业	R&D人员合计 (人)	#女性	R&D人员 全时当量 (人年)	#研究人员
总　计	**395283**	**74930**	**287568**	**103376**
采矿业	**2010**	**229**	**1207**	**536**
煤炭开采和洗选业	500	37	300	113
石油和天然气开采业	490	95	233	151
黑色金属矿采选业	229	11	176	44
有色金属矿采选业	408	41	237	145
非金属矿采选业	383	45	261	83
制造业	**391549**	**74448**	**285368**	**102496**
农副食品加工业	9475	1928	6748	2225
食品制造业	7175	1774	5038	1760
饮料制造业	3528	801	2464	1025
烟草制品业	229	68	170	105
纺织业	8851	2356	6245	1594
纺织服装、鞋、帽制造业	2246	1018	1762	335
皮革、毛皮、羽毛(绒)及其制品业	1396	390	963	204
木材加工及木、竹、藤、棕、草制品业	3457	510	2295	685
家具制造业	1427	203	1052	205
造纸及纸制品业	2149	345	1544	573
印刷业和记录媒介的复制	2116	430	1381	430
文教体育用品制造业	2329	484	1705	387
石油加工、炼焦及核燃料加工业	1006	220	734	280
化学原料及化学制品制造业	40365	8440	29699	12140
医药制造业	25363	7605	18978	7419
化学纤维制造业	1371	259	990	388
橡胶制品业	3019	589	2198	773
塑料制品业	9928	1741	7398	2467
非金属矿物制品业	16210	2821	11572	4576
黑色金属冶炼及压延加工业	2843	384	2096	953
有色金属冶炼及压延加工业	7740	1173	5699	2026
金属制品业	13485	1998	9390	3119
通用设备制造业	46510	6956	33903	12388
专用设备制造业	42481	6709	31165	12054
交通运输设备制造业	22077	3356	15915	5505
电气机械及器材制造业	48728	8890	34845	12097
通信设备、计算机及其他电子设备制造业	40495	8369	30260	9447
仪器仪表及文化、办公用机械制造业	22194	3893	16778	6614
工艺品及其他制造业	3094	686	2209	655
电力、燃气及水的生产和供应业	**1724**	**253**	**993**	**344**
电力、热力的生产和供应业	1266	153	644	214
燃气生产和供应业	72	12	45	5
水的生产和供应业	386	88	304	125

3-11　按行业分国有控股企业R&D人员

行　业	R&D人员合计(人)	#女性	R&D人员全时当量(人年)	#研究人员
总　计	**701926**	**151162**	**535349**	**301195**
采矿业	**105010**	**17939**	**71854**	**42468**
煤炭开采和洗选业	67434	8456	44995	22933
石油和天然气开采业	31619	8775	23019	17214
黑色金属矿采选业	1139	75	837	750
有色金属矿采选业	3201	258	1637	1005
非金属矿采选业	1617	375	1366	566
制造业	**572456**	**128222**	**448975**	**246856**
农副食品加工业	1441	348	865	268
食品制造业	3016	955	1998	1268
饮料制造业	7906	2254	6640	2734
烟草制品业	4979	1185	3999	2329
纺织业	7839	3325	5637	1857
纺织服装、鞋、帽制造业	972	463	532	179
皮革、毛皮、羽毛(绒)及其制品业	76	32	48	21
木材加工及木、竹、藤、棕、草制品业	270	34	190	89
家具制造业	832	166	416	48
造纸及纸制品业	4610	1422	2587	1031
印刷业和记录媒介的复制	1167	273	795	398
文教体育用品制造业	764	210	570	81
石油加工、炼焦及核燃料加工业	10472	2460	7676	6086
化学原料及化学制品制造业	50049	10120	37929	19757
医药制造业	20973	8761	17323	7974
化学纤维制造业	4606	1103	3177	1406
橡胶制品业	5585	1349	3648	911
塑料制品业	2610	589	1605	608
非金属矿物制品业	11741	2218	8480	3680
黑色金属冶炼及压延加工业	66804	10775	46461	28960
有色金属冶炼及压延加工业	21961	3401	15907	10503
金属制品业	6696	1403	4624	3149
通用设备制造业	48043	11162	35893	21478
专用设备制造业	53537	12568	43721	25436
交通运输设备制造业	117269	24857	98528	47787
电气机械及器材制造业	30104	6573	22382	12907
通信设备、计算机及其他电子设备制造业	69044	15454	61227	35881
仪器仪表及文化、办公用机械制造业	14403	3333	12324	7943
工艺品及其他制造业	4655	1422	3761	2078
电力、燃气及水的生产和供应业	**24460**	**5001**	**14520**	**11871**
电力、热力的生产和供应业	23077	4693	13582	11142
燃气生产和供应业	203	32	96	54
水的生产和供应业	1180	276	842	675

3-12 按行业分内资企业R&D人员

行 业	R&D人员合计（人）	#女性	R&D人员全时当量（人年）	#研究人员
总 计	**1431061**	**300660**	**1069706**	**521778**
采矿业	**109068**	**18457**	**74201**	**43405**
煤炭开采和洗选业	69046	8624	45864	23252
石油和天然气开采业	32067	8843	23244	17274
黑色金属矿采选业	1885	146	1253	966
有色金属矿采选业	3788	383	2138	1190
非金属矿采选业	2282	461	1702	723
制造业	**1296673**	**277116**	**980388**	**466375**
农副食品加工业	17775	4205	12467	4604
食品制造业	14554	3980	9901	4108
饮料制造业	16734	4280	12340	4523
烟草制品业	5238	1259	4193	2427
纺织业	39943	14997	28462	8678
纺织服装、鞋、帽制造业	7123	3432	5370	1953
皮革、毛皮、羽毛(绒)及其制品业	3628	1320	2781	568
木材加工及木、竹、藤、棕、草制品业	4644	797	2861	990
家具制造业	2682	403	1823	366
造纸及纸制品业	9764	2278	6320	2750
印刷业和记录媒介的复制	5212	1186	3338	940
文教体育用品制造业	4046	975	3019	765
石油加工、炼焦及核燃料加工业	13339	2843	9605	6706
化学原料及化学制品制造业	112516	23295	83304	38265
医药制造业	68481	24317	52601	23422
化学纤维制造业	10642	2626	7554	2993
橡胶制品业	12692	2932	8065	2658
塑料制品业	15095	2645	10922	3671
非金属矿物制品业	42851	7919	31174	13137
黑色金属冶炼及压延加工业	81619	12481	56789	32764
有色金属冶炼及压延加工业	39263	6166	27744	14354
金属制品业	32239	5563	23050	8614
通用设备制造业	129012	23715	92714	42864
专用设备制造业	110826	21628	86832	42249
交通运输设备制造业	148231	29068	117576	55224
电气机械及器材制造业	140545	28423	102311	39792
通信设备、计算机及其他电子设备制造业	157639	33845	137205	88719
仪器仪表及文化、办公用机械制造业	39751	7535	31751	14845
工艺品及其他制造业	10289	2949	8111	3363
电力、燃气及水的生产和供应业	**25320**	**5087**	**15117**	**11998**
电力、热力的生产和供应业	23766	4773	13950	11180
燃气生产和供应业	244	39	115	54
水的生产和供应业	1310	275	1052	764

3-13 按行业分国有企业R&D人员

行业	R&D人员合计（人）	#女性	R&D人员全时当量（人年）	#研究人员
总计	**174768**	**38827**	**126315**	**81335**
采矿业	**22757**	**4467**	**12436**	**8303**
煤炭开采和洗选业	9478	1090	3814	1724
石油和天然气开采业	11761	3270	7454	5631
黑色金属矿采选业	760	25	653	622
有色金属矿采选业	553	39	370	270
非金属矿采选业	205	43	145	56
制造业	**133789**	**30327**	**103511**	**63497**
农副食品加工业	258	60	246	85
食品制造业	1021	297	815	743
饮料制造业	1823	439	1685	568
烟草制品业	3385	909	3114	2051
纺织业	1218	550	930	331
纺织服装、鞋、帽制造业	531	250	193	80
皮革、毛皮、羽毛(绒)及其制品业	64	23	43	16
木材加工及木、竹、藤、棕、草制品业	107	11	74	32
造纸及纸制品业	2101	835	1230	558
印刷业和记录媒介的复制	411	79	311	143
文教体育用品制造业	31	2	25	4
石油加工、炼焦及核燃料加工业	2380	601	1746	1422
化学原料及化学制品制造业	15783	2383	10217	6171
医药制造业	5479	2380	4531	2527
化学纤维制造业	2052	502	1136	342
橡胶制品业	603	127	313	127
塑料制品业	337	97	222	118
非金属矿物制品业	2469	443	1938	762
黑色金属冶炼及压延加工业	17679	2817	12981	7031
有色金属冶炼及压延加工业	3501	762	2763	2692
金属制品业	2781	726	1879	1418
通用设备制造业	9489	2348	7422	4575
专用设备制造业	9139	1962	7172	4594
交通运输设备制造业	25318	5101	22378	14939
电气机械及器材制造业	10181	2431	6622	4163
通信设备、计算机及其他电子设备制造业	7483	2003	6602	3892
仪器仪表及文化、办公用机械制造业	5525	1263	4814	2977
工艺品及其他制造业	2612	919	2081	1127
电力、燃气及水的生产和供应业	**18222**	**4033**	**10368**	**9535**
电力、热力的生产和供应业	17562	3899	9812	9137
燃气生产和供应业	7	1	7	1
水的生产和供应业	653	133	549	397

3-14 按行业分港澳台商投资企业R&D人员

行业	R&D人员合计(人)	#女性	R&D人员全时当量(人年)	#研究人员
总　计	**198824**	**40414**	**148707**	**40525**
采矿业	**279**	**61**	**127**	**81**
石油和天然气开采业	204	55	80	56
有色金属矿采选业	32	1	18	8
非金属矿采选业	43	5	29	17
制造业	**198037**	**40265**	**148213**	**40222**
农副食品加工业	4094	1009	3314	1053
食品制造业	2315	558	1672	439
饮料制造业	2057	591	1791	265
纺织业	6997	2378	4428	1040
纺织服装、鞋、帽制造业	3368	802	2811	1225
皮革、毛皮、羽毛(绒)及其制品业	1806	666	1015	153
木材加工及木、竹、藤、棕、草制品业	685	66	487	73
家具制造业	1466	333	773	106
造纸及纸制品业	2271	563	1581	314
印刷业和记录媒介的复制	1800	333	1446	337
文教体育用品制造业	3078	472	2510	187
石油加工、炼焦及核燃料加工业	635	126	451	195
化学原料及化学制品制造业	10719	1908	9080	2766
医药制造业	9607	3321	7568	2897
化学纤维制造业	2041	296	1719	202
橡胶制品业	1688	226	1183	602
塑料制品业	3850	639	2781	615
非金属矿物制品业	5656	1165	4166	1070
黑色金属冶炼及压延加工业	5306	676	3947	1653
有色金属冶炼及压延加工业	2575	264	1809	676
金属制品业	5845	966	4139	998
通用设备制造业	9464	1820	7179	2429
专用设备制造业	11890	1746	9520	3351
交通运输设备制造业	12763	2057	10471	3785
电气机械及器材制造业	23830	4834	17499	4451
通信设备、计算机及其他电子设备制造业	55709	11058	39514	8065
仪器仪表及文化、办公用机械制造业	5051	1092	4160	1092
工艺品及其他制造业	1451	296	1186	176
电力、燃气及水的生产和供应业	**508**	**88**	**367**	**222**
电力、热力的生产和供应业	360	35	281	209
燃气生产和供应业	31	3	27	3
水的生产和供应业	117	50	59	10

3-15 按行业分外商投资企业R&D人员

行业	R&D人员合计(人)	#女性	R&D人员全时当量(人年)	#研究人员
总计	**284389**	**60997**	**228413**	**64125**
采矿业	**1490**	**339**	**1296**	**405**
煤炭开采和洗选业	547	136	547	86
石油和天然气开采业	18		2	
黑色金属矿采选业	238	44	225	11
有色金属矿采选业	315	18	150	90
非金属矿采选业	372	141	372	218
制造业	**282685**	**60623**	**227057**	**63697**
农副食品加工业	2903	659	2139	773
食品制造业	4107	1151	2982	639
饮料制造业	3439	1080	2406	1131
纺织业	6136	2298	4279	1028
纺织服装、鞋、帽制造业	1129	583	917	150
皮革、毛皮、羽毛(绒)及其制品业	1658	470	1353	335
木材加工及木、竹、藤、棕、草制品业	465	78	272	60
家具制造业	719	149	601	93
造纸及纸制品业	4540	808	3260	430
印刷业和记录媒介的复制	520	104	395	96
文教体育用品制造业	1356	325	1058	223
石油加工、炼焦及核燃料加工业	278	51	152	74
化学原料及化学制品制造业	12792	2931	10041	3910
医药制造业	12134	4529	9942	4218
化学纤维制造业	1083	227	820	272
橡胶制品业	3835	550	2956	594
塑料制品业	7084	1313	6268	2778
非金属矿物制品业	6522	914	4533	1328
黑色金属冶炼及压延加工业	2775	321	1734	784
有色金属冶炼及压延加工业	5567	837	4491	1417
金属制品业	6246	1156	4906	1598
通用设备制造业	22849	4083	18272	6217
专用设备制造业	13910	2278	10365	3298
交通运输设备制造业	36982	6384	31669	9072
电气机械及器材制造业	30285	5689	23178	6439
通信设备、计算机及其他电子设备制造业	82788	19456	70081	13866
仪器仪表及文化、办公用机械制造业	9661	1977	7226	2739
工艺品及其他制造业	907	220	746	135
电力、燃气及水的生产和供应业	**214**	**35**	**60**	**23**
电力、热力的生产和供应业	121	12	40	19
水的生产和供应业	93	23	20	4

3-16 各地区企业R&D人员

地　区	R&D人员合计(人)	#女性	R&D人员全时当量(人年)	#研究人员
总　计	**1914274**	**402071**	**1446826**	**626428**
东部地区	1309356	277165	1003361	400515
中部地区	393851	76379	290753	147612
西部地区	211033	48523	152678	78287
北　京	53086	14092	41546	17836
天　津	41010	9973	30074	13820
河　北	50333	12971	36418	22815
山　西	40963	8502	32703	14451
内蒙古	16627	4735	12307	6431
辽　宁	69192	16450	48112	32331
吉　林	18154	4179	14671	10714
黑龙江	36422	7682	27658	20873
上　海	79769	17016	67420	24926
江　苏	292015	59361	222625	73307
浙　江	184929	39620	150888	39798
安　徽	53976	8015	37649	15811
福　建	59897	12904	46433	14747
江　西	29583	5085	19959	9639
山　东	178650	39672	129892	59144
河　南	93537	17795	69647	32518
湖　北	69180	15011	50425	24291
湖　南	52036	10110	38041	19315
广　东	299008	54746	228907	101303
广　西	15782	3344	12042	4186
海　南	1467	360	1046	488
重　庆	33065	7352	23279	11949
四　川	58356	12428	44370	21805
贵　州	9517	2465	7234	3817
云　南	12104	2033	6790	3112
西　藏	433	234	378	162
陕　西	36917	9396	25897	14785
甘　肃	13403	2727	10239	6190
青　海	2348	707	1551	989
宁　夏	5009	1079	3568	1527
新　疆	7472	2023	5023	3334

3-17 各地区大中型企业R&D人员

地区	R&D人员合计(人)	#女性	R&D人员全时当量(人年)	#研究人员
总计	**1518991**	**327141**	**1159258**	**523052**
东部地区	1006514	219553	779020	324411
中部地区	328517	64285	245711	128309
西部地区	183960	43303	134527	70332
北京	34280	9834	27178	11980
天津	31673	7940	23169	10974
河北	45066	11857	32860	21133
山西	38502	8049	30811	13294
内蒙古	15108	4468	11239	5883
辽宁	59566	14150	41307	28595
吉林	15741	3547	13183	9938
黑龙江	32999	6970	24902	19285
上海	62965	13710	54170	19662
江苏	210043	44336	163104	53234
浙江	107757	25156	90094	23276
安徽	42295	5948	29861	12498
福建	42766	9218	33859	10673
江西	24646	4172	17114	8377
山东	153405	34703	111382	51466
河南	80074	15349	60017	29016
湖北	55893	12489	41712	20571
湖南	38367	7761	28111	15330
广东	258171	48441	201367	93098
广西	12327	2582	9661	3286
海南	822	208	530	320
重庆	28958	6712	20700	11002
四川	48439	10488	37516	18741
贵州	8656	2306	6653	3436
云南	10638	1743	6036	2790
西藏	346	226	337	106
陕西	33970	8848	23692	13860
甘肃	12520	2534	9801	5900
青海	2118	635	1402	951
宁夏	4135	899	2960	1287
新疆	6745	1862	4530	3090

3-18 各地区大型企业R&D人员

地　区	R&D人员合计(人)	#女性	R&D人员全时当量(人年)	#研究人员
总　计	**853691**	**181289**	**664597**	**336197**
东部地区	521101	112260	410967	196873
中部地区	217164	41735	168281	92472
西部地区	115426	27294	85349	46852
北　京	13589	3771	10806	5003
天　津	16703	3268	12927	5777
河　北	31129	8290	22695	16158
山　西	32455	6593	26302	11303
内蒙古	11203	3574	9239	5061
辽　宁	45039	10371	30739	22546
吉　林	12904	2938	11193	8310
黑龙江	28281	5926	21251	16834
上　海	31144	6601	28006	9000
江　苏	98797	21195	76283	24681
浙　江	27109	7483	23472	5707
安　徽	24259	2839	17648	7171
福　建	18508	3959	14502	4966
江　西	16087	2437	11616	6080
山　东	86964	19350	64378	30952
河　南	49578	9054	38359	20151
湖　北	32521	7686	25233	12481
湖　南	21079	4262	16679	10142
广　东	151991	27965	127155	72080
广　西	5997	1240	5198	1677
海　南	128	7	4	3
重　庆	15353	4013	11635	6241
四　川	31975	7030	24795	12977
贵　州	3765	1010	2885	1329
云　南	5213	435	2780	1255
西　藏				
陕　西	24367	6043	15939	9463
甘　肃	9135	1723	7363	4900
青　海	1882	565	1184	901
宁　夏	1404	277	1009	439
新　疆	5132	1384	3322	2609

3-19 各地区中型企业R&D人员

地区	R&D人员合计(人)	#女性	R&D人员全时当量(人年)	#研究人员
总计	**665300**	**145852**	**494661**	**186855**
东部地区	485413	107293	368053	127538
中部地区	111353	22550	77430	35837
西部地区	68534	16009	49178	23480
北京	20691	6063	16372	6977
天津	14970	4672	10242	5197
河北	13937	3567	10165	4975
山西	6047	1456	4509	1991
内蒙古	3905	894	2000	822
辽宁	14527	3779	10568	6049
吉林	2837	609	1990	1628
黑龙江	4718	1044	3651	2451
上海	31821	7109	26164	10662
江苏	111246	23141	86821	28553
浙江	80648	17673	66622	17569
安徽	18036	3109	12213	5327
福建	24258	5259	19357	5707
江西	8559	1735	5498	2297
山东	66441	15353	47004	20514
河南	30496	6295	21658	8865
湖北	23372	4803	16479	8090
湖南	17288	3499	11432	5188
广东	106180	20476	74212	21018
广西	6330	1342	4463	1609
海南	694	201	526	317
重庆	13605	2699	9065	4761
四川	16464	3458	12721	5764
贵州	4891	1296	3768	2107
云南	5425	1308	3256	1535
西藏	346	226	337	106
陕西	9603	2805	7753	4397
甘肃	3385	811	2438	1000
青海	236	70	218	50
宁夏	2731	622	1951	848
新疆	1613	478	1208	481

3-20 各地区小型企业R&D人员

地 区	R&D人员合计(人)	#女性	R&D人员全时当量(人年)	#研究人员
总 计	**395283**	**74930**	**287568**	**103376**
东部地区	302842	57612	224341	76104
中部地区	65334	12094	45042	19303
西部地区	27073	5220	18151	7955
北 京	18806	4258	14368	5856
天 津	9337	2033	6905	2846
河 北	5267	1114	3558	1682
山 西	2461	453	1892	1157
内蒙古	1519	267	1068	548
辽 宁	9626	2300	6805	3736
吉 林	2413	632	1488	776
黑龙江	3423	712	2756	1588
上 海	16804	3306	13250	5264
江 苏	81972	15025	59521	20073
浙 江	77172	14464	60794	16522
安 徽	11681	2067	7788	3313
福 建	17131	3686	12574	4074
江 西	4937	913	2845	1262
山 东	25245	4969	18510	7678
河 南	13463	2446	9630	3502
湖 北	13287	2522	8713	3720
湖 南	13669	2349	9930	3985
广 东	40837	6305	27540	8205
广 西	3455	762	2381	900
海 南	645	152	516	168
重 庆	4107	640	2579	947
四 川	9917	1940	6854	3064
贵 州	861	159	581	381
云 南	1466	290	754	322
西 藏	87	8	41	56
陕 西	2947	548	2205	925
甘 肃	883	193	438	290
青 海	230	72	149	38
宁 夏	874	180	608	240
新 疆	727	161	493	244

3-21 各地区国有控股企业R&D人员

地区	R&D人员合计(人)	#女性	R&D人员全时当量(人年)	#研究人员
总计	**701926**	**151162**	**535349**	**301195**
东部地区	333016	73186	257068	145320
中部地区	225636	43913	171965	96411
西部地区	143274	34063	106316	59464
北京	28420	8350	22589	11285
天津	21228	5305	16232	9081
河北	29137	7892	21986	16064
山西	34958	7359	27969	12495
内蒙古	10643	3175	8499	4986
辽宁	45103	10796	30594	22981
吉林	12319	2658	10622	9075
黑龙江	26874	5323	20547	16374
上海	35010	7589	30665	13989
江苏	44608	7920	32429	16610
浙江	12516	3543	10747	4007
安徽	28452	3780	20237	9269
福建	10074	2007	7476	3412
江西	17110	2687	12233	6529
山东	59587	11812	45040	23949
河南	41813	7508	31352	17465
湖北	39881	9590	31311	15932
湖南	24229	5008	17694	9272
广东	46277	7695	38391	23520
广西	8690	1897	7152	2437
海南	1056	277	919	422
重庆	20768	5109	15108	9046
四川	34898	7458	27045	13737
贵州	8339	2163	6656	3467
云南	6833	1167	4138	2365
西藏	55	3	7	47
陕西	31339	7978	21889	13265
甘肃	11466	2340	8912	5511
青海	2072	630	1349	929
宁夏	1970	401	1458	685
新疆	6201	1742	4103	2989

3-22 各地区内资企业R&D人员

地 区	R&D人员合计(人)	#女性	R&D人员全时当量(人年)	#研究人员
总 计	**1431061**	**300660**	**1069706**	**521778**
东部地区	884000	188200	671051	313042
中部地区	351808	67691	258489	134529
西部地区	195219	44765	140132	74193
北 京	43259	11604	34425	15468
天 津	31817	7477	23419	11518
河 北	42975	11245	31785	20638
山 西	39633	8174	31572	13802
内蒙古	14669	3846	10541	5943
辽 宁	59465	14229	40321	28736
吉 林	16524	3897	13448	10103
黑龙江	33416	6542	24967	18746
上 海	37333	7459	31075	13957
江 苏	182881	36740	135261	53339
浙 江	136695	28403	109893	30654
安 徽	48764	7065	34090	14678
福 建	28180	6105	20080	7432
江 西	25406	4366	16397	8477
山 东	153096	33755	111739	52042
河 南	82562	15600	61200	30068
湖 北	57499	12781	41887	20544
湖 南	48004	9266	34928	18111
广 东	167166	30935	132187	78851
广 西	11713	2580	8626	3547
海 南	1133	248	866	407
重 庆	29624	6706	20689	11040
四 川	55129	11849	41900	20742
贵 州	9294	2439	7107	3744
云 南	11287	1762	6143	2917
西 藏	433	234	378	162
陕 西	35924	9029	25041	14393
甘 肃	13291	2684	10191	6179
青 海	2039	676	1414	917
宁 夏	4398	957	3118	1302
新 疆	7418	2003	4984	3307

3-23 各地区国有企业R&D人员

地 区	R&D人员合计（人）	#女性	R&D人员全时当量（人年）	#研究人员
总 计	**174768**	**38827**	**126315**	**81335**
东部地区	71353	16126	48453	32506
中部地区	60190	13126	46864	30566
西部地区	43225	9575	30998	18263
北 京	2805	752	2387	1300
天 津	2672	748	1744	1374
河 北	9096	2994	7248	5372
山 西	2034	561	1723	1103
内蒙古	386	62	167	100
辽 宁	15944	3781	9829	9920
吉 林	6375	1102	6100	6128
黑龙江	6402	966	4204	2935
上 海	4392	1003	3709	2368
江 苏	16347	2817	9688	4845
浙 江	1766	384	1432	748
安 徽	3832	718	2889	1598
福 建	1234	227	857	587
江 西	4113	750	2652	1621
山 东	13352	2657	9439	5148
河 南	10343	2228	7918	5123
湖 北	18092	4798	14742	8029
湖 南	8999	2003	6636	4029
广 东	3553	725	1949	757
广 西	2521	635	2001	710
海 南	192	38	171	87
重 庆	3350	616	2616	1791
四 川	15661	3108	11411	6276
贵 州	2536	724	2136	1238
云 南	1373	311	527	370
西 藏	10	2	1	
陕 西	13506	3086	9500	6602
甘 肃	2520	813	1608	565
青 海	151	38	48	30
宁 夏	219	16	179	20
新 疆	992	164	804	561

3-24 各地区港澳台商投资企业R&D人员

地 区	R&D人员合计(人)	#女性	R&D人员全时当量(人年)	#研究人员
总 计	**198824**	**40414**	**148707**	**40525**
东部地区	182349	36831	135945	36024
中部地区	13400	2934	10336	3674
西部地区	3075	649	2426	827
北 京	3002	774	2028	881
天 津	1989	571	1491	530
河 北	4662	1098	3021	1328
山 西	509	150	407	193
内蒙古	51	6	32	3
辽 宁	3597	920	2892	1992
吉 林	95	36	88	63
黑龙江	274	55	220	173
上 海	10805	2240	8415	2418
江 苏	37741	6586	28269	7141
浙 江	23305	5716	19819	4085
安 徽	1861	339	1266	477
福 建	18309	3826	15040	3949
江 西	693	141	545	258
山 东	7564	1586	5309	1698
河 南	5338	1258	4469	1340
湖 北	2539	579	1739	520
湖 南	2091	376	1602	650
广 东	71261	13469	49578	11979
广 西	370	78	284	86
海 南	114	45	83	23
重 庆	820	154	648	245
四 川	1152	174	894	320
贵 州	8		2	1
云 南	463	163	445	116
西 藏				
陕 西				
甘 肃	85	39	39	5
青 海	29	17	12	2
宁 夏	72	11	60	45
新 疆	25	7	10	4

3-25 各地区外商投资企业R&D人员

地区	R&D人员合计(人)	#女性	R&D人员全时当量(人年)	#研究人员
总计	**284389**	**60997**	**228413**	**64125**
东部地区	243007	52134	196365	51449
中部地区	28643	5754	21928	9409
西部地区	12739	3109	10120	3267
北京	6825	1714	5093	1487
天津	7204	1925	5164	1772
河北	2696	628	1612	849
山西	821	178	724	456
内蒙古	1907	883	1734	485
辽宁	6130	1301	4899	1603
吉林	1535	246	1135	548
黑龙江	2732	1085	2471	1954
上海	31631	7317	27930	8551
江苏	71393	16035	59095	12827
浙江	24929	5501	21176	5059
安徽	3351	611	2293	656
福建	13408	2973	11313	3366
江西	3484	578	3017	904
山东	17990	4331	12844	5404
河南	5637	937	3978	1110
湖北	9142	1651	6799	3227
湖南	1941	468	1511	554
广东	60581	10342	47142	10473
广西	3699	686	3132	553
海南	220	67	97	58
重庆	2621	492	1942	664
四川	2075	405	1576	743
贵州	215	26	125	72
云南	354	108	202	79
西藏				
陕西	993	367	856	392
甘肃	27	4	9	6
青海	280	14	125	70
宁夏	539	111	390	180
新疆	29	13	29	23

3-26 各地区分行业企业R&D人员

地 区	采矿业			
	R&D人员合计(人)	#女性	R&D人员全时当量(人年)	#研究人员
总 计	**110837**	**18857**	**75624**	**43891**
东部地区	40911	7092	26678	17232
中部地区	52356	8646	38583	20406
西部地区	17570	3119	10363	6253
北 京	1516	148	866	555
天 津	3316	854	2606	1741
河 北	5590	1817	4058	3769
山 西	22449	3795	17784	6635
内蒙古	2146	410	1112	300
辽 宁	7038	1425	2434	1598
吉 林	1234	379	1161	728
黑龙江	4139	1457	3152	2340
上 海	19	4	12	9
江 苏	4843	479	3821	2746
浙 江	126	22	91	72
安 徽	6750	320	3718	3014
福 建	433	16	276	78
江 西	1169	270	479	332
山 东	17007	2109	11991	6354
河 南	14172	1691	10244	5984
湖 北	1618	637	1410	1029
湖 南	825	97	635	344
广 东	888	211	518	306
广 西	325	55	275	29
海 南	135	7	5	4
重 庆	1190	33	684	669
四 川	3339	550	1625	890
贵 州	528	134	357	28
云 南	1021	34	449	356
西 藏	45	1	6	47
陕 西	2997	301	1964	766
甘 肃	459	64	336	252
青 海	868	249	543	589
宁 夏	127	4	58	23
新 疆	4525	1284	2954	2304

3-26 续表 1

地 区	制造业			
	R&D人员合计(人)	#女性	R&D人员全时当量(人年)	#研究人员
总 计	**1777395**	**378004**	**1355658**	**570294**
东部地区	1258247	268357	969552	376087
中部地区	329677	64863	245602	122904
西部地区	189437	44780	140470	71289
北 京	50697	13644	39881	16683
天 津	37547	9078	27434	12052
河 北	44431	11107	32267	18969
山 西	18208	4660	14706	7727
内蒙古	14121	4294	11069	6053
辽 宁	59560	14506	43223	26730
吉 林	16555	3709	13352	9191
黑龙江	27385	5676	21625	16876
上 海	79186	16933	67252	24827
江 苏	285587	58750	217902	70157
浙 江	184135	39507	150320	39566
安 徽	46739	7624	33641	12639
福 建	58781	12772	45769	14303
江 西	28126	4779	19342	9246
山 东	160367	37325	117084	52043
河 南	77561	15846	58311	26188
湖 北	64825	12668	47670	22338
湖 南	50278	9901	36955	18699
广 东	296637	54385	227379	100273
广 西	15283	3267	11675	4123
海 南	1319	350	1041	484
重 庆	31438	7270	22414	11256
四 川	54145	11745	42193	20848
贵 州	8849	2273	6842	3778
云 南	10434	1881	6174	2648
西 藏	388	233	372	115
陕 西	33464	9042	23631	13826
甘 肃	12484	2579	9716	5859
青 海	1292	418	928	336
宁 夏	4800	1055	3466	1488
新 疆	2739	723	1990	959

3-26 续表 2

地　区	农副食品加工业			
	R&D人员合计（人）	#女性	R&D人员全时当量（人年）	#研究人员
总　计	**24772**	**5873**	**17920**	**6430**
东部地区	14350	3493	10356	3437
中部地区	8327	1919	6216	2479
西部地区	2095	461	1348	514
北　京	726	174	582	184
天　津	441	103	122	60
河　北	357	99	197	72
山　西	51	10	50	22
内蒙古	39	9	16	4
辽　宁	386	69	330	180
吉　林	60	22	39	20
黑龙江	318	104	195	72
上　海	109	26	99	29
江　苏	1574	276	1043	392
浙　江	1888	477	1397	455
安　徽	901	144	588	181
福　建	1863	612	1426	468
江　西	318	58	216	114
山　东	5561	1360	4048	1358
河　南	3981	1051	3319	1142
湖　北	776	204	591	502
湖　南	1922	326	1218	426
广　东	1401	293	1093	234
广　西	611	127	395	105
海　南	44	4	19	5
重　庆	276	82	198	81
四　川	514	126	361	173
贵　州	26	7	16	14
云　南	144	27	59	20
西　藏	17	2	17	1
陕　西	13	2	9	5
甘　肃	263	35	171	66
青　海	7	2	7	2
宁　夏	121	21	74	35
新　疆	64	21	25	8

3-26 续表 3

地区	食品制造业			
	R&D人员合计(人)	#女性	R&D人员全时当量(人年)	#研究人员
总计	**20976**	**5689**	**14555**	**5186**
东部地区	13564	3584	9635	3062
中部地区	5222	1413	3725	1615
西部地区	2190	692	1195	509
北京	792	248	629	167
天津	448	87	371	98
河北	843	266	578	191
山西	118	24	45	20
内蒙古	498	251	211	126
辽宁	62	16	53	28
吉林	4		1	
黑龙江	523	181	363	147
上海	568	187	422	116
江苏	1161	261	820	414
浙江	1223	375	1044	296
安徽	451	165	264	98
福建	1013	278	755	312
江西	404	77	275	102
山东	4300	1163	2844	1036
河南	2462	623	1843	897
湖北	501	156	354	123
湖南	759	187	580	228
广东	3123	694	2096	401
广西	197	45	131	83
海南	31	9	23	3
重庆	337	87	149	56
四川	421	80	295	101
贵州	8	2	8	7
云南	125	33	33	5
西藏	13	3	13	5
陕西	187	60	144	32
甘肃	55	13	18	9
青海				
宁夏	142	51	92	59
新疆	207	67	101	26

3-26 续表 4

地 区	饮料制造业			
	R&D人员合计(人)	#女性	R&D人员全时当量(人年)	#研究人员
总 计	**22230**	**5951**	**16537**	**5919**
东部地区	12313	3457	9223	3041
中部地区	4727	1150	3201	1362
西部地区	5190	1344	4113	1516
北 京	1134	334	1129	411
天 津	406	77	297	133
河 北	414	159	301	200
山 西	364	184	342	136
内蒙古	491	148	284	77
辽 宁	372	129	271	181
吉 林	45	6	15	1
黑龙江	311	63	275	121
上 海	318	134	153	34
江 苏	2834	656	1919	399
浙 江	1185	311	816	343
安 徽	715	109	356	244
福 建	2001	588	1679	179
江 西	459	114	214	109
山 东	2228	682	1650	910
河 南	1870	435	1405	479
湖 北	407	126	264	138
湖 南	556	113	330	134
广 东	1407	380	999	249
广 西	325	58	255	48
海 南	14	7	9	2
重 庆	248	103	130	122
四 川	3030	778	2645	974
贵 州	349	88	265	132
云 南	106	23	71	31
西 藏				
陕 西	275	71	246	66
甘 肃	125	20	34	12
青 海	39	8	38	12
宁 夏	100	32	78	27
新 疆	102	15	67	15

3-26 续表 5

地 区	烟草制品业			
	R&D人员合计(人)	#女性	R&D人员全时当量(人年)	#研究人员
总 计	**5238**	**1259**	**4193**	**2427**
东部地区	1175	297	977	724
中部地区	1757	396	1627	1311
西部地区	2306	566	1589	392
北 京	14	6	14	10
天 津				
河 北	7	2	6	6
山 西	46	33	44	36
内蒙古				
辽 宁				
吉 林	47	11	43	44
黑龙江	79	24	79	36
上 海	291	58	291	151
江 苏	152	54	92	113
浙 江	23	5	15	12
安 徽	89	31	69	39
福 建	52	6	25	13
江 西	206	29	202	48
山 东	445	123	374	318
河 南	262	37	178	55
湖 北	456	137	440	212
湖 南	572	94	572	841
广 东	181	42	150	98
广 西	746	322	746	143
海 南	10	1	10	3
重 庆	32	14	16	6
四 川				
贵 州	143	38	143	66
云 南	1066	140	584	158
西 藏				
陕 西	256	25	47	6
甘 肃	63	27	53	13
青 海				
宁 夏				
新 疆				

3-26 续表 6

地 区	纺织业			
	R&D人员合计(人)	#女性	R&D人员全时当量(人年)	#研究人员
总 计	**53076**	**19673**	**37169**	**10746**
东部地区	44761	16750	31290	8566
中部地区	5687	1662	3916	1505
西部地区	2628	1261	1963	675
北 京	269	128	149	53
天 津	936	487	835	247
河 北	2054	850	1609	352
山 西	52	11	46	19
内蒙古	992	689	951	278
辽 宁	585	277	412	140
吉 林	70	26	64	24
黑龙江	35	23	26	15
上 海	560	179	489	182
江 苏	12844	4782	9078	2784
浙 江	11529	4031	9285	2065
安 徽	1346	345	1007	341
福 建	2859	810	1617	513
江 西	442	108	244	61
山 东	12009	4952	6961	2088
河 南	1363	446	839	320
湖 北	952	250	748	341
湖 南	1427	453	942	384
广 东	1063	237	802	108
广 西	80	54	74	71
海 南	53	17	53	34
重 庆	287	87	173	69
四 川	479	117	287	51
贵 州				
云 南	55	34	1	
西 藏				
陕 西	236	91	88	41
甘 肃	57	26	57	56
青 海				
宁 夏	306	119	246	66
新 疆	136	44	86	43

3-26 续表 7

地　区	纺织服装、鞋、帽制造业			
	R&D人员合计(人)	#女性	R&D人员全时当量(人年)	#研究人员
总　计	**11620**	**4817**	**9098**	**3328**
东部地区	10923	4495	8612	3181
中部地区	586	267	398	114
西部地区	111	55	88	33
北　京	67	56	65	30
天　津	302	104	275	70
河　北	231	160	18	5
山　西	18	6	12	8
内蒙古	7	2	7	6
辽　宁				
吉　林				
黑龙江				
上　海	211	136	105	35
江　苏	2969	1353	2393	1178
浙　江	2884	1564	2542	314
安　徽	107	57	65	26
福　建	751	195	517	165
江　西	13	5	1	
山　东	1284	532	716	312
河　南	236	109	169	25
湖　北	52	10	31	10
湖　南	160	80	120	45
广　东	2224	395	1981	1072
广　西				
海　南				
重　庆	22	9	13	4
四　川	36	20	36	11
贵　州				
云　南				
西　藏				
陕　西	13	2	13	5
甘　肃				
青　海				
宁　夏	33	22	19	7
新　疆				

3-26 续表 8

地区	皮革、皮毛、羽毛(绒)及其制品			
	R&D人员合计(人)	#女性	R&D人员全时当量(人年)	#研究人员
总计	**7092**	**2456**	**5149**	**1056**
东部地区	6515	2322	4727	894
中部地区	400	97	309	138
西部地区	177	37	113	24
北京				
天津	156	84	26	8
河北	93	27	84	19
山西				
内蒙古				
辽宁				
吉林				
黑龙江				
上海	45	27	45	
江苏	441	94	323	54
浙江	2281	752	1992	247
安徽	28	7	25	5
福建	1997	673	1512	361
江西				
山东	716	205	527	173
河南	297	73	233	110
湖北				
湖南	75	17	51	23
广东	786	460	218	32
广西				
海南				
重庆	61	12	21	2
四川	101	22	80	16
贵州				
云南				
西藏				
陕西				
甘肃	12	3	9	3
青海				
宁夏	3		3	3
新疆				

3-26 续表 9

地　区	木材加工及木、竹、藤、棕、草制品业			
	R&D人员合计（人）	#女性	R&D人员全时当量（人年）	#研究人员
总　计	**5794**	**941**	**3620**	**1123**
东部地区	4125	723	2498	795
中部地区	1491	202	1016	299
西部地区	178	16	106	29
北　京	28	5	26	4
天　津	52	14	21	7
河　北	50	14	26	3
山　西				
内蒙古	26		25	
辽　宁	42	3	13	6
吉　林	96	7	78	36
黑龙江	82	23	70	34
上　海	62	11	36	10
江　苏	1770	309	957	351
浙　江	897	192	743	247
安　徽	158	17	91	10
福　建	514	76	303	114
江　西	113	30	41	18
山　东	244	49	72	18
河　南	295	31	280	54
湖　北	62	12	51	23
湖　南	685	82	405	124
广　东	466	50	301	35
广　西	64	8	29	20
海　南				
重　庆	19	2	8	2
四　川	69	6	44	7
贵　州				
云　南				
西　藏				
陕　西				
甘　肃				
青　海				
宁　夏				
新　疆				

3-26 续表 10

地 区	家具制造业 R&D人员合计(人)	#女性	R&D人员全时当量(人年)	#研究人员
总 计	**4867**	**885**	**3197**	**565**
东部地区	4266	789	2912	485
中部地区	356	58	188	63
西部地区	245	38	97	17
北 京	96	10	96	19
天 津	440	4	358	2
河 北	16	2	3	
山 西				
内蒙古				
辽 宁				
吉 林				
黑龙江	76	14	41	22
上 海	830	173	397	35
江 苏	339	53	284	37
浙 江	929	202	817	197
安 徽	53	2	10	1
福 建	329	51	300	70
江 西	14	2	2	1
山 东	371	50	205	62
河 南	102	23	77	27
湖 北	54	9	37	7
湖 南	57	8	21	5
广 东	916	244	452	63
广 西	107	17	37	1
海 南				
重 庆	78	6	26	6
四 川	49	12	33	9
贵 州				
云 南	11	3	1	1
西 藏				
陕 西				
甘 肃				
青 海				
宁 夏				
新 疆				

3-26 续表 11

地区	造纸及纸制品业			
	R&D人员合计(人)	#女性	R&D人员全时当量(人年)	#研究人员
总　计	**16575**	**3649**	**11161**	**3494**
东部地区	11696	2343	8157	2226
中部地区	4023	1142	2480	1110
西部地区	856	164	524	158
北　京	90	6	7	3
天　津	284	110	224	23
河　北	135	52	99	122
山　西				
内蒙古	19	1		
辽　宁	46	14	34	38
吉　林	233	31	2	
黑龙江	154	51	123	128
上　海	149	12	130	34
江　苏	2956	512	2551	261
浙　江	1497	293	1124	468
安　徽	338	53	231	63
福　建	760	148	654	249
江　西	52	8	46	3
山　东	3856	858	2055	709
河　南	1003	192	642	423
湖　北	290	48	280	35
湖　南	1953	759	1156	458
广　东	1923	338	1279	319
广　西	114	16	91	51
海　南				
重　庆	73	22	44	12
四　川	117	27	100	64
贵　州				
云　南	171	35	19	11
西　藏				
陕　西	63	31	60	9
甘　肃				
青　海				
宁　夏	283	30	197	7
新　疆	16	2	13	4

3-26 续表 12

地　区	印刷业和记录媒介的复制			
	R&D人员合计(人)	#女性	R&D人员全时当量(人年)	#研究人员
总　计	**7532**	**1623**	**5179**	**1373**
东部地区	5207	1124	3472	855
中部地区	1552	319	1081	316
西部地区	773	180	626	202
北　京	144	39	97	59
天　津	158	44	133	86
河　北	233	32	102	43
山　西	40	5	8	7
内蒙古				
辽　宁	131	36	119	77
吉　林	73	36	61	19
黑龙江	23	3	16	12
上　海	607	160	441	181
江　苏	500	138	432	53
浙　江	1099	268	926	128
安　徽	330	51	300	84
福　建	267	49	180	59
江　西	43	8	41	26
山　东	224	36	179	65
河　南	410	72	194	75
湖　北	348	64	260	44
湖　南	285	80	201	49
广　东	1844	322	863	104
广　西	78	23	60	18
海　南				
重　庆	82	11	73	3
四　川	66	26	52	26
贵　州				
云　南	298	76	261	107
西　藏				
陕　西	192	42	139	42
甘　肃				
青　海				
宁　夏	57	2	41	6
新　疆				

3-26 续表 13

地区	文教体育用品制造业			
	R&D人员合计(人)	#女性	R&D人员全时当量(人年)	#研究人员
总计	**8480**	**1772**	**6587**	**1175**
东部地区	8144	1685	6342	1113
中部地区	262	77	195	47
西部地区	74	10	50	15
北京	251	88	72	30
天津	127	11	117	42
河北				
山西	117	35	106	19
内蒙古				
辽宁	44	10	17	3
吉林				
黑龙江				
上海	504	107	351	36
江苏	1264	179	1055	131
浙江	2369	608	1965	397
安徽	36	14	13	3
福建	511	95	444	97
江西				
山东	387	98	333	211
河南	67	22	57	19
湖北	10	2	1	
湖南	32	4	18	6
广东	2687	489	1988	166
广西	70	9	46	15
海南				
重庆				
四川	4	1	4	
贵州				
云南				
西藏				
陕西				
甘肃				
青海				
宁夏				
新疆				

3-26 续表 14

地　区	石油加工、炼焦及核燃料加工业			
	R&D人员合计(人)	#女性	R&D人员全时当量(人年)	#研究人员
总　计	**14252**	**3020**	**10208**	**6975**
东部地区	8238	1863	5871	3834
中部地区	3679	643	2806	2123
西部地区	2335	514	1531	1018
北　京	848	255	617	348
天　津	421	216	313	221
河　北	194	22	37	63
山　西	981	160	607	382
内蒙古	199	9	39	22
辽　宁	1254	450	943	854
吉　林	5	1	5	5
黑龙江	1032	251	1020	676
上　海	666	106	488	484
江　苏	697	98	610	247
浙　江	76	9	52	23
安　徽	84	10	84	65
福　建	121	35	61	18
江　西	329	15	130	92
山　东	3015	483	2012	1076
河　南	166	26	144	64
湖　北	318	55	305	567
湖　南	764	125	511	272
广　东	946	189	738	500
广　西	4	1	4	
海　南				
重　庆	156	29	61	17
四　川	515	77	464	367
贵　州				
云　南	270	81	34	12
西　藏				
陕　西	331	67	208	72
甘　肃	396	114	376	299
青　海				
宁　夏				
新　疆	464	136	345	229

3-26 续表 15

地区	化学原料及化学制品制造业			
	R&D人员合计(人)	#女性	R&D人员全时当量(人年)	#研究人员
总计	**136027**	**28134**	**102425**	**44941**
东部地区	96194	20096	71538	31118
中部地区	24255	4786	18878	8323
西部地区	15578	3252	12009	5500
北京	1829	533	1364	565
天津	3154	792	2694	1393
河北	3826	1293	2961	1715
山西	2655	760	2347	1263
内蒙古	637	32	307	114
辽宁	5401	1312	4478	3598
吉林	976	337	936	447
黑龙江	589	79	525	186
上海	4999	1275	3895	1607
江苏	32993	5811	22595	9578
浙江	11685	2640	9412	3350
安徽	4501	903	3679	1629
福建	1476	240	1115	408
江西	1657	319	1006	389
山东	19220	4374	14279	6294
河南	5048	1043	3696	1584
湖北	5178	684	4172	1536
湖南	3651	661	2517	1289
广东	11481	1805	8659	2496
广西	718	233	609	209
海南	130	21	86	114
重庆	2289	441	1255	594
四川	5540	855	4749	1959
贵州	719	145	584	365
云南	746	133	518	364
西藏	7	2	4	2
陕西	1796	549	1540	628
甘肃	1546	416	1283	874
青海	925	308	661	253
宁夏	165	17	93	36
新疆	490	121	406	102

3-26 续表 16

地　区	医药制造业			
	R&D人员合计（人）	#女性	R&D人员全时当量（人年）	#研究人员
总　计	**90222**	**32167**	**70111**	**30537**
东部地区	56635	20688	45596	17649
中部地区	22337	7360	15710	8435
西部地区	11250	4119	8805	4453
北　京	3700	1699	3226	1000
天　津	2930	1401	2428	1282
河　北	4833	2102	3651	2143
山　西	1353	521	953	291
内蒙古	286	73	243	99
辽　宁	1870	758	1546	687
吉　林	2667	960	1703	769
黑龙江	3169	1329	2706	1926
上　海	4311	1671	3507	1588
江　苏	10459	3498	8706	3286
浙　江	10154	3330	8826	2649
安　徽	2076	587	1157	462
福　建	1743	594	1503	499
江　西	2440	650	1452	582
山　东	9783	3237	7481	2984
河　南	4539	1496	3619	1936
湖　北	3558	1076	2062	1022
湖　南	2535	741	2058	1447
广　东	6177	2167	4215	1348
广　西	1188	427	835	382
海　南	675	231	507	183
重　庆	1828	643	1366	731
四　川	3987	1419	3438	2152
贵　州	450	152	61	23
云　南	1061	401	775	247
西　藏	351	226	338	107
陕　西	1040	400	867	363
甘　肃	473	158	409	172
青　海	157	75	140	41
宁　夏	365	119	290	110
新　疆	64	26	43	26

3-26 续表 17

地 区	化学纤维制造业			
	R&D人员合计(人)	#女性	R&D人员全时当量(人年)	#研究人员
总 计	**13766**	**3149**	**10093**	**3467**
东部地区	10760	2547	8131	2716
中部地区	1691	321	1241	484
西部地区	1315	281	721	267
北 京	180	43	102	45
天 津	73		73	5
河 北	779	221	502	186
山 西				
内蒙古				
辽 宁	543	149	395	196
吉 林	835	281	520	412
黑龙江	6		6	1
上 海	13	1	8	2
江 苏	3334	913	2053	784
浙 江	2966	745	2392	790
安 徽	86	1	64	
福 建	1105	113	999	50
江 西				
山 东	924	270	820	334
河 南	478	13	465	33
湖 北	146	6	104	6
湖 南	140	20	82	32
广 东	843	92	787	324
广 西				
海 南				
重 庆				
四 川	1133	226	559	92
贵 州				
云 南				
西 藏				
陕 西				
甘 肃	153	51	150	169
青 海				
宁 夏				
新 疆	29	4	12	6

3-26 续表 18

地区	橡胶制品业			
	R&D人员合计（人）	#女性	R&D人员全时当量（人年）	#研究人员
总　计	**18215**	**3708**	**12204**	**3854**
东部地区	13233	2845	9016	2887
中部地区	3421	590	2137	609
西部地区	1561	273	1051	358
北　京	275	63	227	56
天　津	369	67	180	66
河　北	279	38	149	45
山　西	159	61	113	69
内蒙古	31	8	15	3
辽　宁	287	89	247	417
吉　林				
黑龙江	26	7	8	6
上　海	642	126	568	194
江　苏	2455	399	1797	449
浙　江	1277	381	1110	265
安　徽	1196	170	986	268
福　建	555	94	483	139
江　西	72	9	34	9
山　东	5779	1323	3308	1084
河　南	1588	221	724	131
湖　北	289	104	223	110
湖　南	91	18	49	16
广　东	1315	265	947	172
广　西	47	13	8	5
海　南				
重　庆	146	32	73	25
四　川	404	60	294	36
贵　州	653	115	482	159
云　南	19	3	7	2
西　藏				
陕　西	6	2	4	1
甘　肃	20	4	15	6
青　海				
宁　夏	207	30	137	117
新　疆	28	6	16	4

3-26 续表 19

地　区	塑料制品业			
	R&D人员合计(人)	#女性	R&D人员全时当量(人年)	#研究人员
总　计	**26029**	**4597**	**19971**	**7064**
东部地区	21761	3894	17333	5898
中部地区	2938	459	1885	944
西部地区	1330	244	753	222
北　京	368	82	255	72
天　津	355	65	154	50
河　北	502	122	280	138
山　西	4		1	1
内蒙古	304	36	44	17
辽　宁	271	61	222	113
吉　林	87	22	74	53
黑龙江	130	28	98	49
上　海	1024	170	734	242
江　苏	4729	797	3923	960
浙　江	4106	713	3246	854
安　徽	880	90	718	236
福　建	1463	254	1136	329
江　西	77	19	36	23
山　东	848	153	669	283
河　南	443	59	289	143
湖　北	1178	213	580	409
湖　南	139	28	89	30
广　东	8089	1475	6711	2856
广　西	54	5	48	19
海　南	6	2	3	1
重　庆	71	12	56	13
四　川	318	61	253	59
贵　州	6	3	5	3
云　南	74	17	37	15
西　藏				
陕　西	165	48	85	26
甘　肃	99	11	33	2
青　海				
宁　夏	27	6	4	2
新　疆	212	45	188	66

3-26 续表 20

地 区	非金属矿物制品业			
	R&D人员合计(人)	#女性	R&D人员全时当量(人年)	#研究人员
总 计	**55029**	**9998**	**39873**	**15535**
东部地区	34255	6324	25184	9283
中部地区	15062	2829	10561	4868
西部地区	5712	845	4128	1384
北 京	2758	717	2099	946
天 津	574	68	290	69
河 北	3357	461	2648	1084
山 西	692	115	576	362
内蒙古	655	81	326	211
辽 宁	808	166	603	341
吉 林	307	70	228	193
黑龙江	750	184	373	376
上 海	1465	284	1045	336
江 苏	6156	1210	4182	1581
浙 江	3325	620	2716	885
安 徽	970	128	666	471
福 建	1997	330	1662	449
江 西	1782	329	1221	426
山 东	8111	1398	5746	2177
河 南	6849	1253	4855	1854
湖 北	1912	473	1263	447
湖 南	1800	277	1379	739
广 东	5704	1070	4193	1415
广 西	562	112	464	108
海 南				
重 庆	1016	100	671	212
四 川	2913	437	2262	681
贵 州	65	18	46	16
云 南	43	7	14	9
西 藏				
陕 西	22	1	18	11
甘 肃	187	32	141	38
青 海				
宁 夏	94	2	48	22
新 疆	155	55	138	76

3-26 续表 21

地 区	黑色金属冶炼及压延加工业制造业			
	R&D人员合计(人)	#女性	R&D人员全时当量(人年)	#研究人员
总 计	**89700**	**13478**	**62470**	**35201**
东部地区	56147	9256	37950	22214
中部地区	22835	2523	16129	7460
西部地区	10718	1699	8391	5527
北 京	1513	248	1171	900
天 津	6936	727	4190	1578
河 北	8491	1301	6266	5450
山 西	3434	577	3103	1220
内蒙古	1962	855	1920	1631
辽 宁	13197	3202	8724	6466
吉 林	807	141	353	229
黑龙江	821	129	251	153
上 海	2141	286	1784	866
江 苏	9495	1362	6944	2122
浙 江	1168	136	979	439
安 徽	821	99	516	312
福 建	2881	440	1806	578
江 西	4530	236	2444	1765
山 东	5471	1097	3700	2290
河 南	2340	343	1431	675
湖 北	5625	354	4384	1407
湖 南	4457	644	3647	1699
广 东	4784	446	2316	1494
广 西	240	30	214	18
海 南	70	11	70	31
重 庆	295	37	229	131
四 川	4309	547	2681	1890
贵 州	73	14	50	50
云 南	455	23	52	26
西 藏				
陕 西	464	88	434	479
甘 肃	2673	64	2663	1225
青 海				
宁 夏	67	11	44	12
新 疆	180	30	104	65

3-26 续表 22

地区	有色金属冶炼及压延加工业			
	R&D人员合计(人)	#女性	R&D人员全时当量(人年)	#研究人员
总计	**47405**	**7267**	**34044**	**16447**
东部地区	18143	3069	13963	5182
中部地区	17648	2232	12351	5750
西部地区	11614	1966	7730	5515
北京	448	86	330	151
天津	185	16	129	20
河北	720	84	400	203
山西	650	56	559	264
内蒙古	1334	86	460	262
辽宁	917	160	750	483
吉林	1059	162	908	490
黑龙江	566	58	550	375
上海	436	47	312	155
江苏	3651	664	2808	956
浙江	2177	269	1819	537
安徽	3518	292	2016	1202
福建	1411	189	1027	587
江西	1794	195	1113	687
山东	4805	861	3941	1341
河南	6242	672	4575	1454
湖北	684	70	564	322
湖南	3135	727	2066	956
广东	3382	693	2436	747
广西	1279	188	490	229
海南	11		11	2
重庆	1061	172	587	200
四川	754	102	522	207
贵州	297	47	98	52
云南	2006	283	1747	765
西藏				
陕西	1675	572	1590	1878
甘肃	2137	348	1484	1621
青海	20	7	15	10
宁夏	1006	154	701	263
新疆	45	7	36	28

3-26 续表 23

地　区	金属制品业			
	R&D人员合计(人)	#女性	R&D人员全时当量(人年)	#研究人员
总　计	**44330**	**7685**	**32095**	**11210**
东部地区	33512	5854	24974	8119
中部地区	7147	1059	4726	2048
西部地区	3671	772	2395	1043
北　京	1107	225	715	335
天　津	1298	324	1102	351
河　北	1280	253	990	299
山　西	53	10	38	18
内蒙古	82	15	36	15
辽　宁	1163	183	736	310
吉　林	104	19	104	66
黑龙江	531	86	444	410
上　海	1972	383	1699	1112
江　苏	9173	1729	6898	2130
浙　江	7676	1169	6065	1428
安　徽	1460	209	732	281
福　建	725	137	545	128
江　西	342	96	335	173
山　东	2409	438	1676	928
河　南	1225	200	939	497
湖　北	2669	342	1551	389
湖　南	763	97	583	214
广　东	6709	1013	4548	1098
广　西	66	8	39	9
海　南				
重　庆	914	244	443	108
四　川	1471	241	999	377
贵　州	184	41	150	100
云　南	81	5	12	4
西　藏				
陕　西	506	155	488	350
甘　肃	299	41	169	41
青　海				
宁　夏	36	6	30	19
新　疆	32	16	29	20

3-26 续表 24

地　区	通用设备制造业			
	R&D人员合计（人）	#女性	R&D人员全时当量（人年）	#研究人员
总　计	**161325**	**29618**	**118165**	**51510**
东部地区	119049	20912	90344	34861
中部地区	26679	4855	18048	11362
西部地区	15597	3851	9773	5287
北　京	4127	911	3137	1370
天　津	3314	633	2392	990
河　北	2903	683	2026	1047
山　西	1129	365	774	413
内蒙古	323	86	228	150
辽　宁	10805	2381	6950	3423
吉　林	327	50	210	85
黑龙江	4434	745	3180	4012
上　海	9328	1568	8201	4101
江　苏	30388	5265	23257	8589
浙　江	27025	4239	21863	5412
安　徽	3977	708	2715	1236
福　建	2788	434	1539	655
江　西	998	168	689	359
山　东	18168	3340	13440	7224
河　南	7224	1409	5406	2810
湖　北	5343	954	3138	1448
湖　南	3247	456	1936	999
广　东	10143	1447	7479	2032
广　西	751	126	554	260
海　南	60	11	60	18
重　庆	3406	731	2479	1472
四　川	3974	848	2487	1301
贵　州	350	60	297	177
云　南	206	38	124	108
西　藏				
陕　西	4791	1522	2260	1217
甘　肃	636	172	466	249
青　海	107	12	48	15
宁　夏	1023	253	810	326
新　疆	30	3	20	12

3-26 续表 25

地　区	专用设备制造业			
	R&D人员合计(人)	#女性	R&D人员全时当量(人年)	#研究人员
总　计	**136626**	**25652**	**106717**	**48898**
东部地区	82140	14345	63239	24832
中部地区	34256	6236	26162	14098
西部地区	20212	5069	17298	9956
北　京	8373	2137	6931	3571
天　津	3820	797	2972	1401
河　北	2839	603	2100	1198
山　西	3284	896	2655	1737
内蒙古	5421	1727	5247	2622
辽　宁	5064	982	4017	2390
吉　林	802	212	612	425
黑龙江	2818	358	1506	1065
上　海	7141	1141	5688	2122
江　苏	18789	2957	13935	4600
浙　江	11841	1700	9199	2820
安　徽	2562	388	1750	677
福　建	2878	577	2199	870
江　西	754	147	542	180
山　东	10460	1722	7942	3853
河　南	9929	1967	8142	4383
湖　北	4274	799	2743	1291
湖　南	9833	1469	8212	4340
广　东	10928	1727	8250	2006
广　西	2516	373	2092	943
海　南	7	2	6	1
重　庆	3889	1258	3128	2292
四　川	3906	631	3385	1803
贵　州	429	54	265	149
云　南	818	309	706	500
西　藏				
陕　西	2334	507	1832	1225
甘　肃	514	130	408	235
青　海				
宁　夏	239	65	111	84
新　疆	146	15	124	103

3-26 续表 26

地 区	交通运输设备制造业			
	R&D人员合计(人)	#女性	R&D人员全时当量(人年)	#研究人员
总 计	**197976**	**37509**	**159716**	**68081**
东部地区	103957	19149	84718	30614
中部地区	59853	10825	48789	24746
西部地区	34166	7535	26209	12721
北 京	5002	1531	4456	1662
天 津	2142	591	1723	1029
河 北	4194	874	2973	1694
山 西	1125	264	745	426
内蒙古	538	156	526	305
辽 宁	8879	2196	6348	3437
吉 林	6464	1064	6205	5414
黑龙江	6654	1038	5771	3592
上 海	13502	2505	12418	3454
江 苏	23076	3689	18578	6002
浙 江	16448	2782	13239	3346
安 徽	10272	1333	8231	1317
福 建	3395	443	2883	1547
江 西	5743	997	5359	2243
山 东	11685	2223	9560	4592
河 南	8578	1658	6151	2959
湖 北	16272	3359	12899	7200
湖 南	4745	1112	3428	1595
广 东	15622	2314	12529	3851
广 西	4174	778	3472	931
海 南	12	1	11	
重 庆	11265	2264	8489	3603
四 川	4325	989	3549	2511
贵 州	2719	826	2419	1149
云 南	2200	104	938	156
西 藏				
陕 西	8767	2378	6713	3996
甘 肃	58	13	46	37
青 海				
宁 夏				
新 疆	120	27	57	33

3-26 续表 27

地区	电气机械及器材制造业			
	R&D人员合计(人)	#女性	R&D人员全时当量(人年)	#研究人员
总计	**194660**	**38946**	**142988**	**50682**
东部地区	159689	31500	117573	37819
中部地区	24140	5021	18804	9199
西部地区	10815	2423	6595	3662
北京	4537	928	3460	1251
天津	2690	630	2128	1114
河北	4238	1035	2984	1874
山西	841	277	723	497
内蒙古	257	25	164	105
辽宁	3185	897	2550	1944
吉林	466	97	284	166
黑龙江	2533	623	2421	1861
上海	9258	1846	7320	2477
江苏	38943	7075	30198	9999
浙江	27697	5492	22120	5794
安徽	5429	973	3882	1553
福建	6670	1379	5285	1571
江西	2772	534	1911	957
山东	15271	3182	11704	4564
河南	5206	1209	4437	1985
湖北	3986	753	2940	1009
湖南	2907	555	2206	1171
广东	47172	9031	29819	7229
广西	716	149	574	283
海南	28	5	5	2
重庆	828	171	541	296
四川	2571	619	2124	1300
贵州	131	39	118	98
云南	311	72	33	28
西藏				
陕西	4681	1001	2117	954
甘肃	870	204	574	412
青海	9	1	2	1
宁夏	260	65	192	107
新疆	181	77	156	78

3-26 续表 28

地 区	通信设备、计算机及其他电子设备制造业			
	R&D人员合计(人)	#女性	R&D人员全时当量(人年)	#研究人员
总 计	**296136**	**64359**	**246800**	**110650**
东部地区	260608	55190	219358	97928
中部地区	17181	4099	13059	5808
西部地区	18347	5070	14383	6914
北 京	7919	2090	5827	2128
天 津	4482	1345	3089	1382
河 北	712	147	567	289
山 西	543	172	360	290
内蒙古	12	3	12	4
辽 宁	2943	634	2468	932
吉 林	839	116	786	241
黑龙江	324	60	303	225
上 海	15552	3774	14386	3887
江 苏	51265	12552	42248	9326
浙 江	17416	4079	15145	3705
安 徽	2679	577	1873	946
福 建	13767	3282	11626	3236
江 西	1465	297	787	288
山 东	8708	2041	7686	4164
河 南	2257	532	1678	677
湖 北	7217	1892	6125	2719
湖 南	1857	453	1147	422
广 东	137676	25218	116148	68794
广 西	262	66	198	89
海 南	168	28	168	85
重 庆	820	262	665	394
四 川	11449	3062	9056	4020
贵 州	1020	353	751	481
云 南	66	10	58	16
西 藏				
陕 西	4024	1110	3185	1767
甘 肃	661	201	438	129
青 海				
宁 夏				
新 疆	33	3	20	14

3-26 续表 29

地　区	仪器仪表及文化、办公用机械制造业			
	R&D人员合计（人）	#女性	R&D人员全时当量（人年）	#研究人员
总　计	**54463**	**10604**	**43137**	**18676**
东部地区	38949	7621	30412	11306
中部地区	10138	1792	8205	5169
西部地区	5376	1191	4520	2201
北　京	3323	804	2597	1077
天　津	1031	280	777	312
河　北	851	205	710	528
山　西	499	118	499	227
内蒙古				
辽　宁	1017	213	746	390
吉　林	182	38	121	52
黑龙江	1368	210	1250	1375
上　海	2339	500	2130	1324
江　苏	10239	1802	7583	3200
浙　江	8631	1522	7201	1706
安　徽	1441	107	1372	734
福　建	1787	483	1479	456
江　西	1252	320	964	587
山　东	2944	560	2321	1354
河　南	2384	476	1859	970
湖　北	1570	282	940	529
湖　南	1442	241	1200	695
广　东	6787	1252	4868	959
广　西	257	60	165	65
海　南				
重　庆	1821	405	1444	794
四　川	1161	315	1012	440
贵　州	159	25	41	20
云　南	84	17	75	55
西　藏				
陕　西	1563	304	1480	629
甘　肃	32	7	26	15
青　海	28	5	17	2
宁　夏	266	50	256	180
新　疆	5	3	4	1

3-26 续表 30

地 区	工艺品及其他制造业			
	R&D人员合计(人)	#女性	R&D人员全时当量(人年)	#研究人员
总 计	**12647**	**3465**	**10043**	**3674**
东部地区	7695	2094	5955	1388
中部地区	1939	519	1726	1109
西部地区	3013	852	2362	1177
北 京	759	191	481	227
天 津	23	1	21	13
河 北				
山 西				
内蒙古	8	2	8	2
辽 宁	261	113	231	83
吉 林				
黑龙江	25	5	17	1
上 海	139	40	106	33
江 苏	919	258	621	176
浙 江	2612	596	2230	382
安 徽	235	54	181	155
福 建	1099	166	1007	182
江 西	55	9	37	4
山 东	1126	508	820	235
河 南	717	155	665	407
湖 北	656	227	617	490
湖 南	251	69	209	52
广 东	757	221	438	57
广 西	57	19	45	18
海 南				
重 庆	114	34	72	11
四 川	529	41	422	221
贵 州	1068	246	1043	717
云 南	18	7	15	8
西 藏				
陕 西	64	14	64	24
甘 肃	1155	489	693	176
青 海				
宁 夏				
新 疆				

3-26 续表 31

地 区	电力、燃气及水的生产和供应业			
	R&D人员合计(人)	#女性	R&D人员全时当量(人年)	#研究人员
总 计	**26042**	**5210**	**15544**	**12243**
东部地区	10198	1716	7131	7196
中部地区	11818	2870	6568	4302
西部地区	4026	624	1845	745
北 京	873	300	799	598
天 津	147	41	34	27
河 北	312	47	93	77
山 西	306	47	213	89
内蒙古	360	31	126	78
辽 宁	2594	519	2455	4003
吉 林	365	91	158	795
黑龙江	4898	549	2881	1657
上 海	564	79	156	90
江 苏	1585	132	902	404
浙 江	668	91	477	160
安 徽	487	71	290	158
福 建	683	116	388	366
江 西	288	36	138	61
山 东	1276	238	817	747
河 南	1804	258	1092	346
湖 北	2737	1706	1345	924
湖 南	933	112	451	272
广 东	1483	150	1010	724
广 西	174	22	92	34
海 南	13	3		
重 庆	437	49	181	24
四 川	872	133	552	67
贵 州	140	58	35	11
云 南	649	118	167	108
西 藏				
陕 西	456	53	302	193
甘 肃	460	84	187	79
青 海	188	40	80	64
宁 夏	82	20	44	16
新 疆	208	16	79	71

四、R&D 经费情况

4-1-1 企业R&D经费内部支出

单位：万元

项目	R&D经费内部支出	日常性支出	#人员劳务费	资产性支出	#仪器和设备	#政府资金	#企业资金
总　计	**37757113**	**33085661**	**9529053**	**4671452**	**4413274**	**1600403**	**35382682**
按企业规模分组							
大中型企业	32102300	28218113	8089252	3884187	3664469	1367748	30099860
大型企业	20110436	17856051	5190485	2254385	2113403	828815	18961096
中型企业	11991863	10362062	2898768	1629802	1551066	538933	11138764
小型企业	5654814	4867548	1439801	787265	748805	232655	5282822
按企业控股情况分组							
国有控股	14826562	13104325	3482691	1722236	1637909	937849	13662682
集体控股	2793319	2463908	985425	329412	285936	55104	2716659
私人控股	11787630	10089799	2624048	1697831	1616063	436474	11165819
港澳台商控股	2785324	2499952	837207	285372	271283	60836	2646325
外商控股	4135659	3716498	1298418	419161	399733	58480	3840028
按登记注册类型分组							
内资企业	27789291	24162482	6709160	3626809	3417377	1388827	25982953
国有企业	3309867	2890937	702119	418930	391633	149813	3072887
集体企业	474829	435895	100976	38934	33155	9068	461669
股份合作企业	149092	126996	33683	22096	20465	5396	140604
联营企业	80301	75733	19567	4568	4535	1213	78455
有限责任公司	12036359	10461919	3017247	1574440	1477712	742111	11141022
#国有独资公司	3135762	2708432	604047	427329	406260	188809	2917744
股份有限公司	5793450	5118134	1517582	675316	642486	282587	5435155
私营企业	5829145	4960320	1293527	868825	824350	196594	5541557
其他内资企业	116250	92548	24461	23702	23043	2043	111604
港澳台商投资企业	3645268	3222800	1031691	422468	405152	95338	3465348
外商投资企业	6322554	5700379	1788202	622175	590745	116238	5934380

4-1-2　大中型企业R&D经费内部支出

单位：万元

项　目	R&D经费内部支出	日常性支出	#人员劳务费	资产性支出	#仪器和设备	#政府资金	#企业资金
总　计	**32102300**	**28218113**	**8089252**	**3884187**	**3664469**	**1367748**	**30099860**
按企业控股情况分组							
国有控股	14320757	12646222	3341263	1674535	1591941	902939	13201262
集体控股	2593531	2293591	936646	299941	258108	46372	2529167
私人控股	8022677	6881730	1723167	1140948	1087558	279104	7627109
港澳台商控股	2406994	2171491	725124	235502	223281	51616	2286716
外商控股	3606536	3244234	1125366	362302	345146	49446	3363140
按登记注册类型分组							
内资企业	23436582	20440730	5655488	2995852	2817501	1189297	21909099
国有企业	3217948	2808435	674865	409513	382721	141736	2992251
集体企业	436754	403145	92106	33609	28261	7847	425442
股份合作企业	96938	84027	22464	12912	12129	3476	91319
联营企业	73116	69752	17362	3364	3359	682	72434
有限责任公司	10787752	9378099	2703895	1409653	1320418	678557	9978196
#国有独资公司	3111622	2687420	597278	424202	403147	186615	2895996
股份有限公司	5510394	4862440	1450133	647954	616296	262740	5175872
私营企业	3215234	2757957	674071	457277	433320	92740	3079105
其他内资企业	98446	76876	20592	21570	20997	1520	94479
港澳台商投资企业	3123358	2771895	884379	351463	337181	80234	2968741
外商投资企业	5542360	5005488	1549385	536872	509788	98216	5222019

4-1-3　大型企业R&D经费内部支出

单位：万元

项　目	R&D经费内部支出	日常性支出	#人员劳务费	资产性支出	#仪器和设备	#政府资金	#企业资金
总　计	**20110436**	**17856051**	**5190485**	**2254385**	**2113403**	**828815**	**18961096**
按企业控股情况分组							
国有控股	11505375	10161865	2674855	1343511	1276379	644578	10713072
集体控股	2041234	1816322	813614	224913	186387	27395	2002625
私人控股	3163641	2771255	662372	392386	373992	94815	3025702
港澳台商控股	1244045	1161288	390182	82757	78126	27824	1182443
外商控股	1599676	1461212	556772	138464	129326	20720	1501026
按登记注册类型分组							
内资企业	15614271	13732436	3895704	1881836	1762531	733512	14687218
国有企业	2533410	2217932	510510	315479	294518	80845	2386667
集体企业	397308	369185	83531	28124	23047	6490	389075
股份合作企业	18724	17007	2436	1717	1644	619	18105
联营企业	64179	62585	14260	1594	1594	529	63650
有限责任公司	7988976	6981215	2095245	1007760	939532	469147	7447442
#国有独资公司	2837463	2453151	538423	384312	364666	170126	2646830
股份有限公司	3706526	3290910	1017425	415616	396561	159489	3496988
私营企业	865893	757377	166748	108516	102958	15578	846852
其他内资企业	39255	36226	5549	3030	2677	815	38440
港澳台商投资企业	1518120	1383172	443294	134948	129551	42849	1437329
外商投资企业	2978045	2740443	851487	237602	221321	52454	2836549

4-1-4 中型企业R&D经费内部支出

单位：万元

项　目	R&D经费内部支出	日常性支出	#人员劳务费	资产性支出	#仪器和设备	#政府资金	#企业资金
总　计	**11991863**	**10362062**	**2898768**	**1629802**	**1551066**	**538933**	**11138764**
按企业控股情况分组							
国有控股	2815382	2484357	666409	331024	315562	258360	2488190
集体控股	552297	477269	123032	75028	71721	18977	526542
私人控股	4859036	4110475	1060795	748562	713566	184289	4601408
港澳台商控股	1162949	1010204	334942	152745	145155	23792	1104274
外商控股	2006859	1783022	568594	223838	215820	28726	1862114
按登记注册类型分组							
内资企业	7822310	6708294	1759785	1114016	1054970	455786	7221881
国有企业	684537	590503	164355	94034	88203	60891	605584
集体企业	39446	33961	8575	5485	5214	1358	36367
股份合作企业	78214	67020	20028	11194	10485	2856	73215
联营企业	8937	7167	3102	1771	1765	153	8784
有限责任公司	2798776	2396884	608651	401892	380886	209410	2530755
#国有独资公司	274159	234269	58855	39890	38481	16489	249167
股份有限公司	1803868	1571530	432708	232338	219735	103252	1678884
私营企业	2349341	2000580	507322	348761	330362	77162	2232253
其他内资企业	59191	40650	15043	18540	18319	704	56039
港澳台商投资企业	1605239	1388723	441085	216515	207630	37385	1531412
外商投资企业	2564315	2265044	697898	299270	288467	45762	2385470

4-1-5 小型企业R&D经费内部支出

单位：万元

项　目	R&D经费内部支出	日常性支出	#人员劳务费	资产性支出	#仪器和设备	#政府资金	#企业资金
总　计	**5654814**	**4867548**	**1439801**	**787265**	**748805**	**232655**	**5282822**
按企业控股情况分组							
国有控股	505805	458103	141428	47701	45968	34911	461420
集体控股	199788	170317	48779	29471	27828	8733	187492
私人控股	3764952	3208069	900880	556883	528505	157370	3538710
港澳台商控股	378331	328460	112082	49870	48002	9220	359609
外商控股	529123	472264	173052	56859	54587	9034	476889
按登记注册类型分组							
内资企业	4352710	3721752	1053672	630958	599877	199529	4073854
国有企业	91919	82503	27253	9417	8912	8077	80636
集体企业	38074	32750	8870	5325	4894	1220	36227
股份合作企业	52153	42969	11219	9184	8336	1920	49284
联营企业	7185	5982	2205	1203	1176	531	6021
有限责任公司	1248607	1083820	313352	164787	157294	63554	1162826
#国有独资公司	24140	21013	6770	3127	3113	2194	21747
股份有限公司	283056	255694	67449	27362	26190	19847	259283
私营企业	2613911	2202363	619457	411547	391030	103854	2462453
其他内资企业	17804	15672	3868	2132	2047	525	17125
港澳台商投资企业	521909	450905	147312	71005	67971	15103	496607
外商投资企业	780195	694891	238816	85303	80957	18022	712361

4-1-6　按行业分企业R&D经费内部支出

单位：万元

行　业	R&D经费内部支出	日常性支出	#人员劳务费	资产性支出	#仪器和设备	#政府资金	#企业资金
总　计	**37757113**	**33085661**	**9529053**	**4671452**	**4413274**	**1600403**	**35382682**
采矿业	**1702767**	**1482743**	**506098**	**220023**	**201505**	**38750**	**1643349**
煤炭开采和洗选业	937871	791028	257462	146843	130491	14570	921458
石油和天然气开采业	637222	588324	222238	48898	47482	18470	601088
黑色金属矿采选业	20059	17402	5606	2657	2488	1560	18197
有色金属矿采选业	84196	66353	13527	17843	17408	3286	80591
非金属矿采选业	23419	19636	7265	3783	3635	865	22015
制造业	**35712795**	**31312949**	**8939214**	**4399846**	**4161407**	**1554995**	**33406143**
农副食品加工业	527522	447974	92185	79548	76625	16910	491748
食品制造业	402799	331678	75592	71121	68632	16676	382606
饮料制造业	449619	358643	106628	90976	85816	12005	434123
烟草制品业	128580	108609	45767	19971	19774	2602	119210
纺织业	811743	670798	178908	140945	136316	18616	776040
纺织服装、鞋、帽制造业	168772	144255	49309	24517	23393	3979	158570
皮革、毛皮、羽毛(绒)及其制品业	98661	88090	27909	10570	10013	1927	93296
木材加工及木、竹、藤、棕、草制品业	103504	86945	23242	16559	15996	6634	95684
家具制造业	69282	59746	25522	9536	9238	298	67625
造纸及纸制品业	368105	312405	57498	55700	53267	14003	349056
印刷业和记录媒介的复制	109723	86977	28445	22746	22001	2111	104990
文教体育用品制造业	107124	94176	31050	12948	12565	3402	100431
石油加工、炼焦及核燃料加工业	370907	311987	71795	58920	57108	14043	348444
化学原料及化学制品制造业	2663068	2335880	586815	327188	310670	91880	2490839
医药制造业	1345385	1143201	344993	202185	192562	83101	1231439
化学纤维制造业	357555	311880	54979	45674	43535	8130	348646
橡胶制品业	404649	347186	73368	57463	55580	6315	392845
塑料制品业	451757	374221	99553	77536	75169	8414	429249
非金属矿物制品业	815449	692208	172068	123240	116748	32346	764226
黑色金属冶炼及压延加工业	3117999	2673156	449623	444843	415008	31532	3054280
有色金属冶炼及压延加工业	1150618	976842	182473	173776	158971	48689	1085003
金属制品业	658571	568322	159651	90249	86788	20102	629650
通用设备制造业	2720500	2360185	660221	360315	343218	115209	2564067
专用设备制造业	2502059	2237296	594712	264764	250268	127736	2322634
交通运输设备制造业	4902174	4372238	1046858	529936	505396	477948	4317904
电气机械及器材制造业	4003274	3481429	975376	521845	497859	110558	3812973
通信设备、计算机及其他电子设备制造业	6011283	5538250	2450457	473033	431434	231603	5627904
仪器仪表及文化、办公用机械制造业	745507	667107	233939	78400	73792	42439	676245
工艺品及其他制造业	141044	126511	38863	14534	13009	5516	131346
电力、燃气及水的生产和供应业	**341552**	**289969**	**83741**	**51583**	**50363**	**6658**	**333190**
电力、热力的生产和供应业	324941	276684	78488	48257	47142	5680	317662
燃气生产和供应业	2112	1723	687	389	374	22	2089
水的生产和供应业	14499	11562	4566	2937	2847	956	13439

4-1-7　按行业分大中型企业R&D经费内部支出

单位：万元

行　业	R&D经费内部支出	日常性支出	#人员劳务费	资产性支出	#仪器和设备	#政府资金	#企业资金
总　计	**32102300**	**28218113**	**8089252**	**3884187**	**3664469**	**1367748**	**30099860**
采矿业	**1669030**	**1453897**	**495052**	**215133**	**196680**	**37397**	**1611064**
煤炭开采和洗选业	930410	786052	254872	144359	128016	14551	914053
石油和天然气开采业	623983	575641	216729	48342	46926	17684	588635
黑色金属矿采选业	17885	15444	5068	2441	2291	1490	16111
有色金属矿采选业	76887	60025	12089	16862	16455	2945	73622
非金属矿采选业	19865	16735	6293	3130	2993	727	18644
制造业	**30129433**	**26507308**	**7517509**	**3622124**	**3422023**	**1325010**	**28191633**
农副食品加工业	368001	309186	59949	58815	57209	8605	344606
食品制造业	314094	258673	53880	55422	53519	13452	299141
饮料制造业	393206	310334	96168	82872	78119	9256	381833
烟草制品业	125802	106228	44905	19574	19386	2599	116550
纺织业	691790	572368	150864	119422	115797	15790	661635
纺织服装、鞋、帽制造业	149512	127933	42459	21579	20510	3591	140164
皮革、毛皮、羽毛(绒)及其制品业	81635	72305	23023	9330	8830	1557	76971
木材加工及木、竹、藤、棕、草制品业	52031	45198	14314	6833	6616	4993	46565
家具制造业	55908	48684	21110	7224	6944	112	54659
造纸及纸制品业	319798	272268	49174	47530	45332	11965	303481
印刷业和记录媒介的复制	77071	62601	21926	14470	13845	1518	74777
文教体育用品制造业	84309	74768	24230	9541	9297	2803	78733
石油加工、炼焦及核燃料加工业	338368	287241	67412	51127	49621	13306	317791
化学原料及化学制品制造业	1968434	1729217	424070	239217	227292	63651	1849202
医药制造业	996221	853452	262069	142769	137739	61167	912636
化学纤维制造业	323849	284353	49111	39496	37497	6273	316944
橡胶制品业	367792	317287	63550	50505	49040	4502	358361
塑料制品业	299203	250844	64456	48359	47184	5091	284116
非金属矿物制品业	589794	498669	122528	91125	86173	21998	558633
黑色金属冶炼及压延加工业	3054462	2621997	438244	432465	403237	30374	2993628
有色金属冶炼及压延加工业	973899	824836	153871	149062	135682	41332	916859
金属制品业	461071	404678	117262	56393	54540	15443	440303
通用设备制造业	2099680	1828551	505591	271129	257646	91916	1980505
专用设备制造业	1972507	1762971	444154	209537	197947	103454	1826878
交通运输设备制造业	4599870	4120983	968445	478887	456727	468237	4033970
电气机械及器材制造业	3293173	2868833	791326	424340	405717	89356	3140322
通信设备、计算机及其他电子设备制造业	5496059	5077215	2267081	418844	379309	200448	5156112
仪器仪表及文化、办公用机械制造业	485201	430219	146462	54982	51453	27834	438039
工艺品及其他制造业	96222	85222	29732	11000	9687	4385	87968
电力、燃气及水的生产和供应业	**303837**	**256908**	**76692**	**46929**	**45766**	**5340**	**297163**
电力、热力的生产和供应业	293924	248482	73081	45442	44352	4726	287938
燃气生产和供应业	1457	1298	476	158	144	22	1435
水的生产和供应业	8456	7127	3134	1329	1270	592	7791

4-1-8 按行业分大型企业R&D经费内部支出

单位：万元

行业	R&D经费内部支出	日常性支出	#人员劳务费	资产性支出	#仪器和设备	#政府资金	#企业资金
总 计	**20110436**	**17856051**	**5190485**	**2254385**	**2113403**	**828815**	**18961096**
采矿业	**1485238**	**1292870**	**474665**	**192368**	**179645**	**34361**	**1431673**
煤炭开采和洗选业	897979	762578	250309	135401	124577	14471	881984
石油和天然气开采业	517475	476343	209882	41132	39716	17562	482249
黑色金属矿采选业	5099	4479	1565	620	580	371	4728
有色金属矿采选业	53964	40890	8322	13075	12767	1748	52202
非金属矿采选业	10720	8580	4587	2140	2006	209	10510
制造业	**18428354**	**16384228**	**4658584**	**2044126**	**1916379**	**791547**	**17335632**
农副食品加工业	184075	146210	29689	37865	37462	2739	170996
食品制造业	118515	97959	18772	20557	19926	6383	111956
饮料制造业	270042	213157	72512	56884	53395	7291	261844
烟草制品业	108985	92297	37155	16688	16543	2557	99930
纺织业	304897	265886	73127	39012	38056	6084	293957
纺织服装、鞋、帽制造业	76095	67774	23622	8321	7478	1752	69376
皮革、毛皮、羽毛(绒)及其制品业	43975	39247	11522	4727	4423	1059	41723
木材加工及木、竹、藤、棕、草制品业	17645	16496	8282	1150	1116		17645
家具制造业	29588	25611	12116	3976	3976		29588
造纸及纸制品业	191177	173119	28225	18057	17038	8508	179545
印刷业和记录媒介的复制	13613	10528	4184	3085	3085	555	13058
文教体育用品制造业	26542	23355	6770	3187	3158	813	25186
石油加工、炼焦及核燃料加工业	212568	188231	48550	24337	23589	6763	198677
化学原料及化学制品制造业	893459	794446	205939	99014	94070	29954	824844
医药制造业	391844	331906	94019	59939	58058	26667	358719
化学纤维制造业	200334	173890	25475	26444	25606	3021	196681
橡胶制品业	279938	247144	42794	32795	32400	3137	274307
塑料制品业	82261	70620	19218	11641	11530	1567	80694
非金属矿物制品业	216138	189258	42287	26880	25786	7665	206623
黑色金属冶炼及压延加工业	2800877	2414107	405662	386770	358486	26902	2748757
有色金属冶炼及压延加工业	619723	520805	103167	98918	91783	23434	584830
金属制品业	145837	133219	33012	12618	11603	3717	141964
通用设备制造业	918697	813104	218310	105593	99470	40180	873493
专用设备制造业	1124968	1002804	223365	122164	115045	64572	1052385
交通运输设备制造业	3415863	3105896	699908	309967	295183	343340	3014990
电气机械及器材制造业	1766091	1534122	408559	231969	221554	36713	1695347
通信设备、计算机及其他电子设备制造业	3818153	3546282	1711036	271871	238795	130397	3618189
仪器仪表及文化、办公用机械制造业	137616	128555	45251	9062	7195	4266	133004
工艺品及其他制造业	18841	18203	6057	638	570	1513	17328
电力、燃气及水的生产和供应业	**196844**	**178953**	**57236**	**17891**	**17379**	**2908**	**193790**
电力、热力的生产和供应业	194397	176756	56195	17641	17171	2765	191486
燃气生产和供应业	188	163	59	26	26	22	166
水的生产和供应业	2259	2035	982	225	182	121	2138

4-1-9　按行业分中型企业R&D经费内部支出

单位：万元

行　业	R&D经费内部支出	日常性支出	#人员劳务费	资产性支出	#仪器和设备	#政府资金	#企业资金
总　计	**11991863**	**10362062**	**2898768**	**1629802**	**1551066**	**538933**	**11138764**
采矿业	**183793**	**161027**	**20387**	**22766**	**17035**	**3037**	**179390**
煤炭开采和洗选业	32431	23474	4563	8958	3439	80	32069
石油和天然气开采业	106508	99298	6847	7210	7210	122	106386
黑色金属矿采选业	12786	10965	3503	1821	1710	1119	11383
有色金属矿采选业	22922	19136	3767	3787	3689	1198	21419
非金属矿采选业	9145	8155	1707	990	987	518	8133
制造业	**11701078**	**10123080**	**2858925**	**1577998**	**1505644**	**533463**	**10856001**
农副食品加工业	183927	162977	30259	20950	19747	5866	173611
食品制造业	195579	160714	35108	34865	33593	7069	187185
饮料制造业	123164	97177	23656	25987	24724	1965	119989
烟草制品业	16817	13931	7750	2886	2843	42	16621
纺织业	386893	306483	77736	80411	77741	9706	367678
纺织服装、鞋、帽制造业	73417	60159	18837	13259	13033	1840	70788
皮革、毛皮、羽毛(绒)及其制品业	37660	33058	11502	4602	4407	498	35248
木材加工及木、竹、藤、棕、草制品业	34386	28702	6032	5684	5499	4993	28920
家具制造业	26320	23073	8994	3248	2967	112	25071
造纸及纸制品业	128622	99149	20949	29473	28294	3458	123937
印刷业和记录媒介的复制	63458	52073	17742	11386	10761	963	61719
文教体育用品制造业	57766	51412	17460	6354	6140	1990	53547
石油加工、炼焦及核燃料加工业	125800	99010	18862	26790	26033	6543	119114
化学原料及化学制品制造业	1074975	934771	218131	140204	133222	33697	1024358
医药制造业	604376	521546	168050	82830	79681	34500	553917
化学纤维制造业	123515	110463	23636	13052	11891	3252	120263
橡胶制品业	87854	70144	20756	17710	16639	1364	84054
塑料制品业	216942	180224	45238	36718	35655	3524	203422
非金属矿物制品业	373657	309412	80241	64245	60386	14332	352010
黑色金属冶炼及压延加工业	253585	207890	32582	45695	44751	3472	244872
有色金属冶炼及压延加工业	354176	304031	50705	50144	43899	17898	332029
金属制品业	315235	271460	84251	43775	42937	11725	298339
通用设备制造业	1180982	1015447	287281	165535	158175	51736	1107012
专用设备制造业	847539	760166	220789	87373	82902	38882	774493
交通运输设备制造业	1184007	1015086	268537	168921	161544	124897	1018980
电气机械及器材制造业	1527082	1334711	382767	192371	184163	52643	1444975
通信设备、计算机及其他电子设备制造业	1677906	1530934	556046	146973	140513	70051	1537923
仪器仪表及文化、办公用机械制造业	347584	301664	101211	45920	44258	23568	305036
工艺品及其他制造业	77380	67018	23675	10362	9117	2871	70640
电力、燃气及水的生产和供应业	**106993**	**77955**	**19456**	**29038**	**28387**	**2433**	**103373**
电力、热力的生产和供应业	99528	71727	16887	27801	27180	1962	96452
燃气生产和供应业	1268	1136	417	133	119		1268
水的生产和供应业	6197	5092	2152	1104	1088	471	5653

4-1-10 按行业分小型企业R&D经费内部支出

单位：万元

行业	R&D经费内部支出	日常性支出	#人员劳务费	资产性支出	#仪器和设备	#政府资金	#企业资金
总 计	**5654814**	**4867548**	**1439801**	**787265**	**748805**	**232655**	**5282822**
采矿业	**33736**	**28847**	**11047**	**4890**	**4824**	**1353**	**32285**
煤炭开采和洗选业	7460	4976	2590	2484	2475	19	7406
石油和天然气开采业	13239	12682	5509	557	557	786	12453
黑色金属矿采选业	2174	1958	538	216	198	70	2086
有色金属矿采选业	7310	6328	1438	982	953	341	6969
非金属矿采选业	3554	2902	972	652	642	138	3371
制造业	**5583362**	**4805641**	**1421705**	**777722**	**739383**	**229984**	**5214510**
农副食品加工业	159521	138788	32236	20733	19416	8305	147142
食品制造业	88705	73005	21712	15700	15114	3224	83465
饮料制造业	56414	48309	10460	8104	7697	2749	52290
烟草制品业	2778	2381	862	397	388	4	2660
纺织业	119953	98430	28044	21523	20519	2826	114404
纺织服装、鞋、帽制造业	19259	16322	6850	2937	2882	388	18406
皮革、毛皮、羽毛(绒)及其制品业	17026	15785	4886	1241	1184	370	16325
木材加工及木、竹、藤、棕、草制品业	51473	41748	8928	9725	9380	1641	49119
家具制造业	13374	11062	4412	2313	2294	186	12966
造纸及纸制品业	48307	40136	8324	8170	7935	2038	45575
印刷业和记录媒介的复制	32652	24376	6519	8276	8156	593	30213
文教体育用品制造业	22815	19408	6820	3407	3268	600	21698
石油加工、炼焦及核燃料加工业	32539	24746	4383	7793	7487	737	30653
化学原料及化学制品制造业	694634	606663	162745	87971	83378	28230	641637
医药制造业	349164	289749	82925	59416	54824	21934	318804
化学纤维制造业	33706	27528	5869	6178	6038	1857	31702
橡胶制品业	36857	29899	9818	6958	6540	1814	34484
塑料制品业	152554	123377	35097	29177	27985	3323	145133
非金属矿物制品业	225654	193539	49540	32116	30575	10348	205593
黑色金属冶炼及压延加工业	63537	51159	11379	12378	11771	1159	60651
有色金属冶炼及压延加工业	176719	152006	28602	24713	23289	7357	168144
金属制品业	197500	163644	42388	33856	32249	4660	189347
通用设备制造业	620821	531634	154630	89186	85572	23293	583562
专用设备制造业	529552	474325	150558	55227	52321	24282	495756
交通运输设备制造业	302304	251256	78413	51048	48670	9711	283934
电气机械及器材制造业	710101	612596	184050	97505	92141	21201	672650
通信设备、计算机及其他电子设备制造业	515224	461035	183376	54189	52125	31155	471792
仪器仪表及文化、办公用机械制造业	260306	236888	87477	23418	22339	14604	238206
工艺品及其他制造业	44823	41289	9130	3534	3322	1131	43378
电力、燃气及水的生产和供应业	**37715**	**33061**	**7050**	**4654**	**4597**	**1318**	**36027**
电力、热力的生产和供应业	31017	28202	5407	2815	2790	954	29724
燃气生产和供应业	655	425	211	230	229		655
水的生产和供应业	6043	4435	1432	1608	1577	364	5648

4-1-11　按行业分国有控股企业R&D经费内部支出

单位：万元

行　业	R&D经费内部支出	日常性支出	#人员劳务费	资产性支出	#仪器和设备	#政府资金	#企业资金
总　计	**14826562**	**13104325**	**3482691**	**1722236**	**1637909**	**937849**	**13662682**
采矿业	**1537384**	**1344424**	**478724**	**192959**	**185762**	**36157**	**1481291**
煤炭开采和洗选业	831126	700815	243903	130310	124764	14464	815138
石油和天然气开采业	623569	575320	216297	48249	46832	18007	587897
黑色金属矿采选业	9834	8612	3208	1222	1147	636	9198
有色金属矿采选业	57561	45924	9787	11636	11512	2580	54728
非金属矿采选业	15294	13753	5529	1542	1505	471	14330
制造业	**12985034**	**11503488**	**2925997**	**1481546**	**1405539**	**895862**	**11884376**
农副食品加工业	27457	23114	3995	4344	4239	1303	21924
食品制造业	38002	32671	9629	5331	5195	2453	35549
饮料制造业	193082	149998	51340	43084	40301	5974	187108
烟草制品业	125294	105824	44934	19470	19273	2600	115927
纺织业	73681	56044	15292	17638	17027	2389	71003
纺织服装、鞋、帽制造业	5709	4697	2124	1013	1012	6	5703
皮革、毛皮、羽毛(绒)及其制品业	494	433	194	61	33		494
木材加工及木、竹、藤、棕、草制品业	2510	2279	564	231	187	51	2459
家具制造业	26728	22788	11112	3940	3927		26649
造纸及纸制品业	81896	72507	11851	9390	8558	2252	77981
印刷业和记录媒介的复制	19556	16967	6932	2589	2559	63	19312
文教体育用品制造业	11994	10711	2142	1283	1282	228	11765
石油加工、炼焦及核燃料加工业	237978	211788	55721	26191	25424	10753	219954
化学原料及化学制品制造业	879935	787378	204757	92557	86720	36276	799616
医药制造业	274420	233344	80236	41076	39284	18674	251102
化学纤维制造业	107464	96033	15213	11430	11242	975	105710
橡胶制品业	119241	105048	23252	14194	13273	938	118203
塑料制品业	40759	33193	7526	7566	7312	2219	36557
非金属矿物制品业	159798	133506	33068	26292	24463	9663	148554
黑色金属冶炼及压延加工业	2196494	1857504	335201	338990	313240	19022	2154154
有色金属冶炼及压延加工业	460231	396031	77379	64201	61781	31969	422101
金属制品业	120266	109447	26862	10819	10475	10889	109011
通用设备制造业	969320	860711	234942	108609	105268	58783	903104
专用设备制造业	1201761	1079857	220055	121905	113239	84489	1090195
交通运输设备制造业	3342311	3039263	694732	303048	289763	431471	2867943
电气机械及器材制造业	594781	508566	144778	86215	83671	21127	570452
通信设备、计算机及其他电子设备制造业	1456134	1354902	551295	101232	99091	122015	1327723
仪器仪表及文化、办公用机械制造业	163447	147249	48827	16198	15284	15957	136925
工艺品及其他制造业	53508	51001	11926	2507	2272	3082	46656
电力、燃气及水的生产和供应业	**304144**	**256413**	**77970**	**47731**	**46609**	**5830**	**297015**
电力、热力的生产和供应业	293876	247692	74343	46184	45142	5152	287529
燃气生产和供应业	1267	1104	447	163	149	22	1245
水的生产和供应业	9002	7618	3180	1384	1318	656	8242

4-1-12　按行业分内资企业R&D经费内部支出

单位：万元

行　业	R&D经费内部支出	日常性支出	#人员劳务费	资产性支出	#仪器和设备	#政府资金	#企业资金
总　计	**27789291**	**24162482**	**6709160**	**3626809**	**3417377**	**1388827**	**25982953**
采矿业	**1603332**	**1392161**	**490476**	**211171**	**197992**	**37665**	**1545000**
煤炭开采和洗选业	865188	723645	249462	141543	130491	14540	848806
石油和天然气开采业	626090	577640	217120	48450	47034	18228	590198
黑色金属矿采选业	17911	15631	4850	2280	2146	1320	16289
有色金属矿采选业	72217	56833	12076	15384	14954	2739	69159
非金属矿采选业	21927	18412	6968	3515	3368	839	20549
制造业	**25872367**	**22505412**	**6141131**	**3366955**	**3171879**	**1344887**	**24132245**
农副食品加工业	371139	306496	63300	64644	62427	13279	340591
食品制造业	248843	190970	44816	57874	56077	12827	233975
饮料制造业	323758	260042	81347	63716	59395	10455	310822
烟草制品业	128580	108609	45767	19971	19774	2602	119210
纺织业	589237	492534	127924	96703	93366	13874	562405
纺织服装、鞋、帽制造业	97394	83819	28690	13575	13171	1315	94338
皮革、毛皮、羽毛(绒)及其制品业	51891	48041	14161	3849	3678	1210	48742
木材加工及木、竹、藤、棕、草制品业	82246	69280	19885	12966	12493	5133	76296
家具制造业	26006	22121	8396	3886	3706	192	25480
造纸及纸制品业	235366	188446	31984	46920	44975	12940	217452
印刷业和记录媒介的复制	67819	51574	15495	16245	16012	1554	64765
文教体育用品制造业	54992	45924	13554	9067	8807	2969	50917
石油加工、炼焦及核燃料加工业	350343	296902	65824	53440	51798	13740	328183
化学原料及化学制品制造业	2094753	1827280	441451	267473	253789	79402	1954459
医药制造业	967161	807385	232494	159775	151027	67954	882856
化学纤维制造业	258910	227623	39174	31287	29615	7366	250764
橡胶制品业	246790	213494	48016	33296	31782	5099	238980
塑料制品业	286166	228457	53644	57709	56160	7097	268361
非金属矿物制品业	623255	528071	125007	95185	89631	27786	586241
黑色金属冶炼及压延加工业	2840633	2429614	408283	411019	381501	28681	2785502
有色金属冶炼及压延加工业	958563	806733	157205	151830	139042	43517	899725
金属制品业	484758	421159	113427	63599	60489	18093	460090
通用设备制造业	2130029	1828982	486954	301048	286859	103189	2001697
专用设备制造业	2036047	1836050	465483	199997	187475	118389	1883080
交通运输设备制造业	3426624	3026958	685203	399666	382822	448502	2920370
电气机械及器材制造业	2873750	2507144	680490	366607	348358	84366	2759032
通信设备、计算机及其他电子设备制造业	3361245	3059468	1453835	301777	268469	176440	3166768
仪器仪表及文化、办公用机械制造业	535544	483328	157828	52216	48274	31526	490267
工艺品及其他制造业	115294	104486	30263	10808	10251	5119	106134
电力、燃气及水的生产和供应业	**313592**	**264909**	**77553**	**48683**	**47506**	**6275**	**305708**
电力、热力的生产和供应业	300183	253564	72884	46619	45531	5615	293032
燃气生产和供应业	1487	1296	538	191	177	22	1464
水的生产和供应业	11923	10050	4131	1873	1798	638	11212

4-1-13 按行业分国有企业R&D经费内部支出

单位：万元

行业	R&D经费内部支出	日常性支出	#人员劳务费	资产性支出	#仪器和设备	#政府资金	#企业资金
总计	**3309867**	**2890937**	**702119**	**418930**	**391633**	**149813**	**3072887**
采矿业	**258540**	**231232**	**77963**	**27309**	**26083**	**5755**	**249585**
煤炭开采和洗选业	79241	65652	15236	13588	12631	939	77537
石油和天然气开采业	162682	150531	57485	12151	11955	3134	157351
黑色金属矿采选业	4933	4263	2311	671	658	130	4804
有色金属矿采选业	9552	8661	2379	892	833	1390	7924
非金属矿采选业	2132	2125	553	7	7	162	1970
制造业	**2865174**	**2498626**	**577343**	**366548**	**341362**	**142459**	**2639614**
农副食品加工业	9952	9521	801	431	430	46	6003
食品制造业	9785	7904	2871	1882	1829	367	9418
饮料制造业	29292	20421	5404	8871	7975	2464	26828
烟草制品业	94253	77842	35520	16411	16266	185	89771
纺织业	15717	10165	3555	5552	5431	213	15252
纺织服装、鞋、帽制造业	2486	1801	814	685	685	3	2483
皮革、毛皮、羽毛(绒)及其制品业	462	401	171	61	33		462
木材加工及木、竹、藤、棕、草制品业	446	376	129	69	69	41	405
造纸及纸制品业	22103	20535	4846	1568	1525	1454	18986
印刷业和记录媒介的复制	9707	8480	2660	1227	1203	30	9496
文教体育用品制造业	60	60	23			6	54
石油加工、炼焦及核燃料加工业	94465	86865	9070	7601	7220	5835	85695
化学原料及化学制品制造业	284463	258672	83735	25790	23521	10099	234726
医药制造业	75189	58308	19294	16881	16410	7340	64953
化学纤维制造业	17474	14477	4039	2997	2949	458	16383
橡胶制品业	6261	4602	2064	1659	1050	186	6003
塑料制品业	3764	3389	990	374	372	74	3337
非金属矿物制品业	31602	25325	5527	6277	6167	854	30288
黑色金属冶炼及压延加工业	690268	582746	78418	107522	91516	5230	683517
有色金属冶炼及压延加工业	77857	73649	10683	4208	4057	3572	73018
金属制品业	65333	63106	13120	2227	2055	6446	58660
通用设备制造业	152961	129338	35955	23624	22757	9657	139723
专用设备制造业	127158	112799	33374	14360	13331	11464	115342
交通运输设备制造业	527736	480308	102019	47428	46963	45949	474013
电气机械及器材制造业	195463	151773	37704	43690	43027	6155	188917
通信设备、计算机及其他电子设备制造业	245138	231142	66242	13997	13847	14390	227392
仪器仪表及文化、办公用机械制造业	59257	49270	13195	9986	9516	7072	46113
工艺品及其他制造业	15800	14772	5010	1027	1014	2629	11892
电力、燃气及水的生产和供应业	**186153**	**161080**	**46812**	**25074**	**24187**	**1599**	**183688**
电力、热力的生产和供应业	182223	157648	45338	24576	23742	1337	180092
燃气生产和供应业	22	18	4	5	5		22
水的生产和供应业	3907	3414	1470	493	441	262	3573

4-1-14 按行业分港澳台商投资企业R&D经费内部支出

单位：万元

行业	R&D经费内部支出	日常性支出	#人员劳务费	资产性支出	#仪器和设备	#政府资金	#企业资金
总 计	**3645268**	**3222800**	**1031691**	**422468**	**405152**	**95338**	**3465348**
采矿业	**11385**	**11036**	**5197**	**349**	**344**	**297**	**11089**
石油和天然气开采业	10536	10482	5008	55	55	242	10294
有色金属矿采选业	235	145	71	90	85	49	186
非金属矿采选业	614	409	118	205	205	6	608
制造业	**3607863**	**3188365**	**1021068**	**419498**	**402219**	**94802**	**3428554**
农副食品加工业	76726	70549	15137	6177	5971	1726	73801
食品制造业	36762	30688	9827	6074	5591	1428	35221
饮料制造业	43602	23928	7342	19674	19189	610	42991
纺织业	138237	104613	25973	33624	32840	2745	131644
纺织服装、鞋、帽制造业	56365	47080	15726	9284	8641	1797	50149
皮革、毛皮、羽毛(绒)及其制品业	21429	19540	7612	1889	1764	267	19676
木材加工及木、竹、藤、棕、草制品业	12887	10112	1711	2775	2759	1179	11384
家具制造业	32220	27710	13042	4510	4419	8	31991
造纸及纸制品业	36956	32329	7041	4627	4431	480	36405
印刷业和记录媒介的复制	30750	25254	9946	5496	4989	444	29374
文教体育用品制造业	27254	25458	9074	1795	1726	377	26675
石油加工、炼焦及核燃料加工业	13771	8640	3906	5132	5049	235	13537
化学原料及化学制品制造业	210755	186782	60519	23973	23371	4043	205568
医药制造业	142428	124176	42074	18252	17832	6708	133994
化学纤维制造业	63234	50063	9854	13171	12717	337	62897
橡胶制品业	75395	64418	5318	10976	10723	568	74827
塑料制品业	56929	49691	14274	7238	6663	779	55845
非金属矿物制品业	88760	72385	18092	16375	15974	2029	85330
黑色金属冶炼及压延加工业	179851	162453	27744	17398	17177	1524	176104
有色金属冶炼及压延加工业	96345	90197	8878	6148	4506	1359	94345
金属制品业	72428	59304	20981	13125	12958	831	70611
通用设备制造业	151368	136577	39772	14790	14123	3412	141026
专用设备制造业	176675	146276	49489	30399	30076	4716	170036
交通运输设备制造业	261574	236954	68785	24620	22261	15337	243404
电气机械及器材制造业	380128	326776	100653	53352	51296	11081	355241
通信设备、计算机及其他电子设备制造业	1049715	991467	400048	58249	56004	29212	983930
仪器仪表及文化、办公用机械制造业	59912	52085	23360	7827	7574	1227	57614
工艺品及其他制造业	15239	12691	4771	2548	1596	346	14767
电力、燃气及水的生产和供应业	**26020**	**23399**	**5427**	**2620**	**2588**	**239**	**25706**
电力、热力的生产和供应业	23356	21968	5018	1389	1372	17	23296
燃气生产和供应业	625	427	149	198	197		625
水的生产和供应业	2039	1004	260	1034	1019	221	1786

4-1-15 按行业分外商投资企业R&D经费内部支出

单位：万元

行业	R&D经费内部支出	日常性支出	#人员劳务费	资产性支出	#仪器和设备	#政府资金	#企业资金
总计	**6322554**	**5700379**	**1788202**	**622175**	**590745**	**116238**	**5934380**
采矿业	**88049**	**79546**	**10425**	**8503**	**3168**	**789**	**87260**
煤炭开采和洗选业	72683	67383	8000	5300		30	72653
石油和天然气开采业	596	202	110	394	394		596
黑色金属矿采选业	2148	1771	755	377	343	240	1908
有色金属矿采选业	11744	9375	1380	2370	2370	499	11246
非金属矿采选业	879	816	180	63	63	21	858
制造业	**6232565**	**5619172**	**1777015**	**613393**	**587308**	**115305**	**5845345**
农副食品加工业	79657	70930	13748	8727	8227	1905	77356
食品制造业	117193	110020	20949	7174	6964	2421	113410
饮料制造业	82260	74673	17940	7587	7233	940	80310
纺织业	84270	73652	25011	10618	10109	1998	81991
纺织服装、鞋、帽制造业	15013	13356	4893	1657	1581	866	14082
皮革、毛皮、羽毛(绒)及其制品业	25341	20509	6136	4832	4571	451	24878
木材加工及木、竹、藤、棕、草制品业	8371	7554	1647	818	744	322	8004
家具制造业	11056	9915	4085	1141	1113	99	10154
造纸及纸制品业	95783	91630	18473	4153	3861	584	95199
印刷业和记录媒介的复制	11154	10148	3005	1006	1000	113	10851
文教体育用品制造业	24879	22793	8422	2086	2032	57	22840
石油加工、炼焦及核燃料加工业	6793	6445	2065	348	261	69	6724
化学原料及化学制品制造业	357559	321817	84846	35742	33511	8435	330812
医药制造业	235796	211639	70426	24158	23704	8439	214590
化学纤维制造业	35411	34195	5952	1216	1204	426	34985
橡胶制品业	82465	69274	20033	13191	13074	649	79037
塑料制品业	108663	96074	31635	12589	12347	538	105043
非金属矿物制品业	103434	91753	28969	11681	11143	2531	92655
黑色金属冶炼及压延加工业	97515	81089	13595	16426	16331	1326	92674
有色金属冶炼及压延加工业	95711	79913	16391	15798	15423	3814	90934
金属制品业	101385	87860	25244	13525	13341	1179	98949
通用设备制造业	439104	394626	133496	44477	42235	8609	421344
专用设备制造业	289337	254970	79740	34367	32716	4631	269518
交通运输设备制造业	1213976	1108326	292870	105650	100314	14108	1154130
电气机械及器材制造业	749396	647510	194233	101886	98204	15111	698700
通信设备、计算机及其他电子设备制造业	1600324	1487316	596574	113008	106960	25952	1477206
仪器仪表及文化、办公用机械制造业	150050	131694	52752	18356	17944	9686	128364
工艺品及其他制造业	10512	9335	3829	1177	1163	50	10445
电力、燃气及水的生产和供应业	**1940**	**1660**	**762**	**280**	**269**	**144**	**1776**
电力、热力的生产和供应业	1402	1152	587	250	239	48	1335
水的生产和供应业	538	508	175	30	30	97	441

4-1-16 各地区企业R&D经费内部支出

单位：万元

地区	R&D经费内部支出	日常性支出	#人员劳务费	资产性支出	#仪器和设备	#政府资金	#企业资金
总计	**37757113**	**33085661**	**9529053**	**4671452**	**4413274**	**1600403**	**35382682**
东部地区	27593878	24360999	7367391	3232878	3071525	961232	26027056
中部地区	6687801	5771334	1369857	916466	857059	375386	6225955
西部地区	3474815	2952816	791664	521999	484581	263749	3129086
北京	1137030	1054791	343579	82240	80538	134428	964254
天津	1238392	1048434	205525	189958	184761	23756	1173806
河北	933016	750864	206383	182152	175387	16496	895239
山西	603934	499753	117472	104180	99815	22770	577811
内蒙古	390612	325721	68901	64892	52696	8652	367599
辽宁	1654323	1476787	262713	177536	169823	113544	1530148
吉林	329615	316248	59093	13367	12691	14153	307580
黑龙江	627240	569598	135188	57643	53690	75844	546518
上海	2365150	2088419	741532	276731	270989	74118	2256899
江苏	5707105	5277892	1417544	429213	395003	160722	5297733
浙江	3301031	2852525	918942	448506	433175	93273	3171989
安徽	907544	748438	169355	159106	152213	76553	816320
福建	1144347	939240	286019	205107	197482	39132	1080100
江西	582649	506190	94011	76459	71869	44590	519538
山东	4567136	3888323	843486	678814	652201	128655	4370637
河南	1334943	1110159	275007	224784	212148	48854	1275479
湖北	1205733	1056319	265221	149414	134967	53576	1134924
湖南	1096144	964629	254511	131514	119667	39047	1047786
广东	5523733	4963807	2134361	559926	509518	176579	5265568
广西	324191	278331	68719	45860	43648	17376	306281
海南	22616	19918	7309	2697	2647	530	20683
重庆	564856	458212	126539	106644	97409	30852	526845
四川	817664	699039	232417	118625	112639	52988	754344
贵州	187695	171050	34053	16645	16037	16824	166394
云南	151147	123947	29805	27201	26070	9706	122142
西藏	6376	5828	1333	548	508	630	5746
陕西	582497	500290	111215	82207	79116	105231	458203
甘肃	189931	170263	48260	19667	17757	9422	180008
青海	41322	36456	12914	4865	4559	1409	39895
宁夏	77591	64440	15228	13151	12719	6975	70547
新疆	140932	119237	42280	21695	21424	3685	131085

4-1-17 各地区大中型企业R&D经费内部支出

单位：万元

地区	R&D经费内部支出	日常性支出	#人员劳务费	资产性支出	#仪器和设备	#政府资金	#企业资金
总计	**32102300**	**28218113**	**8089252**	**3884187**	**3664469**	**1367748**	**30099860**
东部地区	23064933	20427801	6180055	2637132	2504251	787532	21788506
中部地区	5868186	5086619	1188646	781566	729897	336303	5460419
西部地区	3169181	2703692	720551	465488	430321	243913	2850935
北京	857475	789167	252299	68307	66968	117645	710064
天津	1077340	911235	170634	166105	161786	17086	1033020
河北	876779	704933	193548	171847	165824	13793	843222
山西	572980	471789	111966	101191	97157	20570	549235
内蒙古	357371	297760	61648	59611	47657	7410	339721
辽宁	1524988	1367695	238433	157294	150337	105112	1414885
吉林	306229	295094	54268	11135	10664	13141	287495
黑龙江	586423	537205	127338	49218	46629	73205	509270
上海	2070546	1822315	636141	248231	243261	62255	1985018
江苏	4515133	4214862	1110318	300271	277401	123617	4175784
浙江	2158526	1876159	622642	282368	272744	56350	2081384
安徽	781883	643840	139843	138043	132891	70381	699730
福建	861242	719269	223652	141973	136708	26728	816651
江西	516110	450791	80976	65319	61235	41585	457585
山东	4111740	3515176	760802	596564	573577	114435	3937085
河南	1221761	1022455	248572	199306	187792	42989	1169107
湖北	1057682	927331	228241	130351	116672	43753	999437
湖南	825117	738114	197443	87003	76857	30680	788560
广东	4996797	4493012	1965910	503785	455264	150271	4778449
广西	265124	231842	59545	33282	31479	13258	251620
海南	14366	13978	5675	388	383	240	12945
重庆	521899	423385	115143	98514	90084	28485	486945
四川	732963	630622	207719	102341	96691	48661	675463
贵州	177654	162576	31909	15078	14629	15270	157964
云南	131235	109471	26858	21764	20730	8608	103610
西藏	1937	1709	462	228	190	478	1459
陕西	556643	476873	104222	79770	76728	102854	435237
甘肃	184849	166065	47079	18785	16882	8936	175416
青海	39821	35061	12574	4761	4455	1213	38609
宁夏	69912	58038	13200	11874	11511	6113	63736
新疆	129772	110291	40193	19481	19285	2626	121155

4-1-18 各地区大型企业R&D经费内部支出

单位：万元

地 区	R&D经费内部支出	日常性支出	#人员劳务费	资产性支出	#仪器和设备	#政府资金	#企业资金
总 计	**20110436**	**17856051**	**5190485**	**2254385**	**2113403**	**828815**	**18961096**
东部地区	13721440	12305671	3831846	1415769	1335222	414886	13066243
中部地区	4198188	3663434	846067	534754	496569	238156	3929551
西部地区	2190809	1886946	512572	303862	281612	175773	1965302
北 京	366472	324269	114223	42203	41739	14715	349913
天 津	671944	546118	101485	125826	123012	8805	647398
河 北	709236	572618	156308	136618	131533	9097	681493
山 西	488646	405448	96643	83198	79588	16067	471121
内蒙古	259728	231638	49145	28089	22094	5621	248678
辽 宁	1219638	1123558	196017	96080	92093	94756	1120559
吉 林	261861	255498	45967	6363	6051	11478	246953
黑龙江	495771	459405	112354	36366	34049	66150	426015
上 海	1238176	1105382	379525	132794	130705	42057	1194370
江 苏	2345994	2232884	588095	113110	103530	55567	2159551
浙 江	654516	584891	209339	69625	65866	18855	632724
安 徽	542678	435267	87327	107411	103177	50331	488298
福 建	436763	386000	125016	50763	49500	9002	421671
江 西	387184	338547	54081	48636	45471	31233	345316
山 东	2764012	2402151	511633	361861	347110	76858	2647675
河 南	826822	707690	178868	119132	114636	27373	796907
湖 北	734161	643914	144405	90247	78302	21779	709650
湖 南	461066	417665	126422	43402	35295	13747	445291
广 东	3314533	3027699	1450193	286834	250080	85174	3210734
广 西	161016	148592	41836	12424	12032	6754	154262
海 南	157	103	13	54	54		157
重 庆	303741	235680	66104	68061	61850	13768	288222
四 川	538064	465044	160025	73020	68913	38160	498430
贵 州	121491	111431	19912	10060	9781	7187	113714
云 南	81675	65353	14656	16322	15594	5171	59381
西 藏							
陕 西	411290	350820	69581	60470	58110	90198	303264
甘 肃	147244	137763	39409	9481	7832	4433	142619
青 海	37481	33118	11819	4363	4095	922	36559
宁 夏	28965	22584	4801	6381	6302	2341	26624
新 疆	100116	84925	35283	15191	15010	1219	93551

4-1-19 各地区中型企业R&D经费内部支出

单位：万元

地区	R&D经费内部支出	日常性支出	#人员劳务费	资产性支出	#仪器和设备	#政府资金	#企业资金
总计	**11991863**	**10362062**	**2898768**	**1629802**	**1551066**	**538933**	**11138764**
东部地区	9343493	8122130	2348210	1221363	1169029	372647	8722263
中部地区	1669998	1423185	342579	246812	233328	98147	1530868
西部地区	978372	816746	207979	161626	148709	68139	885633
北京	491003	464898	138076	26104	25229	102930	360150
天津	405396	365117	69150	40278	38774	8281	385622
河北	167544	132315	37240	35229	34291	4696	161729
山西	84334	66341	15323	17994	17569	4504	78113
内蒙古	97644	66122	12502	31522	25563	1789	91043
辽宁	305350	244137	42417	61213	58244	10356	294326
吉林	44368	39595	8300	4773	4614	1663	40542
黑龙江	90652	77800	14983	12852	12580	7055	83256
上海	832370	716934	256616	115437	112556	20199	790648
江苏	2169139	1981978	522223	187161	173871	68050	2016233
浙江	1504011	1291268	413303	212742	206877	37494	1448661
安徽	239206	208573	52516	30632	29714	20050	211432
福建	424479	333269	98637	91210	87208	17726	394980
江西	128927	112244	26895	16683	15764	10352	112269
山东	1347729	1113026	249169	234703	226467	37578	1289410
河南	394939	314765	69704	80174	73155	15617	372201
湖北	323521	283417	83836	40104	38370	21974	289787
湖南	364051	320450	71020	43601	41562	16932	343269
广东	1682264	1465313	515717	216951	205184	65098	1567715
广西	104109	83251	17710	20858	19447	6504	97359
海南	14209	13875	5663	334	329	240	12788
重庆	218159	187705	49039	30453	28234	14717	198723
四川	194899	165578	47693	29321	27778	10501	177034
贵州	56163	51146	11997	5018	4848	8084	44250
云南	49561	44118	12202	5443	5136	3437	44229
西藏	1937	1709	462	228	190	478	1459
陕西	145353	126052	34641	19300	18618	12656	131973
甘肃	37605	28302	7669	9303	9051	4503	32798
青海	2341	1943	756	398	360	291	2050
宁夏	40947	35454	8399	5493	5209	3772	37112
新疆	29656	25366	4910	4290	4275	1408	27604

4-1-20 各地区小型企业R&D经费内部支出

单位：万元

地 区	R&D经费内部支出	日常性支出	#人员劳务费	资产性支出	#仪器和设备	#政府资金	#企业资金
总 计	**5654814**	**4867548**	**1439801**	**787265**	**748805**	**232655**	**5282822**
东部地区	4528945	3933198	1187336	595746	567274	173700	4238550
中部地区	819615	684715	181211	134900	127162	39082	765536
西部地区	305634	249124	71113	56510	54260	19837	278152
北 京	279555	265623	91280	13932	13570	16783	254191
天 津	161053	137199	34891	23854	22975	6670	140786
河 北	56237	45931	12835	10305	9564	2703	52017
山 西	30953	27964	5506	2989	2657	2200	28576
内蒙古	33241	27961	7254	5281	5039	1242	27877
辽 宁	129334	109092	24279	20242	19486	8433	115263
吉 林	23386	21154	4826	2232	2027	1012	20085
黑龙江	40817	32393	7850	8425	7061	2639	37248
上 海	294604	266104	105391	28500	27728	11862	271882
江 苏	1191972	1063030	307226	128942	117602	37105	1121949
浙 江	1142504	976366	296300	166138	160431	36923	1090604
安 徽	125661	104598	29512	21063	19322	6172	116589
福 建	283104	219971	62367	63134	60775	12403	263449
江 西	66538	55398	13035	11140	10635	3005	61953
山 东	455396	373146	82684	82250	78624	14220	433552
河 南	113182	87705	26435	25477	24356	5864	106372
湖 北	148051	128988	36980	19063	18295	9823	135488
湖 南	271027	226515	57069	44512	42810	8367	259226
广 东	526936	470795	168450	56141	54255	26307	487119
广 西	59067	46489	9174	12578	12169	4118	54660
海 南	8250	5940	1634	2309	2263	291	7738
重 庆	42957	34827	11396	8130	7325	2367	39900
四 川	84701	68417	24698	16284	15948	4328	78880
贵 州	10041	8474	2144	1567	1408	1554	8430
云 南	19912	14476	2947	5436	5340	1098	18533
西 藏	4439	4119	871	320	318	152	4286
陕 西	25854	23417	6993	2437	2388	2377	22966
甘 肃	5082	4199	1182	883	874	485	4591
青 海	1500	1396	340	104	103	196	1286
宁 夏	7680	6403	2027	1277	1208	862	6811
新 疆	11160	8946	2087	2214	2139	1059	9931

4-1-21 各地区国有控股企业R&D经费内部支出

单位：万元

地区	R&D经费内部支出	日常性支出	#人员劳务费	资产性支出	#仪器和设备	#政府资金	#企业资金
总计	**14826562**	**13104325**	**3482691**	**1722236**	**1637909**	**937849**	**13662682**
东部地区	8306357	7410777	2075160	895580	867051	449182	7727316
中部地区	4113121	3612330	826199	500790	464664	271225	3796817
西部地区	2407084	2081218	581333	325866	306195	217442	2138549
北京	690527	632237	181835	58290	57544	122965	542759
天津	765110	633547	107800	131563	129322	14696	744810
河北	633747	506244	144396	127503	123072	8921	609048
山西	521062	434306	104255	86756	82870	17466	500421
内蒙古	171223	150230	37002	20993	20281	5004	161691
辽宁	1127791	1039740	188535	88051	85137	94801	1027948
吉林	260665	253812	46091	6853	6529	9379	247167
黑龙江	502166	460752	103894	41414	40398	68964	429389
上海	1283313	1147724	372196	135589	133116	48604	1231544
江苏	842707	804820	262786	37887	34812	35297	757116
浙江	257586	217247	76919	40340	39235	9344	247603
安徽	555747	464447	96991	91301	87035	61280	488103
福建	157233	137319	42070	19914	18658	7953	147737
江西	329909	300278	48067	29631	27314	27751	291226
山东	1533926	1370177	340999	163749	156159	58312	1457206
河南	647516	559461	151334	88055	85212	25792	616885
湖北	792328	691817	172812	100511	87822	36902	746500
湖南	503728	447457	102756	56271	47485	23692	477126
广东	993421	903026	350858	90395	87742	47853	942388
广西	198172	184603	50296	13569	12108	8938	189200
海南	20996	18698	6765	2299	2254	437	19158
重庆	340036	261704	80766	78331	70676	26272	310248
四川	562828	493800	165391	69028	65031	39778	515378
贵州	174056	159485	31775	14571	14199	15244	154393
云南	89096	77560	21223	11536	11255	7190	73480
西藏	3551	3513	632	39		202	3349
陕西	514560	442588	93733	71972	69105	102491	395492
甘肃	170914	154082	44128	16832	15022	6171	164304
青海	38619	34099	12439	4520	4247	962	37656
宁夏	36630	28492	6233	8138	8077	2949	33681
新疆	107400	91063	37714	16337	16193	2242	99677

4-1-22 各地区内资企业R&D经费内部支出

单位：万元

地 区	R&D经费内部支出	日常性支出	#人员劳务费	资产性支出	#仪器和设备	#政府资金	#企业资金
总 计	**27789291**	**24162482**	**6709160**	**3626809**	**3417377**	**1388827**	**25982953**
东部地区	18871880	16509482	4791590	2362399	2238108	788680	17810863
中部地区	5835667	5043328	1212329	792338	737938	351129	5419020
西部地区	3081124	2609160	705101	471963	441223	248982	2752485
北 京	885836	826091	254221	59744	58444	130492	726052
天 津	979412	814821	149477	164591	161099	22978	948084
河 北	816568	647121	179745	169448	163323	15244	785161
山 西	590296	490851	115034	99445	95137	21644	565300
内蒙古	268000	219650	52413	48350	41688	6335	247333
辽 宁	1390831	1258033	226971	132798	128146	106432	1275274
吉 林	312749	300288	55817	12460	11854	14078	291633
黑龙江	585782	530930	123346	54852	51320	74136	507374
上 海	1054449	917400	281853	137049	133857	54124	990294
江 苏	3606093	3303929	829729	302163	276443	129149	3388838
浙 江	2381657	2044979	610829	336678	324735	75480	2279345
安 徽	798028	664831	151592	133197	126857	74090	714455
福 建	474973	374235	107864	100739	96562	23473	439264
江 西	377085	330567	71157	46517	43932	33563	332620
山 东	3869404	3270216	734123	599188	574930	114575	3703329
河 南	1190450	992104	243145	198346	186274	46017	1134476
湖 北	953024	829431	211335	123593	110215	49795	890718
湖 南	1028254	904326	240905	123929	112349	37807	982446
广 东	3397842	3038779	1410430	359064	319650	116332	3262210
广 西	207826	173022	39405	34804	32958	11921	195637
海 南	14816	13879	6349	937	921	401	13013
重 庆	512917	414307	113805	98611	89611	30160	476881
四 川	780412	666132	218726	114280	108572	51454	718651
贵 州	185368	168958	33454	16410	15813	16542	164348
云 南	136933	113258	27137	23674	22570	9219	108745
西 藏	6376	5828	1333	548	508	630	5746
陕 西	556845	476602	104770	80243	77158	103024	435076
甘 肃	188692	169584	47964	19108	17212	9355	178893
青 海	29961	27421	11466	2541	2234	964	28979
宁 夏	68842	57132	12749	11711	11486	5714	63058
新 疆	138952	117267	41879	21685	21414	3664	129138

4-1-23 各地区国有企业R&D经费内部支出

单位：万元

地区	R&D经费内部支出	日常性支出	#人员劳务费	资产性支出	#仪器和设备	#政府资金	#企业资金
总计	**3309867**	**2890937**	**702119**	**418930**	**391633**	**149813**	**3072887**
东部地区	1660450	1481470	365463	178980	173350	50475	1549311
中部地区	1036727	886070	206547	150657	132452	49272	973561
西部地区	612690	523397	130109	89293	85832	50066	550015
北京	44812	41033	13499	3780	3685	6843	37447
天津	201536	164648	10530	36889	36764	1306	199778
河北	151944	112191	31110	39753	39015	5714	144150
山西	22005	20408	4778	1597	1422	399	21607
内蒙古	7968	7080	2026	887	871	606	7092
辽宁	295671	284445	60414	11226	10015	5269	286378
吉林	145504	144606	15303	898	896	1707	143380
黑龙江	72472	49926	12393	22545	22168	4131	68175
上海	115539	95024	36268	20515	20183	3732	111245
江苏	316742	304257	108090	12486	12063	9056	264439
浙江	42854	38670	12340	4184	4134	1563	41253
安徽	57595	48477	13139	9118	8982	9268	48092
福建	43295	40938	7417	2357	2308	1049	42132
江西	76832	64358	11325	12474	12274	2681	69595
山东	394348	357760	74459	36588	34716	13253	372349
河南	89551	79302	32603	10248	9633	3931	82353
湖北	406344	340677	78739	65666	56280	21582	379510
湖南	166425	138314	38268	28111	20797	5575	160851
广东	50619	39491	10114	11128	10397	2691	47050
广西	21836	20006	8783	1830	1809	1262	20575
海南	3090	3016	1223	74	69		3090
重庆	51455	41252	13260	10203	8710	5787	44662
四川	217683	199500	54736	18183	17106	11302	199369
贵州	75020	66605	8886	8415	8383	5698	67454
云南	6671	5471	1782	1200	1109	397	5954
西藏	584	545	25	39		180	404
陕西	194774	155262	33070	39512	38941	22006	170635
甘肃	16273	11997	3203	4276	4263	2338	13935
青海	3118	2364	1122	754	745		3118
宁夏	4142	4063	833	79	78	378	3765
新疆	13166	9252	2384	3914	3818	111	13055

4-1-24 各地区港澳台商投资企业R&D经费内部支出

单位：万元

地　区	R&D经费内部支出	日常性支出	#人员劳务费	资产性支出	#仪器和设备	#政府资金	#企业资金
总　计	**3645268**	**3222800**	**1031691**	**422468**	**405152**	**95338**	**3465348**
东部地区	3400500	3026784	983083	373716	357501	88394	3230544
中部地区	198052	158581	38813	39471	38713	4800	190596
西部地区	46716	37435	9796	9281	8938	2144	44208
北　京	83938	79134	24117	4804	4791	1007	81189
天　津	42968	40659	11297	2308	2143	254	42658
河　北	59915	52100	16054	7814	7332	613	58799
山　西	8218	3781	1092	4437	4437	424	7794
内蒙古	986	468	96	518	466	237	749
辽　宁	136755	103159	13295	33596	31129	1094	134947
吉　林	423	421	119	2	2		372
黑龙江	5000	4542	1582	458	437	59	4518
上　海	223646	183268	77533	40377	40025	3835	212986
江　苏	714974	660071	184955	54903	50617	13691	661691
浙　江	488793	435737	184982	53056	51097	7915	476814
安　徽	36325	20851	5078	15474	15383	1376	34655
福　建	413117	334215	80513	78902	76072	8057	402018
江　西	11912	11486	3260	425	414	115	11448
山　东	189417	163635	26215	25781	25261	3852	181595
河　南	59090	50715	15248	8375	8239	1267	57687
湖　北	38854	32626	5896	6228	5922	790	37468
湖　南	38232	34159	6539	4073	3881	769	36655
广　东	1046193	974035	363879	72158	69017	47995	977142
广　西	10650	6275	697	4376	4360	358	10258
海　南	787	769	242	18	18	82	705
重　庆	11183	9933	3379	1251	1097	248	10935
四　川	16277	14594	3624	1683	1590	701	15576
贵　州	95	91	29	3	2	32	62
云　南	5458	4719	1546	740	726	248	4880
西　藏							
陕　西							
甘　肃	1055	496	135	559	545	67	989
青　海	201	201	96			11	190
宁　夏	725	582	147	143	143	242	483
新　疆	86	76	48	10	10		86

4-1-25　各地区外商投资企业R&D经费内部支出

单位：万元

地　区	R&D经费内部支出	日常性支出	#人员劳务费	资产性支出	#仪器和设备	#政府资金	#企业资金
总　计	**6322554**	**5700379**	**1788202**	**622175**	**590745**	**116238**	**5934380**
东部地区	5321497	4824733	1592719	496764	475916	84159	4985648
中部地区	654082	569425	118716	84657	80409	19457	616338
西部地区	346975	306221	76767	40754	34420	12623	332394
北　京	167257	149565	65241	17692	17304	2928	157013
天　津	216013	192954	44751	23059	21520	525	183065
河　北	56533	51643	10584	4890	4733	638	51279
山　西	5420	5121	1346	299	241	702	4718
内蒙古	121627	105602	16393	16025	10541	2080	119517
辽　宁	126737	115595	22447	11142	10548	6018	119927
吉　林	16444	15539	3157	905	836	76	15574
黑龙江	36459	34126	10260	2333	1933	1649	34627
上　海	1087055	987751	382145	99304	97107	16159	1053619
江　苏	1386038	1313891	402860	72147	67944	17883	1247205
浙　江	430581	371809	123131	58772	57344	9878	415830
安　徽	73192	62756	12685	10435	9973	1087	67210
福　建	256257	230790	97643	25467	24848	7601	238818
江　西	193653	164136	19595	29517	27523	10912	175470
山　东	508316	454471	83148	53845	52010	10229	485712
河　南	85403	67340	16614	18063	17635	1570	83316
湖　北	213855	194262	47991	19593	18830	2991	206739
湖　南	29658	26145	7068	3513	3438	471	28685
广　东	1079698	950993	360051	128705	120852	12252	1026215
广　西	105715	99035	28617	6680	6330	5097	100385
海　南	7012	5270	718	1742	1707	48	6965
重　庆	40755	33973	9355	6783	6701	444	39029
四　川	20975	18313	10067	2662	2478	833	20117
贵　州	2233	2001	569	232	223	249	1984
云　南	8757	5970	1122	2787	2774	239	8517
西　藏							
陕　西	25652	23688	6445	1964	1958	2207	23127
甘　肃	183	183	162				126
青　海	11159	8835	1352	2325	2325	434	10726
宁　夏	8025	6727	2332	1298	1090	1018	7007
新　疆	1894	1894	353			21	1861

4-1-26 各地区分行业企业R&D经费内部支出

单位：万元

地 区	采矿业						
	R&D经费内部支出	日常性支出	#人员劳务费	资产性支出	#仪器和设备	#政府资金	#企业资金
总 计	**1702767**	**1482743**	**506098**	**220023**	**201505**	**38750**	**1643349**
东部地区	829874	720509	222898	109365	104809	17614	803807
中部地区	573217	501613	198847	71604	69359	15555	555121
西部地区	299676	260622	84353	39055	27337	5581	284421
北 京	33239	26982	8120	6257	6122	1200	31887
天 津	149896	140109	24175	9787	9731	1022	148874
河 北	105420	83423	38693	21997	20804	1557	102906
山 西	157225	149025	69299	8200	7869	3686	153539
内蒙古	107088	92646	12967	14442	3671	170	106918
辽 宁	100441	95013	23519	5428	5262	1176	99063
吉 林	26072	25003	17056	1068	1068	1290	24728
黑龙江	100415	93313	39316	7102	6813	325	99072
上 海	368	368	36			6	362
江 苏	64321	62898	27262	1423	1182	536	61554
浙 江	2462	2017	561	445	430	124	2294
安 徽	80330	68748	19158	11582	11281	6237	73780
福 建	4563	3572	1073	991	973	709	3715
江 西	8073	5277	2539	2796	2693	57	7315
山 东	355354	292918	93863	62436	59738	10944	339684
河 南	177394	143749	45221	33646	32548	2529	174447
湖 北	12133	6444	3439	5688	5677	740	11393
湖 南	11575	10054	2820	1521	1411	690	10848
广 东	13604	13068	5579	536	502	341	13263
广 西	3031	2513	870	518	482	374	2657
海 南	206	142	19	65	65		206
重 庆	5463	4842	3524	621	608	223	5240
四 川	41559	39243	15009	2316	2296	505	41007
贵 州	1510	1390	471	119	89		1510
云 南	7555	4623	923	2933	2888	185	7370
西 藏	2968	2968	607			22	2946
陕 西	27970	21573	8227	6397	5743	3090	20600
甘 肃	2861	2661	1347	200	197		2861
青 海	22933	19984	8417	2949	2849	424	22508
宁 夏	508	486	175	22	22	124	384
新 疆	76231	67693	31817	8538	8492	463	70421

4-1-26 续表 1

单位：万元

地区	制造业						
	R&D经费内部支出	日常性支出	#人员劳务费	资产性支出	#仪器和设备	#政府资金	#企业资金
总　计	**35712795**	**31312949**	**8939214**	**4399846**	**4161407**	**1554995**	**33406143**
东部地区	26539482	23439379	7089547	3100103	2943763	940021	25003072
中部地区	6037268	5207447	1151402	829821	773147	357821	5596065
西部地区	3135425	2665612	698123	469813	444388	257117	2806422
北　京	1082164	1006323	322515	75841	74275	133039	910930
天　津	1077248	897735	179889	179513	174372	22251	1014167
河　北	824328	664747	166767	159581	154017	14843	789161
山　西	445355	349518	47892	95837	91805	19085	422918
内蒙古	275314	228172	55228	47142	45761	8225	252727
辽　宁	1525510	1353537	231662	171973	164456	112298	1402784
吉　林	300784	288713	41521	12071	11412	12614	280706
黑龙江	490792	447319	86242	43473	40156	75486	411548
上　海	2346676	2073461	734029	273215	267563	73890	2238686
江　苏	5611834	5185695	1386252	426139	392225	159660	5206065
浙　江	3271612	2834079	914285	437533	422268	93045	3142842
安　徽	823125	676290	149025	146835	140247	70216	738550
福　建	1109329	905406	281177	203923	196316	38397	1045957
江　西	572026	499229	90885	72797	68320	44527	509680
山　东	4200415	3585982	746187	614433	590566	117654	4019977
河　南	1138946	950983	224156	187963	176443	45414	1083411
湖　北	1187867	1046492	261568	141375	126940	52835	1117799
湖　南	1078374	948903	250114	129471	117824	37644	1031455
广　东	5468024	4912675	2119511	555349	505154	174414	5212094
广　西	319524	274667	67269	44856	42693	16955	302034
海　南	22342	19740	7275	2603	2552	530	20410
重　庆	557016	452203	122404	104813	95686	30613	519243
四　川	770846	655326	215087	115520	109566	52451	708110
贵　州	180169	167801	32615	12369	11791	16750	158943
云　南	141480	117268	28166	24212	23126	9521	112830
西　藏	3408	2861	726	548	508	608	2800
陕　西	552998	477367	102725	75631	73203	102141	436074
甘　肃	182587	163687	46362	18901	17013	9350	172984
青　海	14994	13832	3103	1162	965	985	13992
宁　夏	76808	63692	14886	13116	12684	6846	69893
新　疆	60281	48737	9553	11544	11393	2674	56792

4-1-26 续表 2

单位：万元

地区	农副食品加工业						
	R&D经费内部支出	日常性支出	#人员劳务费	资产性支出	#仪器和设备	#政府资金	#企业资金
总计	**527522**	**447974**	**92185**	**79548**	**76625**	**16910**	**491748**
东部地区	356395	297539	57696	58856	57206	10413	331412
中部地区	148217	131308	28861	16909	15785	5177	139616
西部地区	22911	19128	5628	3783	3634	1320	20720
北京	6814	6414	2206	400	346	580	6138
天津	15823	15658	2369	166	166	161	15540
河北	7182	5504	939	1679	1635	163	7014
山西	603	597	186	5	5	73	530
内蒙古	1856	1853	438	3	3	51	1804
辽宁	13316	12979	1064	336	300	246	13008
吉林	700	526	143	173	161	106	594
黑龙江	7023	6337	2074	686	443	564	6459
上海	1413	1102	337	311	308		1377
江苏	34745	32793	7224	1952	1387	2319	32283
浙江	35170	29164	7375	6006	5910	2071	32776
安徽	13442	12006	1439	1437	1313	791	12438
福建	40672	36404	7299	4267	4104	1318	32989
江西	5073	4162	613	912	714	206	4617
山东	179033	136820	23971	42213	41556	2742	169101
河南	63412	55774	12384	7638	7418	1585	60062
湖北	9752	8350	1484	1402	1390	357	9394
湖南	48212	43556	10538	4656	4342	1495	45523
广东	21983	20467	4882	1517	1484	679	21077
广西	6823	5055	1776	1769	1721	336	6482
海南	244	234	31	10	10	135	109
重庆	3882	3233	876	650	610	248	3570
四川	5137	4630	1493	507	486	164	4687
贵州	167	88	58	80	80	4	163
云南	1011	937	173	74	50	42	970
西藏	506	493	124	13	12	52	454
陕西	111	107	28	5	4	2	109
甘肃	760	524	269	237	236	85	670
青海	272	253	7	20	20	132	141
宁夏	1050	813	286	237	222	147	903
新疆	1334	1144	100	190	190	57	767

4-1-26 续表 3

单位：万元

地区	食品制造业						
	R&D经费内部支出	日常性支出	#人员劳务费	资产性支出	#仪器和设备	#政府资金	#企业资金
总计	**402799**	**331678**	**75592**	**71121**	**68632**	**16676**	**382606**
东部地区	298548	248038	54197	50511	48867	10491	284844
中部地区	72220	57959	15042	14261	13653	3622	68405
西部地区	32030	25681	6352	6349	6112	2563	29358
北京	14103	12775	3221	1328	1310	266	13837
天津	5179	4764	2062	416	378	124	4600
河北	16303	7610	2222	8693	8422	173	16130
山西	2113	1990	256	123	117	88	2025
内蒙古	8708	8092	1851	616	604	880	7798
辽宁	1035	885	230	150	131	126	873
吉林	45	45	5				45
黑龙江	2568	2272	1162	295	272	455	2112
上海	7884	7336	3566	548	547	333	6314
江苏	17584	15339	4047	2245	2064	322	17257
浙江	31428	28494	5654	2934	2881	790	30555
安徽	3184	2161	1032	1023	998	119	3060
福建	21421	14378	4731	7043	6802	611	20723
江西	5396	4951	1131	445	393	297	5099
山东	110119	86168	13339	23951	23532	5505	104111
河南	30898	23256	5835	7642	7240	1333	29426
湖北	5382	4850	996	532	519	496	4837
湖南	22634	18434	4626	4201	4114	834	21800
广东	73216	70019	15039	3197	2796	2242	70167
广西	1933	1441	371	492	467	163	1770
海南	277	271	86	6	5		277
重庆	3727	3054	1403	673	629	16	3711
四川	4131	3107	536	1024	876	320	3795
贵州	225	223	46	2	2	14	211
云南	2773	1698	266	1075	1072	28	2745
西藏	523	217	48	306	306		523
陕西	5205	3770	745	1435	1434	12	5193
甘肃	488	378	71	109	109	109	379
青海							
宁夏	2720	2205	486	515	510	992	1665
新疆	1598	1496	530	102	102	30	1568

4-1-26 续表 4

单位：万元

地区	饮料制造业						
	R&D经费内部支出	日常性支出	#人员劳务费	资产性支出	#仪器和设备	#政府资金	#企业资金
总 计	**449619**	**358643**	**106628**	**90976**	**85816**	**12005**	**434123**
东部地区	255898	213608	57911	42290	40421	7814	246119
中部地区	74385	55189	12907	19195	18598	1319	72582
西部地区	119336	89846	35810	29491	26797	2872	115421
北 京	15140	12880	3967	2260	2242	1230	13909
天 津	7698	6719	1838	979	880	434	7264
河 北	6101	4057	1414	2045	1996	152	5949
山 西	10864	10516	2583	348	345	60	10804
内蒙古	8700	7530	1113	1170	1151	216	7456
辽 宁	5097	4612	755	485	417	182	4915
吉 林	246	237	117	8	8	11	234
黑龙江	1361	1102	148	259	256		1361
上 海	5234	4616	1473	618	612	113	5121
江 苏	65450	58756	16774	6693	5810	2829	61714
浙 江	28961	26544	5621	2418	2302	696	28101
安 徽	9912	7239	1266	2674	2568	118	9706
福 建	45342	24080	8808	21262	20771	1117	44023
江 西	6547	5335	812	1212	1143	192	6355
山 东	56985	52981	11015	4004	3908	799	55494
河 南	30482	18903	4583	11579	11330	573	29549
湖 北	5251	4380	1181	871	838	97	5155
湖 南	9722	7478	2216	2244	2111	268	9419
广 东	19758	18297	6222	1461	1417	242	19516
广 西	14759	14069	7522	689	678	1094	13665
海 南	133	67	25	66	66	20	113
重 庆	5053	4177	1563	876	860	32	5021
四 川	57297	34614	18269	22682	20253	778	56503
贵 州	26312	23830	6007	2482	2271	175	26137
云 南	2058	1241	194	816	810	80	1977
西 藏							
陕 西	1342	1128	354	214	213	411	931
甘 肃	1541	1201	114	340	340	50	1491
青 海	230	218	57	13	12	33	198
宁 夏	1382	1283	448	99	98	3	1379
新 疆	665	554	171	111	111		665

4-1-26 续表 5

单位：万元

地区	烟草制品业						
	R&D经费内部支出	日常性支出	#人员劳务费	资产性支出	#仪器和设备	#政府资金	#企业资金
总　计	**128580**	**108609**	**45767**	**19971**	**19774**	**2602**	**119210**
东部地区	40221	29166	13961	11055	10998	28	36025
中部地区	51714	45946	19864	5768	5648	116	51308
西部地区	36645	33497	11942	3148	3128	2458	31877
北　京	936	643	140	292	292		936
天　津							
河　北	32	11	8	22	22		32
山　西	665	665	211				665
内蒙古							
辽　宁							
吉　林	1076	1028	371	48	48		1076
黑龙江	1249	874	468	375	375		1249
上　海	11864	5139	2773	6725	6725	27	11837
江　苏	2291	2257	1666	34	32		2291
浙　江	1048	837	288	211	211		1048
安　徽	1693	1181	720	513	513	14	1680
福　建	2091	1297	753	794	750	1	1975
江　西	2859	1932	1440	927	926		2570
山　东	15972	14312	5286	1660	1654		12235
河　南	5837	4409	2110	1428	1428		5837
湖　北	15240	13835	4010	1406	1402	103	15138
湖　南	23094	22022	10535	1073	956		23094
广　东	5843	4540	2943	1303	1299		5527
广　西	7003	6967	4533	35	33	42	6961
海　南	144	131	103	14	14		144
重　庆	73	50	32	22	22		73
四　川							
贵　州	3754	2646	1274	1108	1102	2	3752
云　南	23553	22321	5318	1231	1220	2389	18855
西　藏							
陕　西	1247	987	471	260	260	26	1221
甘　肃	1017	525	314	492	492		1017
青　海							
宁　夏							
新　疆							

4-1-26 续表 6

单位：万元

地 区	纺织业						
	R&D经费内部支出	日常性支出	#人员劳务费	资产性支出	#仪器和设备	#政府资金	#企业资金
总 计	**811743**	**670798**	**178908**	**140945**	**136316**	**18616**	**776040**
东部地区	694122	574398	156660	119724	116287	16030	662162
中部地区	68475	55472	13013	13003	12268	1075	66267
西部地区	49146	40928	9235	8218	7761	1512	47610
北 京	4345	4187	1307	157	150	87	4257
天 津	15304	12616	2173	2689	2652	127	15178
河 北	7422	5095	1857	2327	2321	201	6975
山 西	1056	724	220	331	331	60	979
内蒙古	26694	23396	5364	3298	3113	450	26244
辽 宁	23930	4852	1704	19078	18621	218	23712
吉 林	567	229	118	338	338	38	529
黑龙江	441	57	11	385	377		441
上 海	7544	6008	2315	1536	1475	35	6709
江 苏	204140	176382	45611	27758	26390	5991	190869
浙 江	227585	200389	52972	27196	26440	3868	218651
安 徽	13701	8866	3092	4835	4714	695	12852
福 建	39482	29481	7592	10001	9989	2398	36074
江 西	1927	1915	1093	13	12	1	1902
山 东	146112	118783	36300	27329	26601	2946	142222
河 南	17178	14162	2570	3016	2699	148	16939
湖 北	14909	13721	2417	1188	949	39	14870
湖 南	18697	15800	3492	2897	2847	94	17757
广 东	17992	16418	4763	1574	1570	149	17260
广 西	1299	1138	183	161	105	201	1098
海 南	265	187	66	78	78	10	255
重 庆	2507	2472	867	35	35	9	2498
四 川	4777	2913	735	1864	1698	198	4555
贵 州							
云 南	116	26	8	90	90	15	101
西 藏							
陕 西	1619	1466	432	153	151	70	1550
甘 肃	1234	413	301	820	820		1234
青 海							
宁 夏	8753	7653	943	1100	1064	434	8319
新 疆	2148	1452	403	696	684	135	2013

4-1-26 续表 7

单位：万元

地区	纺织服装、鞋、帽制造业						
	R&D经费内部支出	日常性支出	#人员劳务费	资产性支出	#仪器和设备	#政府资金	#企业资金
总　计	**168772**	**144255**	**49309**	**24517**	**23393**	**3979**	**158570**
东部地区	158958	135283	46486	23675	22576	3911	148830
中部地区	9234	8528	2539	706	681	53	9176
西部地区	579	443	285	136	136	16	564
北　京	512	431	286	81	81		512
天　津	2514	2493	1169	21	19	50	2464
河　北	1130	1130	559				1130
山　西	350	350	50			10	340
内蒙古	37	37	21			13	24
辽　宁							
吉　林							
黑龙江							
上　海	5173	4151	1091	1022	1015	739	4434
江　苏	52070	46676	14048	5394	5078	543	50008
浙　江	32168	29710	13109	2458	2371	449	31275
安　徽	1647	1578	352	69	69	1	1645
福　建	21828	9907	2591	11922	11825	1305	20464
江　西	49	45	30	4	4		49
山　东	22439	20655	5810	1784	1766	131	18112
河　南	1884	1833	607	51	50	8	1870
湖　北	728	652	211	76	75		728
湖　南	4577	4071	1289	506	483	33	4544
广　东	21124	20132	7823	993	421	694	20430
广　西							
海　南							
重　庆	54	54	34				54
四　川	280	172	103	108	108	3	277
贵　州							
云　南							
西　藏							
陕　西	85	77	41	8	8		85
甘　肃							
青　海							
宁　夏	124	104	85	20	20		124
新　疆							

4-1-26 续表 8

单位：万元

地 区	皮革、皮毛、羽毛(绒)及其制品						
	R&D经费内部支出	日常性支出	#人员劳务费	资产性支出	#仪器和设备	#政府资金	#企业资金
总 计	**98661**	**88090**	**27909**	**10570**	**10013**	**1927**	**93296**
东部地区	91606	82318	26622	9288	8968	1495	86774
中部地区	6050	4831	998	1219	985	409	5541
西部地区	1004	941	290	64	61	23	981
北 京							
天 津	923	750	304	173	171		923
河 北	752	418	89	334	312	5	747
山 西							
内蒙古							
辽 宁							
吉 林							
黑龙江							
上 海	198	198	113				198
江 苏	5752	5409	1649	343	289	170	5482
浙 江	35860	33278	10781	2582	2497	134	35137
安 徽	341	310	101	31	30	30	311
福 建	25192	21948	8754	3243	3166	246	24887
江 西							
山 东	16313	13919	3031	2393	2326	879	14097
河 南	4598	3488	761	1110	876	330	4168
湖 北							
湖 南	1112	1033	136	78	78	49	1063
广 东	6617	6398	1901	219	208	60	5303
广 西							
海 南							
重 庆	453	414	123	39	38	20	433
四 川	507	483	155	24	22	3	504
贵 州							
云 南							
西 藏							
陕 西							
甘 肃	41	40	9	1	1		41
青 海							
宁 夏	4	4	3				4
新 疆							

4-1-26 续表 9

单位：万元

地区	木材加工及木、竹、藤、棕、草制品业						
	R&D经费内部支出	日常性支出	#人员劳务费	资产性支出	#仪器和设备	#政府资金	#企业资金
总计	**103504**	**86945**	**23242**	**16559**	**15996**	**6634**	**95684**
东部地区	83982	71952	19231	12030	11629	3563	79658
中部地区	18030	13831	3642	4199	4045	2980	14925
西部地区	1492	1163	370	330	321	91	1100
北京	149	147	75	2	2		149
天津	271	271	104				271
河北	745	739	25	5	5		745
山西							
内蒙古	32	32	30				32
辽宁	101	82	23	18	17	22	76
吉林	240	165	66	75	75	8	212
黑龙江	248	246	120	2	2		248
上海	1250	1209	353	42	42		1207
江苏	35363	32438	12520	2925	2842	437	34664
浙江	14758	12031	3064	2727	2687	349	14163
安徽	606	533	154	74	74		606
福建	17302	13195	1148	4107	3951	766	16532
江西	3188	1430	460	1758	1663	246	2908
山东	9630	7968	1139	1662	1593	1926	7500
河南	3794	2938	1041	857	849	141	3654
湖北	399	356	154	43	40	22	377
湖南	9554	8163	1647	1391	1343	2563	6921
广东	4414	3872	781	541	491	61	4353
广西	641	442	171	199	191	26	615
海南							
重庆	480	410	75	70	70	50	129
四川	340	279	93	61	60	15	325
贵州							
云南							
西藏							
陕西							
甘肃							
青海							
宁夏							
新疆							

4-1-26 续表 10

单位：万元

地区	家具制造业						
	R&D经费内部支出	日常性支出	#人员劳务费	资产性支出	#仪器和设备	#政府资金	#企业资金
总计	**69282**	**59746**	**25522**	**9536**	**9238**	**298**	**67625**
东部地区	60865	53384	23586	7481	7356	203	59589
中部地区	6146	4502	1057	1644	1474	65	6003
西部地区	2271	1860	879	411	408	30	2034
北京	808	792	509	15	3		808
天津	3408	3334	1390	74	73	10	3398
河北	53	53	13				53
山西							
内蒙古							
辽宁							
吉林							
黑龙江	142	80	39	62	62		142
上海	27716	23324	11062	4392	4387		27195
江苏	2357	2056	1140	301	298	11	2332
浙江	12049	10152	3667	1897	1888	62	11751
安徽	36	22	13	15	14		36
福建	4728	4719	1946	8	8	15	4713
江西	176	158	123	18	18	35	141
山东	1494	1467	777	27	26	28	1467
河南	1546	1229	273	317	291	20	1526
湖北	309	309	109				230
湖南	3936	2705	501	1231	1088	10	3926
广东	8253	7486	3083	767	673	78	7872
广西	326	294	154	32	32	1	325
海南							
重庆	1256	1124	508	132	131	3	1045
四川	462	402	211	61	59	6	456
贵州							
云南	227	40	6	187	187	20	207
西藏							
陕西							
甘肃							
青海							
宁夏							
新疆							

4-1-26 续表 11

单位：万元

地区	造纸及纸制品业						
	R&D经费内部支出	日常性支出	#人员劳务费	资产性支出	#仪器和设备	#政府资金	#企业资金
总　计	**368105**	**312405**	**57498**	**55700**	**53267**	**14003**	**349056**
东部地区	290424	249671	45835	40753	38934	10064	275383
中部地区	57427	45790	9266	11637	11149	2922	54440
西部地区	20255	16944	2397	3311	3184	1017	19233
北　京	182	182	47				182
天　津	5486	5035	811	451	394	435	5051
河　北	3625	3577	182	48	48		1961
山　西							
内蒙古	33	28	22	5	5		33
辽　宁	316	233	113	83	81	39	277
吉　林	2295	1890	350	405	400	40	2255
黑龙江	3742	2267	424	1476	1476	43	3699
上　海	3156	3012	1079	144	144	2	3155
江　苏	56836	55211	13368	1625	1541	722	56115
浙　江	42761	32055	7323	10706	10356	3819	38582
安　徽	6064	4592	939	1471	1438	131	5868
福　建	17556	12481	2824	5075	4549	249	16356
江　西	4991	4661	656	330	111		4991
山　东	125406	104446	11900	20960	20229	3929	120009
河　南	15926	13653	2327	2273	2169	1265	14661
湖　北	3032	2163	202	869	867	226	2806
湖　南	21377	16564	4369	4813	4689	1217	20160
广　东	35100	33438	8187	1662	1593	870	33696
广　西	9933	8593	418	1340	1307	504	9429
海　南							
重　庆	1325	1073	198	253	163	37	1289
四　川	890	735	210	155	153	15	875
贵　州							
云　南	2701	2047	718	654	653	33	2668
西　藏							
陕　西	1038	240	132	798	798		1033
甘　肃							
青　海							
宁　夏	3924	3817	666	106	104	343	3580
新　疆	411	411	34			85	326

4-1-26 续表 12

单位：万元

地 区	印刷业和记录媒介的复制						
	R&D经费内部支出	日常性支出	#人员劳务费	资产性支出	#仪器和设备	#政府资金	#企业资金
总 计	**109723**	**86977**	**28445**	**22746**	**22001**	**2111**	**104990**
东部地区	71766	57909	19808	13857	13250	1344	68579
中部地区	25418	19464	4929	5954	5861	681	23958
西部地区	12539	9604	3708	2935	2889	86	12453
北 京	2199	2195	1029	4	4	10	2189
天 津	1778	1318	447	461	459		1778
河 北	1119	898	242	221	198	30	908
山 西	111	111	62				111
内蒙古							
辽 宁	2118	1724	512	394	392	46	2073
吉 林	1731	1471	112	260	260		1112
黑龙江	633	562	76	71	66		633
上 海	8490	7818	3688	672	669	129	8362
江 苏	9929	6888	1909	3041	3031	40	9743
浙 江	19638	15642	4203	3995	3931	203	18648
安 徽	6304	3539	1037	2765	2765	555	5684
福 建	6987	5806	2581	1181	723	143	6140
江 西	1512	1363	144	149	149		1512
山 东	2794	2535	978	259	258	89	2705
河 南	4354	2611	579	1742	1702	84	4269
湖 北	4240	4239	1423	1	1		4230
湖 南	6534	5567	1497	967	919	42	6407
广 东	16714	13085	4218	3629	3585	654	16035
广 西	3934	1800	179	2134	2091	50	3884
海 南							
重 庆	684	655	427	29	27	2	682
四 川	2299	2296	899	2	2		2299
贵 州							
云 南	3078	2405	1313	674	673	22	3056
西 藏							
陕 西	2282	2248	788	35	35		2282
甘 肃							
青 海							
宁 夏	263	201	102	62	62	12	251
新 疆							

4-1-26 续表 13

单位：万元

地区	文教体育用品制造业						
	R&D经费内部支出	日常性支出	#人员劳务费	资产性支出	#仪器和设备	#政府资金	#企业资金
总　计	**107124**	**94176**	**31050**	**12948**	**12565**	**3402**	**100431**
东部地区	103257	91235	30357	12022	11642	2969	96997
中部地区	3477	2582	550	895	893	408	3069
西部地区	390	359	142	31	31	25	365
北　京	1750	1731	654	18	18		1725
天　津	1104	922	136	182	80	66	1038
河　北							
山　西	514	476	178	38	38	205	309
内蒙古							
辽　宁	165	159	109	6	6		165
吉　林							
黑龙江							
上　海	14270	13629	3634	641	627	113	14156
江　苏	15921	15373	5931	548	525	44	13660
浙　江	25725	22044	8393	3681	3513	1303	24194
安　徽	582	438	58	144	144	134	447
福　建	7796	6770	1588	1026	988	220	7576
江　西							
山　东	12449	8938	2348	3511	3511	778	11127
河　南	1114	675	277	439	439	21	1093
湖　北	16	16	2				16
湖　南	1252	977	36	275	273	48	1204
广　东	24078	21670	7564	2409	2374	444	23357
广　西	347	337	130	10	10	25	322
海　南							
重　庆							
四　川	43	22	12	21	21		43
贵　州							
云　南							
西　藏							
陕　西							
甘　肃							
青　海							
宁　夏							
新　疆							

4-1-26 续表 14

单位：万元

地区	石油加工、炼焦及核燃料加工业						
	R&D经费内部支出	日常性支出	#人员劳务费	资产性支出	#仪器和设备	#政府资金	#企业资金
总　计	**370907**	**311987**	**71795**	**58920**	**57108**	**14043**	**348444**
东部地区	246487	209419	44181	37069	35781	3649	240425
中部地区	86566	67797	16200	18769	18318	8691	75549
西部地区	37854	34771	11414	3082	3009	1704	32470
北　京	9507	8033	4175	1473	1467	166	9340
天　津	24930	24687	837	243	162	29	24901
河　北	1054	1054	825				1054
山　西	27712	18667	2096	9046	8981	2110	25602
内蒙古	10827	10472	576	355	355		7197
辽　宁	19681	18520	6326	1161	1136	97	18553
吉　林	27	25	15	2	2		27
黑龙江	15842	14162	2647	1680	1640	4030	11812
上　海	15067	13513	5798	1554	1477	392	14675
江　苏	15395	13541	3317	1854	1754	65	15194
浙　江	7057	6949	260	108	108	1047	6010
安　徽	1997	1662	403	335	325	300	1697
福　建	5319	4417	836	902	863	8	5311
江　西	14807	11129	1087	3678	3619	1278	11203
山　东	126628	100606	15068	26022	25096	1327	124739
河　南	3246	2497	759	750	659	10	3236
湖　北	2217	2217	1984			4	2213
湖　南	20717	17438	7209	3279	3093	959	19759
广　东	21850	18098	6740	3752	3718	517	20648
广　西	331	295	27	36	36	37	294
海　南							
重　庆	3960	3761	1149	199	196	2	3958
四　川	7515	6985	2881	530	530	793	6722
贵　州							
云　南	1296	1112	222	184	128	370	877
西　藏							
陕　西	2114	1841	1073	273	273	33	2080
甘　肃	4232	4049	3133	183	170		4232
青　海							
宁　夏							
新　疆	7579	6256	2354	1322	1321	469	7109

4-1-26 续表 15

单位：万元

地区	化学原料及化学制品制造业						
	R&D经费内部支出	日常性支出	#人员劳务费	资产性支出	#仪器和设备	#政府资金	#企业资金
总　计	**2663068**	**2335880**	**586815**	**327188**	**310670**	**91880**	**2490839**
东部地区	2052005	1831723	478474	220282	209054	62811	1918252
中部地区	379673	317117	67015	62557	59722	10497	361125
西部地区	231390	187040	41326	44350	41894	18573	211462
北　京	25598	23512	7145	2086	2049	1870	23392
天　津	77343	69472	13795	7870	7617	1185	64486
河　北	54865	48247	11735	6618	6138	2221	51997
山　西	38592	32582	6230	6010	5832	686	37843
内蒙古	7485	5549	2199	1936	1886	253	7231
辽　宁	78465	62163	11095	16303	14904	4087	74175
吉　林	16504	15033	5777	1472	1460	1712	14508
黑龙江	25908	25043	2511	866	859	104	25724
上　海	159058	148980	42576	10078	9208	4018	153105
江　苏	655266	611247	174809	44019	40052	16361	592424
浙　江	279941	248693	60274	31248	30355	9601	266875
安　徽	53550	44710	11436	8840	8320	1346	50220
福　建	36193	32490	5184	3702	3414	1774	32440
江　西	27925	23087	5225	4838	4644	1097	26738
山　东	460875	376016	80833	84858	82555	14173	444410
河　南	66778	51241	9936	15537	14333	947	62901
湖　北	93883	77840	11649	16043	15770	2534	89179
湖　南	56533	47581	14252	8952	8506	2072	54014
广　东	220665	207177	67651	13488	12756	7423	212490
广　西	11656	8527	1909	3129	3095	577	11079
海　南	3737	3726	3378	11	7	97	2458
重　庆	47535	39052	9332	8483	7869	3362	44023
四　川	73582	50771	14422	22811	22070	8627	64123
贵　州	32115	31120	2277	995	912	1114	31001
云　南	10899	9554	2003	1345	1219	673	10180
西　藏	37	37	2			30	7
陕　西	20275	18823	3094	1452	951	1193	19082
甘　肃	8240	6858	2079	1382	1363	1505	6486
青　海	10263	9927	2284	336	172	363	9900
宁　夏	2194	1534	621	660	601	113	2081
新　疆	7109	5288	1104	1822	1755	763	6269

4-1-26 续表 16

单位：万元

地　区	医药制造业						
	R&D经费内部支出	日常性支出	#人员劳务费	资产性支出	#仪器和设备	#政府资金	#企业资金
总　计	**1345385**	**1143201**	**344993**	**202185**	**192562**	**83101**	**1231439**
东部地区	954334	813896	255919	140437	134628	52577	876402
中部地区	257640	221154	56175	36485	33705	18829	235983
西部地区	133412	108150	32900	25262	24229	11694	119054
北　京	46129	41828	12996	4301	4144	2641	42017
天　津	46408	41131	15761	5277	4986	3084	42712
河　北	50436	37416	11779	13021	12325	4330	45945
山　西	8104	7221	1903	883	841	491	7612
内蒙古	4429	3519	1019	909	899	588	3840
辽　宁	22103	19471	4465	2632	2509	1364	20461
吉　林	22859	20086	4689	2773	2522	4106	18072
黑龙江	42245	38410	10793	3836	2813	3365	38379
上　海	88284	77986	36970	10298	10154	3520	83835
江　苏	215202	194488	52542	20714	19426	11543	193074
浙　江	168677	139983	47019	28694	27016	8815	156156
安　徽	17936	15496	3802	2440	2275	493	17056
福　建	31528	20961	4973	10567	9806	1401	30033
江　西	34192	29107	6067	5085	4762	2905	30766
山　东	184321	151943	40971	32378	31868	7262	169971
河　南	47226	39926	10196	7300	6914	3242	43854
湖　北	35084	29995	8372	5089	4867	3000	31621
湖　南	49995	40914	10353	9081	8710	1226	48624
广　东	90317	80145	26811	10172	10050	8374	81513
广　西	17195	14782	3146	2413	2389	1449	15721
海　南	10928	8544	1633	2385	2345	242	10686
重　庆	28235	23962	7980	4273	3701	2033	26089
四　川	37590	26851	9932	10739	10459	2891	32606
贵　州	3069	2836	709	232	211	460	2551
云　南	10923	10124	2313	799	786	1196	9383
西　藏	2342	2114	553	228	190	526	1817
陕　西	14054	12937	4198	1117	1112	239	13801
甘　肃	10010	6233	1757	3777	3747	2066	7945
青　海	1403	1122	343	280	247	155	1230
宁　夏	3595	3124	817	472	467	23	3572
新　疆	568	545	134	23	23	69	499

4-1-26 续表 17

单位：万元

地区	化学纤维制造业						
	R&D经费内部支出	日常性支出	#人员劳务费	资产性支出	#仪器和设备	#政府资金	#企业资金
总计	**357555**	**311880**	**54979**	**45674**	**43535**	**8130**	**348646**
东部地区	295474	255413	46718	40061	38217	7426	287269
中部地区	57173	52382	6484	4792	4540	378	56795
西部地区	4907	4085	1777	822	778	326	4582
北京	853	853	583				853
天津	158	158	150				158
河北	9683	7157	1355	2526	2520	176	9507
山西							
内蒙古							
辽宁	5133	4942	1752	191	191	156	4345
吉林	40161	40161	2747			297	39865
黑龙江	11	11	1				11
上海	1177	1176	87	1	1	42	1135
江苏	131547	120235	17116	11313	10169	3049	128352
浙江	77009	67739	14405	9271	8755	2000	75009
安徽	1952	473	408	1480	1441	50	1902
福建	18842	13520	5392	5322	5321	52	18791
江西							
山东	35468	27274	3738	8195	8175	278	35191
河南	7956	5209	2358	2747	2659		7956
湖北	510	510	331			7	503
湖南	6583	6018	639	565	441	25	6558
广东	15602	12359	2141	3243	3086	1674	13928
广西							
海南							
重庆							
四川	4222	3449	1498	773	729	326	3897
贵州							
云南							
西藏							
陕西							
甘肃	562	562	257				562
青海							
宁夏							
新疆	123	74	22	49	49		123

4-1-26 续表 18

单位：万元

地区	橡胶制品业						
	R&D经费内部支出	日常性支出	#人员劳务费	资产性支出	#仪器和设备	#政府资金	#企业资金
总计	**404649**	**347186**	**73368**	**57463**	**55580**	**6315**	**392845**
东部地区	323304	274834	57722	48469	46884	5068	314194
中部地区	52524	44862	8962	7662	7492	668	50510
西部地区	28821	27490	6683	1332	1204	579	28141
北京	2295	2168	930	127	89		2295
天津	7608	5872	1098	1736	1662	87	7521
河北	2465	2220	902	244	244	59	2345
山西	3201	2057	186	1144	1144		3201
内蒙古	512	512	142				482
辽宁	2359	2013	750	346	345	180	2173
吉林							
黑龙江	233	233	4				233
上海	24748	15828	3793	8920	8899	301	24447
江苏	47957	44561	14759	3397	3022	621	45559
浙江	20452	16857	5313	3594	3574	271	19852
安徽	19019	15095	4911	3924	3834	125	17573
福建	8857	7135	1966	1722	1708	199	8624
江西	534	463	108	72	72	15	519
山东	191421	169417	24478	22004	21628	2645	186967
河南	24691	23318	2880	1373	1359	392	24299
湖北	2922	2095	530	827	779	32	2865
湖南	1925	1602	344	323	304	105	1821
广东	15143	8763	3734	6380	5712	706	14411
广西	343	332	149	12	11	33	310
海南							
重庆	1263	1095	350	167	110	300	963
四川	4834	4254	629	580	512	80	4754
贵州	18517	17997	4155	520	520	79	18368
云南	42	41	33	1	1		42
西藏							
陕西	18	17	4	1	1	1	17
甘肃	160	120	32	40	38		160
青海							
宁夏	2523	2514	1121	10	10	30	2493
新疆	609	609	69			57	553

4-1-26 续表 19

单位：万元

地区	塑料制品业						
	R&D经费内部支出	日常性支出	#人员劳务费	资产性支出	#仪器和设备	#政府资金	#企业资金
总计	**451757**	**374221**	**99553**	**77536**	**75169**	**8414**	**429249**
东部地区	370816	314279	89240	56538	54453	6865	355097
中部地区	32943	27821	6202	5123	4978	585	31803
西部地区	47997	32122	4111	15876	15739	964	42349
北京	4020	3931	1607	88	86	12	3870
天津	6856	5095	1383	1761	1730	220	5004
河北	3921	3684	1418	237	223	40	3876
山西	50	30	9	20	20		50
内蒙古	28589	15614	1314	12975	12975		24120
辽宁	3770	2873	1056	896	861	115	3636
吉林	362	362	232				362
黑龙江	1281	889	246	392	386	28	1253
上海	20926	18414	8147	2512	2424	329	20415
江苏	73186	67192	19602	5994	5638	470	72079
浙江	81437	66172	19777	15264	14909	850	79805
安徽	14303	13240	1939	1063	1001	65	14213
福建	27005	20452	5802	6554	6293	524	26435
江西	443	385	148	59	59	50	393
山东	22599	17243	2331	5357	5002	465	22115
河南	4529	3594	938	935	923	178	4351
湖北	7636	6162	1941	1474	1454	244	7246
湖南	4340	3160	750	1180	1136	20	3935
广东	127026	109152	28114	17874	17286	3821	117811
广西	1917	1164	332	753	669	191	1725
海南	71	71	4			19	52
重庆	640	455	102	185	183	23	617
四川	6798	5622	1062	1176	1151	124	6674
贵州	131	93	20	38	38	15	116
云南	1245	1090	95	154	154	21	1223
西藏							
陕西	2552	2428	496	124	124		2552
甘肃	803	581	181	221	199	202	601
青海							
宁夏	230	117	25	113	113		230
新疆	5093	4957	485	137	133	387	4491

4-1-26 续表 20

单位：万元

地区	非金属矿物制品业						
	R&D经费内部支出	日常性支出	#人员劳务费	资产性支出	#仪器和设备	#政府资金	#企业资金
总计	**815449**	**692208**	**172068**	**123240**	**116748**	**32346**	**764226**
东部地区	554095	473922	121669	80174	76525	25386	514129
中部地区	204935	173060	38597	31875	30729	4986	196048
西部地区	56418	45227	11803	11192	9494	1974	54049
北京	41313	37831	9880	3482	3190	7275	33766
天津	4404	4119	1987	285	202	203	3741
河北	51028	39634	9409	11394	11357	362	50600
山西	5769	5267	1355	501	447	427	5341
内蒙古	5033	2595	950	2438	2238	266	4725
辽宁	24971	21179	2002	3792	3526	585	23333
吉林	5280	5166	1236	114	109	505	4775
黑龙江	5230	5063	1179	167	167	7	4574
上海	30528	27384	8603	3144	3129	380	28446
江苏	97286	89008	23598	8278	7655	5295	85402
浙江	58117	50108	13402	8008	6836	1803	55171
安徽	18021	11885	1996	6136	6046	413	17579
福建	42233	26821	6194	15412	15253	1782	40413
江西	28332	23619	4714	4713	4680	156	26496
山东	127652	109255	28220	18397	17783	4730	121637
河南	84737	69218	15221	15519	14720	2059	82670
湖北	28247	26499	5757	1748	1688	570	26275
湖南	29320	26342	7141	2979	2872	850	28339
广东	76565	68583	18374	7982	7594	2971	71622
广西	6545	4868	1043	1678	497	132	6413
海南							
重庆	10412	8568	2421	1844	1724	381	9977
四川	19303	15623	5779	3680	3535	1079	17943
贵州	557	524	107	33	29	6	551
云南	798	703	99	96	95	1	797
西藏							
陕西	268	197	53	71	69	49	199
甘肃	4622	4529	779	93	74		4622
青海							
宁夏	2065	1171	234	894	867	46	2018
新疆	6816	6450	339	366	366	13	6803

4-1-26 续表 21

单位：万元

地区	黑色金属冶炼及压延加工业制造业						
	R&D经费内部支出	日常性支出	#人员劳务费	资产性支出	#仪器和设备	#政府资金	#企业资金
总　计	**3117999**	**2673156**	**449623**	**444843**	**415008**	**31532**	**3054280**
东部地区	2148568	1870086	321557	278482	270942	23556	2100092
中部地区	769257	626856	73135	142400	122270	4261	759531
西部地区	200175	176214	54930	23961	21796	3715	194657
北　京	42967	23020	13254	19947	19937	3361	39377
天　津	409473	327000	46235	82473	81524	4460	403815
河　北	289487	241581	61952	47906	46188	885	277089
山　西	178872	127323	9939	51549	48746	571	178301
内蒙古	40733	30476	16028	10256	9604	1327	38891
辽　宁	420834	369742	58925	51092	49782	3164	416149
吉　林	11387	8518	1349	2869	2580	303	11084
黑龙江	13833	13705	2283	128	126	70	13763
上　海	111708	101544	15480	10165	10033	2438	109270
江　苏	477861	450052	50685	27808	26050	5266	471567
浙　江	41623	37947	7972	3675	3131	810	40788
安　徽	56594	52758	5513	3836	3458	361	53479
福　建	46059	35880	15242	10179	9969	99	42445
江　西	72101	66897	13719	5204	5027	345	70106
山　东	206111	183249	35161	22862	22098	2115	199104
河　南	64909	53132	8315	11777	11288	1153	63756
湖　北	252009	210569	11556	41440	32488	442	251567
湖　南	119552	93954	20461	25597	18558	1016	117475
广　东	100954	98579	16325	2375	2231	958	98994
广　西	5618	4999	299	620	616	61	5558
海　南	1493	1493	326				1493
重　庆	7795	7516	866	279	258	19	7776
四　川	44942	42603	17056	2339	2300	1229	43709
贵　州	1312	1080	206	232	188	230	1082
云　南	6625	6364	1265	261	253	116	5225
西　藏							
陕　西	21585	18602	2033	2983	2983	356	21229
甘　肃	57313	54444	15797	2869	1474	332	56981
青　海							
宁　夏	3260	3084	386	176	174	10	3250
新　疆	10992	7046	996	3946	3946	36	10956

4-1-26 续表 22

单位：万元

地 区	有色金属冶炼及压延加工业						
	R&D经费内部支出	日常性支出	#人员劳务费	资产性支出	#仪器和设备	#政府资金	#企业资金
总 计	**1150618**	**976842**	**182473**	**173776**	**158971**	**48689**	**1085003**
东部地区	573426	491471	86713	81956	73672	13888	552622
中部地区	370411	313254	55115	57157	51627	13199	354631
西部地区	206781	172118	40645	34663	33672	21602	177750
北 京	7826	7280	1224	546	546	1448	6378
天 津	5045	3174	742	1870	1850	243	4801
河 北	13780	12433	1058	1346	827	429	13350
山 西	7320	5997	763	1323	1290	681	6640
内蒙古	12935	10612	3180	2323	2214	392	11528
辽 宁	30753	28711	1500	2042	566	392	30361
吉 林	6065	5513	860	552	537	94	5971
黑龙江	8460	8355	1447	105	104	2135	6325
上 海	11447	9807	2406	1641	1593	28	9784
江 苏	90669	82544	15294	8125	7454	2561	86084
浙 江	64945	53903	11612	11042	10805	2085	62642
安 徽	88576	71424	11803	17152	15912	2085	86492
福 建	50813	41255	5270	9558	9279	3052	47761
江 西	44258	42672	5638	1586	1570	2721	39461
山 东	240577	201510	35292	39067	35406	1297	236468
河 南	125659	97345	17821	28314	24320	2459	122823
湖 北	23803	21936	3377	1868	1857	791	23012
湖 南	66270	60013	13406	6257	6038	2234	63908
广 东	57519	50805	12276	6714	5342	2346	54946
广 西	14549	13557	1333	992	973	2420	12129
海 南	53	47	39	5	5	7	46
重 庆	22635	15892	4879	6743	6607	5542	17063
四 川	9982	8574	2151	1407	1363	154	9828
贵 州	4092	3885	515	208	194	368	3724
云 南	35062	29292	7184	5770	5673	3617	26927
西 藏							
陕 西	26976	21648	3438	5328	5131	5756	19355
甘 肃	58748	54446	15373	4303	4019	856	57893
青 海	213	183	51	29	29	29	183
宁 夏	19910	13799	2471	6112	6034	2469	17442
新 疆	1679	230	71	1450	1435		1679

4-1-26 续表 23

单位：万元

地 区	金属制品业						
	R&D经费内部支出	日常性支出	#人员劳务费	资产性支出	#仪器和设备	#政府资金	#企业资金
总 计	**658571**	**568322**	**159651**	**90249**	**86788**	**20102**	**629650**
东部地区	528429	454998	127434	73431	70743	11806	510552
中部地区	88833	76293	22501	12540	12009	5981	80313
西部地区	41309	37031	9716	4278	4036	2316	38785
北 京	19178	11905	3675	7274	7273	516	18513
天 津	35790	29728	4809	6062	5801	188	35532
河 北	11304	9731	2573	1573	1544	260	11044
山 西	987	658	108	329	160	76	911
内蒙古	2598	2343	148	256	250	18	2580
辽 宁	23574	20584	6852	2990	2917	290	23216
吉 林	2030	1524	380	506	506		2030
黑龙江	5249	3007	1010	2242	2242	439	4631
上 海	35559	30775	10376	4783	4757	368	34942
江 苏	169024	152223	36322	16801	15809	5703	161191
浙 江	116016	100547	31366	15469	14545	1872	112382
安 徽	20390	18584	6953	1806	1761	2983	16940
福 建	15700	9677	2727	6023	5851	248	15452
江 西	6048	5360	1700	688	666	16	6021
山 东	25537	22253	5690	3284	3193	469	24461
河 南	12837	10688	2905	2150	2103	262	12425
湖 北	23499	21183	5712	2317	2223	1560	21399
湖 南	17792	15291	3733	2502	2349	645	15957
广 东	76748	67576	23045	9172	9054	1892	73819
广 西	688	640	219	48	48	26	660
海 南							
重 庆	7275	6896	1976	379	308	448	6828
四 川	17990	15420	4374	2570	2415	1006	16785
贵 州	1381	996	336	385	385	257	1124
云 南	506	398	72	108	106	28	478
西 藏							
陕 西	4957	4821	1386	135	135	121	4836
甘 肃	2160	1944	563	217	214	297	1864
青 海							
宁 夏	1641	1461	269	180	175	52	1582
新 疆	2113	2113	373			65	2048

4-1-26 续表 24

单位：万元

地区	通用设备制造业						
	R&D经费内部支出	日常性支出	#人员劳务费	资产性支出	#仪器和设备	#政府资金	#企业资金
总计	**2720500**	**2360185**	**660221**	**360315**	**343218**	**115209**	**2564067**
东部地区	2074042	1798461	511829	275580	263189	78995	1961847
中部地区	390960	346976	84969	43984	40698	20509	364683
西部地区	255499	214748	63423	40751	39331	15706	237536
北京	69332	64386	24579	4946	4920	2795	65596
天津	52032	44844	10325	7188	6827	1924	49892
河北	34751	26696	8809	8055	7828	573	33392
山西	13277	11599	2538	1679	1638	405	12859
内蒙古	5295	3635	658	1660	1566	24	4875
辽宁	190655	172904	32265	17751	17076	12134	176371
吉林	2291	2006	545	285	285	85	2184
黑龙江	98286	94850	16851	3436	1875	5122	93079
上海	308371	267802	72840	40570	39994	11035	294998
江苏	498596	447154	126281	51442	47600	16467	465923
浙江	428516	372199	116555	56317	54517	10781	413966
安徽	58626	51293	13794	7333	7001	2605	55152
福建	40338	27450	7817	12888	11939	1368	38554
江西	10692	9525	3214	1168	1168	25	10668
山东	295679	241741	68768	53938	51420	13770	278609
河南	91370	74655	18194	16715	15798	6148	84957
湖北	72812	66148	18096	6664	6410	2697	66914
湖南	43605	36901	11738	6704	6523	3423	38870
广东	154723	132236	43331	22487	21067	8148	143499
广西	16679	15144	1858	1534	1523	486	16193
海南	1049	1049	261				1049
重庆	67354	56715	14059	10639	10371	1335	64591
四川	80113	67808	27520	12304	11817	2597	77513
贵州	4007	3687	770	319	317	802	2820
云南	3817	2089	593	1727	1727	133	3684
西藏							
陕西	56871	47984	13283	8887	8533	7141	49684
甘肃	7604	6152	1500	1452	1445	1484	6120
青海	1714	1233	215	481	481	151	1563
宁夏	11594	9885	2930	1709	1512	1454	10140
新疆	453	415	37	38	38	100	353

4-1-26 续表 25

单位：万元

地区	专用设备制造业						
	R&D经费内部支出	日常性支出	#人员劳务费	资产性支出	#仪器和设备	#政府资金	#企业资金
总计	**2502059**	**2237296**	**594712**	**264764**	**250268**	**127736**	**2322634**
东部地区	1506756	1349746	375151	157010	150066	72846	1392563
中部地区	642896	590715	154532	52181	49866	32669	606756
西部地区	352232	296726	64987	55506	50268	22188	323173
北京	159382	152486	52991	6896	6486	11290	127600
天津	85086	68031	17143	17055	16632	4335	80676
河北	32551	29966	7840	2585	2002	1380	30791
山西	93477	83947	12043	9530	9078	9764	83349
内蒙古	69490	68374	13554	1116	1074	3472	65724
辽宁	138079	133099	18343	4980	4852	7290	130306
吉林	11288	10416	2176	873	871	378	10822
黑龙江	66780	62870	12572	3910	3799	7495	59211
上海	183478	153590	42360	29888	29265	16591	165093
江苏	287655	267646	72231	20009	18724	11378	264106
浙江	165065	143980	47232	21085	20612	6216	158060
安徽	34387	30579	6865	3808	3281	1170	31844
福建	50985	45078	11182	5907	5804	2730	47689
江西	5628	5046	1743	582	573	93	5535
山东	245641	208025	45343	37616	35036	5539	239701
河南	170522	152762	35473	17759	17336	7891	161800
湖北	39503	36923	13492	2581	2366	2187	36575
湖南	221311	208173	70169	13138	12562	3691	217620
广东	158775	147786	60473	10989	10655	6098	148481
广西	55360	48035	8398	7325	7282	1560	53745
海南	60	60	15				60
重庆	78480	44315	12040	34165	29656	9936	66897
四川	61433	52706	11119	8726	8372	1698	58883
贵州	4912	4328	797	584	434	455	4457
云南	5615	4855	1972	760	702	114	5452
西藏							
陕西	65449	63208	14118	2241	2176	4555	56932
甘肃	5481	5054	1189	427	412	284	5197
青海							
宁夏	5150	5062	1534	88	88	52	5099
新疆	863	789	266	74	74	65	786

4-1-26　续表 26

单位：万元

地　区	交通运输设备制造业						
	R&D经费内部支出	日常性支出	#人员劳务费	资产性支出	#仪器和设备	#政府资金	#企业资金
总　计	**4902174**	**4372238**	**1046858**	**529936**	**505396**	**477948**	**4317904**
东部地区	2966767	2641630	696977	325137	313008	221177	2683376
中部地区	1193468	1079602	212602	113866	105912	153884	1016976
西部地区	741939	651006	137280	90933	86476	102887	617552
北　京	231474	222618	42511	8856	8775	87061	141648
天　津	49418	32191	9284	17227	16790	637	46992
河　北	65512	51748	15369	13764	13266	1616	63698
山　西	27134	14778	2564	12356	12174	1015	24944
内蒙古	31179	23565	3650	7615	7614	135	31044
辽　宁	354347	328973	56504	25375	24793	71630	281891
吉　林	157165	156339	17614	826	758	4883	148636
黑龙江	148597	131396	16248	17201	17166	48998	97589
上　海	591119	535443	186825	55676	54506	10655	574533
江　苏	429380	406080	127181	23299	21023	15631	381829
浙　江	308542	253847	78816	54695	52623	7336	299247
安　徽	202833	172163	36356	30670	28587	43042	156766
福　建	69962	58019	18253	11942	11605	3215	63531
江　西	151679	140789	14977	10890	8914	23033	124966
山　东	427013	377252	70300	49761	48194	7803	417861
河　南	122262	111175	30751	11087	10501	8787	111351
湖　北	291610	268526	72068	23084	20348	17951	268936
湖　南	92188	84435	22025	7753	7465	6175	83788
广　东	439558	375016	91909	64542	61433	15594	411924
广　西	127173	110950	29542	16223	15749	6360	120468
海　南	444	444	24				223
重　庆	219207	192504	50868	26703	24589	4346	212920
四　川	88019	82408	11771	5611	5261	11099	76270
贵　州	54614	52599	8466	2014	2002	8607	45487
云　南	24471	17259	2709	7212	6534	302	13749
西　藏							
陕　西	194560	170088	29727	24473	23647	72038	114897
甘　肃	794	237	134	557	557		794
青　海							
宁　夏							
新　疆	1923	1398	413	525	525		1923

4-1-26 续表 27

单位：万元

地 区	电气机械及器材制造业						
	R&D经费内部支出	日常性支出	#人员劳务费	资产性支出	#仪器和设备	#政府资金	#企业资金
总 计	**4003274**	**3481429**	**975376**	**521845**	**497859**	**110558**	**3812973**
东部地区	3305570	2913643	840896	391927	371476	83238	3149570
中部地区	524959	421599	92764	103359	100192	17283	503805
西部地区	172301	145784	41616	26517	26149	10034	159156
北 京	85270	81416	37634	3854	3751	1010	81441
天 津	68086	47765	9880	20321	18853	1984	65442
河 北	140532	112185	20391	28347	28029	999	135123
山 西	13891	13450	2094	441	440	530	13361
内蒙古	9878	9676	2914	202	200	115	6851
辽 宁	59251	47878	10069	11373	10729	3401	55324
吉 林	5675	5361	872	314	314	49	4487
黑龙江	28297	23309	9892	4988	4749	2315	25802
上 海	177723	154623	57280	23100	22717	4806	169574
江 苏	881413	815032	219668	66381	60064	28795	826117
浙 江	466304	388091	123374	78212	76699	8106	452746
安 徽	129059	89644	19880	39415	38915	2841	124959
福 建	106716	94616	24972	12100	11608	2841	101095
江 西	105165	80098	16098	25067	24202	3690	101391
山 东	500132	444841	94092	55292	51387	11803	482798
河 南	81075	69334	20786	11741	10959	4488	76480
湖 北	72515	58824	11984	13691	13143	2168	69265
湖 南	89284	81581	11158	7703	7471	1202	88061
广 东	819618	726678	243438	92940	87631	19494	779383
广 西	9765	7030	2029	2735	2719	857	8866
海 南	525	517	99	8	8		525
重 庆	19171	14807	2326	4363	4329	369	18802
四 川	49167	43928	21192	5238	5101	3741	45426
贵 州	1514	1342	303	172	171	126	1388
云 南	1712	760	124	953	952	255	1350
西 藏							
陕 西	58449	47590	8945	10859	10740	3251	55149
甘 肃	11746	10700	1811	1047	1043	749	10997
青 海	40	36	18	4	4	3	37
宁 夏	4364	4029	907	336	333	264	4101
新 疆	6494	5885	1049	609	557	305	6189

4-1-26 续表 28

单位：万元

地区	通信设备、计算机及其他电子设备制造业						
	R&D经费内部支出	日常性支出	#人员劳务费	资产性支出	#仪器和设备	#政府资金	#企业资金
总计	**6011283**	**5538250**	**2450457**	**473033**	**431434**	**231603**	**5627904**
东部地区	5448237	5029550	2266081	418687	378802	175881	5126798
中部地区	305561	275482	102491	30079	28956	31156	269576
西部地区	257485	233218	81885	24268	23676	24567	231530
北京	219278	213814	78542	5465	5199	9314	204785
天津	126971	124531	28047	2439	2382	1567	105884
河北	10082	6000	2043	4082	4063	401	9681
山西	3919	3900	892	19	17	668	3250
内蒙古	257	248	45	9	9	24	232
辽宁	84399	77401	10773	6998	6943	4286	78826
吉林	11316	11207	1384	109	109		10475
黑龙江	5258	5189	1465	69	62	196	5063
上海	451968	401504	192135	50464	49177	15058	427956
江苏	846690	794956	252020	51735	48975	16264	759720
浙江	339532	318638	165056	20893	20131	13184	323226
安徽	28407	26200	9023	2207	2149	5411	22843
福建	272554	260551	104454	12002	11817	9384	260548
江西	14620	13095	4594	1525	1490	935	12304
山东	358908	341254	65222	17654	17064	22196	327010
河南	21543	17578	4636	3965	3924	969	20514
湖北	160622	144464	73067	16157	15705	16965	141263
湖南	59877	53851	7429	6026	5500	6012	53865
广东	2734935	2488002	1366605	246934	213035	84228	2626241
广西	2626	2461	928	166	152	238	2340
海南	2921	2901	1185	20	16		2921
重庆	9865	8701	3403	1164	1041	658	8256
四川	173009	162938	57860	10071	9785	15175	157835
贵州	11472	9638	3031	1833	1816	2837	8635
云南	1827	1827	1184				1827
西藏							
陕西	55216	44591	14423	10625	10548	5443	49384
甘肃	1815	1492	431	323	248	151	1664
青海							
宁夏							
新疆	1398	1321	579	78	77	40	1359

4-1-26 续表 29

单位：万元

地区	仪器仪表及文化、办公用机械制造业						
	R&D经费内部支出	日常性支出	#人员劳务费	资产性支出	#仪器和设备	#政府资金	#企业资金
总计	**745507**	**667107**	**233939**	**78400**	**73792**	**42439**	**676245**
东部地区	577867	516661	188358	61205	57664	24078	539551
中部地区	119370	109430	33471	9940	9474	14494	98308
西部地区	48270	41015	12111	7255	6653	3867	38385
北京	46021	44584	14313	1437	1413	1750	41247
天津	17629	15533	5546	2096	2084	683	14596
河北	8414	5903	1760	2512	2504	389	8025
山西	6776	6614	1429	163	163	1166	3894
内蒙古							
辽宁	17680	14812	3968	2868	2754	2238	15196
吉林	1474	1406	366	68	68		1352
黑龙江	7712	6873	2439	839	836	119	7593
上海	39268	35502	15944	3766	3672	2415	34523
江苏	182555	171284	52408	11271	8849	6596	171562
浙江	110409	100561	38799	9848	9522	4074	105678
安徽	18076	16791	3188	1285	1247	3962	13994
福建	21978	16779	6803	5198	5080	886	20975
江西	21716	20380	4553	1336	1244	7173	10824
山东	39251	32802	10643	6450	6287	1366	37568
河南	23692	21890	8105	1802	1760	887	22125
湖北	15961	13992	5827	1969	1724	327	15426
湖南	23962	21484	7565	2478	2432	861	23102
广东	94662	78901	38173	15761	15498	3682	90181
广西	1374	1131	455	243	210	16	1358
海南							
重庆	12708	10277	4197	2431	2149	1442	10993
四川	13340	12999	2371	342	319	111	8198
贵州	1585	1396	852	190	190	340	1245
云南	1021	1014	271	7	7	67	954
西藏							
陕西	14714	10925	3181	3790	3527	1343	12658
甘肃	292	277	76	14	14	26	266
青海	859	859	129			120	739
宁夏	2062	1832	553	231	231	402	1661
新疆	314	306	26	8	8		314

4-1-26 续表 30

单位：万元

地区	工艺品及其他制造业						
	R&D经费内部支出	日常性支出	#人员劳务费	资产性支出	#仪器和设备	#政府资金	#企业资金
总　计	**141044**	**126511**	**38863**	**14534**	**13009**	**5516**	**131346**
东部地区	102930	91583	27251	11347	9906	2188	100112
中部地区	18116	16493	7138	1624	1581	918	17198
西部地区	19998	18435	4474	1563	1522	2409	14035
北　京	24139	23781	3001	358	358	116	23765
天　津	525	525	66			15	510
河　北							
山　西							
内蒙古	16	16	13				16
辽　宁	3206	2572	388	634	608	10	3196
吉　林							
黑龙江	86	80	55	5	5		86
上　海	1995	1989	915	6	5	26	1833
江　苏	8903	8088	2347	816	649	168	8650
浙　江	29382	26152	10229	3230	3077	445	28912
安　徽	1888	1832	554	56	55	377	1511
福　建	13835	9828	3494	4007	3071	446	13389
江　西	2165	1625	800	540	500	20	2145
山　东	13840	12295	4137	1544	1415	667	13173
河　南	4893	4492	1536	401	400	34	4859
湖　北	5680	5663	3603	17	17	10	5670
湖　南	3405	2801	590	604	604	476	2928
广　东	7107	6354	2676	754	725	295	6685
广　西	707	618	165	89	89	72	624
海　南							
重　庆	951	933	346	18	11	2	948
四　川	2846	2732	753	114	108	221	2626
贵　州	10434	9492	2686	942	929	859	6130
云　南	106	72	34	34	34		106
西　藏							
陕　西	2010	1645	284	365	350	100	1813
甘　肃	2928	2928	194			1155	1773
青　海							
宁　夏							
新　疆							

4-1-26 续表 31

单位：万元

地区	电力、燃气及水的生产和供应业						
	R&D经费内部支出	日常性支出	#人员劳务费	资产性支出	#仪器和设备	#政府资金	#企业资金
总　计	**341552**	**289969**	**83741**	**51583**	**50363**	**6658**	**333190**
东部地区	224522	201111	54946	23411	22954	3597	220178
中部地区	77316	62275	19608	15041	14554	2010	74768
西部地区	39714	26583	9188	13131	12856	1051	38244
北　京	21627	21486	12943	142	142	189	21438
天　津	11248	10591	1461	658	658	483	10765
河　北	3268	2695	923	573	566	96	3172
山　西	1353	1210	281	143	141		1353
内蒙古	8211	4903	706	3308	3264	257	7954
辽　宁	28371	28237	7532	134	106	70	28301
吉　林	2759	2531	516	228	211	249	2146
黑龙江	36034	28966	9631	7068	6721	33	35898
上　海	18106	14590	7467	3516	3426	222	17852
江　苏	30950	29299	4030	1652	1597	526	30114
浙　江	26957	16429	4097	10528	10477	104	26853
安　徽	4090	3401	1172	689	685	100	3990
福　建	30454	30262	3769	192	192	26	30428
江　西	2550	1683	586	866	856	6	2544
山　东	11367	9422	3437	1945	1898	58	10976
河　南	18603	15428	5629	3175	3157	910	17622
湖　北	5733	3383	215	2350	2350		5733
湖　南	6195	5673	1577	522	432	713	5482
广　东	42106	38064	9271	4042	3863	1823	40211
广　西	1637	1151	581	486	472	48	1589
海　南	67	37	15	30	30		67
重　庆	2377	1167	612	1210	1115	16	2361
四　川	5259	4470	2321	788	778	32	5227
贵　州	6016	1859	967	4157	4157	74	5942
云　南	2112	2056	715	56	56		1942
西　藏							
陕　西	1529	1350	263	179	170		1529
甘　肃	4482	3916	551	566	547	72	4163
青　海	3395	2641	1394	754	745		3395
宁　夏	275	262	166	13	13	5	271
新　疆	4421	2807	911	1614	1540	549	3872

4-2-1 企业R&D经费外部支出

单位：万元

项 目	R&D经费外部支出	对研究机构支出	对高等学校支出	其 他
总 计	**2762873**	**1076473**	**604370**	**1082029**
按企业规模分组				
大中型企业	2497940	959239	510709	1027992
大型企业	1728596	575541	339605	813450
中型企业	769344	383698	171104	214542
小型企业	264933	117234	93661	54038
按企业控股情况分组				
国有控股	1376287	594068	329326	452893
集体控股	130406	27672	20896	81838
私人控股	609506	245952	198414	165141
港澳台商控股	171675	77769	20310	73595
外商控股	400251	85475	16973	297803
按登记注册类型分组				
内资企业	1986088	834000	508211	643877
国有企业	305621	130816	89244	85560
集体企业	43568	4015	3550	36003
股份合作企业	13096	6532	6426	139
联营企业	6802	2363	3109	1330
有限责任公司	870462	419993	197456	253013
#国有独资公司	241548	98935	70556	72057
股份有限公司	463154	171832	112943	178378
私营企业	280027	96419	94633	88975
其他内资企业	3358	2030	849	478
港澳台商投资企业	234851	90264	62822	81765
外商投资企业	541934	152209	33337	356388

4-2-2　大中型企业R&D经费外部支出

单位：万元

项　目	R&D经费外部支出	对研究机构支出	对高等学校支出	其　他
总　计	**2497940**	**959239**	**510709**	**1027992**
按企业控股情况分组				
国有控股	1351261	581897	321076	448289
集体控股	117821	22124	15156	80540
私人控股	444732	174491	133146	137094
港澳台商控股	152315	70356	14748	67211
外商控股	369918	72503	12214	285201
按登记注册类型分组				
内资企业	1788950	747816	430440	610694
国有企业	301279	129091	87172	85017
集体企业	42432	3418	3074	35940
股份合作企业	5014	2956	2010	48
联营企业	6306	2042	3046	1218
有限责任公司	812173	389778	178418	243977
#国有独资公司	240342	98056	70277	72008
股份有限公司	448402	165380	107263	175759
私营企业	170821	53704	48832	68284
其他内资企业	2525	1448	626	452
港澳台商投资企业	210851	80552	55199	75100
外商投资企业	498139	130871	25071	342198

4-2-3　大型企业R&D经费外部支出

单位：万元

项　目	R&D经费外部支出	对研究机构支出	对高等学校支出	其　他
总　计	**1728596**	**575541**	**339605**	**813450**
按企业控股情况分组				
国有控股	1042389	392602	260210	389577
集体控股	95926	12952	6049	76925
私人控股	212330	65756	51974	94600
港澳台商控股	114798	48692	8721	57384
外商控股	235612	38321	5380	191911
其他	27542	17219	7271	3052
按登记注册类型分组				
内资企业	1281777	454557	313936	513284
国有企业	242000	97591	77958	66451
集体企业	41510	3041	2618	35852
股份合作企业	774	614	161	0
联营企业	6282	2018	3046	1218
有限责任公司	566558	215985	141017	209557
#国有独资公司	224126	87411	67923	68792
股份有限公司	340227	119870	72603	147753
私营企业	84313	15422	16437	52454
其他内资企业	114	17	97	0
港澳台商投资企业	124474	50333	11147	62994
外商投资企业	322344	70651	14522	237172

4-2-4 中型企业R&D经费外部支出

单位：万元

项　目	R&D经费外部支出	对研究机构支出	对高等学校支出	其　他
总　计	**769344**	**383698**	**171104**	**214542**
按企业控股情况分组				
国有控股	308872	189295	60865	58712
集体控股	21895	9173	9108	3615
私人控股	232402	108735	81172	42495
港澳台商控股	37517	21664	6026	9827
外商控股	134307	34183	6834	93290
按登记注册类型分组				
内资企业	507173	293259	116504	97410
国有企业	59279	31499	9214	18566
集体企业	922	377	456	88
股份合作企业	4240	2342	1850	48
联营企业	24	24		
有限责任公司	245614	173794	37401	34420
#国有独资公司	16216	10645	2354	3217
股份有限公司	108175	45509	34660	28006
私营企业	86508	38283	32395	15830
其他内资企业	2412	1431	529	452
港澳台商投资企业	86377	30219	44051	12106
外商投资企业	175795	60220	10549	105026

4-2-5 小型企业R&D经费外部支出

单位：万元

项　目	R&D经费外部支出	对研究机构支出	对高等学校支出	其　他
总　计	**264933**	**117234**	**93661**	**54038**
按企业控股情况分组				
国有控股	25027	12171	8251	4605
集体控股	12585	5547	5740	1298
私人控股	164775	71461	65268	28047
港澳台商控股	19360	7413	5563	6384
外商控股	30333	12972	4759	12602
按登记注册类型分组				
内资企业	197138	86185	77771	33183
国有企业	4342	1726	2073	544
集体企业	1136	598	476	62
股份合作企业	8083	3576	4416	91
联营企业	496	321	63	113
有限责任公司	58290	30214	19039	9037
#国有独资公司	1206	879	279	49
股份有限公司	14752	6453	5680	2620
私营企业	109206	42714	45801	20691
其他内资企业	833	583	224	26
港澳台商投资企业	24001	9712	7624	6665
外商投资企业	43794	21338	8267	14190

4-2-6 按行业分企业R&D经费外部支出

单位：万元

行　业	R&D经费外部支出	对研究机构支出	对高等学校支出	其　他
总　计	**2762873**	**1076473**	**604370**	**1082029**
采矿业	**207967**	**95575**	**86119**	**26274**
煤炭开采和洗选业	79074	32440	39182	7452
石油和天然气开采业	118083	57761	43966	16357
黑色金属矿采选业	3557	2000	1106	451
有色金属矿采选业	6271	2754	1721	1797
非金属矿采选业	983	620	146	217
制造业	**2404436**	**909257**	**487365**	**1007815**
农副食品加工业	26092	9447	15128	1516
食品制造业	13513	5745	6163	1605
饮料制造业	25434	9190	11787	4456
烟草制品业	54757	8764	16800	29193
纺织业	24446	7367	11986	5093
纺织服装、鞋、帽制造业	9865	1184	2684	5998
皮革、毛皮、羽毛(绒)及其制品业	3313	1722	1201	391
木材加工及木、竹、藤、棕、草制品业	2854	916	1851	87
家具制造业	2398	595	113	1690
造纸及纸制品业	7086	3145	2433	1508
印刷业和记录媒介的复制	2534	522	791	1221
文教体育用品制造业	2762	614	1444	705
石油加工、炼焦及核燃料加工业	37483	16178	10113	11192
化学原料及化学制品制造业	224591	100303	49065	75224
医药制造业	199599	123141	50982	25475
化学纤维制造业	7751	2701	4655	395
橡胶制品业	10287	4441	2713	3133
塑料制品业	8380	4022	2944	1415
非金属矿物制品业	28299	8528	11998	7773
黑色金属冶炼及压延加工业	114966	38808	39078	37080
有色金属冶炼及压延加工业	82489	43606	30282	8601
金属制品业	19505	4819	4815	9872
通用设备制造业	146832	44500	31968	70364
专用设备制造业	86153	30885	33357	21911
交通运输设备制造业	643526	289795	40171	313560
电气机械及器材制造业	221907	77772	36223	107912
通信设备、计算机及其他电子设备制造业	354228	55212	50889	248127
仪器仪表及文化、办公用机械制造业	37908	12855	13114	11939
工艺品及其他制造业	5338	2426	2530	383
电力、燃气及水的生产和供应业	**150469**	**71642**	**30886**	**47941**
电力、热力的生产和供应业	143151	65041	30248	47863
燃气生产和供应业	5350	5256	69	25
水的生产和供应业	1968	1345	569	54

4-2-7 按行业分大中型企业R&D经费外部支出

单位：万元

行 业	R&D经费外部支出	对研究机构支出	对高等学校支出	其 他
总 计	**2497940**	**959239**	**510709**	**1027992**
采矿业	**203651**	**94306**	**84358**	**24987**
煤炭开采和洗选业	77518	32002	38416	7099
石油和天然气开采业	116436	57511	43141	15784
黑色金属矿采选业	3196	1652	1093	451
有色金属矿采选业	5636	2530	1607	1499
非金属矿采选业	864	611	99	155
制造业	**2146257**	**794738**	**396337**	**955181**
农副食品加工业	18376	6061	11334	980
食品制造业	7784	2761	4050	973
饮料制造业	22845	8109	10778	3957
烟草制品业	54594	8684	16797	29113
纺织业	19455	6255	10210	2991
纺织服装、鞋、帽制造业	9404	1151	2524	5730
皮革、毛皮、羽毛(绒)及其制品业	2937	1598	1060	279
木材加工及木、竹、藤、棕、草制品业	1466	516	925	26
家具制造业	1242	148	54	1040
造纸及纸制品业	5844	2593	1803	1448
印刷业和记录媒介的复制	2098	439	492	1167
文教体育用品制造业	2199	307	1231	661
石油加工、炼焦及核燃料加工业	33950	14518	8346	11085
化学原料及化学制品制造业	190965	87465	37213	66286
医药制造业	146906	91451	36441	19013
化学纤维制造业	6562	2263	4034	265
橡胶制品业	9569	4128	2351	3090
塑料制品业	5871	3154	1679	1038
非金属矿物制品业	20768	6270	7671	6827
黑色金属冶炼及压延加工业	113124	37501	38696	36927
有色金属冶炼及压延加工业	77126	41484	27727	7915
金属制品业	14353	2999	2526	8828
通用设备制造业	125552	36098	22602	66851
专用设备制造业	60648	23834	22839	13975
交通运输设备制造业	625130	281144	37318	306668
电气机械及器材制造业	196997	65753	28415	102829
通信设备、计算机及其他电子设备制造业	338493	48403	45753	244337
仪器仪表及文化、办公用机械制造业	27654	7634	9520	10499
工艺品及其他制造业	4350	2018	1949	383
电力、燃气及水的生产和供应业	**148033**	**70195**	**30014**	**47824**
电力、热力的生产和供应业	141243	63974	29524	47745
燃气生产和供应业	5286	5244	17	25
水的生产和供应业	1504	977	474	54

4-2-8 按行业分大型企业R&D经费外部支出

单位：万元

行业	R&D经费外部支出	对研究机构支出	对高等学校支出	其他
总计	**1728596**	**575541**	**339605**	**813450**
采矿业	**193430**	**88035**	**80865**	**24531**
煤炭开采和洗选业	75286	31608	36725	6953
石油和天然气开采业	112868	54334	42751	15784
黑色金属矿采选业	829	447	204	178
有色金属矿采选业	4097	1437	1169	1491
非金属矿采选业	350	208	17	125
制造业	**1425834**	**448856**	**231964**	**745014**
农副食品加工业	7823	2540	4736	547
食品制造业	1935	1023	864	48
饮料制造业	15916	4523	8891	2503
烟草制品业	52115	7152	15910	29053
纺织业	8518	2066	5301	1151
纺织服装、鞋、帽制造业	2259	436	1413	409
皮革、毛皮、羽毛(绒)及其制品业	1597	1070	376	151
木材加工及木、竹、藤、棕、草制品业	1		1	
造纸及纸制品业	2635	1498	679	458
印刷业和记录媒介的复制	779	204	163	411
文教体育用品制造业	991	135	393	462
石油加工、炼焦及核燃料加工业	29721	11942	7207	10572
化学原料及化学制品制造业	137638	62892	22986	51759
医药制造业	61689	39338	12476	9875
化学纤维制造业	1576	620	910	47
橡胶制品业	5918	2370	1041	2507
塑料制品业	210	57	135	19
非金属矿物制品业	4717	2502	2110	106
黑色金属冶炼及压延加工业	107324	35944	34773	36607
有色金属冶炼及压延加工业	62207	31640	23994	6574
金属制品业	6000	1078	445	4478
通用设备制造业	53427	17426	10344	25657
专用设备制造业	32167	12972	13605	5590
交通运输设备制造业	441773	142181	29635	269957
电气机械及器材制造业	132358	37410	16276	78673
通信设备、计算机及其他电子设备制造业	244358	27642	11760	204956
仪器仪表及文化、办公用机械制造业	9611	2196	5136	2279
工艺品及其他制造业	572		404	167
电力、燃气及水的生产和供应业	**109332**	**38650**	**26776**	**43906**
电力、热力的生产和供应业	108489	38116	26489	43883
燃气生产和供应业	7		7	
水的生产和供应业	837	534	280	23

4-2-9 按行业分中型企业R&D经费外部支出

单位：万元

行业	R&D经费外部支出	对研究机构支出	对高等学校支出	其他
总计	**769344**	**383698**	**171104**	**214542**
采矿业	**10221**	**6271**	**3493**	**457**
煤炭开采和洗选业	2232	394	1692	146
石油和天然气开采业	3568	3177	391	
黑色金属矿采选业	2367	1205	890	272
有色金属矿采选业	1540	1093	439	8
非金属矿采选业	515	402	82	30
制造业	**720423**	**345883**	**164373**	**210167**
农副食品加工业	10553	3521	6598	434
食品制造业	5848	1738	3186	925
饮料制造业	6929	3587	1888	1455
烟草制品业	2479	1532	886	60
纺织业	10937	4189	4908	1840
纺织服装、鞋、帽制造业	7146	715	1110	5320
皮革、毛皮、羽毛(绒)及其制品业	1340	528	684	128
木材加工及木、竹、藤、棕、草制品业	1465	516	924	26
家具制造业	1242	148	54	1040
造纸及纸制品业	3209	1095	1124	990
印刷业和记录媒介的复制	1320	235	329	756
文教体育用品制造业	1208	171	838	199
石油加工、炼焦及核燃料加工业	4229	2576	1139	514
化学原料及化学制品制造业	53327	24573	14227	14527
医药制造业	85217	52113	23965	9139
化学纤维制造业	4986	1643	3125	219
橡胶制品业	3650	1758	1310	583
塑料制品业	5661	3098	1544	1019
非金属矿物制品业	16051	3768	5561	6721
黑色金属冶炼及压延加工业	5800	1557	3922	320
有色金属冶炼及压延加工业	14919	9844	3733	1342
金属制品业	8353	1921	2081	4351
通用设备制造业	72125	18673	12258	41194
专用设备制造业	28481	10863	9234	8385
交通运输设备制造业	183357	138962	7683	36712
电气机械及器材制造业	64639	28343	12140	24156
通信设备、计算机及其他电子设备制造业	94135	20761	33993	39381
仪器仪表及文化、办公用机械制造业	18043	5438	4384	8220
工艺品及其他制造业	3778	2018	1545	215
电力、燃气及水的生产和供应业	**38701**	**31545**	**3238**	**3918**
电力、热力的生产和供应业	32754	25858	3034	3862
燃气生产和供应业	5279	5244	10	25
水的生产和供应业	668	443	194	31

4-2-10 按行业分小型企业R&D经费外部支出

单位：万元

行业	R&D经费外部支出	对研究机构支出	对高等学校支出	其他
总 计	**264933**	**117234**	**93661**	**54038**
采矿业	**4317**	**1269**	**1762**	**1286**
煤炭开采和洗选业	1556	438	766	353
石油和天然气开采业	1647	250	824	573
黑色金属矿采选业	360	348	12	
有色金属矿采选业	635	224	114	297
非金属矿采选业	118	9	46	63
制造业	**258180**	**114519**	**91027**	**52634**
农副食品加工业	7716	3386	3794	536
食品制造业	5729	2984	2113	633
饮料制造业	2589	1081	1009	499
烟草制品业	163	80	4	80
纺织业	4991	1112	1777	2102
纺织服装、鞋、帽制造业	461	33	160	268
皮革、毛皮、羽毛(绒)及其制品业	376	123	141	112
木材加工及木、竹、藤、棕、草制品业	1388	400	927	61
家具制造业	1157	448	59	650
造纸及纸制品业	1242	552	630	60
印刷业和记录媒介的复制	435	83	299	54
文教体育用品制造业	563	307	213	44
石油加工、炼焦及核燃料加工业	3533	1660	1767	106
化学原料及化学制品制造业	33627	12838	11852	8937
医药制造业	52693	31690	14541	6462
化学纤维制造业	1189	439	620	130
橡胶制品业	718	313	362	43
塑料制品业	2509	868	1265	377
非金属矿物制品业	7531	2258	4327	946
黑色金属冶炼及压延加工业	1842	1307	382	153
有色金属冶炼及压延加工业	5363	2122	2555	685
金属制品业	5153	1820	2289	1044
通用设备制造业	21280	8401	9366	3513
专用设备制造业	25505	7051	10518	7936
交通运输设备制造业	18396	8652	2853	6891
电气机械及器材制造业	24910	12019	7808	5083
通信设备、计算机及其他电子设备制造业	15736	6810	5136	3790
仪器仪表及文化、办公用机械制造业	10254	5221	3594	1439
工艺品及其他制造业	988	407	581	
电力、燃气及水的生产和供应业	**2436**	**1447**	**872**	**117**
电力、热力的生产和供应业	1908	1067	724	117
燃气生产和供应业	65	12	52	
水的生产和供应业	464	368	96	

4-2-11 按行业分国有控股企业R&D经费外部支出

单位：万元

行 业	R&D经费外部支出	对研究机构支出	对高等学校支出	其 他
总 计	**1376287**	**594068**	**329326**	**452893**
采矿业	**200726**	**92400**	**83251**	**25076**
煤炭开采和洗选业	75977	30920	37642	7415
石油和天然气开采业	116708	57654	43209	15845
黑色金属矿采选业	2014	1040	796	178
有色金属矿采选业	5373	2340	1539	1495
非金属矿采选业	654	446	66	142
制造业	**1027214**	**431226**	**216035**	**379953**
农副食品加工业	3338	1170	1952	217
食品制造业	2570	1454	963	152
饮料制造业	9491	4128	4021	1342
烟草制品业	54757	8764	16800	29193
纺织业	3119	1148	1194	776
纺织服装、鞋、帽制造业	171	30	132	10
木材加工及木、竹、藤、棕、草制品业	84	63	11	10
家具制造业	35	35		
造纸及纸制品业	950	303	542	106
印刷业和记录媒介的复制	860	106	135	620
文教体育用品制造业	293	124	19	150
石油加工、炼焦及核燃料加工业	28447	10052	7847	10547
化学原料及化学制品制造业	59253	23526	22144	13583
医药制造业	38640	23273	8074	7292
化学纤维制造业	1266	605	654	8
橡胶制品业	2801	2165	507	130
塑料制品业	795	470	211	114
非金属矿物制品业	2749	1116	1039	594
黑色金属冶炼及压延加工业	85583	23063	31767	30753
有色金属冶炼及压延加工业	55130	29323	19360	6447
金属制品业	4746	1021	804	2921
通用设备制造业	49675	20057	11417	18200
专用设备制造业	33903	14153	13770	5980
交通运输设备制造业	495342	235136	28792	231414
电气机械及器材制造业	16207	9277	3725	3205
通信设备、计算机及其他电子设备制造业	66007	17627	36216	12164
仪器仪表及文化、办公用机械制造业	8948	2388	2739	3821
工艺品及其他制造业	1989	602	1182	204
电力、燃气及水的生产和供应业	**148347**	**70442**	**30040**	**47865**
电力、热力的生产和供应业	141506	64222	29498	47786
燃气生产和供应业	5350	5256	69	25
水的生产和供应业	1491	964	474	54

4-2-12 按行业分内资企业R&D经费外部支出

单位：万元

行 业	R&D经费外部支出	对研究机构支出	对高等学校支出	其 他
总 计	**1986088**	**834000**	**508211**	**643877**
采矿业	**204258**	**94826**	**85132**	**24300**
煤炭开采和洗选业	79074	32440	39182	7452
石油和天然气开采业	116845	57678	43323	15845
黑色金属矿采选业	3250	1980	1092	178
有色金属矿采选业	4125	2116	1390	619
非金属矿采选业	964	613	145	205
制造业	**1635225**	**670273**	**393247**	**571706**
农副食品加工业	17425	6066	10001	1358
食品制造业	10343	5129	4218	995
饮料制造业	22341	7357	11192	3792
烟草制品业	54757	8764	16800	29193
纺织业	18525	6076	9852	2597
纺织服装、鞋、帽制造业	7257	940	1208	5110
皮革、毛皮、羽毛(绒)及其制品业	1369	560	673	136
木材加工及木、竹、藤、棕、草制品业	1923	619	1226	78
家具制造业	449	228	73	149
造纸及纸制品业	5953	2687	1895	1371
印刷业和记录媒介的复制	1671	395	493	784
文教体育用品制造业	2102	411	1382	308
石油加工、炼焦及核燃料加工业	34949	15358	8605	10985
化学原料及化学制品制造业	122069	51692	44805	25572
医药制造业	151448	88509	41847	21091
化学纤维制造业	2829	787	2026	16
橡胶制品业	5861	2963	1921	977
塑料制品业	5173	2660	1763	749
非金属矿物制品业	22011	6792	10488	4731
黑色金属冶炼及压延加工业	109467	37280	35368	36819
有色金属冶炼及压延加工业	73939	40325	26231	7383
金属制品业	16844	3896	4074	8874
通用设备制造业	89666	35358	28332	25975
专用设备制造业	70255	26084	29796	14375
交通运输设备制造业	503655	236681	36918	230056
电气机械及器材制造业	155751	46781	28880	80090
通信设备、计算机及其他电子设备制造业	96671	26299	19150	51223
仪器仪表及文化、办公用机械制造业	25701	7436	11672	6594
工艺品及其他制造业	4680	2083	2274	323
电力、燃气及水的生产和供应业	**146605**	**68902**	**29832**	**47871**
电力、热力的生产和供应业	139459	62443	29223	47793
燃气生产和供应业	5350	5256	69	25
水的生产和供应业	1795	1202	540	54

4-2-13 按行业分国有企业R&D经费外部支出

单位：万元

行 业	R&D经费外部支出	对研究机构支出	对高等学校支出	其 他
总 计	**305621**	**130816**	**89244**	**85560**
采矿业	**20244**	**8595**	**10049**	**1600**
煤炭开采和洗选业	5960	1371	4066	523
石油和天然气开采业	12886	6532	5464	890
黑色金属矿采选业	532	104	250	178
有色金属矿采选业	853	588	257	8
非金属矿采选业	12		12	
制造业	**165991**	**71292**	**57266**	**37433**
农副食品加工业	1318	152	1166	
食品制造业	235	78	156	
饮料制造业	616	294	294	27
烟草制品业	27491	7169	15596	4725
纺织业	231	120	110	
纺织服装、鞋、帽制造业	8	4	5	
木材加工及木、竹、藤、棕、草制品业	1		1	
造纸及纸制品业	6		6	
印刷业和记录媒介的复制	407	76	55	277
石油加工、炼焦及核燃料加工业	10554	3632	3943	2980
化学原料及化学制品制造业	15088	7202	6313	1573
医药制造业	6792	4760	1604	427
化学纤维制造业	713	186	519	8
橡胶制品业	115	50	65	
塑料制品业	112	49	63	
非金属矿物制品业	521	349	148	23
黑色金属冶炼及压延加工业	19217	4456	6090	8671
有色金属冶炼及压延加工业	20100	9084	10984	32
金属制品业	2691	124	399	2169
通用设备制造业	4791	1527	1508	1757
专用设备制造业	3193	1612	1215	365
交通运输设备制造业	40410	24910	4491	11009
电气机械及器材制造业	4157	2716	659	782
通信设备、计算机及其他电子设备制造业	2797	2210	465	122
仪器仪表及文化、办公用机械制造业	3409	241	829	2340
工艺品及其他制造业	952	241	564	147
电力、燃气及水的生产和供应业	**119386**	**50929**	**21929**	**46528**
电力、热力的生产和供应业	118885	50633	21755	46497
水的生产和供应业	501	296	174	31

4-2-14 按行业分港澳台商投资企业R&D经费外部支出

单位：万元

行 业	R&D经费外部支出	对研究机构支出	对高等学校支出	其 他
总 计	**234851**	**90264**	**62822**	**81765**
采矿业	**1259**	**104**	**643**	**512**
石油和天然气开采业	1238	83	643	512
有色金属矿采选业	15	15		
非金属矿采选业	6	6		
制造业	**229827**	**87466**	**61139**	**81223**
农副食品加工业	6406	2152	4186	69
食品制造业	1609	186	1234	189
饮料制造业	519	224	216	80
纺织业	4163	709	1077	2377
纺织服装、鞋、帽制造业	1921	181	1416	324
皮革、毛皮、羽毛(绒)及其制品业	1332	816	361	154
木材加工及木、竹、藤、棕、草制品业	832	265	559	7
家具制造业	1062	101	41	920
造纸及纸制品业	581	155	350	77
印刷业和记录媒介的复制	690	50	240	400
文教体育用品制造业	476	173	54	249
石油加工、炼焦及核燃料加工业	2241	697	1443	101
化学原料及化学制品制造业	85064	41662	1428	41973
医药制造业	16223	12241	3001	981
化学纤维制造业	4324	1620	2489	214
橡胶制品业	1683	1231	452	
塑料制品业	726	281	445	
非金属矿物制品业	2255	612	305	1338
黑色金属冶炼及压延加工业	3868	1032	2589	248
有色金属冶炼及压延加工业	4024	491	3534	
金属制品业	1504	509	163	832
通用设备制造业	9148	932	1071	7145
专用设备制造业	3804	1644	1205	954
交通运输设备制造业	11769	6706	1051	4013
电气机械及器材制造业	5533	2889	1728	917
通信设备、计算机及其他电子设备制造业	56977	9543	29841	17594
仪器仪表及文化、办公用机械制造业	636	162	465	8
工艺品及其他制造业	456	202	195	59
电力、燃气及水的生产和供应业	**3765**	**2694**	**1041**	**30**
电力、热力的生产和供应业	3593	2551	1011	30
水的生产和供应业	173	143	30	

4-2-15　按行业分外商投资企业R&D经费外部支出

单位：万元

行　业	R&D经费外部支出	对研究机构支出	对高等学校支出	其　他
总　计	**541934**	**152209**	**33337**	**356388**
采矿业	**2451**	**644**	**345**	**1462**
黑色金属矿采选业	306	21	14	272
有色金属矿采选业	2131	623	331	1177
非金属矿采选业	13	1	0	12
制造业	**539384**	**151519**	**32979**	**354886**
农副食品加工业	2260	1230	941	90
食品制造业	1561	429	710	421
饮料制造业	2573	1609	380	584
纺织业	1758	582	1057	119
纺织服装、鞋、帽制造业	688	63	61	564
皮革、毛皮、羽毛(绒)及其制品业	613	346	167	100
木材加工及木、竹、藤、棕、草制品业	99	31	65	2
家具制造业	888	267		621
造纸及纸制品业	551	303	189	60
印刷业和记录媒介的复制	172	76	59	37
文教体育用品制造业	184	30	8	147
石油加工、炼焦及核燃料加工业	293	123	65	105
化学原料及化学制品制造业	17458	6948	2832	7678
医药制造业	31928	22391	6134	3404
化学纤维制造业	598	294	140	164
橡胶制品业	2743	248	339	2155
塑料制品业	2481	1081	735	665
非金属矿物制品业	4033	1124	1205	1704
黑色金属冶炼及压延加工业	1631	496	1122	13
有色金属冶炼及压延加工业	4526	2790	518	1218
金属制品业	1157	413	578	166
通用设备制造业	48018	8210	2565	37244
专用设备制造业	12094	3156	2355	6582
交通运输设备制造业	128102	46409	2203	79491
电气机械及器材制造业	60623	28102	5615	26905
通信设备、计算机及其他电子设备制造业	200580	19370	1898	179311
仪器仪表及文化、办公用机械制造业	11571	5257	977	5337
工艺品及其他制造业	202	141	61	
电力、燃气及水的生产和供应业	**99**	**46**	**14**	**39**
电力、热力的生产和供应业	99	46	14	39

4-2-16　各地区企业R&D经费外部支出

单位：万元

地　区	R&D经费外部支出	对研究机构支出	对高等学校支出	其　他
总　计	**2762873**	**1076473**	**604370**	**1082029**
东部地区	1959945	720532	365081	874331
中部地区	449518	201769	147014	100735
西部地区	353320	154162	92194	106963
北　京	152015	117083	13599	21332
天　津	206522	32656	14587	159279
河　北	43073	18171	13010	11892
山　西	44606	20614	16769	7223
内蒙古	10041	3016	4636	2389
辽　宁	99119	26232	17482	55405
吉　林	18045	10074	5692	2279
黑龙江	63863	35633	20548	7682
上　海	239003	66507	28059	144437
江　苏	353494	142553	78000	132941
浙　江	210485	70075	53349	87061
安　徽	84070	22831	18628	42611
福　建	59548	21952	11523	26073
江　西	49722	21610	20762	7350
山　东	300528	124855	82936	92738
河　南	82192	48859	24882	8451
湖　北	49912	24749	15060	10103
湖　南	57107	17399	24673	15035
广　东	289936	96313	52122	141502
广　西	24094	16192	4766	3136
海　南	6222	4135	415	1672
重　庆	49926	15289	11462	23175
四　川	70929	37451	24673	8805
贵　州	14255	8488	4673	1094
云　南	36431	8201	3575	24655
西　藏	632	398	234	
陕　西	54971	15851	15128	23992
甘　肃	36120	21834	7246	7040
青　海	11383	5664	4541	1177
宁　夏	2042	899	652	492
新　疆	42497	20880	10610	11008

4-2-17 各地区大中型企业R&D经费外部支出

单位：万元

地 区	R&D经费外部支出	对研究机构支出	对高等学校支出	其 他
总 计	**2497940**	**959239**	**510709**	**1027992**
东部地区	1764266	633303	295081	835883
中部地区	404039	184980	131628	87431
西部地区	329635	140957	84000	104678
北 京	141031	112201	10411	18420
天 津	203020	30669	13723	158629
河 北	38873	16828	10469	11576
山 西	43665	20351	16594	6719
内蒙古	8739	2601	3932	2206
辽 宁	95031	24159	16104	54769
吉 林	16515	9204	5251	2060
黑龙江	61940	34599	19895	7447
上 海	223482	62405	26791	134286
江 苏	296346	118712	52613	125021
浙 江	161143	48047	34095	79000
安 徽	77420	19536	15898	41986
福 建	49564	17745	7355	24464
江 西	44499	20568	19030	4902
山 东	280787	113479	77012	90296
河 南	77341	46532	22854	7955
湖 北	38914	19296	10146	9472
湖 南	43746	14895	21961	6891
广 东	271202	87299	46152	137751
广 西	20806	14151	4030	2625
海 南	3786	1759	356	1672
重 庆	41294	10841	7368	23085
四 川	65227	33951	23497	7779
贵 州	13537	8265	4242	1029
云 南	35610	7605	3370	24634
西 藏	622	392	230	
陕 西	54224	15657	14805	23761
甘 肃	35610	21526	7096	6988
青 海	11121	5506	4438	1177
宁 夏	1662	751	510	401
新 疆	41186	19710	10482	10993

4-2-18　各地区大型企业R&D经费外部支出

单位：万元

地　区	R&D经费外部支出	对研究机构支出	对高等学校支出	其　他
总　计	**1728596**	**575541**	**339605**	**813450**
东部地区	1134666	321492	164687	648487
中部地区	313781	137039	106155	70587
西部地区	280149	117010	68763	94376
北　京	26741	11672	8772	6297
天　津	174698	22229	10719	141750
河　北	26312	10971	8875	6466
山　西	39578	18917	14027	6634
内蒙古	6563	2261	2564	1738
辽　宁	85699	21116	11789	52794
吉　林	9348	5154	2957	1236
黑龙江	57508	33778	16543	7187
上　海	154951	39793	21531	93627
江　苏	163148	62275	30007	70866
浙　江	85091	10719	11929	62444
安　徽	64171	12772	12103	39297
福　建	33607	13598	3194	16815
江　西	40876	19808	17890	3178
山　东	203448	76953	49388	77108
河　南	51442	26244	18372	6826
湖　北	21788	12299	6155	3333
湖　南	29071	8067	18109	2895
广　东	180840	52036	8483	120322
广　西	14429	11895	1718	815
海　南	130	130		
重　庆	28670	6577	4025	18068
四　川	57829	29850	20952	7028
贵　州	12081	8057	3086	937
云　南	28751	2980	1967	23805
西　藏				
陕　西	48899	11703	14219	22976
甘　肃	31715	18598	6264	6853
青　海	11071	5506	4388	1177
宁　夏	727	326	372	29
新　疆	39415	19257	9209	10950

4-2-19 各地区中型企业R&D经费外部支出

单位：万元

地 区	R&D经费外部支出	对研究机构支出	对高等学校支出	其 他
总 计	**769344**	**383698**	**171104**	**214542**
东部地区	629600	311811	130394	187395
中部地区	90258	47940	25473	16845
西部地区	49486	23947	15237	10302
北 京	114290	100528	1639	12123
天 津	28322	8440	3004	16878
河 北	12562	5857	1594	5110
山 西	4087	1435	2567	85
内蒙古	2176	340	1368	468
辽 宁	9332	3042	4315	1975
吉 林	7167	4049	2294	824
黑龙江	4432	821	3352	260
上 海	68531	22613	5260	40659
江 苏	133198	56436	22606	54155
浙 江	76051	37328	22166	16557
安 徽	13249	6765	3795	2689
福 建	15957	4148	4161	7649
江 西	3624	760	1140	1724
山 东	77339	36526	27624	13189
河 南	25898	20287	4482	1129
湖 北	17126	6996	3991	6139
湖 南	14675	6828	3852	3995
广 东	90362	35264	37669	17430
广 西	6377	2256	2312	1809
海 南	3656	1628	356	1672
重 庆	12624	4264	3343	5017
四 川	7398	4102	2545	751
贵 州	1456	208	1156	93
云 南	6859	4626	1404	830
西 藏	622	392	230	
陕 西	5325	3954	587	784
甘 肃	3896	2928	832	135
青 海	50		50	
宁 夏	935	424	138	372
新 疆	1770	454	1274	43

4-2-20　各地区小型企业R&D经费外部支出

单位：万元

地　区	R&D经费外部支出	对研究机构支出	对高等学校支出	其　他
总　计	**264933**	**117234**	**93661**	**54038**
东部地区	195679	87230	70001	38449
中部地区	45479	16789	15386	13304
西部地区	23685	13206	8194	2285
北　京	10983	4883	3188	2912
天　津	3502	1988	864	651
河　北	4199	1343	2540	317
山　西	942	263	175	504
内蒙古	1302	415	704	183
辽　宁	4088	2074	1378	636
吉　林	1530	870	441	219
黑龙江	1922	1034	653	235
上　海	15521	4102	1268	10151
江　苏	57148	23841	25387	7920
浙　江	49342	22028	19254	8061
安　徽	6650	3295	2730	625
福　建	9984	4207	4168	1609
江　西	5223	1042	1732	2449
山　东	19742	11376	5924	2442
河　南	4852	2327	2028	496
湖　北	10999	5453	4914	631
湖　南	13362	2504	2713	8144
广　东	18734	9013	5970	3751
广　西	3288	2041	736	511
海　南	2436	2377	59	0
重　庆	8632	4448	4094	90
四　川	5702	3500	1176	1026
贵　州	719	223	431	65
云　南	821	595	205	21
西　藏	10	6	4	
陕　西	748	194	322	232
甘　肃	510	308	150	52
青　海	262	159	104	
宁　夏	381	148	142	91
新　疆	1312	1170	127	15

4-2-21 各地区国有控股企业R&D经费外部支出

单位：万元

地 区	R&D经费外部支出	对研究机构支出	对高等学校支出	其 他
总 计	**1376287**	**594068**	**329326**	**452893**
东部地区	793417	347677	159621	286119
中部地区	297198	126847	97991	72361
西部地区	285672	119544	71715	94413
北 京	139196	112204	12106	14886
天 津	45215	20915	10703	13597
河 北	20990	6409	6398	8183
山 西	39075	18402	14005	6669
内蒙古	4905	1819	2964	121
辽 宁	72097	18561	10731	42805
吉 林	8828	4185	3342	1302
黑龙江	54149	31872	15069	7207
上 海	189728	60167	25075	104486
江 苏	102311	40047	19131	43134
浙 江	24425	14670	5917	3838
安 徽	62464	11847	11101	39516
福 建	17783	4488	3049	10246
江 西	33883	14033	15695	4155
山 东	126106	51957	35068	39081
河 南	41255	21851	14022	5382
湖 北	25347	14825	5460	5061
湖 南	32198	9831	19297	3070
广 东	50092	14793	31100	4199
广 西	16642	12505	3248	889
海 南	5475	3467	343	1665
重 庆	32328	7793	5128	19407
四 川	49676	26957	17177	5541
贵 州	13034	7528	4494	1011
云 南	31309	4542	2171	24596
西 藏	20	20		
陕 西	52285	14043	14597	23645
甘 肃	32966	19283	6769	6915
青 海	11091	5526	4388	1177
宁 夏	599	147	325	127
新 疆	40819	19381	10455	10983

4-2-22 各地区内资企业R&D经费外部支出

单位：万元

地 区	R&D经费外部支出	对研究机构支出	对高等学校支出	其 他
总 计	**1986088**	**834000**	**508211**	**643877**
东部地区	1253942	524206	280224	449512
中部地区	400323	172151	138117	90056
西部地区	331733	137633	89790	104309
北 京	145531	114674	13502	17355
天 津	59913	30425	14434	15054
河 北	31846	12011	10137	9698
山 西	44495	20576	16760	7160
内蒙古	9669	2956	4324	2389
辽 宁	76841	21324	11097	44420
吉 林	16742	8821	5642	2279
黑龙江	61844	34003	20269	7571
上 海	130124	57873	24463	47787
江 苏	218644	89516	67403	61725
浙 江	171595	50760	44982	75854
安 徽	78284	19208	16907	42170
福 建	27965	9075	7415	11475
江 西	35872	15442	18061	2369
山 东	270861	110541	70181	90139
河 南	69776	39095	22846	7835
湖 北	39100	19464	13281	6356
湖 南	54209	15542	24350	14317
广 东	118124	25928	16197	75999
广 西	9997	3683	3796	2518
海 南	2498	2079	412	7
重 庆	48381	14409	11271	22702
四 川	68583	35791	24270	8522
贵 州	14212	8462	4656	1094
云 南	35918	7836	3456	24627
西 藏	632	398	234	
陕 西	54567	15505	15105	23958
甘 肃	36103	21830	7232	7040
青 海	9234	5023	4211	
宁 夏	1950	861	627	462
新 疆	42487	20880	10610	10998

4-2-23 各地区国有企业R&D经费外部支出

单位：万元

地 区	R&D经费外部支出	对研究机构支出	对高等学校支出	其 他
总 计	**305621**	**130816**	**89244**	**85560**
东部地区	193809	77895	39400	76515
中部地区	75525	32905	36707	5913
西部地区	36287	20017	13137	3133
北 京	4405	3294	969	142
天 津	5404	922	809	3672
河 北	4847	2885	869	1094
山 西	935	313	262	361
内蒙古	618	81	536	0
辽 宁	13770	4934	1182	7653
吉 林	2216	1488	668	60
黑龙江	10916	7740	1977	1199
上 海	46680	20206	13831	12643
江 苏	52499	10350	7588	34561
浙 江	2815	563	2155	97
安 徽	2481	1149	942	390
福 建	10181	1578	914	7688
江 西	20467	9455	10985	26
山 东	48222	30726	8806	8691
河 南	6533	2571	3373	589
湖 北	11732	5453	3265	3013
湖 南	20245	4736	15234	275
广 东	4623	2406	1944	273
广 西	2369	748	1570	50
海 南	364	31	333	
重 庆	521	199	315	7
四 川	13268	7541	5105	622
贵 州	7323	5558	1755	11
云 南	2721	1554	591	577
西 藏	20	20		
陕 西	6582	2690	2539	1352
甘 肃	745	516	66	163
青 海	168	100	68	
宁 夏	6		6	
新 疆	1947	1010	586	351

4-2-24 各地区港澳台商投资企业R&D经费外部支出

单位：万元

地 区	R&D经费外部支出	对研究机构支出	对高等学校支出	其 他
总 计	**234851**	**90264**	**62822**	**81765**
东部地区	224267	85439	60402	78427
中部地区	7677	2765	2047	2865
西部地区	2907	2060	373	474
北 京	822	591	8	223
天 津	3309	237	65	3007
河 北	5180	2766	1310	1104
山 西	69		6	63
内蒙古	61	44	17	
辽 宁	6185	611	5562	13
吉 林				
黑龙江	90	31	58	1
上 海	10708	1153	776	8778
江 苏	26262	15090	4771	6402
浙 江	14276	6947	3187	4141
安 徽	596	319	278	
福 建	6174	2201	3076	897
江 西	2579	221	120	2238
山 东	13963	4288	8027	1648
河 南	2938	1244	1303	391
湖 北	1156	920	207	29
湖 南	250	31	75	144
广 东	137289	51460	33616	52214
广 西	1040	1019	1	20
海 南	100	97	3	
重 庆	1266	748	74	443
四 川	210	70	140	
贵 州				
云 南	258	154	104	
西 藏				
陕 西				
甘 肃	16	4	12	
青 海	20	20		
宁 夏	26	1	25	
新 疆	10			10

4-2-25 各地区外商投资企业R&D经费外部支出

单位：万元

地 区	R&D经费外部支出	对研究机构支出	对高等学校支出	其 他
总 计	**541934**	**152209**	**33337**	**356388**
东部地区	481736	110888	24456	346393
中部地区	41517	26852	6851	7814
西部地区	18680	14469	2031	2181
北 京	5662	1818	89	3755
天 津	143300	1995	87	141218
河 北	6047	3394	1563	1091
山 西	42	38	4	
内蒙古	311	16	295	
辽 宁	16093	4297	824	10972
吉 林	1303	1253	50	
黑龙江	1929	1598	221	110
上 海	98172	7481	2819	87871
江 苏	108588	37947	5827	64814
浙 江	24614	12368	5180	7066
安 徽	5190	3305	1444	441
福 建	25409	10677	1032	13701
江 西	11271	5947	2580	2744
山 东	15704	10026	4727	951
河 南	9478	8520	732	226
湖 北	9656	4365	1572	3719
湖 南	2649	1826	248	574
广 东	34523	18925	2309	13289
广 西	13057	11490	969	598
海 南	3624	1960		1665
重 庆	279	132	117	30
四 川	2136	1591	263	283
贵 州	43	26	17	
云 南	255	210	16	28
西 藏				
陕 西	404	347	23	35
甘 肃	1		1	
青 海	2129	621	331	1177
宁 夏	67	37		29
新 疆				

4-2-26 各地区分行业企业R&D经费外部支出

单位：万元

地区	采矿业			
	R&D经费外部支出	对研究机构支出	对高等学校支出	其他
总计	**207967**	**95575**	**86119**	**26274**
东部地区	60745	26888	27878	5980
中部地区	74457	34185	33027	7245
西部地区	72765	34502	25215	13048
北京	4009	1394	2044	572
天津	13390	9509	3798	83
河北	6247	1631	3436	1180
山西	30666	14982	12556	3127
内蒙古	3396	1663	1733	
辽宁	4451	3251	844	356
吉林	2063	1267	792	5
黑龙江	18832	9707	7000	2124
上海	39	38	1	
江苏	6021	3298	2039	684
浙江	194	131		63
安徽	7668	2021	4882	766
福建	1161	601	550	10
江西	108	45	63	
山东	23390	6528	14376	2486
河南	13382	5211	7239	933
湖北	501	340	161	
湖南	1238	613	335	290
广东	1665	378	741	546
广西	804	139	661	4
海南	178	130	48	
重庆	577	455	122	
四川	5513	3425	1959	129
贵州	8		3	5
云南	820	425	366	29
西藏				
陕西	14844	5039	7582	2223
甘肃	622	256	366	
青海	9086	4523	3386	1177
宁夏	265	90	175	
新疆	36831	18488	8863	9481

4-2-26 续表 1

单位：万元

地区	制造业			
	R&D经费外部支出	对研究机构支出	对高等学校支出	其他
总计	**2404436**	**909257**	**487365**	**1007815**
东部地区	1788498	650617	313540	824341
中部地区	350252	148758	110589	90905
西部地区	265596	109872	63155	92569
北京	136505	108743	7025	20738
天津	192758	23053	10509	159196
河北	36509	16420	9534	10555
山西	13269	5376	4133	3760
内蒙古	6348	1279	2680	2389
辽宁	91388	19702	16638	55048
吉林	15720	8578	4874	2268
黑龙江	34728	18360	11918	4449
上海	206309	48348	15484	142477
江苏	311845	136763	75237	99845
浙江	206756	66508	53249	86999
安徽	74786	19412	13554	41821
福建	48799	20250	10111	18438
江西	49127	21485	20364	7278
山东	271929	115864	67129	88937
河南	61586	37713	16921	6953
湖北	48130	23735	14755	9640
湖南	52906	14100	24070	14736
广东	279698	90961	48299	140437
广西	23221	16032	4095	3093
海南	6001	4005	325	1672
重庆	48495	14448	11158	22889
四川	62220	32278	21266	8676
贵州	8422	3131	4203	1089
云南	34762	7694	3020	24049
西藏	632	398	234	
陕西	39673	10537	7408	21728
甘肃	34982	21124	6868	6990
青海	404	208	196	
宁夏	1777	809	477	492
新疆	4662	1935	1551	1176

4-2-26 续表 2

单位：万元

地区	农副食品加工业			
	R&D经费外部支出	对研究机构支出	对高等学校支出	其他
总计	**26092**	**9447**	**15128**	**1516**
东部地区	18470	6471	11011	989
中部地区	6805	2574	3766	465
西部地区	817	403	351	63
北京	144	55	12	78
天津	318	9	224	85
河北	196	124	72	
山西				
内蒙古	5		5	
辽宁	145	27	118	
吉林	218		218	
黑龙江	198	75	124	
上海	16	11	6	
江苏	1384	138	1140	106
浙江	2038	609	1404	26
安徽	840	64	772	5
福建	1318	767	528	23
江西	353	122	231	
山东	12409	4376	7363	670
河南	3564	1884	1552	128
湖北	636	117	401	118
湖南	995	312	469	214
广东	461	315	146	
广西	354	105	193	56
海南	40	40		
重庆	59	53	4	1
四川	149	43	101	5
贵州				
云南	13	12	1	
西藏	10	6	4	
陕西				
甘肃	50	34	15	1
青海				
宁夏	177	149	28	
新疆				

4-2-26 续表 3

单位：万元

地区	食品制造业			
	R&D经费外部支出	对研究机构支出	对高等学校支出	其他
总计	**13513**	**5745**	**6163**	**1605**
东部地区	8329	2962	4197	1170
中部地区	3239	1696	1167	376
西部地区	1945	1087	799	59
北京	238	65	98	76
天津	51	31	20	
河北	351	124	226	
山西	525	303	202	20
内蒙古	151	32	109	10
辽宁	157	10	147	
吉林	5		5	
黑龙江	194	25	16	153
上海	132	64	39	29
江苏	908	238	512	159
浙江	776	144	504	128
安徽	214	143	60	11
福建	1138	185	788	164
江西	64	12	52	
山东	1849	620	1008	221
河南	1240	960	188	92
湖北	280		280	
湖南	717	253	364	100
广东	1481	232	856	393
广西	145	86	59	
海南	1249	1249		
重庆				
四川	159	34	125	
贵州	4		4	
云南	39	10	8	21
西藏				
陕西	118	98	20	
甘肃	19	9	10	
青海				
宁夏	63	9	26	29
新疆	1248	810	438	

4-2-26 续表 4

单位：万元

地区	饮料制造业			
	R&D经费外部支出	对研究机构支出	对高等学校支出	其他
总计	**25434**	**9190**	**11787**	**4456**
东部地区	13481	3996	5795	3689
中部地区	3198	1076	2062	60
西部地区	8754	4117	3930	707
北京	146	117	29	
天津	135		16	119
河北	258	169	89	
山西	152	128	24	
内蒙古	321	118	119	84
辽宁	180		180	
吉林				
黑龙江	60			60
上海	812	15	188	609
江苏	7374	1332	4207	1835
浙江	922	250	232	440
安徽	446	121	325	
福建	280	89	159	32
江西	17		17	
山东	1707	925	635	147
河南	883	461	423	
湖北	1459	277	1182	
湖南	182	91	91	
广东	1654	1093	54	507
广西	51	20	30	
海南	13	7	7	
重庆	27	22	4	
四川	4825	2182	2604	39
贵州	3049	1561	903	584
云南	146	86	60	
西藏				
陕西	51	16	35	
甘肃				
青海	150		150	
宁夏	112	112		
新疆	24		24	

4-2-26 续表 5

单位：万元

地区	烟草制品业			
	R&D经费外部支出	对研究机构支出	对高等学校支出	其他
总计	**54757**	**8764**	**16800**	**29193**
东部地区	10182	3997	2558	3628
中部地区	17317	2799	12531	1988
西部地区	27258	1968	1712	23578
北京				
天津				
河北				
山西				
内蒙古				
辽宁				
吉林	1097	708	329	60
黑龙江	90	40	50	
上海	3552	587	307	2658
江苏	61	38	23	
浙江	1474		1474	
安徽	307	286	21	
福建	215	132	4	80
江西	122	28	78	17
山东	3678	2999	679	
河南	398	235	163	
湖北	4240	1502	827	1911
湖南	11062		11062	
广东	1203	241	72	890
广西	1129	595	534	
海南				
重庆				
四川				
贵州	68		68	
云南	25651	963	1110	23578
西藏				
陕西	340	340		
甘肃	70	70		
青海				
宁夏				
新疆				

4-2-26 续表 6

单位：万元

地区	纺织业			
	R&D经费外部支出	对研究机构支出	对高等学校支出	其他
总计	**24446**	**7367**	**11986**	**5093**
东部地区	22057	6606	10674	4776
中部地区	863	341	514	8
西部地区	1526	420	798	309
北京	59	3	46	10
天津	123	5		118
河北	12	7		5
山西	12	2	10	
内蒙古	20		20	
辽宁	55	18	25	13
吉林				
黑龙江				
上海	213	94	119	
江苏	5753	1919	2759	1074
浙江	8123	2136	3807	2180
安徽	426	148	276	2
福建	1460	587	756	118
江西	16	5	11	
山东	5702	1685	3115	902
河南	211	79	127	6
湖北	128	72	56	
湖南	69	35	34	
广东	533	153	32	348
广西	33		32	1
海南	23		16	7
重庆	589	159	431	
四川	199	113	86	
贵州				
云南				
西藏				
陕西	10	7	3	
甘肃				
青海				
宁夏	534	141	89	305
新疆	141		138	3

4-2-26 续表 7

单位：万元

地区	纺织服装、鞋、帽制造业			
	R&D经费外部支出	对研究机构支出	对高等学校支出	其他
总计	**9865**	**1184**	**2684**	**5998**
东部地区	9475	1105	2378	5992
中部地区	360	60	300	
西部地区	31	19	6	6
北京				
天津	365	325		40
河北	4	4		
山西				
内蒙古	4	4		
辽宁				
吉林				
黑龙江				
上海	111	20	4	87
江苏	594	326	251	17
浙江	5915	147	90	5679
安徽	9		9	
福建	288	3	275	10
江西				
山东	2039	189	1735	114
河南	60	60		
湖北				
湖南	291		291	
广东	160	91	23	46
广西				
海南				
重庆	6			6
四川	15	15		
贵州				
云南				
西藏				
陕西	6		6	
甘肃				
青海				
宁夏				
新疆				

4-2-26 续表 8

单位：万元

地区	皮革、皮毛、羽毛(绒)及其制品			
	R&D经费外部支出	对研究机构支出	对高等学校支出	其他
总计	**3313**	**1722**	**1201**	**391**
东部地区	3161	1630	1141	391
中部地区	129	82	47	
西部地区	23	10	13	
北京				
天津	344		344	
河北				
山西				
内蒙古				
辽宁				
吉林				
黑龙江				
上海				
江苏	10	10		
浙江	627	334	145	148
安徽	79	32	47	
福建	1725	1109	456	159
江西				
山东	437	176	177	84
河南	50	50		
湖北				
湖南				
广东	18		18	
广西				
海南				
重庆	23	10	13	
四川				
贵州				
云南				
西藏				
陕西				
甘肃				
青海				
宁夏				
新疆				

4-2-26 续表 9

单位：万元

地 区	木材加工及木、竹、藤、棕、草制品业			
	R&D经费外部支出	对研究机构支出	对高等学校支出	其 他
总 计	**2854**	**916**	**1851**	**87**
东部地区	2390	706	1649	35
中部地区	415	208	180	27
西部地区	49	2	22	25
北 京	20	3	17	
天 津				
河 北				
山 西				
内蒙古	2	2		
辽 宁				
吉 林	23	11	11	1
黑龙江				
上 海	3		3	
江 苏	745	129	605	11
浙 江	541	234	295	12
安 徽	8		8	
福 建	212	82	120	10
江 西	15	11	5	
山 东	852	245	607	
河 南	110	65	45	
湖 北	46		20	26
湖 南	212	120	92	
广 东	17	15	2	1
广 西	17		17	
海 南				
重 庆	25			25
四 川	5		5	
贵 州				
云 南				
西 藏				
陕 西				
甘 肃				
青 海				
宁 夏				
新 疆				

4-2-26 续表 10

单位：万元

地 区	家具制造业			
	R&D经费外部支出	对研究机构支出	对高等学校支出	其 他
总 计	**2398**	**595**	**113**	**1690**
东部地区	2333	554	94	1685
中部地区	21	12	9	
西部地区	45	30	10	5
北 京	35	35		
天 津	200	150	30	20
河 北				
山 西				
内蒙古				
辽 宁				
吉 林				
黑龙江				
上 海	703	81		621
江 苏				
浙 江	324	185	15	124
安 徽				
福 建				
江 西	1	1		
山 东	3		3	
河 南	20	11	9	
湖 北				
湖 南				
广 东	1069	102	46	920
广 西				
海 南				
重 庆	40	30	10	
四 川	5			5
贵 州				
云 南				
西 藏				
陕 西				
甘 肃				
青 海				
宁 夏				
新 疆				

4-2-26 续表 11

单位：万元

地 区	造纸及纸制品业			
	R&D经费外部支出	对研究机构支出	对高等学校支出	其 他
总 计	**7086**	**3145**	**2433**	**1508**
东部地区	5704	2415	2053	1236
中部地区	933	589	283	61
西部地区	448	142	96	210
北 京				
天 津	247		127	120
河 北				
山 西				
内蒙古				
辽 宁				
吉 林	25	25		
黑龙江	39	15	24	
上 海	7			7
江 苏	285	94	190	
浙 江	762	297	362	103
安 徽	278	150	67	61
福 建	976	134	284	559
江 西				
山 东	2711	1610	688	412
河 南	158	50	109	
湖 北	92	31	60	
湖 南	342	318	24	
广 东	717	279	402	36
广 西	210			210
海 南				
重 庆	85	55	30	
四 川	104	56	48	
贵 州				
云 南	12	12		
西 藏				
陕 西	30	20	10	
甘 肃				
青 海				
宁 夏	6		6	
新 疆	2		2	

4-2-26 续表 12

单位：万元

地 区	印刷业和记录媒介的复制			
	R&D经费外部支出	对研究机构支出	对高等学校支出	其 他
总 计	**2534**	**522**	**791**	**1221**
东部地区	1812	270	462	1080
中部地区	514	196	196	122
西部地区	208	56	134	18
北 京	135			135
天 津				
河 北	259			259
山 西				
内蒙古				
辽 宁	92	23	70	
吉 林				
黑龙江				
上 海	220	7	5	208
江 苏	10		10	
浙 江	289	114	161	14
安 徽	295	141	104	51
福 建				
江 西				
山 东	415			415
河 南	129	55	42	32
湖 北	50		50	
湖 南	40			40
广 东	392	126	216	51
广 西				
海 南				
重 庆				
四 川	69	31	39	
贵 州				
云 南	34		34	
西 藏				
陕 西	59	25	16	18
甘 肃				
青 海				
宁 夏	46		46	
新 疆				

4-2-26 续表 13

单位：万元

地 区	文教体育用品制造业			
	R&D经费外部支出	对研究机构支出	对高等学校支出	其 他
总 计	**2762**	**614**	**1444**	**705**
东部地区	2712	593	1434	685
中部地区	20	20		
西部地区	30		10	20
北 京	106			106
天 津	114	108	6	
河 北				
山 西	20	20		
内蒙古				
辽 宁				
吉 林				
黑龙江				
上 海	104	17	87	
江 苏	364		99	265
浙 江	840	198	480	162
安 徽				
福 建	5		5	
江 西				
山 东	674	155	412	107
河 南				
湖 北				
湖 南				
广 东	505	117	344	44
广 西	30		10	20
海 南				
重 庆				
四 川				
贵 州				
云 南				
西 藏				
陕 西				
甘 肃				
青 海				
宁 夏				
新 疆				

4-2-26 续表 14

单位：万元

地区	石油加工、炼焦及核燃料加工业			
	R&D经费外部支出	对研究机构支出	对高等学校支出	其他
总计	**37483**	**16178**	**10113**	**11192**
东部地区	27276	12190	6777	8309
中部地区	6201	3106	1779	1316
西部地区	4006	882	1557	1567
北京	2710	569	368	1772
天津	597	64	119	414
河北	200	26		174
山西	2289	1136	778	376
内蒙古	75		75	
辽宁	2745	351	207	2188
吉林				
黑龙江	455	234	87	134
上海	1634	816	498	321
江苏	1022	325	697	
浙江	1235	975	31	229
安徽	327		327	
福建	1542	461	1080	2
江西	1732	939	437	357
山东	13981	7823	3370	2788
河南	710	120	145	444
湖北	169	163	6	
湖南	520	515		5
广东	1611	782	407	422
广西	5	5		
海南				
重庆	7	7		
四川	98	21	77	
贵州				
云南	293		293	
西藏				
陕西	1195	213	564	419
甘肃	447	49	398	
青海				
宁夏				
新疆	1887	588	151	1148

4-2-26 续表 15

单位：万元

地区	化学原料及化学制品制造业			
	R&D经费外部支出	对研究机构支出	对高等学校支出	其他
总计	**224591**	**100303**	**49065**	**75224**
东部地区	181035	84677	33395	62964
中部地区	22788	10528	6725	5535
西部地区	20769	5098	8946	6725
北京	978	463	103	412
天津	1426	790	282	353
河北	2532	1708	679	145
山西	1810	1066	128	616
内蒙古	809	322	39	447
辽宁	1471	723	542	206
吉林	2617	1045	1572	
黑龙江	135	130	5	
上海	11352	2061	1848	7443
江苏	36537	15050	15987	5500
浙江	15042	8485	3534	3023
安徽	1600	683	680	237
福建	797	519	192	86
江西	3221	233	751	2238
山东	27251	15549	8045	3657
河南	5277	3396	1856	25
湖北	3090	1377	1526	187
湖南	5038	2598	208	2232
广东	83646	39329	2179	42138
广西	114	37	75	3
海南	3		3	
重庆	2333	158	1792	383
四川	13403	3661	4215	5527
贵州	1670	147	1516	7
云南	455	386	70	
西藏				
陕西	517	63	149	304
甘肃	562	195	337	30
青海	96	50	46	
宁夏	37	19	18	
新疆	774	62	688	25

4-2-26 续表 16

单位：万元

地区	医药制造业			
	R&D经费外部支出	对研究机构支出	对高等学校支出	其他
总计	**199599**	**123141**	**50982**	**25475**
东部地区	132847	81591	32210	19045
中部地区	38632	21899	10824	5909
西部地区	28120	19651	7949	521
北京	6392	3454	105	2833
天津	7974	5559	1368	1047
河北	9743	5637	3693	414
山西	828	767	61	
内蒙古	186	44	141	1
辽宁	1911	866	711	334
吉林	6437	4595	1516	325
黑龙江	5696	2266	3305	125
上海	3881	2741	403	738
江苏	31123	18515	7296	5313
浙江	29156	14224	8894	6038
安徽	3761	2968	561	232
福建	2409	1614	771	24
江西	3457	1852	1329	276
山东	24291	17792	6282	217
河南	7288	4240	1315	1733
湖北	3158	2115	991	52
湖南	8007	3096	1745	3166
广东	11624	8523	2678	424
广西	2965	2245	682	38
海南	4342	2668	9	1665
重庆	11256	6916	4332	8
四川	5213	3581	1568	64
贵州	1000	874	60	65
云南	1629	1189	402	38
西藏	622	392	230	
陕西	2032	1584	144	305
甘肃	2644	2324	320	
青海	157	157		
宁夏	337	279	56	2
新疆	80	67	13	

4-2-26 续表 17

单位：万元

地区	化学纤维制造业			
	R&D经费外部支出	对研究机构支出	对高等学校支出	其他
总计	**7751**	**2701**	**4655**	**395**
东部地区	7593	2650	4548	395
中部地区				
西部地区	158	51	107	
北京	216	216		
天津				
河北	92	10	81	
山西				
内蒙古				
辽宁	237	22	208	8
吉林				
黑龙江				
上海				
江苏	1717	605	939	173
浙江	959	353	607	
安徽				
福建	262	262		
江西				
山东	4073	1182	2677	214
河南				
湖北				
湖南				
广东	36		36	
广西				
海南				
重庆				
四川	158	51	107	
贵州				
云南				
西藏				
陕西				
甘肃				
青海				
宁夏				
新疆				

4-2-26 续表 18

单位：万元

地区	橡胶制品业			
	R&D经费外部支出	对研究机构支出	对高等学校支出	其他
总计	**10287**	**4441**	**2713**	**3133**
东部地区	7061	3186	1430	2444
中部地区	2485	940	967	579
西部地区	741	315	316	110
北京	3	3		
天津	306	118		187
河北	35	35		
山西				
内蒙古				
辽宁	37	26	11	
吉林				
黑龙江				
上海	69		54	15
江苏	3997	1585	399	2013
浙江	216	110	79	27
安徽	659	120	146	393
福建				
江西				
山东	2241	1284	755	202
河南	1674	709	800	165
湖北	140	100	20	20
湖南	13	11	2	
广东	158	27	131	
广西	32	2	30	
海南				
重庆	13	13		
四川	250	250		
贵州	446	50	285	110
云南				
西藏				
陕西	1	1		
甘肃				
青海				
宁夏				
新疆				

4-2-26 续表 19

单位：万元

地 区	塑料制品业			
	R&D经费外部支出	对研究机构支出	对高等学校支出	其 他
总 计	**8380**	**4022**	**2944**	**1415**
东部地区	6699	3299	2354	1046
中部地区	1310	511	509	289
西部地区	372	212	80	79
北 京	864	731		132
天 津	340	240	5	95
河 北	653	559	95	
山 西				
内蒙古				
辽 宁	534	280	205	49
吉 林	15		15	
黑龙江				
上 海	44	19	25	
江 苏	1460	454	473	533
浙 江	1252	566	667	19
安 徽	330	123	207	
福 建	190	47	139	4
江 西	81	40	41	
山 东	455	118	247	90
河 南	46	5	40	
湖 北	838	343	206	289
湖 南				
广 东	908	286	498	124
广 西	4		4	
海 南				
重 庆	30	30		
四 川	146	80	5	61
贵 州	28	28		
云 南				
西 藏				
陕 西	13	6	7	
甘 肃	108	45	45	18
青 海				
宁 夏	1	1		
新 疆	41	22	19	

4-2-26 续表 20

单位：万元

地区	非金属矿物制品业			
	R&D经费外部支出	对研究机构支出	对高等学校支出	其他
总计	**28299**	**8528**	**11998**	**7773**
东部地区	21470	5749	8497	7225
中部地区	3675	949	2566	161
西部地区	3153	1831	935	387
北京	2459	202	324	1933
天津	103	98	5	
河北	1743	126	1499	119
山西	54	21	29	4
内蒙古	505	132	353	20
辽宁	945	264	220	460
吉林	36	20	11	5
黑龙江	5			5
上海	809	223	148	438
江苏	4862	954	1694	2213
浙江	3541	1314	1903	324
安徽	343	121	180	41
福建	1496	501	710	285
江西	300	85	194	22
山东	4046	1556	1735	754
河南	1586	509	1016	62
湖北	725	74	629	22
湖南	627	120	508	
广东	1468	510	259	699
广西	230	116	114	1
海南				
重庆	535	283	69	183
四川	1726	1241	358	128
贵州	36	36		
云南	8		8	
西藏				
陕西	3		3	
甘肃	68	20	31	18
青海				
宁夏	42	4		38
新疆				

4-2-26 续表 21

单位：万元

地 区	黑色金属冶炼及压延加工业制造业			
	R&D经费外部支出	对研究机构支出	对高等学校支出	其 他
总 计	**114966**	**38808**	**39078**	**37080**
东部地区	85903	27158	25002	33743
中部地区	17652	5910	11217	525
西部地区	11411	5740	2859	2812
北 京	977	471	505	
天 津	25839	9847	6066	9926
河 北	8196	4418	2079	1700
山 西	1191	76	1115	
内蒙古	604	320	284	
辽 宁	15557	1255	7284	7018
吉 林	104	76	3	26
黑龙江	1738	316	1422	
上 海	11457	302	2012	9143
江 苏	9488	4692	1644	3153
浙 江	316	191	112	13
安 徽	184	6	162	17
福 建	1085	706	379	
江 西	4814	2610	2204	
山 东	12549	5185	4616	2748
河 南	594	297	167	130
湖 北	2858	210	2336	313
湖 南	6170	2320	3810	40
广 东	438	91	305	42
广 西	44		44	
海 南				
重 庆	43	19	24	
四 川	3534	2012	1153	369
贵 州	35	17	19	
云 南	2	1	1	
西 藏				
陕 西	141	94	47	
甘 肃	6945	3279	1223	2444
青 海				
宁 夏	10		10	
新 疆	54		54	

4-2-26 续表 22

单位：万元

地 区	有色金属冶炼及压延加工业			
	R&D经费外部支出	对研究机构支出	对高等学校支出	其 他
总 计	**82489**	**43606**	**30282**	**8601**
东部地区	17352	6842	8712	1798
中部地区	37067	19777	15888	1402
西部地区	28069	16986	5683	5401
北 京	89	43		46
天 津				
河 北	4	1		3
山 西	557	221	75	261
内蒙古	458	72	195	191
辽 宁	3138	22	3116	
吉 林	359	359		
黑龙江	549	309	240	
上 海	343	120	9	214
江 苏	4256	1597	1511	1149
浙 江	2503	850	1614	38
安 徽	2554	1091	1356	107
福 建	320	150	162	9
江 西	18957	8242	10519	195
山 东	4938	3133	1511	295
河 南	11264	8461	1995	808
湖 北	583	249	314	21
湖 南	2245	847	1389	9
广 东	1761	927	790	44
广 西	1069	298	641	130
海 南				
重 庆	252	47	205	
四 川	556	225	22	309
贵 州	300	25	41	234
云 南	916	493	210	212
西 藏				
陕 西	970	709	67	194
甘 肃	23209	14923	4157	4130
青 海				
宁 夏	161	24	137	
新 疆	179	171	7	

4-2-26 续表 23

单位：万元

地区	金属制品业			
	R&D经费外部支出	对研究机构支出	对高等学校支出	其他
总计	**19505**	**4819**	**4815**	**9872**
东部地区	17063	4227	3330	9506
中部地区	1812	492	1213	107
西部地区	631	100	271	260
北京	713	710	3	
天津	2217	116	13	2089
河北	166	108	48	10
山西	45	5	40	
内蒙古	42		42	
辽宁	51	24	19	8
吉林	46		46	
黑龙江	82	35	47	
上海	1222	240	197	785
江苏	2566	1446	1100	20
浙江	7226	469	1297	5460
安徽	560	240	260	60
福建	55	0	6	49
江西	28	28		
山东	1104	572	387	144
河南	59	44	2	12
湖北	670	92	544	34
湖南	322	48	273	
广东	1744	543	259	942
广西	3	3		
海南				
重庆	48	36		12
四川	424	61	115	248
贵州	71		71	
云南				
西藏				
陕西	17		17	
甘肃	27		27	
青海				
宁夏				
新疆				

4-2-26 续表 24

单位：万元

地区	通用设备制造业			
	R&D经费外部支出	对研究机构支出	对高等学校支出	其他
总计	**146832**	**44500**	**31968**	**70364**
东部地区	121646	33712	24644	63290
中部地区	13204	3657	4797	4749
西部地区	11982	7130	2527	2326
北京	1891	231	206	1454
天津	5155	1098	670	3386
河北	686	386	94	206
山西	177	32	136	9
内蒙古	300		300	
辽宁	10404	2844	1226	6334
吉林	32		27	5
黑龙江	4941	1233	1303	2405
上海	13815	2205	4223	7387
江苏	41662	11342	7974	22346
浙江	22525	10859	5951	5715
安徽	1717	922	547	248
福建	5582	58	340	5184
江西	52	26	15	11
山东	13290	3527	3158	6605
河南	1877	649	979	250
湖北	1840	375	1158	307
湖南	2570	421	634	1516
广东	6637	1162	802	4673
广西	1303	43	3	1257
海南				
重庆	1295	885	298	111
四川	7104	5040	1479	585
贵州	77	12	39	26
云南	13	4	9	
西藏				
陕西	1496	1104	228	164
甘肃	298	22	124	153
青海				
宁夏	81	20	31	29
新疆	16		16	

4-2-26 续表 25

单位：万元

地区	专用设备制造业			
	R&D经费外部支出	对研究机构支出	对高等学校支出	其他
总计	**86153**	**30885**	**33357**	**21911**
东部地区	49282	17604	20751	10927
中部地区	26522	9130	7906	9485
西部地区	10269	4151	4619	1499
北京	5084	757	3647	680
天津	1791	1349	389	54
河北	902	624	234	44
山西	2364	1409	459	496
内蒙古	1157	234	923	
辽宁	1567	925	642	
吉林	1316	570	173	573
黑龙江	4754	4209	507	37
上海	3625	1357	416	1852
江苏	14696	5277	4651	4768
浙江	8517	2642	4729	1146
安徽	1238	565	665	8
福建	2727	853	1460	414
江西				
山东	7320	3070	3485	766
河南	6744	2023	3078	1644
湖北	2073	181	1868	24
湖南	8033	173	1157	6703
广东	3043	740	1099	1204
广西	863	474	184	205
海南	10	10		
重庆	2130	541	1373	216
四川	3507	1441	1946	120
贵州	67	25	42	
云南	1108	1108		
西藏				
陕西	1231	278	79	874
甘肃	177	50	72	56
青海				
宁夏	29			29
新疆				

4-2-26 续表 26

单位：万元

地区	交通运输设备制造业			
	R&D经费外部支出	对研究机构支出	对高等学校支出	其他
总计	**643526**	**289795**	**40171**	**313560**
东部地区	458635	222805	17515	218314
中部地区	107412	43680	12444	51289
西部地区	77480	23311	10212	43957
北京	103143	99111	583	3450
天津	5299	604	166	4530
河北	8541	2167	406	5968
山西	2798		887	1911
内蒙古	1651		14	1637
辽宁	50198	10667	1154	38377
吉林	3105	1128	704	1273
黑龙江	14344	8868	4145	1330
上海	110451	34113	2426	73912
江苏	42775	30005	4189	8581
浙江	60106	9146	2913	48047
安徽	48293	5709	3648	38936
福建	3684	500	522	2663
江西	4358	1282	617	2459
山东	64089	29274	4506	30309
河南	12740	11427	968	345
湖北	19373	14174	772	4427
湖南	2403	1093	703	607
广东	10348	7217	653	2478
广西	13694	11852	1082	760
海南				
重庆	28086	4337	2278	21471
四川	2481	1208	541	732
贵州	533	322	192	20
云南	2998	1991	807	200
西藏				
陕西	28036	3600	5298	19138
甘肃	1	1		
青海				
宁夏				
新疆				

4-2-26 续表 27

单位：万元

地区	电气机械及器材制造业			
	R&D经费外部支出	对研究机构支出	对高等学校支出	其他
总计	**221907**	**77772**	**36223**	**107912**
东部地区	193366	60054	27511	105801
中部地区	23895	14242	7964	1690
西部地区	4636	3467	749	421
北京	1180	232	326	622
天津	8543	1407	217	6919
河北	1833	128	196	1509
山西	241	80	120	41
内蒙古	50		50	
辽宁	1005	667	292	45
吉林	248	7	241	
黑龙江	654	181	472	
上海	14198	2239	1598	10361
江苏	47821	28677	9065	10079
浙江	14804	7984	5159	1661
安徽	7982	5385	2366	231
福建	4939	2994	429	1516
江西	8625	5717	2613	295
山东	52405	9651	6318	36435
河南	3984	1488	1586	910
湖北	1273	682	380	211
湖南	888	702	185	2
广东	46639	6073	3911	36655
广西	196	100	26	70
海南				
重庆	134	134		
四川	1230	858	291	81
贵州				
云南	1379	1372	7	
西藏				
陕西	1156	648	337	171
甘肃	171	96	36	39
青海	1	1	1	
宁夏	103	43		60
新疆	217	215	1	

4-2-26 续表 28

单位：万元

地 区	通信设备、计算机及其他电子设备制造业			
	R&D经费外部支出	对研究机构支出	对高等学校支出	其 他
总 计	**354228**	**55212**	**50889**	**248127**
东部地区	326205	41128	41716	243362
中部地区	8150	2113	2438	3598
西部地区	19874	11972	6735	1167
北 京	7710	725	375	6611
天 津	130512	542	343	129626
河 北	6		6	
山 西	167	96	46	25
内蒙古	10		10	
辽 宁	906	675	231	
吉 林				
黑龙江	133	122	12	
上 海	23419	192	175	23052
江 苏	40881	8934	4047	27901
浙 江	6238	1700	1509	3030
安 徽	1642	300	508	834
福 建	15097	7945	398	6754
江 西	2522	46	1068	1409
山 东	5796	2717	2580	500
河 南	419	293	112	14
湖 北	2941	1187	525	1228
湖 南	326	69	168	89
广 东	95317	17667	31763	45888
广 西	394	36	16	342
海 南	321	31	290	
重 庆	1074	588	97	390
四 川	16430	9968	6110	352
贵 州	273	10	256	8
云 南				
西 藏				
陕 西	1616	1361	180	75
甘 肃	75	10	65	
青 海				
宁 夏				
新 疆	1		1	

4-2-26 续表 29

单位：万元

地区	仪器仪表及文化、办公用机械制造业			
	R&D经费外部支出	对研究机构支出	对高等学校支出	其他
总计	**37908**	**12855**	**13114**	**11939**
东部地区	31903	11058	10190	10655
中部地区	4037	1144	1727	1165
西部地区	1968	653	1197	118
北京	985	427	185	373
天津	759	594	99	66
河北	98	60	38	
山西	40	15	25	
内蒙古				
辽宁	52	15	29	8
吉林	38	35	4	
黑龙江	634	276	158	200
上海	4064	824	641	2599
江苏	9074	2772	3665	2637
浙江	9072	1506	4354	3213
安徽	623	39	237	347
福建	564	140	147	276
江西	382	202	180	
山东	1251	399	839	13
河南	502	145	205	153
湖北	986	190	345	451
湖南	831	243	574	15
广东	5985	4322	193	1471
广西	336	16	320	
海南				
重庆	332	83	198	52
四川	379	107	272	
贵州	199		199	
云南	67	67		
西藏				
陕西	606	370	170	66
甘肃	8		8	
青海				
宁夏	40	10	30	
新疆				

4-2-26 续表 30

单位：万元

地区	工艺品及其他制造业			
	R&D经费外部支出	对研究机构支出	对高等学校支出	其他
总计	**5338**	**2426**	**2530**	**383**
东部地区	2954	1364	1427	163
中部地区	1562	993	569	
西部地区	822	69	534	220
北京	192	101	75	16
天津				
河北				
山西				
内蒙古				
辽宁				
吉林				
黑龙江				
上海	55		55	
江苏	422	311	111	
浙江	1366	488	878	
安徽	75	57	18	
福建	432	413	1	18
江西	10	5	5	
山东	371	52	190	129
河南				
湖北	474	217	257	
湖南	1003	714	289	
广东	117		117	
广西				
海南				
重庆	76	44		31
四川	51			51
贵州	566	24	507	35
云南				
西藏				
陕西	27		27	
甘肃	103			103
青海				
宁夏				
新疆				

4-2-26 续表 31

单位：万元

地区	电力、燃气及水的生产和供应业			
	R&D经费外部支出	对研究机构支出	对高等学校支出	其他
总计	**150469**	**71642**	**30886**	**47941**
东部地区	110702	43028	23664	44010
中部地区	24809	18825	3398	2585
西部地区	14959	9789	3825	1346
北京	11500	6946	4531	23
天津	375	95	280	
河北	317	119	40	158
山西	672	256	80	336
内蒙古	297	74	223	
辽宁	3280	3280		
吉林	262	229	26	7
黑龙江	10303	7565	1629	1109
上海	32655	18122	12574	1960
江苏	35627	2492	724	32411
浙江	3535	3435	100	
安徽	1616	1399	193	24
福建	9588	1101	862	7625
江西	488	81	335	72
山东	5209	2464	1430	1315
河南	7224	5936	722	566
湖北	1282	674	144	463
湖南	2963	2687	268	8
广东	8573	4974	3081	518
广西	70	21	10	39
海南	43		43	
重庆	854	386	182	286
四川	3196	1749	1448	
贵州	5825	5358	467	
云南	849	82	190	577
西藏				
陕西	455	275	138	42
甘肃	517	454	12	50
青海	1893	934	959	
宁夏				
新疆	1004	457	196	351

五、R&D 项目情况

5-1-1 企业R&D项目情况

项 目	R&D项目数 (项)	R&D项目人员数 (人)	R&D项目人员全时当量 (人年)	R&D项目经费支出 (万元)
总 计	**194400**	**1524374**	**1229067**	**31858656**
按企业规模分组				
大中型企业	133852	1205700	981187	26964029
大型企业	63102	676530	560930	16872020
中型企业	70750	529170	420257	10092009
小型企业	60548	318674	247880	4894627
按企业控股情况分组				
国有控股	66070	542264	434205	11889909
集体控股	12612	86691	82366	2557313
私人控股	74891	549850	427290	10116652
港澳台商控股	14015	125135	103066	2464299
外商控股	16697	159350	137292	3677449
按登记注册类型分组				
内资企业	149817	1135270	900122	23059762
国有企业	17865	131304	97979	2476726
集体企业	2220	12035	9345	419430
股份合作企业	1315	7669	5209	124698
联营企业	217	2718	1882	52239
有限责任公司	60029	459855	369505	9890728
#国有独资公司	12130	107919	83246	2642889
股份有限公司	25186	227154	190708	4951892
私营企业	42378	289185	222598	5055954
其他内资企业	607	5350	2896	88095
港澳台商投资企业	18199	161926	132207	3170111
外商投资企业	26384	227178	196738	5628783

5-1-2 大中型企业R&D项目情况

项　目	R&D项目数(项)	R&D项目人员数(人)	R&D项目人员全时当量(人年)	R&D项目经费支出(万元)
总　计	**133852**	**1205700**	**981187**	**26964029**
按企业控股情况分组				
国有控股	59901	514427	412263	11457866
集体控股	10585	75989	74086	2389914
私人控股	35732	332134	258978	6848243
港澳台商控股	10167	104082	86665	2133932
外商控股	11668	133923	116699	3208195
按登记注册类型分组				
内资企业	103285	883918	706125	19307585
国有企业	16455	124987	93396	2399826
集体企业	1821	9767	7755	386713
股份合作企业	739	4748	2986	82677
联营企业	127	2213	1463	46422
有限责任公司	46232	387843	313704	8827078
#国有独资公司	11852	106474	82155	2623976
股份有限公司	22671	212911	179417	4704414
私营企业	14796	137189	105293	2788600
其他内资企业	444	4260	2111	71855
港澳台商投资企业	12850	132737	109323	2714569
外商投资企业	17717	189045	165739	4941874

5-1-3 大型企业R&D项目情况

项　目	R&D项目数(项)	R&D项目人员数(人)	R&D项目人员全时当量(人年)	R&D项目经费支出(万元)
总　计	**63102**	**676530**	**560930**	**16872020**
按企业控股情况分组				
国有控股	38264	393870	316759	9281135
集体控股	6043	49884	53058	1915082
私人控股	9864	104192	80391	2655740
港澳台商控股	3766	50500	42003	1122102
外商控股	3293	62230	57514	1448348
按登记注册类型分组				
内资企业	52724	521790	423992	12861659
国有企业	10023	90137	65292	1865681
集体企业	1513	7116	5888	352735
股份合作企业	65	748	301	14474
联营企业	88	1870	1148	40409
有限责任公司	26434	260655	215288	6657122
#国有独资公司	9822	93830	72107	2400179
股份有限公司	12012	131199	114299	3157961
私营企业	2369	28058	21049	737196
其他内资企业	220	2007	727	36081
港澳台商投资企业	4587	59494	48422	1308586
外商投资企业	5791	95246	88516	2701775

5-1-4 中型企业R&D项目情况

项　　目	R&D项目数(项)	R&D项目人员数(人)	R&D项目人员全时当量(人年)	R&D项目经费支出(万元)
总　　计	**70750**	**529170**	**420257**	**10092009**
按企业控股情况分组				
国有控股	21637	120557	95504	2176732
集体控股	4542	26105	21028	474832
私人控股	25868	227942	178587	4192503
港澳台商控股	6401	53582	44662	1011830
外商控股	8375	71693	59185	1759846
按登记注册类型分组				
内资企业	50561	362128	282133	6445927
国有企业	6432	34850	28104	534146
集体企业	308	2651	1867	33978
股份合作企业	674	4000	2685	68203
联营企业	39	343	315	6013
有限责任公司	19798	127188	98416	2169956
#国有独资公司	2030	12644	10048	223797
股份有限公司	10659	81712	65118	1546453
私营企业	12427	109131	84244	2051404
其他内资企业	224	2253	1384	35773
港澳台商投资企业	8263	73243	60901	1405983
外商投资企业	11926	93799	77223	2240100

5-1-5 小型企业R&D项目情况

项　　目	R&D项目数(项)	R&D项目人员数(人)	R&D项目人员全时当量(人年)	R&D项目经费支出(万元)
总　　计	**60548**	**318674**	**247880**	**4894627**
按企业控股情况分组				
国有控股	6169	27837	21942	432043
集体控股	2027	10702	8280	167399
私人控股	39159	217716	168312	3268409
港澳台商控股	3848	21053	16401	330368
外商控股	5029	25427	20593	469255
按登记注册类型分组				
内资企业	46532	251352	193997	3752176
国有企业	1410	6317	4583	76900
集体企业	399	2268	1590	32717
股份合作企业	576	2921	2223	42021
联营企业	90	505	419	5817
有限责任公司	13797	72012	55801	1063650
#国有独资公司	278	1445	1091	18913
股份有限公司	2515	14243	11291	247478
私营企业	27582	151996	117305	2267354
其他内资企业	163	1090	785	16240
港澳台商投资企业	5349	29189	22884	455542
外商投资企业	8667	38133	30999	686909

5-1-6 按行业分企业R&D项目情况

行 业	R&D项目数 (项)	R&D项目人员数 (人)	R&D项目人员全时当量 (人年)	R&D项目经费支出 (万元)
总 计	**194400**	**1524374**	**1229067**	**31858656**
采矿业	**7191**	**91652**	**63458**	**1276789**
煤炭开采和洗选业	3477	59295	40010	781008
石油和天然气开采业	2963	24948	18407	388562
黑色金属矿采选业	181	1652	1156	17638
有色金属矿采选业	342	3607	2124	71799
非金属矿采选业	228	2150	1761	17783
制造业	**184631**	**1412115**	**1153120**	**30355064**
农副食品加工业	2686	19869	14875	456122
食品制造业	2584	16299	11941	336895
饮料制造业	2893	18023	14222	358639
烟草制品业	1237	4302	3653	66651
纺织业	5645	44651	32728	697697
纺织服装、鞋、帽制造业	944	9610	8271	150138
皮革、毛皮、羽毛(绒)及其制品业	1130	5884	4744	86426
木材加工及木、竹、藤、棕、草制品业	923	4785	3194	90350
家具制造业	447	3893	2731	58360
造纸及纸制品业	1036	13335	9361	313478
印刷业和记录媒介的复制	735	6151	4513	87149
文教体育用品制造业	904	6971	5958	92965
石油加工、炼焦及核燃料加工业	1342	10794	8146	274014
化学原料及化学制品制造业	14079	108208	85926	2298793
医药制造业	12698	70586	58839	1120750
化学纤维制造业	910	11083	8285	310348
橡胶制品业	2106	13973	9797	349591
塑料制品业	2671	21289	17851	393392
非金属矿物制品业	4721	43395	32948	694621
黑色金属冶炼及压延加工业	5640	68157	49561	2609186
有色金属冶炼及压延加工业	3606	38199	28366	976152
金属制品业	4092	35372	26968	568510
通用设备制造业	19764	127578	98944	2310486
专用设备制造业	16098	107946	89998	2052925
交通运输设备制造业	19036	153688	130464	4004199
电气机械及器材制造业	24443	153566	120585	3434423
通信设备、计算机及其他电子设备制造业	23611	240418	224690	5413544
仪器仪表及文化、办公用机械制造业	7248	43562	36644	621523
工艺品及其他制造业	1350	10248	8707	123172
电力、燃气及水的生产和供应业	**2578**	**20607**	**12489**	**226803**
电力、热力的生产和供应业	2374	19167	11404	213313
燃气生产和供应业	32	207	113	1699
水的生产和供应业	172	1233	972	11792

5-1-7 按行业分大中型企业R&D项目情况

行 业	R&D项目数(项)	R&D项目人员数(人)	R&D项目人员全时当量(人年)	R&D项目经费支出(万元)
总 计	**133852**	**1205700**	**981187**	**26964029**
采矿业	**6983**	**90063**	**62436**	**1252903**
煤炭开采和洗选业	3424	58894	39765	773731
石油和天然气开采业	2914	24566	18205	383512
黑色金属矿采选业	157	1462	1012	15695
有色金属矿采选业	308	3304	1925	65214
非金属矿采选业	180	1837	1529	14750
制造业	**124509**	**1096435**	**907123**	**25516017**
农副食品加工业	1405	12199	9074	316406
食品制造业	1616	10601	7648	262463
饮料制造业	2452	15318	12202	308716
烟草制品业	1206	4106	3492	64155
纺织业	4373	37326	27129	592929
纺织服装、鞋、帽制造业	641	7646	6586	132709
皮革、毛皮、羽毛(绒)及其制品业	607	4751	3918	70486
木材加工及木、竹、藤、棕、草制品业	401	2002	1219	46759
家具制造业	221	2748	1833	46576
造纸及纸制品业	764	11607	8040	269318
印刷业和记录媒介的复制	483	4474	3346	59660
文教体育用品制造业	578	5099	4509	72824
石油加工、炼焦及核燃料加工业	1203	10068	7544	247294
化学原料及化学制品制造业	7727	75958	60707	1696630
医药制造业	8272	50254	42381	831642
化学纤维制造业	753	9949	7434	280196
橡胶制品业	1674	11568	7934	317997
塑料制品业	1282	13315	11537	259541
非金属矿物制品业	2580	30839	23462	498350
黑色金属冶炼及压延加工业	5287	66044	47883	2556092
有色金属冶炼及压延加工业	2556	31868	23420	823324
金属制品业	2182	24456	18925	395094
通用设备制造业	12647	89729	69629	1768432
专用设备制造业	10030	73668	63109	1589820
交通运输设备制造业	15031	135559	116585	3747912
电气机械及器材制造业	16168	114415	90597	2817632
通信设备、计算机及其他电子设备制造业	18037	207498	198036	4965774
仪器仪表及文化、办公用机械制造业	3449	25517	22110	393918
工艺品及其他制造业	882	7791	6783	83046
电力、燃气及水的生产和供应业	**2360**	**19202**	**11628**	**195109**
电力、热力的生产和供应业	2226	18147	10875	186831
燃气生产和供应业	23	150	74	1175
水的生产和供应业	111	905	679	7103

5-1-8 按行业分大型企业R&D项目情况

行 业	R&D项目数（项）	R&D项目人员数（人）	R&D项目人员全时当量（人年）	R&D项目经费支出（万元）
总 计	**63102**	**676530**	**560930**	**16872020**
采矿业	**6426**	**85617**	**59725**	**1085433**
煤炭开采和洗选业	3227	57858	39053	749791
石油和天然气开采业	2855	23894	17843	278971
黑色金属矿采选业	91	705	472	4425
有色金属矿采选业	169	2024	1277	45435
非金属矿采选业	84	1136	1080	6811
制造业	**54947**	**576890**	**492759**	**15679042**
农副食品加工业	445	5718	4554	163063
食品制造业	553	3821	2567	102781
饮料制造业	1471	9504	8449	209086
烟草制品业	642	2986	2273	50997
纺织业	2077	17261	12243	270663
纺织服装、鞋、帽制造业	243	3519	2897	65156
皮革、毛皮、羽毛(绒)及其制品业	214	1954	1849	36559
木材加工及木、竹、藤、棕、草制品业	138	438	170	17385
家具制造业	41	928	512	23069
造纸及纸制品业	363	6876	4645	161539
印刷业和记录媒介的复制	73	420	346	6274
文教体育用品制造业	135	1731	1764	24130
石油加工、炼焦及核燃料加工业	878	7076	5433	145246
化学原料及化学制品制造业	2810	37098	30333	777344
医药制造业	2480	17879	16009	330238
化学纤维制造业	394	6260	4433	166529
橡胶制品业	1090	6729	4632	244283
塑料制品业	116	5239	5086	74162
非金属矿物制品业	702	10588	9004	184232
黑色金属冶炼及压延加工业	4715	59686	43475	2335860
有色金属冶炼及压延加工业	1330	18677	14682	521169
金属制品业	391	6826	5574	123551
通用设备制造业	4628	33289	24654	770921
专用设备制造业	3737	35568	31056	916833
交通运输设备制造业	7695	89423	79189	2810382
电气机械及器材制造业	7519	49785	39625	1504538
通信设备、计算机及其他电子设备制造业	9327	127817	128977	3513105
仪器仪表及文化、办公用机械制造业	651	7006	5803	113323
工艺品及其他制造业	89	2788	2525	16626
电力、燃气及水的生产和供应业	**1729**	**14023**	**8446**	**107545**
电力、热力的生产和供应业	1675	13554	8087	105281
燃气生产和供应业	5	30	16	139
水的生产和供应业	49	439	343	2125

5-1-9 按行业分中型企业R&D项目情况

行 业	R&D项目数 (项)	R&D项目人员数 (人)	R&D项目人员全时当量 (人年)	R&D项目经费支出 (万元)
总 计	**70750**	**529170**	**420257**	**10092009**
采矿业	**557**	**4446**	**2711**	**167469**
煤炭开采和洗选业	197	1036	712	23940
石油和天然气开采业	59	672	362	104541
黑色金属矿采选业	66	757	540	11270
有色金属矿采选业	139	1280	648	19779
非金属矿采选业	96	701	449	7939
制造业	**69562**	**519545**	**414364**	**9836975**
农副食品加工业	960	6481	4520	153344
食品制造业	1063	6780	5081	159681
饮料制造业	981	5814	3753	99630
烟草制品业	564	1120	1219	13158
纺织业	2296	20065	14886	322266
纺织服装、鞋、帽制造业	398	4127	3689	67553
皮革、毛皮、羽毛(绒)及其制品业	393	2797	2069	33926
木材加工及木、竹、藤、棕、草制品业	263	1564	1049	29375
家具制造业	180	1820	1321	23507
造纸及纸制品业	401	4731	3395	107779
印刷业和记录媒介的复制	410	4054	3000	53386
文教体育用品制造业	443	3368	2745	48694
石油加工、炼焦及核燃料加工业	325	2992	2111	102049
化学原料及化学制品制造业	4917	38860	30374	919286
医药制造业	5792	32375	26372	501404
化学纤维制造业	359	3689	3001	113667
橡胶制品业	584	4839	3302	73715
塑料制品业	1166	8076	6451	185379
非金属矿物制品业	1878	20251	14458	314118
黑色金属冶炼及压延加工业	572	6358	4408	220232
有色金属冶炼及压延加工业	1226	13191	8738	302155
金属制品业	1791	17630	13351	271543
通用设备制造业	8019	56440	44975	997511
专用设备制造业	6293	38100	32053	672987
交通运输设备制造业	7336	46136	37396	937530
电气机械及器材制造业	8649	64630	50972	1313094
通信设备、计算机及其他电子设备制造业	8710	79681	69059	1452669
仪器仪表及文化、办公用机械制造业	2798	18511	16307	280595
工艺品及其他制造业	793	5003	4258	66420
电力、燃气及水的生产和供应业	**631**	**5179**	**3182**	**87565**
电力、热力的生产和供应业	551	4593	2788	81549
燃气生产和供应业	18	120	58	1037
水的生产和供应业	62	466	336	4979

5-1-10 按行业分小型企业R&D项目情况

行业	R&D项目数(项)	R&D项目人员数(人)	R&D项目人员全时当量(人年)	R&D项目经费支出(万元)
总计	**60548**	**318674**	**247880**	**4894627**
采矿业	**208**	**1589**	**1022**	**23886**
煤炭开采和洗选业	53	401	245	7277
石油和天然气开采业	49	382	202	5050
黑色金属矿采选业	24	190	144	1943
有色金属矿采选业	34	303	199	6585
非金属矿采选业	48	313	232	3032
制造业	**60122**	**315680**	**245997**	**4839048**
农副食品加工业	1281	7670	5801	139716
食品制造业	968	5698	4293	74433
饮料制造业	441	2705	2020	49923
烟草制品业	31	196	161	2496
纺织业	1272	7325	5599	104768
纺织服装、鞋、帽制造业	303	1964	1685	17429
皮革、毛皮、羽毛(绒)及其制品业	523	1133	826	15940
木材加工及木、竹、藤、棕、草制品业	522	2783	1975	43591
家具制造业	226	1145	898	11784
造纸及纸制品业	272	1728	1321	44160
印刷业和记录媒介的复制	252	1677	1167	27489
文教体育用品制造业	326	1872	1449	20141
石油加工、炼焦及核燃料加工业	139	726	602	26720
化学原料及化学制品制造业	6352	32250	25219	602163
医药制造业	4426	20332	16458	289108
化学纤维制造业	157	1134	851	30153
橡胶制品业	432	2405	1863	31594
塑料制品业	1389	7974	6314	133851
非金属矿物制品业	2141	12556	9486	196271
黑色金属冶炼及压延加工业	353	2113	1678	53093
有色金属冶炼及压延加工业	1050	6331	4946	152829
金属制品业	1910	10916	8043	173416
通用设备制造业	7117	37849	29315	542054
专用设备制造业	6068	34278	26889	463105
交通运输设备制造业	4005	18129	13879	256287
电气机械及器材制造业	8275	39151	29988	616790
通信设备、计算机及其他电子设备制造业	5574	32920	26654	447770
仪器仪表及文化、办公用机械制造业	3799	18045	14534	227605
工艺品及其他制造业	468	2457	1924	40126
电力、燃气及水的生产和供应业	**218**	**1405**	**861**	**31694**
电力、热力的生产和供应业	148	1020	529	26482
燃气生产和供应业	9	57	39	523
水的生产和供应业	61	328	293	4688

5-1-11 按行业分国有控股企业R&D项目情况

行　业	R&D项目数(项)	R&D项目人员数(人)	R&D项目人员全时当量(人年)	R&D项目经费支出(万元)
总　计	**66070**	**542264**	**434205**	**11889909**
采矿业	**6712**	**86822**	**60136**	**1138361**
煤炭开采和洗选业	3372	57500	38766	687940
石油和天然气开采业	2886	24402	18145	382921
黑色金属矿采选业	77	802	601	8788
有色金属矿采选业	263	2819	1479	46643
非金属矿采选业	114	1299	1145	12068
制造业	**56954**	**436159**	**362511**	**10557533**
农副食品加工业	122	1201	759	20713
食品制造业	393	2120	1426	32582
饮料制造业	1403	6525	5923	152686
烟草制品业	1207	4087	3470	63623
纺织业	1410	6741	4963	60426
纺织服装、鞋、帽制造业	131	793	475	4425
皮革、毛皮、羽毛(绒)及其制品业	21	50	32	306
木材加工及木、竹、藤、棕、草制品业	29	251	184	2076
家具制造业	67	691	343	19668
造纸及纸制品业	212	3963	2275	75560
印刷业和记录媒介的复制	205	965	699	14431
文教体育用品制造业	83	631	528	9494
石油加工、炼焦及核燃料加工业	1014	7957	6007	164270
化学原料及化学制品制造业	3742	40006	32085	761378
医药制造业	2926	16041	14357	228036
化学纤维制造业	278	3481	2328	96062
橡胶制品业	698	4342	2815	106526
塑料制品业	252	2125	1324	28638
非金属矿物制品业	1005	9640	7272	126942
黑色金属冶炼及压延加工业	4019	49720	35853	1793000
有色金属冶炼及压延加工业	1588	16839	12562	384056
金属制品业	771	5086	3599	99916
通用设备制造业	6850	35303	27701	802615
专用设备制造业	6548	39609	34663	924757
交通运输设备制造业	9851	87888	77628	2652943
电气机械及器材制造业	3759	22559	17896	518443
通信设备、计算机及其他电子设备制造业	5717	53335	52692	1237637
仪器仪表及文化、办公用机械制造业	2095	10695	9707	129049
工艺品及其他制造业	549	3485	2911	46857
电力、燃气及水的生产和供应业	**2404**	**19283**	**11558**	**194015**
电力、热力的生产和供应业	2257	18207	10817	185450
燃气生产和供应业	24	149	71	973
水的生产和供应业	123	927	670	7592

5-1-12 按行业分内资企业R&D项目情况

行 业	R&D项目数(项)	R&D项目人员数(人)	R&D项目人员全时当量(人年)	R&D项目经费支出(万元)
总 计	**149817**	**1135270**	**900122**	**23059762**
采矿业	**7120**	**90193**	**62183**	**1191061**
煤炭开采和洗选业	3476	58864	39493	712208
石油和天然气开采业	2952	24743	18330	385153
黑色金属矿采选业	169	1417	931	15902
有色金属矿采选业	309	3320	1990	61258
非金属矿采选业	214	1849	1439	16540
制造业	**140207**	**1025070**	**825833**	**21668216**
农副食品加工业	1924	14149	10273	320827
食品制造业	1740	11159	8016	198663
饮料制造业	2194	13355	10431	264175
烟草制品业	1237	4302	3653	66651
纺织业	4474	33435	24880	517656
纺织服装、鞋、帽制造业	586	5946	4928	84840
皮革、毛皮、羽毛(绒)及其制品业	829	3139	2504	47078
木材加工及木、竹、藤、棕、草制品业	674	3845	2484	74592
家具制造业	229	2094	1536	23652
造纸及纸制品业	684	7967	5386	187769
印刷业和记录媒介的复制	488	4260	2863	52185
文教体育用品制造业	538	3232	2565	44417
石油加工、炼焦及核燃料加工业	1217	10057	7640	256746
化学原料及化学制品制造业	11282	90397	70516	1796755
医药制造业	9552	53516	43970	796547
化学纤维制造业	722	8426	6110	229193
橡胶制品业	1412	9558	6249	217406
塑料制品业	1654	12049	9230	239368
非金属矿物制品业	3726	33878	25717	525821
黑色金属冶炼及压延加工业	5255	61267	44431	2354177
有色金属冶炼及压延加工业	3104	31232	22701	810560
金属制品业	3232	25647	19162	409166
通用设备制造业	16283	101345	76499	1776340
专用设备制造业	13327	86931	72330	1675128
交通运输设备制造业	14725	113739	94101	2655056
电气机械及器材制造业	17097	110545	85976	2454229
通信设备、计算机及其他电子设备制造业	15199	129588	127894	3032332
仪器仪表及文化、办公用机械制造业	5640	31449	26618	451158
工艺品及其他制造业	1140	8311	6985	101437
电力、燃气及水的生产和供应业	**2490**	**20007**	**12106**	**200485**
电力、热力的生产和供应业	2318	18773	11116	189198
燃气生产和供应业	29	184	88	1167
水的生产和供应业	143	1050	902	10120

5-1-13 按行业分国有企业R&D项目情况

行业	R&D项目数(项)	R&D项目人员数(人)	R&D项目人员全时当量(人年)	R&D项目经费支出(万元)
总计	**17865**	**131304**	**97979**	**2476726**
采矿业	**1890**	**17428**	**9618**	**146148**
煤炭开采和洗选业	720	7289	2919	66767
石油和天然气开采业	1074	8889	5755	64916
黑色金属矿采选业	37	540	458	4274
有色金属矿采选业	51	524	355	8066
非金属矿采选业	8	186	131	2125
制造业	**14172**	**99612**	**80312**	**2219051**
农副食品加工业	36	242	258	9670
食品制造业	86	560	464	7304
饮料制造业	103	1337	1370	19261
烟草制品业	1033	2703	2712	52668
纺织业	90	1020	808	12283
纺织服装、鞋、帽制造业	54	433	181	1649
皮革、毛皮、羽毛(绒)及其制品业	20	43	29	274
木材加工及木、竹、藤、棕、草制品业	15	107	74	117
造纸及纸制品业	90	1734	1008	20111
印刷业和记录媒介的复制	101	365	303	7134
文教体育用品制造业	1	27	22	55
石油加工、炼焦及核燃料加工业	293	1819	1411	52489
化学原料及化学制品制造业	1109	13107	8805	251828
医药制造业	699	4388	3829	64440
化学纤维制造业	141	1607	841	12807
橡胶制品业	107	457	247	4629
塑料制品业	64	257	167	3082
非金属矿物制品业	212	1978	1597	24400
黑色金属冶炼及压延加工业	1178	13759	10335	465799
有色金属冶炼及压延加工业	345	2473	1990	66800
金属制品业	278	2212	1540	54090
通用设备制造业	1705	6951	5742	128643
专用设备制造业	1029	6960	5852	95961
交通运输设备制造业	2287	16484	15198	432416
电气机械及器材制造业	1218	7199	4924	163157
通信设备、计算机及其他电子设备制造业	818	5105	4959	211179
仪器仪表及文化、办公用机械制造业	821	4372	4088	43928
工艺品及其他制造业	233	1886	1527	12516
电力、燃气及水的生产和供应业	**1803**	**14264**	**8049**	**111527**
电力、热力的生产和供应业	1733	13723	7583	108063
燃气生产和供应业	1	6	7	20
水的生产和供应业	69	535	459	3444

5-1-14 按行业分港澳台商投资企业R&D项目情况

行　业	R&D项目数(项)	R&D项目人员数(人)	R&D项目人员全时当量(人年)	R&D项目经费支出(万元)
总　计	**18199**	**161926**	**132207**	**3170111**
采矿业	**18**	**244**	**109**	**3727**
石油和天然气开采业	10	194	76	3169
有色金属矿采选业	2	25	15	134
非金属矿采选业	6	25	18	424
制造业	**18119**	**161254**	**131763**	**3141846**
农副食品加工业	357	3250	2681	68864
食品制造业	245	1865	1449	30761
饮料制造业	160	1896	1747	26906
纺织业	550	5950	4010	107786
纺织服装、鞋、帽制造业	172	2658	2458	51733
皮革、毛皮、羽毛(绒)及其制品业	200	1463	876	19200
木材加工及木、竹、藤、棕、草制品业	178	595	481	9419
家具制造业	148	1249	707	24505
造纸及纸制品业	115	2015	1440	34379
印刷业和记录媒介的复制	194	1430	1298	24526
文教体育用品制造业	211	2582	2385	26537
石油加工、炼焦及核燃料加工业	69	495	371	11199
化学原料及化学制品制造业	1163	7706	6775	187628
医药制造业	1662	7939	6866	121635
化学纤维制造业	94	1733	1484	48051
橡胶制品业	232	1315	993	63863
塑料制品业	625	3095	2419	51868
非金属矿物制品业	379	4531	3630	73760
黑色金属冶炼及压延加工业	174	4637	3720	164465
有色金属冶炼及压延加工业	256	2257	1689	86270
金属制品业	338	4702	3642	67522
通用设备制造业	1256	7614	6205	138383
专用设备制造业	997	9851	8765	139690
交通运输设备制造业	954	9851	8341	218569
电气机械及器材制造业	2935	19164	15192	323297
通信设备、计算机及其他电子设备制造业	3726	45975	37246	954612
仪器仪表及文化、办公用机械制造业	615	4140	3732	53862
工艺品及其他制造业	109	1280	1150	12439
电力、燃气及水的生产和供应业	**62**	**428**	**335**	**24538**
电力、热力的生产和供应业	38	303	257	22861
燃气生产和供应业	3	23	25	532
水的生产和供应业	21	102	53	1146

5-1-15 按行业分外商投资企业R&D项目情况

行　业	R&D项目数（项）	R&D项目人员数（人）	R&D项目人员全时当量（人年）	R&D项目经费支出（万元）
总　计	**26384**	**227178**	**196738**	**5628783**
采矿业	**53**	**1215**	**1166**	**82000**
煤炭开采和洗选业	1	431	517	68800
石油和天然气开采业	1	11	1	239
黑色金属矿采选业	12	235	225	1736
有色金属矿采选业	31	262	119	10407
非金属矿采选业	8	276	304	819
制造业	**26305**	**225791**	**195524**	**5545003**
农副食品加工业	405	2470	1921	66430
食品制造业	599	3275	2476	107471
饮料制造业	539	2772	2044	67557
纺织业	621	5266	3838	72256
纺织服装、鞋、帽制造业	186	1006	885	13564
皮革、毛皮、羽毛(绒)及其制品业	101	1282	1364	20148
木材加工及木、竹、藤、棕、草制品业	71	345	229	6338
家具制造业	70	550	488	10203
造纸及纸制品业	237	3353	2535	91330
印刷业和记录媒介的复制	53	461	352	10438
文教体育用品制造业	155	1157	1008	22011
石油加工、炼焦及核燃料加工业	56	242	135	6069
化学原料及化学制品制造业	1634	10105	8635	314409
医药制造业	1484	9131	8003	202568
化学纤维制造业	94	924	691	33105
橡胶制品业	462	3100	2555	68323
塑料制品业	392	6145	6202	102156
非金属矿物制品业	616	4986	3601	95039
黑色金属冶炼及压延加工业	211	2253	1410	90544
有色金属冶炼及压延加工业	246	4710	3976	79322
金属制品业	522	5023	4164	91822
通用设备制造业	2225	18619	16240	395763
专用设备制造业	1774	11164	8903	238107
交通运输设备制造业	3357	30098	28022	1130575
电气机械及器材制造业	4411	23857	19417	656897
通信设备、计算机及其他电子设备制造业	4686	64855	59550	1426601
仪器仪表及文化、办公用机械制造业	993	7973	6294	116503
工艺品及其他制造业	101	657	572	9295
电力、燃气及水的生产和供应业	**26**	**172**	**48**	**1780**
电力、热力的生产和供应业	18	91	31	1255
水的生产和供应业	8	81	17	526

5-1-16 各地区企业R&D项目情况

地 区	R&D项目数（项）	R&D项目人员数（人）	R&D项目人员全时当量（人年）	R&D项目经费支出（万元）
总 计	**194400**	**1524374**	**1229067**	**31858656**
东部地区	136619	1056457	872031	23745963
中部地区	34395	304741	233217	5498291
西部地区	23384	163147	123785	2613785
北 京	7494	41523	35733	831767
天 津	7609	30969	24256	1035671
河 北	4445	39005	29211	742588
山 西	2044	33487	27245	500082
内蒙古	898	13591	10607	312969
辽 宁	7472	52868	37836	1185440
吉 林	1597	11570	9675	285663
黑龙江	3968	25320	19990	495233
上 海	9667	63686	59734	1961319
江 苏	27454	233086	186755	5125128
浙 江	22986	161701	143704	3082179
安 徽	5233	43139	31068	744445
福 建	5435	47510	39719	926586
江 西	2799	21104	14793	499800
山 东	18858	146333	110445	3818300
河 南	6981	73387	56354	1179514
湖 北	6104	55250	42441	913304
湖 南	5669	41484	31651	880251
广 东	24888	238699	203761	5016490
广 西	2920	13386	11071	283298
海 南	311	1077	877	20497
重 庆	3726	24725	18261	455834
四 川	6974	45179	35464	557021
贵 州	1278	7135	5697	155140
云 南	991	9486	5463	104554
西 藏	19	277	298	5970
陕 西	3921	27002	20372	393502
甘 肃	926	10630	8529	143053
青 海	147	1883	1224	29774
宁 夏	766	4131	3042	66215
新 疆	818	5722	3757	106454

5-1-17 各地区大中型企业R&D项目情况

地　区	R&D项目数 (项)	R&D项目人员数 (人)	R&D项目人员全时当量 (人年)	R&D项目经费支出 (万元)
总　计	**133852**	**1205700**	**981187**	**26964029**
东部地区	89158	810680	676988	19784154
中部地区	25643	252370	194963	4816703
西部地区	19051	142650	109236	2363172
北　京	4393	26540	23237	587234
天　津	5412	23948	18646	900877
河　北	3743	34976	26355	697085
山　西	1808	31690	25767	474280
内蒙古	688	12444	9738	288009
辽　宁	5867	45617	32323	1079291
吉　林	1026	9671	8443	265100
黑龙江	3496	22643	17722	461369
上　海	6439	50367	48231	1719566
江　苏	15250	167606	136650	4078675
浙　江	9690	94722	86794	2026795
安　徽	3533	34190	24784	639266
福　建	3445	33976	29046	689949
江　西	2169	17242	12425	446303
山　东	15724	126384	94952	3436728
河　南	5665	62702	48400	1080282
湖　北	4256	44438	34798	791268
湖　南	3690	29794	22624	658835
广　东	19031	205942	180316	4554433
广　西	2183	10563	8959	230714
海　南	164	602	438	13520
重　庆	3120	21665	16157	419263
四　川	5503	37678	30125	490940
贵　州	1120	6559	5303	147000
云　南	720	8348	4805	87771
西　藏	9	240	269	1789
陕　西	3498	24799	18632	372539
甘　肃	824	10030	8223	138816
青　海	123	1696	1096	28588
宁　夏	577	3440	2545	59567
新　疆	686	5188	3384	98177

5-1-18 各地区大型企业R&D项目情况

地　区	R&D项目数 (项)	R&D项目人员数 (人)	R&D项目人员全时当量 (人年)	R&D项目经费支出 (万元)
总　计	**63102**	**676530**	**560930**	**16872020**
东部地区	38426	421160	359535	11789634
中部地区	14453	164421	131045	3466109
西部地区	10223	90949	70350	1616277
北　京	911	11057	9769	252261
天　津	1946	13027	11075	556413
河　北	2389	24785	18474	567095
山　西	1231	27034	22191	400933
内蒙古	446	9345	8182	220579
辽　宁	4374	34535	23864	854950
吉　林	736	7435	6809	226463
黑龙江	2680	19286	15088	391222
上　海	2172	25848	25523	1051513
江　苏	5328	77938	61693	2137884
浙　江	1800	24372	23645	621635
安　徽	1776	19722	14652	456027
福　建	1090	14111	11940	337314
江　西	1180	10570	7869	351534
山　东	8675	73619	55863	2334285
河　南	3460	38869	30630	730385
湖　北	1603	25579	20779	524124
湖　南	1787	15926	13027	385421
广　东	9699	121742	117685	3076158
广　西	857	5215	4939	150341
海　南	42	126	4	126
重　庆	1444	11706	9093	231618
四　川	3409	25336	20417	338870
贵　州	476	3054	2409	102410
云　南	284	4474	2278	47247
西　藏				
陕　西	2053	17770	12497	290760
甘　肃	501	7309	6224	111265
青　海	107	1553	967	26856
宁　夏	163	1248	917	24020
新　疆	483	3939	2427	72310

5-1-19 各地区中型企业R&D项目情况

地　区	R&D项目数 (项)	R&D项目人员数 (人)	R&D项目人员全时当量 (人年)	R&D项目经费支出 (万元)
总　计	**70750**	**529170**	**420257**	**10092009**
东部地区	50732	389520	317453	7994520
中部地区	11190	87949	63918	1350594
西部地区	8828	51701	38886	746895
北　京	3482	15483	13468	334973
天　津	3466	10921	7571	344464
河　北	1354	10191	7881	129990
山　西	577	4656	3576	73347
内蒙古	242	3099	1556	67430
辽　宁	1493	11082	8459	224341
吉　林	290	2236	1634	38636
黑龙江	816	3357	2634	70147
上　海	4267	24519	22708	668053
江　苏	9922	89668	74957	1940791
浙　江	7890	70350	63149	1405160
安　徽	1757	14468	10132	183239
福　建	2355	19865	17106	352635
江　西	989	6672	4556	94770
山　东	7049	52765	39089	1102443
河　南	2205	23833	17770	349897
湖　北	2653	18859	14019	267144
湖　南	1903	13868	9597	273414
广　东	9332	84200	62631	1478275
广　西	1326	5348	4020	80373
海　南	122	476	434	13395
重　庆	1676	9959	7064	187645
四　川	2094	12342	9708	152069
贵　州	644	3505	2894	44590
云　南	436	3874	2527	40524
西　藏	9	240	269	1789
陕　西	1445	7029	6135	81780
甘　肃	323	2721	1999	27551
青　海	16	143	129	1732
宁　夏	414	2192	1628	35547
新　疆	203	1249	957	25866

5-1-20 各地区小型企业R&D项目情况

地　区	R&D项目数（项）	R&D项目人员数（人）	R&D项目人员全时当量（人年）	R&D项目经费支出（万元）
总　计	**60548**	**318674**	**247880**	**4894627**
东部地区	47461	245777	195043	3961810
中部地区	8752	52371	38254	681587
西部地区	4333	20497	14549	250613
北　京	3101	14983	12496	244532
天　津	2197	7021	5610	134794
河　北	702	4029	2856	45503
山　西	236	1797	1478	25802
内蒙古	210	1147	869	24960
辽　宁	1605	7251	5513	106149
吉　林	571	1899	1232	20563
黑龙江	472	2677	2268	33863
上　海	3228	13319	11503	241753
江　苏	12204	65480	50105	1046453
浙　江	13296	66979	56910	1055384
安　徽	1700	8949	6284	105179
福　建	1990	13534	10673	236637
江　西	630	3862	2368	53497
山　东	3134	19949	15493	381572
河　南	1316	10685	7954	99232
湖　北	1848	10812	7643	122037
湖　南	1979	11690	9027	221416
广　东	5857	32757	23445	462056
广　西	737	2823	2112	52585
海　南	147	475	439	6977
重　庆	606	3060	2104	36571
四　川	1471	7501	5339	66082
贵　州	158	576	394	8140
云　南	271	1138	658	16783
西　藏	10	37	29	4182
陕　西	423	2203	1740	20963
甘　肃	102	600	306	4237
青　海	24	187	128	1186
宁　夏	189	691	497	6648
新　疆	132	534	373	8277

5-1-21　各地区国有控股企业R&D项目情况

地　区	R&D项目数（项）	R&D项目人员数（人）	R&D项目人员全时当量（人年）	R&D项目经费支出（万元）
总　计	**66070**	**542264**	**434205**	**11889909**
东部地区	34511	261495	214579	6836830
中部地区	16770	171236	134349	3313878
西部地区	14789	109533	85277	1739202
北　京	4334	21807	19013	471250
天　津	4095	16483	13150	653588
河　北	2155	22278	17508	526536
山　西	1532	29100	23664	429453
内蒙古	477	8703	7364	134425
辽　宁	4631	34165	23579	784114
吉　林	725	6867	6126	225106
黑龙江	2723	18278	14791	384143
上　海	4078	27297	26301	1068939
江　苏	4227	34911	25896	761771
浙　江	1326	10942	10384	233072
安　徽	2131	23378	17052	473695
福　建	825	7737	6049	104955
江　西	1503	11167	8234	294452
山　东	5837	49328	38350	1292219
河　南	3049	32442	24727	563937
湖　北	2932	31741	26031	567017
湖　南	2175	18263	13724	376075
广　东	2798	35772	33576	921179
广　西	1740	7438	6719	176760
海　南	205	775	773	19207
重　庆	2148	15142	11338	250678
四　川	4194	26861	21596	375132
贵　州	1112	6315	5311	143412
云　南	611	5160	3137	55285
西　藏	3	11	2	3380
陕　西	2809	22620	16944	335313
甘　肃	650	9158	7463	129248
青　海	116	1651	1045	27372
宁　夏	289	1702	1305	30011
新　疆	640	4772	3053	78185

5-1-22 各地区内资企业R&D项目情况

地　区	R&D项目数(项)	R&D项目人员数(人)	R&D项目人员全时当量(人年)	R&D项目经费支出(万元)
总　计	**149817**	**1135270**	**900122**	**23059762**
东部地区	97771	713911	581092	16054538
中部地区	30298	271061	206215	4736424
西部地区	21746	150269	112781	2268183
北　京	6441	33859	29824	668790
天　津	6255	23760	18637	817682
河　北	3413	33181	25468	638807
山　西	1966	32524	26385	489878
内蒙古	740	12019	9050	198581
辽　宁	6575	44941	31226	991544
吉　林	1221	10226	8672	269329
黑龙江	3723	23493	18360	456152
上　海	5208	29154	26327	825012
江　苏	18006	145897	112132	3232476
浙　江	17474	118903	102737	2207726
安　徽	4352	39049	28172	658471
福　建	2773	22123	16987	351586
江　西	2318	17740	11835	308947
山　东	16639	125023	94672	3221461
河　南	6303	64260	48861	1045781
湖　北	5144	45377	34730	687833
湖　南	5271	38392	29200	820034
广　东	14761	136212	122349	3085881
广　西	2593	9755	7845	181429
海　南	226	858	733	13572
重　庆	3366	22027	16008	410246
四　川	6642	42572	33396	527845
贵　州	1258	7014	5623	153294
云　南	861	8870	4935	93691
西　藏	19	277	298	5970
陕　西	3772	26254	19644	371950
甘　肃	915	10535	8489	142555
青　海	115	1606	1101	19747
宁　夏	653	3657	2668	58370
新　疆	812	5683	3724	104505

5-1-23 各地区国有企业R&D项目情况

地 区	R&D项目数（项）	R&D项目人员数（人）	R&D项目人员全时当量（人年）	R&D项目经费支出（万元）
总 计	**17865**	**131304**	**97979**	**2476726**
东部地区	8139	55366	38465	1295746
中部地区	4846	43723	35246	735149
西部地区	4880	32215	24268	445831
北 京	314	2014	1901	33872
天 津	329	1911	1254	160549
河 北	921	6866	5600	128623
山 西	202	1473	1318	19108
内蒙古	30	305	122	5626
辽 宁	1338	11703	7217	164029
吉 林	336	2153	2284	141788
黑龙江	656	4447	3098	56113
上 海	670	3311	3020	91678
江 苏	1838	13508	7977	282162
浙 江	278	1414	1227	41507
安 徽	611	3262	2606	39519
福 建	183	1131	823	16646
江 西	502	2919	1940	61356
山 东	1822	10498	7783	335437
河 南	706	7621	6173	66843
湖 北	1206	14594	12378	225277
湖 南	627	7254	5449	125147
广 东	416	2870	1527	38157
广 西	739	2188	1967	16976
海 南	30	140	136	3085
重 庆	492	2368	1887	43163
四 川	1536	11443	8667	154387
贵 州	410	1998	1825	63703
云 南	82	1019	361	5134
西 藏	2	7	1	435
陕 西	1324	9628	7185	133913
甘 肃	129	2056	1339	9980
青 海	8	135	43	1096
宁 夏	27	207	170	3681
新 疆	101	861	701	7739

5-1-24　各地区港澳台商投资企业R&D项目情况

地　区	R&D项目数(项)	R&D项目人员数(人)	R&D项目人员全时当量(人年)	R&D项目经费支出(万元)
总　计	**18199**	**161926**	**132207**	**3170111**
东部地区	16663	148781	121381	2968116
中部地区	1122	10678	8723	163781
西部地区	414	2467	2103	38214
北　京	307	2258	1524	42319
天　津	394	1587	1280	40257
河　北	725	3730	2477	51967
山　西	32	424	353	5773
内蒙古	11	47	29	635
辽　宁	317	2814	2381	92170
吉　林	7	90	88	421
黑龙江	19	177	148	4312
上　海	986	9262	8086	177003
江　苏	3448	31784	25558	645881
浙　江	2507	20987	20617	464612
安　徽	237	1479	1062	21877
福　建	1826	14635	12829	355579
江　西	80	550	488	11468
山　东	709	6389	4652	164706
河　南	313	4334	3871	53105
湖　北	182	1998	1448	32306
湖　南	252	1626	1265	34519
广　东	5394	55251	41902	932893
广　西	78	308	247	7205
海　南	50	84	75	729
重　庆	85	666	598	10283
四　川	88	934	772	13782
贵　州	2	8	2	79
云　南	84	322	350	5042
西　藏				
陕　西				
甘　肃	7	75	34	377
青　海	1	25	10	30
宁　夏	55	65	54	707
新　疆	3	17	7	76

5-1-25 各地区外商投资企业R&D项目情况

地　区	R&D项目数（项）	R&D项目人员数（人）	R&D项目人员全时当量（人年）	R&D项目经费支出（万元）
总　计	**26384**	**227178**	**196738**	**5628783**
东部地区	22185	193765	169558	4723310
中部地区	2975	23002	18279	598086
西部地区	1224	10411	8901	307387
北　京	746	5406	4385	120658
天　津	960	5622	4339	177732
河　北	307	2094	1266	51814
山　西	46	539	507	4431
内蒙古	147	1525	1528	113753
辽　宁	580	5113	4229	101727
吉　林	369	1254	915	15913
黑龙江	226	1650	1482	34769
上　海	3473	25270	25321	959304
江　苏	6000	55405	49065	1246770
浙　江	3005	21811	20350	409841
安　徽	644	2611	1834	64097
福　建	836	10752	9903	219421
江　西	401	2814	2470	179385
山　东	1510	14921	11121	432132
河　南	365	4793	3622	80628
湖　北	778	7875	6263	193166
湖　南	146	1466	1186	25698
广　东	4733	47236	39510	997716
广　西	249	3323	2979	94664
海　南	35	135	69	6196
重　庆	275	2032	1655	35306
四　川	244	1673	1296	15395
贵　州	18	113	72	1767
云　南	46	294	178	5822
西　藏				
陕　西	149	748	728	21552
甘　肃	4	20	6	122
青　海	31	252	113	9997
宁　夏	58	409	320	7138
新　疆	3	22	26	1873

5-1-26 各地区分行业企业R&D项目情况

地　区	采矿业			
	R&D项目数（项）	R&D项目人员数（人）	R&D项目人员全时当量（人年）	R&D项目经费支出（万元）
总　计	**7191**	**91652**	**63458**	**1276789**
东部地区	3135	33949	22756	618581
中部地区	2658	43726	32458	435861
西部地区	1398	13977	8244	222346
北　京	124	1249	697	15843
天　津	282	2627	2266	137159
河　北	252	4579	3331	55970
山　西	520	19776	15847	135808
内蒙古	54	1811	955	92680
辽　宁	780	5487	1781	48881
吉　林	131	1038	1037	9330
黑龙江	584	3024	2302	55062
上　海	3	19	12	362
江　苏	316	3969	3321	54827
浙　江	21	111	85	2058
安　徽	297	5850	3019	61522
福　建	53	378	251	3566
江　西	81	746	306	5215
山　东	1219	14683	10587	293738
河　南	878	11342	8306	153720
湖　北	36	1242	1079	5869
湖　南	131	708	562	9335
广　东	42	717	420	6005
广　西	21	315	276	2670
海　南	43	130	5	171
重　庆	132	933	477	4279
四　川	332	2548	1302	17776
贵　州	32	518	351	683
云　南	38	871	401	6513
西　藏	1	4	1	2945
陕　西	279	2472	1662	22096
甘　肃	29	345	249	2256
青　海	67	611	367	15009
宁　夏	6	67	31	469
新　疆	407	3482	2172	54971

5-1-26 续表 1

地 区	制造业			
	R&D项目数(项)	R&D项目人员数(人)	R&D项目人员全时当量(人年)	R&D项目经费支出(万元)
总 计	**184631**	**1412115**	**1153120**	**30355064**
东部地区	132293	1014772	843832	22986815
中部地区	30722	251556	195294	5006793
西部地区	21614	145758	113960	2360839
北 京	7286	39649	34388	805361
天 津	7305	28226	21967	888418
河 北	4123	34219	25814	683808
山 西	1495	13491	11245	363435
内蒙古	812	11489	9563	214903
辽 宁	6583	45943	34627	1127389
吉 林	1439	10334	8551	274279
黑龙江	2854	18547	15302	416773
上 海	9558	63148	59565	1946720
江 苏	26865	227701	182628	5041659
浙 江	22884	160966	143115	3055400
安 徽	4881	36891	27802	679418
福 建	5283	46474	39094	917983
江 西	2657	20121	14374	492299
山 东	17492	130681	99191	3514941
河 南	5983	60594	47171	1009818
湖 北	6004	51619	40173	905051
湖 南	5409	39959	30676	865720
广 东	24647	236827	202571	4984879
广 西	2883	12960	10741	279293
海 南	267	938	872	20259
重 庆	3565	23488	17658	449782
四 川	6592	41799	33629	534870
贵 州	1175	6502	5316	148443
云 南	928	8072	4912	96429
西 藏	18	273	297	3025
陕 西	3581	24125	18442	370010
甘 肃	863	9905	8132	137015
青 海	53	1105	786	13417
宁 夏	753	3989	2970	65486
新 疆	391	2051	1514	48167

5-1-26 续表 2

地 区	农副食品加工业			
	R&D项目数(项)	R&D项目人员数(人)	R&D项目人员全时当量(人年)	R&D项目经费支出(万元)
总 计	**2686**	**19869**	**14875**	**456122**
东部地区	1625	11434	8579	310392
中部地区	798	6751	5162	126535
西部地区	263	1684	1134	19195
北 京	66	479	392	5566
天 津	63	347	103	14537
河 北	55	285	170	6115
山 西	3	41	46	362
内蒙古	15	32	16	1789
辽 宁	43	285	271	2432
吉 林	8	56	38	459
黑龙江	22	234	140	4964
上 海	18	83	80	847
江 苏	197	1214	858	29645
浙 江	287	1580	1207	32665
安 徽	102	730	493	12052
福 建	136	1385	1060	37850
江 西	35	248	173	2302
山 东	512	4669	3522	160250
河 南	262	3274	2762	55472
湖 北	72	531	422	8597
湖 南	294	1637	1088	42327
广 东	240	1072	899	20412
广 西	66	527	345	5516
海 南	8	35	17	72
重 庆	21	207	160	3173
四 川	71	411	301	4434
贵 州	6	17	12	151
云 南	22	100	44	904
西 藏	2	14	14	349
陕 西	3	11	9	109
甘 肃	15	208	141	569
青 海	1	6	7	272
宁 夏	34	96	66	837
新 疆	7	55	19	1091

5-1-26 续表 3

地区	食品制造业			
	R&D项目数(项)	R&D项目人员数(人)	R&D项目人员全时当量(人年)	R&D项目经费支出(万元)
总计	**2584**	**16299**	**11941**	**336895**
东部地区	1784	10889	8261	255166
中部地区	433	3800	2790	55784
西部地区	367	1610	890	25946
北京	93	648	571	12473
天津	104	369	331	4553
河北	65	627	437	8674
山西	10	99	38	2062
内蒙古	138	362	155	8617
辽宁	10	39	36	974
吉林	1	4	1	45
黑龙江	20	391	275	1828
上海	132	335	305	6346
江苏	130	859	680	13336
浙江	193	1048	958	29794
安徽	47	334	213	2832
福建	104	820	669	17076
江西	33	319	230	4808
山东	576	3586	2510	93565
河南	178	1600	1221	25418
湖北	80	441	313	4472
湖南	64	612	499	14319
广东	374	2532	1741	68106
广西	54	173	126	1642
海南	3	26	23	271
重庆	34	234	100	3411
四川	54	294	222	2623
贵州	1	2	2	211
云南	6	110	28	445
西藏	5	10	11	523
陕西	30	106	84	4410
甘肃	9	47	17	351
青海				
宁夏	21	108	68	2232
新疆	15	164	77	1479

5-1-26 续表 4

地 区	饮料制造业			
	R&D项目数(项)	R&D项目人员数(人)	R&D项目人员全时当量(人年)	R&D项目经费支出(万元)
总 计	**2893**	**18023**	**14222**	**358639**
东部地区	1311	10135	8030	212269
中部地区	423	3780	2751	53212
西部地区	1159	4108	3441	93157
北 京	55	783	926	11692
天 津	76	329	245	6376
河 北	69	289	246	5292
山 西	18	324	358	877
内蒙古	27	350	196	4574
辽 宁	51	259	189	4303
吉 林	3	36	14	231
黑龙江	13	289	257	1286
上 海	203	275	131	3637
江 苏	127	2461	1692	60826
浙 江	149	1009	735	27877
安 徽	66	472	265	7464
福 建	154	1747	1525	28081
江 西	64	346	158	1358
山 东	284	1754	1381	47474
河 南	131	1549	1204	28511
湖 北	61	340	234	5072
湖 南	67	424	261	8414
广 东	136	1218	953	16599
广 西	319	214	171	13928
海 南	7	11	7	113
重 庆	24	174	89	2677
四 川	654	2469	2306	42121
贵 州	26	314	248	24131
云 南	12	82	63	1372
西 藏				
陕 西	46	213	193	783
甘 肃	21	105	28	1397
青 海	5	35	34	230
宁 夏	20	85	67	1327
新 疆	5	67	46	618

5-1-26 续表 5

地区	烟草制品业			
	R&D项目数(项)	R&D项目人员数(人)	R&D项目人员全时当量(人年)	R&D项目经费支出(万元)
总计	**1237**	**4302**	**3653**	**66651**
东部地区	245	942	866	20535
中部地区	380	1264	1177	32924
西部地区	612	2096	1610	13192
北京	4	13	15	894
天津				
河北	1	3	2	4
山西	5	41	39	665
内蒙古				
辽宁				
吉林	3	30	28	550
黑龙江	16	76	77	1226
上海	65	275	326	4869
江苏	12	79	46	1033
浙江	22	20	13	1048
安徽	29	68	56	612
福建	11	47	22	1845
江西	27	128	126	1894
山东	76	352	294	5556
河南	38	225	148	5675
湖北	117	377	362	8271
湖南	145	319	341	14032
广东	52	144	137	5150
广西	463	727	872	5833
海南	2	9	11	136
重庆	12	13	6	73
四川				
贵州	27	114	117	1258
云南	88	976	541	5012
西藏				
陕西	12	228	42	490
甘肃	10	38	32	525
青海				
宁夏				
新疆				

5-1-26 续表 6

地 区	纺织业			
	R&D项目数（项）	R&D项目人员数（人）	R&D项目人员全时当量（人年）	R&D项目经费支出（万元）
总 计	**5645**	**44651**	**32728**	**697697**
东部地区	4710	38084	27955	596692
中部地区	535	4503	3155	59349
西部地区	400	2064	1618	41656
北 京	35	162	99	4005
天 津	727	830	746	13137
河 北	111	1781	1397	7183
山 西	7	41	42	986
内蒙古	56	811	820	24647
辽 宁	51	435	311	6050
吉 林	3	59	63	162
黑龙江	2	33	25	427
上 海	66	411	395	6206
江 苏	1008	10643	7824	178957
浙 江	1395	10222	8965	218061
安 徽	84	967	728	11928
福 建	259	2366	1388	27021
江 西	19	313	180	1613
山 东	991	10465	6227	118144
河 南	86	1080	633	15676
湖 北	94	794	630	14027
湖 南	240	1216	854	14531
广 东	53	726	551	17846
广 西	208	57	56	1120
海 南	14	43	52	82
重 庆	16	227	138	2364
四 川	55	415	255	3078
贵 州				
云 南	1	34	1	110
西 藏				
陕 西	24	166	67	1224
甘 肃	4	24	24	152
青 海				
宁 夏	28	242	197	7338
新 疆	8	88	60	1623

5-1-26 续表 7

地区	纺织服装、鞋、帽制造业			
	R&D项目数(项)	R&D项目人员数(人)	R&D项目人员全时当量(人年)	R&D项目经费支出(万元)
总 计	**944**	**9610**	**8271**	**150138**
东部地区	879	9039	7844	142296
中部地区	49	479	353	7287
西部地区	16	92	74	555
北 京	17	42	41	512
天 津	85	226	227	2379
河 北	8	147	12	911
山 西	1	18	12	350
内蒙古	3	4	4	24
辽 宁				
吉 林				
黑龙江				
上 海	103	169	88	4475
江 苏	216	2389	2015	44733
浙 江	249	2658	2614	30625
安 徽	20	90	56	1629
福 建	53	552	429	17574
江 西	1	9	1	30
山 东	106	1139	643	20658
河 南	12	203	157	1843
湖 北	4	45	30	178
湖 南	11	114	97	3258
广 东	42	1717	1775	20429
广 西				
海 南				
重 庆	3	15	9	54
四 川	5	34	34	273
贵 州				
云 南				
西 藏				
陕 西	3	11	11	81
甘 肃				
青 海				
宁 夏	2	28	16	123
新 疆				

5-1-26 续表 8

地　区	皮革、皮毛、羽毛(绒)及其制品			
	R&D项目数(项)	R&D项目人员数(人)	R&D项目人员全时当量(人年)	R&D项目经费支出(万元)
总　计	**1130**	**5884**	**4744**	**86426**
东部地区	1065	5452	4397	80904
中部地区	52	306	265	4616
西部地区	13	126	82	905
北　京				
天　津	73	124	16	676
河　北	9	83	75	464
山　西				
内蒙古				
辽　宁				
吉　林				
黑龙江				
上　海	3	36	43	198
江　苏	33	364	287	5539
浙　江	524	2088	2009	35108
安　徽	4	22	21	295
福　建	249	1457	1306	19546
江　西				
山　东	161	635	469	12886
河　南	41	224	204	3337
湖　北				
湖　南	7	60	40	984
广　东	13	665	192	6488
广　西				
海　南				
重　庆	3	41	13	438
四　川	6	74	59	423
贵　州				
云　南				
西　藏				
陕　西				
甘　肃	3	8	6	40
青　海				
宁　夏	1	3	4	4
新　疆				

5-1-26 续表 9

地 区	木材加工及木、竹、藤、棕、草制品业			
	R&D项目数 (项)	R&D项目人员数 (人)	R&D项目人员全时当量 (人年)	R&D项目经费支出 (万元)
总 计	**923**	**4785**	**3194**	**90350**
东部地区	738	3431	2220	73036
中部地区	170	1198	869	16092
西部地区	15	156	105	1221
北 京	5	23	23	149
天 津	2	32	12	271
河 北	4	47	26	620
山 西				
内蒙古	2	25	28	30
辽 宁	3	33	11	77
吉 林	10	87	72	186
黑龙江	4	75	64	244
上 海	6	53	31	956
江 苏	490	1454	825	32016
浙 江	116	716	631	12827
安 徽	16	127	79	328
福 建	37	429	277	15662
江 西	10	74	34	2243
山 东	28	232	69	6640
河 南	28	232	239	3605
湖 北	6	52	44	394
湖 南	96	551	337	9092
广 东	47	412	315	3819
广 西	8	57	32	539
海 南				
重 庆	1	12	5	400
四 川	4	62	40	252
贵 州				
云 南				
西 藏				
陕 西				
甘 肃				
青 海				
宁 夏				
新 疆				

5-1-26 续表 10

地 区	家具制造业			
	R&D项目数(项)	R&D项目人员数(人)	R&D项目人员全时当量(人年)	R&D项目经费支出(万元)
总 计	**447**	**3893**	**2731**	**58360**
东部地区	370	3419	2503	50577
中部地区	47	300	160	5832
西部地区	30	174	68	1951
北 京	1	70	72	220
天 津	16	308	269	3314
河 北	2	8	1	53
山 西				
内蒙古				
辽 宁				
吉 林				
黑龙江	4	55	32	122
上 海	40	719	349	20791
江 苏	47	286	259	2185
浙 江	108	839	823	11613
安 徽	5	51	9	36
福 建	33	230	224	4728
江 西	1	11	1	176
山 东	14	219	148	1140
河 南	12	89	68	1482
湖 北	15	40	29	309
湖 南	10	54	21	3708
广 东	109	740	358	6533
广 西	4	78	27	325
海 南				
重 庆	11	44	14	1171
四 川	14	41	26	228
贵 州				
云 南	1	11	1	227
西 藏				
陕 西				
甘 肃				
青 海				
宁 夏				
新 疆				

5-1-26 续表 11

地　区	造纸及纸制品业			
	R&D项目数（项）	R&D项目人员数（人）	R&D项目人员全时当量（人年）	R&D项目经费支出（万元）
总　计	**1036**	**13335**	**9361**	**313478**
东部地区	790	9412	6811	243484
中部地区	154	3262	2109	51343
西部地区	92	661	441	18651
北　京	4	69	5	182
天　津	49	253	234	4639
河　北	42	85	58	3577
山　西				
内蒙古	2	18		32
辽　宁	6	28	21	250
吉　林	3	176	1	1800
黑龙江	25	97	79	3571
上　海	22	135	123	3060
江　苏	165	2085	1850	54223
浙　江	150	1265	1006	37707
安　徽	21	273	202	5403
福　建	44	636	582	16007
江　西	4	48	42	4835
山　东	192	3465	1840	91409
河　南	38	768	495	14881
湖　北	12	265	301	2839
湖　南	51	1635	989	18014
广　东	116	1391	1092	32429
广　西	11	87	70	9773
海　南				
重　庆	9	48	31	1176
四　川	12	94	86	862
贵　州				
云　南	14	103	15	1930
西　藏				
陕　西	10	51	49	1038
甘　肃				
青　海				
宁　夏	28	247	179	3531
新　疆	6	13	11	309

5-1-26 续表 12

地　区	印刷业和记录媒介的复制			
	R&D项目数(项)	R&D项目人员数(人)	R&D项目人员全时当量(人年)	R&D项目经费支出(万元)
总　计	**735**	**6151**	**4513**	**87149**
东部地区	448	4247	3040	56201
中部地区	158	1258	913	21619
西部地区	129	646	560	9329
北　京	30	101	63	1508
天　津	24	116	105	1752
河　北	14	154	70	756
山　西	5	14	3	111
内蒙古				
辽　宁	33	123	112	1993
吉　林	5	58	49	1717
黑龙江	8	16	10	535
上　海	68	423	345	6345
江　苏	44	382	340	7665
浙　江	98	984	914	17827
安　徽	14	270	245	3487
福　建	18	173	128	3032
江　西	39	36	34	1487
山　东	35	202	162	2516
河　南	36	338	163	3771
湖　北	38	311	260	4239
湖　南	13	215	149	6271
广　东	84	1589	801	12808
广　西	7	71	60	3413
海　南				
重　庆	10	69	67	653
四　川	12	59	47	998
贵　州				
云　南	62	249	243	2761
西　藏				
陕　西	35	161	116	1274
甘　肃				
青　海				
宁　夏	3	37	27	230
新　疆				

5-1-26 续表 13

地 区	文教体育用品制造业			
	R&D项目数 (项)	R&D项目人员数 (人)	R&D项目人员全时当量 (人年)	R&D项目经费支出 (万元)
总 计	**904**	**6971**	**5958**	**92965**
东部地区	866	6686	5750	90353
中部地区	32	221	165	2226
西部地区	6	64	43	386
北 京	13	199	64	1731
天 津	75	102	98	997
河 北				
山 西	2	111	100	514
内蒙古				
辽 宁	4	29	14	164
吉 林				
黑龙江				
上 海	116	414	314	12936
江 苏	71	1018	938	14312
浙 江	270	2043	1811	22824
安 徽	6	31	11	565
福 建	28	375	365	7322
江 西				
山 东	57	236	234	9445
河 南	4	45	40	815
湖 北	1	7		16
湖 南	19	27	14	316
广 东	232	2270	1912	20621
广 西	5	61	40	347
海 南				
重 庆				
四 川	1	3	3	39
贵 州				
云 南				
西 藏				
陕 西				
甘 肃				
青 海				
宁 夏				
新 疆				

5-1-26 续表 14

地 区	石油加工、炼焦及核燃料加工业			
	R&D项目数(项)	R&D项目人员数(人)	R&D项目人员全时当量(人年)	R&D项目经费支出(万元)
总 计	**1342**	**10794**	**8146**	**274014**
东部地区	826	6435	4812	187416
中部地区	217	2676	2151	53661
西部地区	299	1683	1183	32937
北 京	128	698	513	8360
天 津	75	387	288	2410
河 北	28	155	27	952
山 西	47	736	460	18511
内蒙古	11	190	34	10473
辽 宁	63	779	681	17304
吉 林	2	4	4	27
黑龙江	60	767	835	9934
上 海	87	414	296	11175
江 苏	75	602	547	14360
浙 江	10	69	51	5973
安 徽	14	72	85	1483
福 建	8	72	50	4959
江 西	25	215	89	5496
山 东	246	2534	1729	100628
河 南	28	135	122	3051
湖 北	17	137	148	2027
湖 南	24	610	408	13132
广 东	106	725	630	21297
广 西	8	4	4	331
海 南				
重 庆	24	93	32	1591
四 川	117	391	353	7499
贵 州				
云 南	4	64	21	1176
西 藏				
陕 西	26	263	157	1972
甘 肃	44	328	325	4049
青 海				
宁 夏				
新 疆	65	350	257	5847

5-1-26 续表 15

地　区	化学原料及化学制品制造业			
	R&D项目数（项）	R&D项目人员数（人）	R&D项目人员全时当量（人年）	R&D项目经费支出（万元）
总　计	**14079**	**108208**	**85926**	**2298793**
东部地区	10465	76568	59622	1800840
中部地区	2120	19543	16530	318070
西部地区	1494	12097	9774	179882
北　京	300	1391	1102	21981
天　津	501	2488	2336	68477
河　北	252	2627	2063	47549
山　西	179	2145	1992	28649
内蒙古	29	537	265	5247
辽　宁	414	4109	3769	63215
吉　林	47	831	883	10324
黑龙江	30	488	457	25284
上　海	825	3890	3362	136408
江　苏	3422	26937	18887	589662
浙　江	1504	9793	8397	253572
安　徽	330	3606	3174	43559
福　建	175	1261	1022	32641
江　西	167	1329	859	20352
山　东	1837	15605	12272	381389
河　南	612	3681	2974	59891
湖　北	381	4393	3964	82934
湖　南	374	3070	2227	47077
广　东	1215	8402	6364	202317
广　西	157	599	527	8522
海　南	20	65	48	3630
重　庆	195	1725	991	38603
四　川	489	4247	3889	53535
贵　州	88	548	459	30599
云　南	129	581	420	3658
西　藏	1	4	2	7
陕　西	215	1350	1261	17188
甘　肃	91	1208	1014	5521
青　海	17	798	553	9748
宁　夏	22	131	72	1530
新　疆	61	369	321	5725

5-1-26 续表 16

地 区	医药制造业			
	R&D项目数(项)	R&D项目人员数(人)	R&D项目人员全时当量(人年)	R&D项目经费支出(万元)
总 计	**12698**	**70586**	**58839**	**1120750**
东部地区	8356	44877	39063	803119
中部地区	2744	16727	12383	217856
西部地区	1598	8982	7393	99775
北 京	585	2651	2527	35828
天 津	695	1970	1688	42318
河 北	748	4084	3153	36870
山 西	154	862	587	7018
内蒙古	47	240	208	2533
辽 宁	296	1503	1327	16619
吉 林	271	2144	1458	18380
黑龙江	603	1902	1620	39025
上 海	719	3458	3286	68490
江 苏	1354	8387	7557	190494
浙 江	1428	8729	8297	150477
安 徽	264	1800	1034	15043
福 建	270	1471	1366	20513
江 西	361	1897	1210	27921
山 东	1079	7275	5876	154618
河 南	373	3474	2949	41908
湖 北	383	2623	1693	28334
湖 南	335	2025	1832	40228
广 东	1004	4878	3559	77506
广 西	305	1020	760	14145
海 南	178	471	427	9387
重 庆	316	1476	1224	23828
四 川	420	3126	2733	20512
贵 州	68	369	55	2830
云 南	141	864	659	9353
西 藏	10	245	270	2146
陕 西	148	762	700	12513
甘 肃	44	404	381	6918
青 海	18	123	121	947
宁 夏	66	314	251	3562
新 疆	15	39	31	490

5-1-26 续表 17

地　区	化学纤维制造业			
	R&D项目数(项)	R&D项目人员数(人)	R&D项目人员全时当量(人年)	R&D项目经费支出(万元)
总　计	**910**	**11083**	**8285**	**310348**
东部地区	762	8864	6892	252582
中部地区	54	1255	897	53445
西部地区	94	964	496	4322
北　京	12	93	53	853
天　津	5	68	82	158
河　北	56	579	321	7155
山　西				
内蒙古				
辽　宁	40	411	285	3197
吉　林	33	691	430	39865
黑龙江	1	5	6	11
上　海	3	11	7	1138
江　苏	292	2602	1584	108146
浙　江	215	2672	2250	71601
安　徽	5	84	63	423
福　建	28	907	821	17963
江　西				
山　东	85	853	768	29366
河　南	6	237	239	6640
湖　北	3	126	89	503
湖　南	6	112	70	6004
广　东	26	668	721	13005
广　西				
海　南				
重　庆				
四　川	87	906	449	3668
贵　州				
云　南				
西　藏				
陕　西				
甘　肃	6	40	40	562
青　海				
宁　夏				
新　疆	1	18	7	92

5-1-26 续表 18

地 区	橡胶制品业			
	R&D项目数(项)	R&D项目人员数(人)	R&D项目人员全时当量(人年)	R&D项目经费支出(万元)
总 计	**2106**	**13973**	**9797**	**349591**
东部地区	1550	10069	7309	282316
中部地区	446	2715	1674	44110
西部地区	110	1189	814	23165
北 京	20	225	186	2246
天 津	73	291	144	6210
河 北	17	246	131	2086
山 西	21	125	84	2919
内蒙古	8	28	14	512
辽 宁	47	135	112	1157
吉 林				
黑龙江	1	23	7	233
上 海	146	560	523	16069
江 苏	225	1978	1578	43217
浙 江	106	1119	1064	19275
安 徽	304	835	704	13202
福 建	26	449	451	7328
江 西	8	56	26	472
山 东	789	4134	2415	170985
河 南	68	1395	651	23465
湖 北	34	222	169	2151
湖 南	10	59	33	1668
广 东	101	932	705	13745
广 西	8	36	5	234
海 南				
重 庆	22	125	74	1122
四 川	25	342	249	4211
贵 州	30	488	359	14152
云 南	3	11	4	33
西 藏				
陕 西	2	5	4	18
甘 肃	2	16	12	120
青 海				
宁 夏	7	116	81	2305
新 疆	3	22	12	458

5-1-26 续表 19

地　区	塑料制品业			
	R&D项目数(项)	R&D项目人员数(人)	R&D项目人员全时当量(人年)	R&D项目经费支出(万元)
总　计	**2671**	**21289**	**17851**	**393392**
东部地区	2303	17901	15591	333745
中部地区	228	2290	1643	27855
西部地区	140	1098	617	31792
北　京	57	300	215	3880
天　津	70	238	98	3665
河　北	72	428	233	3320
山　西	1	2	1	50
内蒙古	6	291	42	16240
辽　宁	37	211	183	3002
吉　林	5	84	72	362
黑龙江	16	97	78	1157
上　海	146	797	634	18159
江　苏	440	3713	3202	68245
浙　江	587	3539	2985	76190
安　徽	83	710	605	12528
福　建	377	1097	950	22717
江　西	12	54	26	373
山　东	97	617	505	19979
河　南	37	318	224	3969
湖　北	57	913	566	6191
湖　南	17	112	71	3225
广　东	417	6957	6584	114550
广　西	9	48	48	1263
海　南	3	4	2	37
重　庆	10	53	43	612
四　川	47	217	177	5418
贵　州	7	4	3	131
云　南	10	58	31	1065
西　藏				
陕　西	14	137	70	1974
甘　肃	7	77	25	747
青　海				
宁　夏	2	26	4	205
新　疆	28	187	174	4136

5-1-26 续表 20

地 区	非金属矿物制品业			
	R&D项目数(项)	R&D项目人员数(人)	R&D项目人员全时当量(人年)	R&D项目经费支出(万元)
总 计	**4721**	**43395**	**32948**	**694621**
东部地区	3213	27785	21622	478503
中部地区	1154	11261	8115	172474
西部地区	354	4349	3211	43644
北 京	382	2248	1904	34775
天 津	95	460	246	3538
河 北	164	2913	2517	43881
山 西	39	419	348	5088
内蒙古	22	490	242	2562
辽 宁	93	523	405	23621
吉 林	32	243	179	4226
黑龙江	41	571	260	5040
上 海	242	1126	891	22040
江 苏	642	4862	3370	89078
浙 江	436	2821	2488	54004
安 徽	83	738	500	12354
福 建	123	1590	1465	30782
江 西	223	1387	1006	22775
山 东	747	6863	5015	105599
河 南	404	4923	3573	71829
湖 北	156	1509	1066	26431
湖 南	176	1471	1183	24730
广 东	289	4379	3321	71184
广 西	53	496	426	5217
海 南				
重 庆	73	794	541	9755
四 川	148	2204	1750	15440
贵 州	10	47	37	531
云 南	5	33	11	794
西 藏				
陕 西	4	12	10	223
甘 肃	12	123	87	1564
青 海				
宁 夏	17	76	39	1109
新 疆	10	74	68	6449

5-1-26 续表 21

地　区	黑色金属冶炼及压延加工业制造业			
	R&D项目数(项)	R&D项目人员数(人)	R&D项目人员全时当量(人年)	R&D项目经费支出(万元)
总　计	**5640**	**68157**	**49561**	**2609186**
东部地区	3875	43140	30477	1855426
中部地区	1102	17085	12429	594302
西部地区	663	7932	6655	159458
北　京	165	1156	915	39517
天　津	386	5213	3461	358186
河　北	417	6276	4765	248210
山　西	104	2608	2381	175430
内蒙古	80	1391	1361	37240
辽　宁	820	10139	6690	334120
吉　林	95	493	212	8547
黑龙江	75	690	213	12514
上　海	653	1906	1594	106607
江　苏	538	7981	6053	456338
浙　江	160	898	816	39338
安　徽	34	748	466	51837
福　建	91	1966	1335	28253
江　西	176	2078	1033	65821
山　东	471	4662	3266	144450
河　南	160	1648	996	61363
湖　北	305	5329	4168	126199
湖　南	153	3491	2960	92591
广　东	168	2882	1510	98916
广　西	12	202	219	5240
海　南	6	61	72	1493
重　庆	14	237	190	7425
四　川	392	2735	1728	27708
贵　州	10	52	36	854
云　南	21	371	43	6572
西　藏				
陕　西	27	331	311	19043
甘　肃	52	2399	2636	44865
青　海				
宁　夏	4	62	43	3069
新　疆	51	152	88	7441

5-1-26 续表 22

地　区	有色金属冶炼及压延加工业			
	R&D项目数(项)	R&D项目人员数(人)	R&D项目人员全时当量(人年)	R&D项目经费支出(万元)
总　计	**3606**	**38199**	**28366**	**976152**
东部地区	1679	15206	12251	492745
中部地区	982	14314	10264	322839
西部地区	945	8679	5851	160568
北　京	103	345	273	6959
天　津	27	138	116	3284
河　北	81	631	340	13045
山　西	45	504	447	5109
内蒙古	72	994	362	9198
辽　宁	42	785	698	23389
吉　林	20	850	727	5163
黑龙江	32	541	526	8440
上　海	70	355	275	10237
江　苏	377	2882	2273	80433
浙　江	286	1938	1749	57112
安　徽	107	2421	1280	70958
福　建	151	1223	880	48236
江　西	163	1362	870	41070
山　东	312	4166	3522	201601
河　南	283	5330	4113	118220
湖　北	40	593	499	18611
湖　南	292	2713	1802	55269
广　东	229	2734	2114	48404
广　西	81	1046	398	10574
海　南	1	9	11	46
重　庆	103	661	386	15836
四　川	80	579	409	6232
贵　州	25	222	74	3144
云　南	245	1487	1350	32030
西　藏				
陕　西	155	1028	1004	19499
甘　肃	77	1649	1156	47751
青　海	8	15	11	213
宁　夏	94	971	679	15388
新　疆	5	27	22	703

5-1-26 续表 23

地 区	金属制品业			
	R&D项目数(项)	R&D项目人员数(人)	R&D项目人员全时当量(人年)	R&D项目经费支出(万元)
总 计	**4092**	**35372**	**26968**	**568510**
东部地区	3154	26930	21281	461589
中部地区	577	5572	3735	74331
西部地区	361	2870	1952	32590
北 京	103	767	463	17968
天 津	220	942	883	22023
河 北	83	898	696	9956
山 西	12	33	25	665
内蒙古	16	58	26	2314
辽 宁	68	675	403	19531
吉 林	12	89	92	1574
黑龙江	80	355	296	4376
上 海	231	1498	1438	28877
江 苏	871	7305	5744	148782
浙 江	890	6819	5751	109102
安 徽	118	1246	634	16474
福 建	81	599	506	14083
江 西	19	229	254	5435
山 东	184	1777	1262	22058
河 南	122	779	597	10113
湖 北	117	2185	1314	19889
湖 南	97	656	523	15806
广 东	423	5650	4135	69209
广 西	27	49	38	647
海 南				
重 庆	40	723	359	5949
四 川	159	1160	788	14639
贵 州	11	110	93	796
云 南	7	64	9	478
西 藏				
陕 西	52	393	438	2751
甘 肃	27	260	150	1575
青 海				
宁 夏	16	28	24	1394
新 疆	6	25	27	2048

5-1-26 续表 24

地　区	通用设备制造业			
	R&D项目数(项)	R&D项目人员数(人)	R&D项目人员全时当量(人年)	R&D项目经费支出(万元)
总　计	**19764**	**127578**	**98944**	**2310486**
东部地区	15077	95928	77291	1795843
中部地区	2798	19931	13952	329694
西部地区	1889	11719	7701	184949
北　京	498	3438	2817	56208
天　津	862	2467	1738	44547
河　北	373	2307	1746	24307
山　西	232	884	611	11701
内蒙古	44	253	172	3834
辽　宁	2341	9000	5819	168294
吉　林	38	288	191	1927
黑龙江	390	2592	1737	89086
上　海	1253	7288	6952	258121
江　苏	3211	23390	19053	446366
浙　江	3590	23812	20808	405440
安　徽	546	3147	2307	37970
福　建	185	2140	1292	21591
江　西	115	735	518	9760
山　东	1851	14308	11058	238640
河　南	597	5833	4412	81146
湖　北	532	3839	2526	63614
湖　南	348	2613	1650	34490
广　东	911	7731	5952	131281
广　西	100	566	437	15579
海　南	2	47	56	1049
重　庆	529	2574	1897	61799
四　川	433	3127	2020	41346
贵　州	76	239	208	3010
云　南	22	144	88	2005
西　藏				
陕　西	409	3359	1710	39223
甘　肃	60	486	402	6046
青　海	2	92	41	1108
宁　夏	207	852	708	10655
新　疆	7	27	18	345

5-1-26 续表 25

地　区	专用设备制造业			
	R&D项目数 (项)	R&D项目人员数 (人)	R&D项目人员全时当量 (人年)	R&D项目经费支出 (万元)
总　计	**16098**	**107946**	**89998**	**2052925**
东部地区	10651	66671	54876	1265400
中部地区	3686	25827	20904	548745
西部地区	1760	15434	14202	238604
北　京	2131	6562	6065	120146
天　津	673	2967	2407	74830
河　北	333	2150	1768	28485
山　西	387	2191	1771	70453
内蒙古	155	4787	4995	58284
辽　宁	647	3754	3178	106087
吉　林	50	565	496	8962
黑龙江	230	1913	1164	57238
上　海	794	5835	4965	128434
江　苏	1892	14847	11634	260609
浙　江	1703	10504	8942	153209
安　徽	298	1859	1351	31051
福　建	335	2347	1859	44371
江　西	82	670	518	4779
山　东	1117	8812	6935	205359
河　南	926	7775	6612	137576
湖　北	492	3537	2507	34401
湖　南	1221	7317	6485	204286
广　东	1025	8889	7120	143812
广　西	279	2206	2067	46824
海　南	1	4	3	60
重　庆	392	2682	2250	37582
四　川	434	3116	2807	50785
贵　州	45	294	179	4052
云　南	51	345	301	4828
西　藏				
陕　西	253	1378	1164	26376
甘　肃	81	342	267	4200
青　海				
宁　夏	57	193	91	5073
新　疆	13	91	81	599

5-1-26 续表 26

地　区	交通运输设备制造业			
	R&D项目数（项）	R&D项目人员数（人）	R&D项目人员全时当量（人年）	R&D项目经费支出（万元）
总　计	**19036**	**153688**	**130464**	**4004199**
东部地区	10287	83062	72229	2386716
中部地区	5420	43772	36496	1043820
西部地区	3329	26854	21739	573663
北　京	423	4321	4479	127153
天　津	520	1487	1278	32057
河　北	381	3065	2366	51492
山　西	95	826	559	11084
内蒙古	46	471	494	18468
辽　宁	632	6892	5115	205879
吉　林	690	2348	2447	151524
黑龙江	730	4452	4236	115086
上　海	970	10680	11088	495295
江　苏	2608	18403	15350	390914
浙　江	1860	14275	12532	290777
安　徽	822	8412	6944	183754
福　建	346	2433	2217	60098
江　西	374	4268	3973	141517
山　东	1517	9425	7910	356832
河　南	651	7284	5375	115091
湖　北	1434	12625	10202	252850
湖　南	624	3557	2760	72914
广　东	1027	12075	9888	375776
广　西	402	3591	3177	117673
海　南	3	6	6	444
重　庆	1290	8747	6952	193705
四　川	566	3297	2738	60867
贵　州	334	1974	1985	43475
云　南	43	2035	880	18298
西　藏				
陕　西	586	6585	5426	119619
甘　肃	2	51	40	160
青　海				
宁　夏				
新　疆	60	103	47	1398

5-1-26 续表 27

地 区	电气机械及器材制造业			
	R&D项目数（项）	R&D项目人员数（人）	R&D项目人员全时当量（人年）	R&D项目经费支出（万元）
总 计	**24443**	**153566**	**120585**	**3434423**
东部地区	19940	127191	100000	2854433
中部地区	2758	18652	15513	447339
西部地区	1744	7708	5054	132209
北 京	533	3266	2750	76546
天 津	725	2143	1961	47835
河 北	540	3287	2301	121570
山 西	63	602	553	13047
内蒙古	28	142	112	8013
辽 宁	383	2413	2050	42365
吉 林	68	331	203	5608
黑龙江	167	1813	1946	23521
上 海	973	7200	6308	151025
江 苏	4476	30702	24982	784447
浙 江	3505	23693	20335	427233
安 徽	846	4246	3319	104868
福 建	935	5049	4344	94595
江 西	331	2199	1576	100257
山 东	2522	12669	10175	438767
河 南	425	3840	3426	71739
湖 北	506	3235	2613	51264
湖 南	352	2386	1877	77035
广 东	5345	36742	24790	669525
广 西	108	558	457	6160
海 南	3	27	4	525
重 庆	85	646	459	16524
四 川	291	1952	1694	36171
贵 州	18	87	79	1237
云 南	17	204	22	679
西 藏				
陕 西	1001	3181	1543	47164
甘 肃	138	605	412	6640
青 海	1	8	2	40
宁 夏	42	180	149	3853
新 疆	15	145	125	5728

5-1-26 续表 28

地 区	通信设备、计算机及其他电子设备制造业			
	R&D项目数(项)	R&D项目人员数(人)	R&D项目人员全时当量(人年)	R&D项目经费支出(万元)
总 计	**23611**	**240418**	**224690**	**5413544**
东部地区	19142	212617	202235	5014614
中部地区	1809	13576	10883	217523
西部地区	2660	14225	11572	181407
北 京	893	6390	5279	148130
天 津	781	3145	2243	112394
河 北	82	518	423	5865
山 西	29	434	320	2390
内蒙古	4	11	12	257
辽 宁	205	2313	2068	68316
吉 林	17	715	787	11207
黑龙江	44	268	249	4916
上 海	1172	12984	13592	389900
江 苏	2813	40844	36308	767084
浙 江	1658	15849	15887	329390
安 徽	308	2091	1477	22494
福 建	722	11285	10261	248096
江 西	208	1129	682	13286
山 东	935	6747	6269	331403
河 南	200	1883	1519	19443
湖 北	850	5477	4865	122244
湖 南	153	1579	984	21544
广 东	9865	112422	109772	2611119
广 西	79	223	179	2430
海 南	16	120	133	2917
重 庆	41	573	500	9071
四 川	1782	8986	7213	115991
贵 州	259	720	517	7894
云 南	9	62	56	1827
西 藏				
陕 西	336	3132	2747	41421
甘 肃	142	488	330	1235
青 海				
宁 夏				
新 疆	8	30	18	1281

5-1-26 续表 29

地　区	仪器仪表及文化、办公用机械制造业			
	R&D项目数(项)	R&D项目人员数(人)	R&D项目人员全时当量(人年)	R&D项目经费支出(万元)
总　计	**7248**	**43562**	**36644**	**621523**
东部地区	5277	31760	26514	494735
中部地区	1227	7695	6392	87581
西部地区	744	4107	3738	39206
北　京	534	2625	2167	42623
天　津	300	767	593	13344
河　北	116	546	470	5417
山　西	36	431	468	5394
内蒙古				
辽　宁	143	833	659	12356
吉　林	23	152	104	1436
黑龙江	234	774	690	6551
上　海	392	1693	1714	32194
江　苏	979	8378	6431	150292
浙　江	1161	7536	6875	105220
安　徽	276	1286	1361	13297
福　建	211	1461	1381	15815
江　西	159	935	724	11657
山　东	516	2351	2011	32330
河　南	205	1745	1325	19047
湖　北	136	1287	819	13286
湖　南	158	1085	901	16914
广　东	925	5570	4213	85145
广　西	77	214	156	1313
海　南				
重　庆	276	1203	1067	9849
四　川	90	1010	888	13029
贵　州	15	140	36	1067
云　南	13	70	69	766
西　藏				
陕　西	183	1217	1272	10042
甘　肃	5	26	23	254
青　海	1	28	17	859
宁　夏	82	194	205	1720
新　疆	2	5	5	306

5-1-26 续表 30

地　区	工艺品及其他制造业			
	R&D项目数(项)	R&D项目人员数(人)	R&D项目人员全时当量(人年)	R&D项目经费支出(万元)
总　计	**1350**	**10248**	**8707**	**123172**
东部地区	865	6395	5334	91425
中部地区	158	1468	1433	15262
西部地区	327	2385	1940	16485
北　京	91	565	386	22974
天　津	3	19	19	510
河　北				
山　西				
内蒙古	1	4	5	16
辽　宁	105	217	204	2576
吉　林				
黑龙江	5	22	15	78
上　海	37	122	107	1828
江　苏	107	635	441	7915
浙　江	212	2384	2163	28110
安　徽	29	155	120	1493
福　建	92	904	917	10181
江　西	1	46	31	584
山　东	154	919	694	11237
河　南	20	687	730	4842
湖　北	54	354	337	5639
湖　南	49	204	200	2625
广　东	64	630	403	6094
广　西	33	50	44	704
海　南				
重　庆	10	90	59	903
四　川	144	448	365	2489
贵　州	119	761	817	8920
云　南	2	14	12	106
西　藏				
陕　西	7	45	54	1575
甘　肃	11	973	584	1773
青　海				
宁　夏				
新　疆				

5-1-26 续表 31

地 区	电力、燃气及水的生产和供应业			
	R&D项目数(项)	R&D项目人员数(人)	R&D项目人员全时当量(人年)	R&D项目经费支出(万元)
总 计	**2578**	**20607**	**12489**	**226803**
东部地区	1191	7736	5443	140567
中部地区	1015	9459	5465	55637
西部地区	372	3412	1581	30599
北 京	84	625	648	10564
天 津	22	116	23	10094
河 北	70	207	66	2810
山 西	29	220	153	839
内蒙古	32	291	89	5386
辽 宁	109	1438	1428	9170
吉 林	27	198	87	2053
黑龙江	530	3749	2386	23398
上 海	106	519	157	14237
江 苏	273	1416	806	28642
浙 江	81	624	504	24721
安 徽	55	398	247	3505
福 建	99	658	374	5037
江 西	61	237	113	2286
山 东	147	969	667	9620
河 南	120	1451	877	15976
湖 北	64	2389	1189	2385
湖 南	129	817	413	5196
广 东	199	1155	770	25606
广 西	16	111	54	1335
海 南	1	9		67
重 庆	29	304	126	1773
四 川	50	832	533	4376
贵 州	71	115	30	6014
云 南	25	543	150	1613
西 藏				
陕 西	61	405	268	1397
甘 肃	34	380	148	3782
青 海	27	167	71	1348
宁 夏	7	75	41	259
新 疆	20	189	71	3316

5-2-1 企业限额以上R&D项目*情况

项 目	R&D项目数(项)	R&D项目人员数(人)	R&D项目经费支出(万元)
总 计	**126851**	**1414806**	**30622044**
按项目来源分组			
国家科技项目	4309	73652	1823967
地方科技项目	8931	107411	2389376
企业委托科技项目	4623	39119	781940
自选科技项目	104823	1141495	24500014
来境外的科技项目	1257	16683	423352
其他科技项目	2908	36446	703394
按项目合作形式分组			
与境外机构合作	2233	41450	1164127
与境内高校合作	12751	157151	3143473
与境内独立研究机构合作	6217	77382	1702625
与境内注册的外商独资企业合作	845	9968	187422
与境内注册的其他企业合作	5946	58238	1197523
独立研究	90576	974937	21255339
其他	8283	95680	1971535
按项目技术经济目标分组			
科学原理的探索、发现	470	6128	131982
技术原理的研究	2680	34466	623092
开发全新产品	67027	702333	15522756
增加产品功能或提高产品性能	34195	416282	9287050
提高劳动生产率	5057	56069	995311
减少能源消耗或提高能源使用效率	7110	82172	1836991
节约原材料	2498	26645	521888
减少环境污染	3561	39048	813007
其他科技项目	4253	51663	889965

注：限额以上R&D项目指立项经费在10万元及以上的项目，下同。

5-2-2 大中型企业限额以上R&D项目情况

项　　目	R&D项目数 (项)	R&D项目人员数 (人)	R&D项目经费支出 (万元)
总　计	**77731**	**1091953**	**25901690**
按项目来源分组			
国家科技项目	3045	62092	1616914
地方科技项目	5399	79330	1917472
企业委托科技项目	2755	28668	662536
自选科技项目	64296	881877	20791496
来境外的科技项目	800	13721	353251
其他科技项目	1436	26265	560020
按项目合作形式分组			
与境外机构合作	1560	36674	1079059
与境内高校合作	7600	115319	2513413
与境内独立研究机构合作	4147	62410	1477687
与境内注册的外商独资企业合作	510	7580	156054
与境内注册的其他企业合作	4058	46244	1021349
独立研究	55289	752656	18035443
其他	4567	71070	1618684
按项目技术经济目标分组			
科学原理的探索、发现	336	5093	101379
技术原理的研究	2156	30936	570055
开发全新产品	40440	531153	13000794
增加产品功能或提高产品性能	20008	322302	7960281
提高劳动生产率	3799	47773	883773
减少能源消耗或提高能源使用效率	4111	61398	1510786
节约原材料	1646	20920	432466
减少环境污染	2141	29268	662370
其他科技项目	3094	43110	779787

5-2-3 大型企业限额以上R&D项目情况

项　目	R&D项目数 (项)	R&D项目人员数 (人)	R&D项目经费支出 (万元)
总　　计	**33400**	**593713**	**16180425**
按项目来源分组			
国家科技项目	1464	38195	1078657
地方科技项目	1925	33995	1012291
企业委托科技项目	916	12169	339234
自选科技项目	28326	491030	13286876
来境外的科技项目	212	6620	184115
其他科技项目	557	11704	279252
按项目合作形式分组			
与境外机构合作	523	22565	711112
与境内高校合作	3836	65457	1540068
与境内独立研究机构合作	1938	34096	926745
与境内注册的外商独资企业合作	144	3270	70175
与境内注册的其他企业合作	2078	26719	648358
独立研究	23041	407204	11315424
其他	1840	34402	968543
按项目技术经济目标分组			
科学原理的探索、发现	137	2785	61924
技术原理的研究	1426	24025	411661
开发全新产品	15600	262067	7871869
增加产品功能或提高产品性能	8091	183130	5117745
提高劳动生产率	2407	32422	575162
减少能源消耗或提高能源使用效率	1783	30948	880782
节约原材料	820	11396	275445
减少环境污染	1090	16263	403781
其他科技项目	2046	30677	582056

5-2-4　中型企业限额以上R&D项目情况

项　目	R&D项目数（项）	R&D项目人员数（人）	R&D项目经费支出（万元）
总　计	**44331**	**498240**	**9721265**
按项目来源分组			
国家科技项目	1581	23897	538257
地方科技项目	3474	45335	905181
企业委托科技项目	1839	16499	323303
自选科技项目	35970	390847	7504620
来境外的科技项目	588	7101	169136
其他科技项目	879	14561	280768
按项目合作形式分组			
与境外机构合作	1037	14109	367947
与境内高校合作	3764	49862	973345
与境内独立研究机构合作	2209	28314	550943
与境内注册的外商独资企业合作	366	4310	85879
与境内注册的其他企业合作	1980	19525	372990
独立研究	32248	345452	6720020
其他	2727	36668	650141
按项目技术经济目标分组			
科学原理的探索、发现	199	2308	39455
技术原理的研究	730	6911	158394
开发全新产品	24840	269086	5128925
增加产品功能或提高产品性能	11917	139172	2842535
提高劳动生产率	1392	15351	308610
减少能源消耗或提高能源使用效率	2328	30450	630004
节约原材料	826	9524	157022
减少环境污染	1051	13005	258589
其他科技项目	1048	12433	197731

5-2-5　小型企业限额以上R&D项目情况

项　目	R&D项目数（项）	R&D项目人员数（人）	R&D项目经费支出（万元）
总　计	**49120**	**322853**	**4720354**
按项目来源分组			
国家科技项目	1264	11560	207053
地方科技项目	3532	28081	471905
企业委托科技项目	1868	10451	119404
自选科技项目	40527	259618	3708518
来境外的科技项目	457	2962	70101
其他科技项目	1472	10181	143374
按项目合作形式分组			
与境外机构合作	673	4776	85068
与境内高校合作	5151	41832	630060
与境内独立研究机构合作	2070	14972	224938
与境内注册的外商独资企业合作	335	2388	31368
与境内注册的其他企业合作	1888	11994	176174
独立研究	35287	222281	3219895
其他	3716	24610	352850
按项目技术经济目标分组			
科学原理的探索、发现	134	1035	30603
技术原理的研究	524	3530	53038
开发全新产品	26587	171180	2521962
增加产品功能或提高产品性能	14187	93980	1326769
提高劳动生产率	1258	8296	111539
减少能源消耗或提高能源使用效率	2999	20774	326206
节约原材料	852	5725	89422
减少环境污染	1420	9780	150637
其他科技项目	1159	8553	110179

5-2-6 国有控股企业限额以上R&D项目情况

项　目	R&D项目数 (项)	R&D项目人员数 (人)	R&D项目经费支出 (万元)
总　计	**38369**	**476589**	**11261481**
按项目来源分组			
国家科技项目	2253	44574	1140574
地方科技项目	2432	32929	814267
企业委托科技项目	1561	14688	284475
自选科技项目	31272	370782	8705364
来境外的科技项目	182	2539	94664
其他科技项目	669	11077	222136
按项目合作形式分组			
与境外机构合作	492	9397	423175
与境内高校合作	4281	62166	1256564
与境内独立研究机构合作	2383	36778	842978
与境内注册的外商独资企业合作	135	1726	42129
与境内注册的其他企业合作	2754	28507	601102
独立研究	26278	313922	7476936
其他	2046	24093	618597
按项目技术经济目标分组			
科学原理的探索、发现	223	3034	50134
技术原理的研究	1782	22764	379601
开发全新产品	18497	225024	5847171
增加产品功能或提高产品性能	9070	116331	2903385
提高劳动生产率	2597	31017	503630
减少能源消耗或提高能源使用效率	1893	26037	613309
节约原材料	740	9554	168510
减少环境污染	1216	14987	321500
其他科技项目	2351	27841	474242

5-2-7 内资企业限额以上R&D项目情况

项　　目	R&D项目数 (项)	R&D项目人员数 (人)	R&D项目经费支出 (万元)
总　　计	**98491**	**1047149**	**22114132**
按项目来源分组			
国家科技项目	3790	64841	1577179
地方科技项目	7564	88647	1891748
企业委托科技项目	3466	28092	496226
自选科技项目	80964	833359	17527576
来境外的科技项目	474	5580	136252
其他科技项目	2233	26630	485151
按项目合作形式分组			
与境外机构合作	976	12553	419552
与境内高校合作	10929	133203	2671513
与境内独立研究机构合作	5343	66591	1380767
与境内注册的外商独资企业合作	469	5088	89322
与境内注册的其他企业合作	4986	48670	981712
独立研究	69593	719297	15217515
其他	6195	61747	1353751
按项目技术经济目标分组			
科学原理的探索、发现	400	5024	86639
技术原理的研究	2422	30090	489936
开发全新产品	51199	515638	11213464
增加产品功能或提高产品性能	26060	297191	6489262
提高劳动生产率	4251	45553	753136
减少能源消耗或提高能源使用效率	5724	63050	1374567
节约原材料	1915	20071	376378
减少环境污染	2900	30455	635230
其他科技项目	3620	40077	695521

5-2-8 国有企业限额以上R&D项目情况

项 目	R&D项目数(项)	R&D项目人员数(人)	R&D项目经费支出(万元)
总 计	**10398**	**109612**	**2330414**
按项目来源分组			
国家科技项目	577	9649	182787
地方科技项目	488	5362	162331
企业委托科技项目	503	5021	74875
自选科技项目	8548	84886	1788630
来境外的科技项目	40	1267	60941
其他科技项目	242	3427	60850
按项目合作形式分组			
与境外机构合作	106	1973	98821
与境内高校合作	1139	14550	283296
与境内独立研究机构合作	699	9581	197835
与境内注册的外商独资企业合作	25	434	3081
与境内注册的其他企业合作	910	7755	171977
独立研究	6966	70314	1463162
其他	553	5005	112243
按项目技术经济目标分组			
科学原理的探索、发现	84	1204	25895
技术原理的研究	558	4723	63073
开发全新产品	4384	49014	1260969
增加产品功能或提高产品性能	2423	24766	495839
提高劳动生产率	1023	9422	112004
减少能源消耗或提高能源使用效率	645	7914	177326
节约原材料	206	2592	36799
减少环境污染	373	3963	75114
其他科技项目	702	6014	83396

5-2-9 港澳台商投资企业限额以上R&D项目情况

项　目	R&D项目数(项)	R&D项目人员数(人)	R&D项目经费支出(万元)
总　计	**11470**	**150666**	**3077157**
按项目来源分组			
国家科技项目	190	2916	84823
地方科技项目	601	8747	173938
企业委托科技项目	437	4794	168369
自选科技项目	9766	127118	2533324
来境外的科技项目	210	3541	64958
其他科技项目	266	3550	51746
按项目合作形式分组			
与境外机构合作	304	5517	97613
与境内高校合作	880	11766	224916
与境内独立研究机构合作	339	3904	82870
与境内注册的外商独资企业合作	100	1305	24256
与境内注册的其他企业合作	364	3440	60850
独立研究	8560	109148	2268140
其他	923	15586	318512
按项目技术经济目标分组			
科学原理的探索、发现	16	625	24429
技术原理的研究	111	2080	33169
开发全新产品	6314	77387	1631086
增加产品功能或提高产品性能	3336	47528	941703
提高劳动生产率	354	4445	109788
减少能源消耗或提高能源使用效率	619	7583	149869
节约原材料	269	2966	79390
减少环境污染	250	3218	60209
其他科技项目	201	4834	47514

5-2-10 外商投资企业限额以上R&D项目情况

项　　目	R&D项目数 (项)	R&D项目人员数 (人)	R&D项目经费支出 (万元)
总　计	**16890**	**216991**	**5430754**
按项目来源分组			
国家科技项目	329	5895	161965
地方科技项目	766	10017	323691
企业委托科技项目	720	6233	117345
自选科技项目	14093	181018	4439114
来境外的科技项目	573	7562	222142
其他科技项目	409	6266	166496
按项目合作形式分组			
与境外机构合作	953	23380	646962
与境内高校合作	942	12182	247044
与境内独立研究机构合作	535	6887	238988
与境内注册的外商独资企业合作	276	3575	73844
与境内注册的其他企业合作	596	6128	154961
独立研究	12423	146492	3769683
其他	1165	18347	299272
按项目技术经济目标分组			
科学原理的探索、发现	54	479	20914
技术原理的研究	147	2296	99987
开发全新产品	9514	109308	2678207
增加产品功能或提高产品性能	4799	71563	1856084
提高劳动生产率	452	6071	132387
减少能源消耗或提高能源使用效率	767	11539	312556
节约原材料	314	3608	66120
减少环境污染	411	5375	117568
其他科技项目	432	6752	146930

5-2-11 分行业企业限额以上R&D项目情况

项 目	采矿业		
	R&D项目数 (项)	R&D项目人员数 (人)	R&D项目经费支出 (万元)
总 计	**5204**	**78229**	**1222697**
按项目来源分组			
国家科技项目	117	2898	61202
地方科技项目	163	2735	112594
企业委托科技项目	90	1091	10303
自选科技项目	4701	69739	1010199
来境外的科技项目	10	102	1665
其他科技项目	123	1664	26735
按项目合作形式分组			
与境外机构合作	27	363	9465
与境内高校合作	1336	22441	264091
与境内独立研究机构合作	448	10465	190079
与境内注册的外商独资企业合作	16	261	3526
与境内注册的其他企业合作	552	8905	105500
独立研究	2548	33220	613460
其他	277	2574	36576
按项目技术经济目标分组			
科学原理的探索、发现	18	710	6451
技术原理的研究	674	11639	139723
开发全新产品	778	10675	166220
增加产品功能或提高产品性能	685	10625	255558
提高劳动生产率	1046	14890	167585
减少能源消耗或提高能源使用效率	410	6231	168642
节约原材料	135	1849	28162
减少环境污染	267	3983	72335
其他科技项目	1191	17627	218022

5-2-11 续表 1

项　　目	制造业		
	R&D项目数(项)	R&D项目人员数(人)	R&D项目经费支出(万元)
总　　计	**119741**	**1321016**	**29179087**
按项目来源分组			
国家科技项目	4158	70500	1755915
地方科技项目	8735	104343	2272216
企业委托科技项目	4488	37534	757738
自选科技项目	98364	1057560	23297704
来境外的科技项目	1240	16543	421282
其他科技项目	2756	34536	674232
按项目合作形式分组			
与境外机构合作	2199	41044	1154013
与境内高校合作	11160	132417	2848986
与境内独立研究机构合作	5511	64323	1473949
与境内注册的外商独资企业合作	821	9645	180631
与境内注册的其他企业合作	4934	46077	1045553
独立研究	87230	935251	20552952
其他	7886	92259	1923003
按项目技术经济目标分组			
科学原理的探索、发现	445	5392	125380
技术原理的研究	1911	21642	477086
开发全新产品	65856	688664	15326314
增加产品功能或提高产品性能	32940	401824	8987030
提高劳动生产率	3636	38291	769030
减少能源消耗或提高能源使用效率	6526	74218	1624435
节约原材料	2336	24241	488996
减少环境污染	3175	33972	718578
其他科技项目	2916	32772	662237

5-2-11 续表 2

项　目	农副食品加工业		
	R&D项目数(项)	R&D项目人员数(人)	R&D项目经费支出(万元)
总　计	**2114**	**19602**	**444926**
按项目来源分组			
国家科技项目	84	785	19065
地方科技项目	352	3044	62106
企业委托科技项目	27	237	2411
自选科技项目	1568	14572	328666
来境外的科技项目	5	43	1467
其他科技项目	78	921	31211
按项目合作形式分组			
与境外机构合作	18	165	3174
与境内高校合作	471	4149	106370
与境内独立研究机构合作	209	1829	37117
与境内注册的外商独资企业合作	20	215	3611
与境内注册的其他企业合作	74	784	14375
独立研究	1216	11354	260140
其他	106	1106	20139
按项目技术经济目标分组			
科学原理的探索、发现	11	153	2600
技术原理的研究	40	334	11183
开发全新产品	1168	11076	261260
增加产品功能或提高产品性能	572	5115	114897
提高劳动生产率	51	506	11143
减少能源消耗或提高能源使用效率	88	688	18840
节约原材料	23	195	4508
减少环境污染	93	840	11444
其他科技项目	68	695	9050

5-2-11 续表 3

项　目	食品制造业		
	R&D项目数（项）	R&D项目人员数（人）	R&D项目经费支出（万元）
总　计	**1905**	**16293**	**326827**
按项目来源分组			
国家科技项目	48	857	21665
地方科技项目	198	1919	31596
企业委托科技项目	13	117	730
自选科技项目	1613	13084	267316
来境外的科技项目	11	122	2784
其他科技项目	22	194	2737
按项目合作形式分组			
与境外机构合作	17	98	2367
与境内高校合作	329	2868	54655
与境内独立研究机构合作	111	1120	16359
与境内注册的外商独资企业合作	13	62	1809
与境内注册的其他企业合作	67	430	13053
独立研究	1271	10871	220745
其他	97	844	17838
按项目技术经济目标分组			
科学原理的探索、发现	6	95	906
技术原理的研究	53	310	3368
开发全新产品	1064	7943	159959
增加产品功能或提高产品性能	502	4598	103825
提高劳动生产率	60	573	12506
减少能源消耗或提高能源使用效率	68	1044	21130
节约原材料	41	550	6947
减少环境污染	65	830	14403
其他科技项目	46	350	3783

5-2-11 续表 4

项　目	饮料制造业		
	R&D项目数(项)	R&D项目人员数(人)	R&D项目经费支出(万元)
总　计	**1438**	**17876**	**346950**
按项目来源分组			
国家科技项目	55	856	25428
地方科技项目	200	2353	59681
企业委托科技项目	9	164	2647
自选科技项目	1156	14149	253971
来境外的科技项目	4	163	1660
其他科技项目	14	191	3563
按项目合作形式分组			
与境外机构合作	4	126	1450
与境内高校合作	231	3338	62697
与境内独立研究机构合作	95	1151	28187
与境内注册的外商独资企业合作	7	39	428
与境内注册的其他企业合作	39	596	12961
独立研究	974	11255	217907
其他	88	1371	23319
按项目技术经济目标分组			
科学原理的探索、发现	13	98	1611
技术原理的研究	71	760	10496
开发全新产品	671	8276	158695
增加产品功能或提高产品性能	388	4805	108134
提高劳动生产率	70	824	21303
减少能源消耗或提高能源使用效率	73	1096	15489
节约原材料	48	749	11262
减少环境污染	28	380	7923
其他科技项目	76	888	12038

5-2-11 续表 5

项　　目	烟草制品业		
	R&D项目数(项)	R&D项目人员数(人)	R&D项目经费支出(万元)
总　　计	**736**	**3422**	**63080**
按项目来源分组			
国家科技项目	42	309	3280
地方科技项目	15	83	562
企业委托科技项目	12	78	1259
自选科技项目	647	2858	53425
来境外的科技项目			
其他科技项目	20	94	4554
按项目合作形式分组			
与境外机构合作			
与境内高校合作	132	573	9963
与境内独立研究机构合作	85	490	7200
与境内注册的外商独资企业合作	1	4	240
与境内注册的其他企业合作	112	562	19197
独立研究	388	1713	25565
其他	18	80	917
按项目技术经济目标分组			
科学原理的探索、发现	12	64	506
技术原理的研究	176	616	8909
开发全新产品	108	523	13416
增加产品功能或提高产品性能	216	1101	20567
提高劳动生产率	44	189	6620
减少能源消耗或提高能源使用效率	18	143	1546
节约原材料	13	53	855
减少环境污染	59	316	5140
其他科技项目	90	417	5521

5-2-11 续表 6

项 目	纺织业		
	R&D项目数(项)	R&D项目人员数(人)	R&D项目经费支出(万元)
总 计	**3644**	**43566**	**667864**
按项目来源分组			
国家科技项目	62	1032	30969
地方科技项目	329	4151	66088
企业委托科技项目	54	624	10800
自选科技项目	3080	36388	534606
来境外的科技项目	18	178	4360
其他科技项目	101	1193	21041
按项目合作形式分组			
与境外机构合作	36	658	13129
与境内高校合作	468	6043	97583
与境内独立研究机构合作	109	1379	29614
与境内注册的外商独资企业合作	29	468	4023
与境内注册的其他企业合作	166	1819	28570
独立研究	2573	30602	447888
其他	263	2597	47057
按项目技术经济目标分组			
科学原理的探索、发现			
技术原理的研究	26	368	4519
开发全新产品	2020	24112	360463
增加产品功能或提高产品性能	1057	13203	205540
提高劳动生产率	121	1110	15977
减少能源消耗或提高能源使用效率	181	2144	32057
节约原材料	68	690	13964
减少环境污染	111	1256	22251
其他科技项目	60	683	13094

5-2-11 续表 7

项 目	纺织服装、鞋、帽制造业		
	R&D项目数(项)	R&D项目人员数(人)	R&D项目经费支出(万元)
总 计	**691**	**8766**	**146910**
按项目来源分组			
国家科技项目	6	89	1222
地方科技项目	42	617	10266
企业委托科技项目	10	113	1660
自选科技项目	600	7268	122936
来境外的科技项目	6	93	2249
其他科技项目	27	586	8576
按项目合作形式分组			
与境外机构合作	11	308	4759
与境内高校合作	68	789	12476
与境内独立研究机构合作	23	176	2550
与境内注册的外商独资企业合作	9	123	924
与境内注册的其他企业合作	25	350	3564
独立研究	477	6119	113473
其他	78	901	9164
按项目技术经济目标分组			
科学原理的探索、发现			
技术原理的研究	8	59	393
开发全新产品	397	5061	74101
增加产品功能或提高产品性能	172	2176	45748
提高劳动生产率	37	459	7217
减少能源消耗或提高能源使用效率	20	246	4273
节约原材料	22	343	5353
减少环境污染	14	237	6628
其他科技项目	21	185	3196

5-2-11 续表 8

项　目	皮革、皮毛、羽毛(绒)及其制品		
	R&D项目数 (项)	R&D项目人员数 (人)	R&D项目经费支出 (万元)
总　计	**441**	**5810**	**84792**
按项目来源分组			
国家科技项目	1	9	480
地方科技项目	31	472	12762
企业委托科技项目	4	50	335
自选科技项目	369	4522	65248
来境外的科技项目	2	10	130
其他科技项目	34	747	5838
按项目合作形式分组			
与境外机构合作	4	55	413
与境内高校合作	22	502	6266
与境内独立研究机构合作	34	854	11534
与境内注册的外商独资企业合作	3	18	543
与境内注册的其他企业合作	14	112	1439
独立研究	317	3618	56360
其他	47	651	8238
按项目技术经济目标分组			
科学原理的探索、发现			
技术原理的研究			
开发全新产品	217	2239	35854
增加产品功能或提高产品性能	152	2223	31941
提高劳动生产率	10	110	1038
减少能源消耗或提高能源使用效率	13	255	2185
节约原材料	9	236	1271
减少环境污染	19	362	9454
其他科技项目	21	385	3049

5-2-11 续表 9

项　　目	木材加工及木、竹、藤、棕、草制品业		
	R&D项目数 (项)	R&D项目人员数 (人)	R&D项目经费支出 (万元)
总　　计	**614**	**5000**	**88327**
按项目来源分组			
国家科技项目	7	107	1849
地方科技项目	29	250	4322
企业委托科技项目	7	62	1495
自选科技项目	554	4432	78979
来境外的科技项目	5	34	636
其他科技项目	12	115	1045
按项目合作形式分组			
与境外机构合作	8	68	652
与境内高校合作	90	1017	16326
与境内独立研究机构合作	32	262	6945
与境内注册的外商独资企业合作	4	36	865
与境内注册的其他企业合作	18	126	678
独立研究	413	3193	50606
其他	49	298	12255
按项目技术经济目标分组			
科学原理的探索、发现	1	9	350
技术原理的研究	9	70	486
开发全新产品	245	2188	47880
增加产品功能或提高产品性能	227	1744	21657
提高劳动生产率	22	128	1551
减少能源消耗或提高能源使用效率	33	286	4441
节约原材料	24	188	3685
减少环境污染	31	225	3090
其他科技项目	22	162	5186

5-2-11 续表 10

项　　目	家具制造业		
	R&D项目数（项）	R&D项目人员数（人）	R&D项目经费支出（万元）
总　计	**362**	**4091**	**56818**
按项目来源分组			
国家科技项目	7	53	930
地方科技项目	10	80	1298
企业委托科技项目	4	14	148
自选科技项目	320	3817	52370
来境外的科技项目	3	19	840
其他科技项目	18	108	1233
按项目合作形式分组			
与境外机构合作	15	128	549
与境内高校合作	25	160	2115
与境内独立研究机构合作	11	268	977
与境内注册的外商独资企业合作	3	20	174
与境内注册的其他企业合作	5	80	453
独立研究	277	3208	50397
其他	26	227	2154
按项目技术经济目标分组			
科学原理的探索、发现	2	6	69
技术原理的研究	3	103	35
开发全新产品	159	1480	15677
增加产品功能或提高产品性能	142	1753	33724
提高劳动生产率	15	209	2757
减少能源消耗或提高能源使用效率	11	132	642
节约原材料	13	302	2762
减少环境污染	5	38	313
其他科技项目	12	68	841

5-2-11 续表 11

项 目	造纸及纸制品业		
	R&D项目数（项）	R&D项目人员数（人）	R&D项目经费支出（万元）
总　计	**917**	**13030**	**308923**
按项目来源分组			
国家科技项目	10	318	9077
地方科技项目	78	1473	43740
企业委托科技项目	13	190	2207
自选科技项目	778	10632	244503
来境外的科技项目	3	10	140
其他科技项目	35	407	9255
按项目合作形式分组			
与境外机构合作	13	325	6492
与境内高校合作	84	1274	41827
与境内独立研究机构合作	47	596	12016
与境内注册的外商独资企业合作	11	307	8088
与境内注册的其他企业合作	52	548	14034
独立研究	646	9135	208397
其他	64	845	18069
按项目技术经济目标分组			
科学原理的探索、发现	2	9	1230
技术原理的研究	6	47	558
开发全新产品	339	5415	137302
增加产品功能或提高产品性能	277	3603	66797
提高劳动生产率	44	749	16698
减少能源消耗或提高能源使用效率	111	1143	32511
节约原材料	53	988	18748
减少环境污染	65	795	23195
其他科技项目	20	281	11884

5-2-11 续表 12

项 目	印刷业和记录媒介的复制		
	R&D项目数(项)	R&D项目人员数(人)	R&D项目经费支出(万元)
总 计	**541**	**5656**	**83969**
按项目来源分组			
国家科技项目	14	90	1256
地方科技项目	35	266	3280
企业委托科技项目	26	299	2070
自选科技项目	443	4808	72570
来境外的科技项目	4	19	502
其他科技项目	19	174	4293
按项目合作形式分组			
与境外机构合作	9	72	1853
与境内高校合作	51	442	4866
与境内独立研究机构合作	17	138	2607
与境内注册的外商独资企业合作	5	45	448
与境内注册的其他企业合作	57	487	5361
独立研究	372	3457	60336
其他	30	1015	8500
按项目技术经济目标分组			
科学原理的探索、发现			
技术原理的研究	12	62	769
开发全新产品	222	2152	35077
增加产品功能或提高产品性能	161	1991	25542
提高劳动生产率	46	430	7295
减少能源消耗或提高能源使用效率	25	268	4498
节约原材料	24	303	4381
减少环境污染	21	247	4154
其他科技项目	30	203	2253

5-2-11 续表 13

项　目	文教体育用品制造业		
	R&D项目数（项）	R&D项目人员数（人）	R&D项目经费支出（万元）
总　计	**637**	**6902**	**91143**
按项目来源分组			
国家科技项目	4	56	1122
地方科技项目	49	847	15260
企业委托科技项目	13	78	550
自选科技项目	541	5666	70133
来境外的科技项目	9	114	1888
其他科技项目	21	141	2190
按项目合作形式分组			
与境外机构合作	13	748	3260
与境内高校合作	41	422	5062
与境内独立研究机构合作	12	41	1023
与境内注册的外商独资企业合作	2	6	25
与境内注册的其他企业合作	8	112	1353
独立研究	483	5028	72368
其他	78	545	8052
按项目技术经济目标分组			
科学原理的探索、发现	1	7	96
技术原理的研究			
开发全新产品	412	4133	55575
增加产品功能或提高产品性能	172	2159	25440
提高劳动生产率	5	40	380
减少能源消耗或提高能源使用效率	18	163	3693
节约原材料	4	18	729
减少环境污染	10	159	3765
其他科技项目	15	223	1464

5-2-11 续表 14

项　目	石油加工、炼焦及核燃料加工业		
	R&D项目数(项)	R&D项目人员数(人)	R&D项目经费支出(万元)
总　计	**983**	**10728**	**266446**
按项目来源分组			
国家科技项目	8	124	2877
地方科技项目	31	643	17846
企业委托科技项目	41	284	10552
自选科技项目	883	9523	222980
来境外的科技项目	2	3	66
其他科技项目	18	151	12125
按项目合作形式分组			
与境外机构合作	5	130	8864
与境内高校合作	134	1328	35974
与境内独立研究机构合作	148	1838	43104
与境内注册的外商独资企业合作	2	14	1337
与境内注册的其他企业合作	103	1093	20469
独立研究	529	5623	132672
其他	62	702	24026
按项目技术经济目标分组			
科学原理的探索、发现	7	118	2343
技术原理的研究	35	337	7546
开发全新产品	324	3056	78457
增加产品功能或提高产品性能	187	2338	63895
提高劳动生产率	66	862	24391
减少能源消耗或提高能源使用效率	127	1717	36173
节约原材料	33	361	6869
减少环境污染	103	1266	29842
其他科技项目	101	673	16931

5-2-11 续表 15

项 目	化学原料及化学制品制造业		
	R&D项目数 (项)	R&D项目人员数 (人)	R&D项目经费支出 (万元)
总 计	**10865**	**100379**	**2226632**
按项目来源分组			
国家科技项目	297	4218	78927
地方科技项目	938	10963	274470
企业委托科技项目	161	1171	15848
自选科技项目	9145	80389	1738879
来境外的科技项目	83	1564	78688
其他科技项目	241	2074	39819
按项目合作形式分组			
与境外机构合作	188	2181	106936
与境内高校合作	1403	14679	322577
与境内独立研究机构合作	605	6824	168355
与境内注册的外商独资企业合作	73	601	7319
与境内注册的其他企业合作	353	3575	71592
独立研究	7759	67422	1454309
其他	484	5097	95544
按项目技术经济目标分组			
科学原理的探索、发现	36	476	20956
技术原理的研究	211	1496	37027
开发全新产品	5423	46540	938910
增加产品功能或提高产品性能	2603	24114	621251
提高劳动生产率	337	3478	58513
减少能源消耗或提高能源使用效率	973	10992	279041
节约原材料	337	3366	78492
减少环境污染	664	7634	146365
其他科技项目	281	2283	46077

5-2-11 续表 16

项　目	医药制造业		
	R&D项目数（项）	R&D项目人员数（人）	R&D项目经费支出（万元）
总　计	**8635**	**65804**	**1072824**
按项目来源分组			
国家科技项目	406	4509	83567
地方科技项目	893	7403	117878
企业委托科技项目	114	687	8138
自选科技项目	6971	51178	817414
来境外的科技项目	76	816	21478
其他科技项目	175	1211	24348
按项目合作形式分组			
与境外机构合作	136	1251	26649
与境内高校合作	1118	9606	160097
与境内独立研究机构合作	1194	8401	108260
与境内注册的外商独资企业合作	78	758	16195
与境内注册的其他企业合作	465	3113	57422
独立研究	5223	39677	653899
其他	421	2998	50302
按项目技术经济目标分组			
科学原理的探索、发现	86	642	10357
技术原理的研究	137	1819	26849
开发全新产品	5658	41100	685136
增加产品功能或提高产品性能	1680	12936	214954
提高劳动生产率	184	1520	19723
减少能源消耗或提高能源使用效率	232	2038	26996
节约原材料	187	1513	20448
减少环境污染	161	1408	22620
其他科技项目	310	2828	45741

5-2-11　续表 17

项　　目	化学纤维制造业		
	R&D项目数(项)	R&D项目人员数(人)	R&D项目经费支出(万元)
总　　计	**739**	**10517**	**304847**
按项目来源分组			
国家科技项目	16	370	11109
地方科技项目	69	1141	28501
企业委托科技项目	4	101	1489
自选科技项目	645	8804	263360
来境外的科技项目	1	5	209
其他科技项目	4	96	179
按项目合作形式分组			
与境外机构合作	7	60	679
与境内高校合作	94	1315	55703
与境内独立研究机构合作	27	414	11118
与境内注册的外商独资企业合作	4	33	284
与境内注册的其他企业合作	37	325	9332
独立研究	529	7786	205530
其他	41	584	22201
按项目技术经济目标分组			
科学原理的探索、发现			
技术原理的研究	18	285	2248
开发全新产品	398	5889	190852
增加产品功能或提高产品性能	211	3105	90202
提高劳动生产率	22	262	4178
减少能源消耗或提高能源使用效率	36	330	6549
节约原材料	21	270	2578
减少环境污染	29	342	7544
其他科技项目	4	34	696

5-2-11 续表 18

项　目	橡胶制品业		
	R&D项目数(项)	R&D项目人员数(人)	R&D项目经费支出(万元)
总　计	**1377**	**13551**	**344721**
按项目来源分组			
国家科技项目	22	204	5223
地方科技项目	76	1369	31848
企业委托科技项目	88	555	6733
自选科技项目	1159	11033	291954
来境外的科技项目	8	98	1998
其他科技项目	24	292	6965
按项目合作形式分组			
与境外机构合作	9	76	583
与境内高校合作	83	966	28701
与境内独立研究机构合作	33	389	8462
与境内注册的外商独资企业合作	3	13	29
与境内注册的其他企业合作	54	569	5382
独立研究	1155	11169	297623
其他	40	369	3941
按项目技术经济目标分组			
科学原理的探索、发现			
技术原理的研究	17	161	4301
开发全新产品	745	7156	167510
增加产品功能或提高产品性能	424	4449	109036
提高劳动生产率	21	179	5751
减少能源消耗或提高能源使用效率	47	602	13160
节约原材料	79	494	31905
减少环境污染	29	364	10880
其他科技项目	15	146	2179

5-2-11 续表 19

项 目	塑料制品业		
	R&D项目数(项)	R&D项目人员数(人)	R&D项目经费支出(万元)
总 计	**1991**	**20328**	**377667**
按项目来源分组			
国家科技项目	26	240	8645
地方科技项目	137	1164	26418
企业委托科技项目	73	398	6115
自选科技项目	1678	17631	320160
来境外的科技项目	18	299	7735
其他科技项目	59	596	8594
按项目合作形式分组			
与境外机构合作	17	388	12490
与境内高校合作	181	1742	34011
与境内独立研究机构合作	52	485	8344
与境内注册的外商独资企业合作	15	192	2100
与境内注册的其他企业合作	108	889	17104
独立研究	1421	15109	275863
其他	197	1523	27754
按项目技术经济目标分组			
科学原理的探索、发现	3	17	71
技术原理的研究	18	298	3336
开发全新产品	1020	11865	198447
增加产品功能或提高产品性能	587	5119	101415
提高劳动生产率	70	737	23787
减少能源消耗或提高能源使用效率	130	1087	28141
节约原材料	40	398	6769
减少环境污染	82	582	12805
其他科技项目	41	225	2896

5-2-11 续表 20

项　目	非金属矿物制品业		
	R&D项目数（项）	R&D项目人员数（人）	R&D项目经费支出（万元）
总　计	**3849**	**41273**	**673327**
按项目来源分组			
国家科技项目	197	2487	44502
地方科技项目	334	4575	77049
企业委托科技项目	105	826	10216
自选科技项目	3090	31684	513599
来境外的科技项目	24	607	14512
其他科技项目	99	1094	13447
按项目合作形式分组			
与境外机构合作	57	883	17718
与境内高校合作	402	5289	78163
与境内独立研究机构合作	170	2396	40859
与境内注册的外商独资企业合作	16	264	3900
与境内注册的其他企业合作	160	2270	37661
独立研究	2802	27047	440051
其他	242	3124	54976
按项目技术经济目标分组			
科学原理的探索、发现	10	81	2381
技术原理的研究	57	426	9246
开发全新产品	1792	18886	308949
增加产品功能或提高产品性能	1146	11634	178237
提高劳动生产率	127	1079	19199
减少能源消耗或提高能源使用效率	380	4961	91304
节约原材料	115	1721	24335
减少环境污染	161	2032	30841
其他科技项目	61	453	8836

5-2-11　续表 21

项　目	黑色金属冶炼及压延加工业制造业		
	R&D项目数 (项)	R&D项目人员数 (人)	R&D项目经费支出 (万元)
总　计	**4077**	**58975**	**2489833**
按项目来源分组			
国家科技项目	131	1493	91935
地方科技项目	204	5805	160882
企业委托科技项目	30	344	15430
自选科技项目	3648	49852	2170691
来境外的科技项目	4	45	2928
其他科技项目	60	1436	47968
按项目合作形式分组			
与境外机构合作	27	639	35253
与境内高校合作	444	7327	274302
与境内独立研究机构合作	230	3301	147818
与境内注册的外商独资企业合作	1	16	668
与境内注册的其他企业合作	297	3034	189182
独立研究	2751	38437	1602687
其他	327	6221	239923
按项目技术经济目标分组			
科学原理的探索、发现	23	910	26809
技术原理的研究	101	2583	78065
开发全新产品	1455	22648	1196030
增加产品功能或提高产品性能	1330	15395	626443
提高劳动生产率	336	4548	119790
减少能源消耗或提高能源使用效率	330	5709	187862
节约原材料	165	2334	72008
减少环境污染	145	2148	85952
其他科技项目	192	2700	96875

5-2-11 续表 22

项　目	有色金属冶炼及压延加工业		
	R&D项目数(项)	R&D项目人员数(人)	R&D项目经费支出(万元)
总　计	**3005**	**35295**	**950428**
按项目来源分组			
国家科技项目	211	3356	88417
地方科技项目	227	2805	58007
企业委托科技项目	77	564	22430
自选科技项目	2427	27893	756426
来境外的科技项目	8	116	10204
其他科技项目	55	561	14944
按项目合作形式分组			
与境外机构合作	17	267	8076
与境内高校合作	493	7278	221990
与境内独立研究机构合作	176	3224	86034
与境内注册的外商独资企业合作	12	56	1521
与境内注册的其他企业合作	123	1297	38030
独立研究	2008	20683	537025
其他	176	2490	57752
按项目技术经济目标分组			
科学原理的探索、发现	21	234	4588
技术原理的研究	115	1375	20597
开发全新产品	1236	13346	405166
增加产品功能或提高产品性能	775	8046	198908
提高劳动生产率	174	3176	68621
减少能源消耗或提高能源使用效率	344	4797	137029
节约原材料	84	956	21466
减少环境污染	154	1739	38266
其他科技项目	102	1626	55785

5-2-11 续表 23

项目	金属制品业		
	R&D项目数(项)	R&D项目人员数(人)	R&D项目经费支出(万元)
总　计	**3341**	**33835**	**551992**
按项目来源分组			
国家科技项目	75	1019	19927
地方科技项目	159	1706	29266
企业委托科技项目	114	1035	18208
自选科技项目	2889	29191	469762
来境外的科技项目	16	160	942
其他科技项目	88	724	13887
按项目合作形式分组			
与境外机构合作	64	659	10305
与境内高校合作	234	3354	55294
与境内独立研究机构合作	65	943	18084
与境内注册的外商独资企业合作	17	165	1414
与境内注册的其他企业合作	149	1646	24243
独立研究	2491	24166	382207
其他	321	2902	60445
按项目技术经济目标分组			
科学原理的探索、发现	9	230	2393
技术原理的研究	45	490	5110
开发全新产品	1583	16491	281099
增加产品功能或提高产品性能	1084	10732	173939
提高劳动生产率	179	1488	18798
减少能源消耗或提高能源使用效率	181	2375	37993
节约原材料	81	543	8884
减少环境污染	78	788	12058
其他科技项目	101	698	11718

5-2-11 续表 24

项　目	通用设备制造业		
	R&D项目数(项)	R&D项目人员数(人)	R&D项目经费支出(万元)
总　计	**13627**	**121341**	**2218797**
按项目来源分组			
国家科技项目	352	6888	135764
地方科技项目	1260	12425	250827
企业委托科技项目	755	5280	91322
自选科技项目	10856	93902	1678108
来境外的科技项目	138	730	17229
其他科技项目	266	2116	45547
按项目合作形式分组			
与境外机构合作	258	2421	59386
与境内高校合作	1005	12653	243302
与境内独立研究机构合作	395	4452	85491
与境内注册的外商独资企业合作	68	608	8847
与境内注册的其他企业合作	435	2912	48011
独立研究	10748	92003	1665696
其他	718	6292	108065
按项目技术经济目标分组			
科学原理的探索、发现	31	273	3762
技术原理的研究	100	756	15162
开发全新产品	8010	71496	1356238
增加产品功能或提高产品性能	3724	33379	581478
提高劳动生产率	416	2746	53001
减少能源消耗或提高能源使用效率	763	7692	133275
节约原材料	178	1482	22913
减少环境污染	208	1858	25632
其他科技项目	197	1659	27336

5-2-11　续表 25

项　　目	专用设备制造业		
	R&D项目数 (项)	R&D项目人员数 (人)	R&D项目经费支出 (万元)
总　计	**10351**	**100409**	**1951728**
按项目来源分组			
国家科技项目	511	7148	156030
地方科技项目	678	8014	176075
企业委托科技项目	446	3445	60709
自选科技项目	8446	77949	1485143
来境外的科技项目	97	1211	26304
其他科技项目	173	2642	47467
按项目合作形式分组			
与境外机构合作	145	2172	60998
与境内高校合作	824	9992	188022
与境内独立研究机构合作	359	3890	94643
与境内注册的外商独资企业合作	56	580	8758
与境内注册的其他企业合作	335	3281	59850
独立研究	8100	74483	1441761
其他	532	6011	97696
按项目技术经济目标分组			
科学原理的探索、发现	50	394	6390
技术原理的研究	158	1207	41383
开发全新产品	5961	60792	1228741
增加产品功能或提高产品性能	3130	27793	502428
提高劳动生产率	218	2473	45627
减少能源消耗或提高能源使用效率	380	3540	53401
节约原材料	100	1031	16507
减少环境污染	228	1812	30386
其他科技项目	126	1367	26866

5-2-11 续表 26

项 目	交通运输设备制造业		
	R&D项目数 (项)	R&D项目人员数 (人)	R&D项目经费支出 (万元)
总 计	**11240**	**145402**	**3790151**
按项目来源分组			
国家科技项目	443	15399	452823
地方科技项目	503	7266	223006
企业委托科技项目	987	8479	171628
自选科技项目	8853	105563	2793826
来境外的科技项目	172	1814	41130
其他科技项目	282	6881	107738
按项目合作形式分组			
与境外机构合作	373	6808	322845
与境内高校合作	719	12220	256736
与境内独立研究机构合作	430	9651	263144
与境内注册的外商独资企业合作	89	1410	30780
与境内注册的其他企业合作	725	6867	145616
独立研究	8084	98817	2553868
其他	820	9629	217163
按项目技术经济目标分组			
科学原理的探索、发现	52	791	13374
技术原理的研究	147	3352	58391
开发全新产品	7019	95326	2522017
增加产品功能或提高产品性能	2648	31782	870279
提高劳动生产率	338	3511	86773
减少能源消耗或提高能源使用效率	326	3467	94928
节约原材料	140	1150	16850
减少环境污染	291	2987	73237
其他科技项目	279	3036	54303

5-2-11 续表 27

项 目	电气机械及器材制造业		
	R&D项目数(项)	R&D项目人员数(人)	R&D项目经费支出(万元)
总 计	**14711**	**138808**	**3292136**
按项目来源分组			
国家科技项目	306	4021	134241
地方科技项目	874	9780	261280
企业委托科技项目	557	4246	94297
自选科技项目	12461	115640	2682770
来境外的科技项目	201	1509	31947
其他科技项目	312	3612	87602
按项目合作形式分组			
与境外机构合作	246	3025	97966
与境内高校合作	915	10165	237120
与境内独立研究机构合作	469	5104	135286
与境内注册的外商独资企业合作	109	1141	27001
与境内注册的其他企业合作	383	3463	74194
独立研究	11317	104456	2399752
其他	1272	11454	320817
按项目技术经济目标分组			
科学原理的探索、发现	23	396	22042
技术原理的研究	161	1823	48064
开发全新产品	8188	74961	1818147
增加产品功能或提高产品性能	4336	42183	902489
提高劳动生产率	292	2726	60046
减少能源消耗或提高能源使用效率	1053	11009	260468
节约原材料	242	2036	50316
减少环境污染	172	1579	53353
其他科技项目	244	2095	77210

5-2-11　续表 28

项　　目	通信设备、计算机及其他电子设备制造业		
	R&D项目数(项)	R&D项目人员数(人)	R&D项目经费支出(万元)
总　　计	**10989**	**224694**	**5245093**
按项目来源分组			
国家科技项目	651	11542	278469
地方科技项目	641	9979	166259
企业委托科技项目	462	6099	170364
自选科技项目	8686	186844	4420407
来境外的科技项目	253	6286	140454
其他科技项目	296	3944	69139
按项目合作形式分组			
与境外机构合作	378	15868	323540
与境内高校合作	654	8752	172805
与境内独立研究机构合作	176	2913	73200
与境内注册的外商独资企业合作	122	1437	37882
与境内注册的其他企业合作	334	4157	106955
独立研究	8449	173294	4221480
其他	876	18273	309232
按项目技术经济目标分组			
科学原理的探索、发现	36	318	2125
技术原理的研究	100	1986	73743
开发全新产品	6429	93735	2139074
增加产品功能或提高产品性能	3371	111930	2769842
提高劳动生产率	219	3140	45013
减少能源消耗或提高能源使用效率	376	4994	79164
节约原材料	146	1540	24999
减少环境污染	76	1264	19849
其他科技项目	236	5787	91285

5-2-11 续表 29

项　目	仪器仪表及文化、办公用机械制造业		
	R&D项目数 (项)	R&D项目人员数 (人)	R&D项目经费支出 (万元)
总　计	**5015**	**40126**	**587646**
按项目来源分组			
国家科技项目	142	2402	42166
地方科技项目	292	3125	53610
企业委托科技项目	228	1462	21456
自选科技项目	4125	31071	430279
来境外的科技项目	62	428	8617
其他科技项目	166	1638	31517
按项目合作形式分组			
与境外机构合作	103	1181	20511
与境内高校合作	375	3561	56395
与境内独立研究机构合作	159	1392	20274
与境内注册的外商独资企业合作	44	365	9946
与境内注册的其他企业合作	168	1106	19242
独立研究	3805	29094	412312
其他	361	3427	48965
按项目技术经济目标分组			
科学原理的探索、发现	10	71	421
技术原理的研究	75	431	4099
开发全新产品	3052	24956	372980
增加产品功能或提高产品性能	1450	10348	153516
提高劳动生产率	80	745	7240
减少能源消耗或提高能源使用效率	154	1042	13506
节约原材料	23	219	6529
减少环境污染	53	388	6194
其他科技项目	118	1926	23161

5-2-11 续表 30

项 目	工艺品及其他制造业		
	R&D项目数（项）	R&D项目人员数（人）	R&D项目经费支出（万元）
总 计	**860**	**9286**	**119866**
按项目来源分组			
国家科技项目	20	508	4449
地方科技项目	49	590	7793
企业委托科技项目	52	522	6420
自选科技项目	696	7028	93910
来境外的科技项目	7	47	182
其他科技项目	36	591	7113
按项目合作形式分组			
与境外机构合作	21	284	3117
与境内高校合作	60	560	6482
与境内独立研究机构合作	35	377	5176
与境内注册的外商独资企业合作	4	644	1351
与境内注册的其他企业合作	67	471	6204
独立研究	630	6350	90588
其他	43	600	6948
按项目技术经济目标分组			
科学原理的探索、发现			
技术原理的研究	10	54	352
开发全新产品	535	5786	82651
增加产品功能或提高产品性能	204	2017	23850
提高劳动生产率	31	291	4055
减少能源消耗或提高能源使用效率	29	228	3319
节约原材料	15	178	2154
减少环境污染	9	36	500
其他科技项目	27	696	2985

5-2-11　续表 31

项　目	电力、燃气及水的生产和供应业		
	R&D项目数（项）	R&D项目人员数（人）	R&D项目经费支出（万元）
总　计	**1906**	**15561**	**220260**
按项目来源分组			
国家科技项目	34	254	6851
地方科技项目	33	333	4566
企业委托科技项目	45	494	13900
自选科技项目	1758	14196	192111
来境外的科技项目	7	38	405
其他科技项目	29	246	2428
按项目合作形式分组			
与境外机构合作	7	43	649
与境内高校合作	255	2293	30395
与境内独立研究机构合作	258	2594	38597
与境内注册的外商独资企业合作	8	62	3266
与境内注册的其他企业合作	460	3256	46470
独立研究	798	6466	88927
其他	120	847	11956
按项目技术经济目标分组			
科学原理的探索、发现	7	26	151
技术原理的研究	95	1185	6283
开发全新产品	393	2994	30222
增加产品功能或提高产品性能	570	3833	44462
提高劳动生产率	375	2888	58696
减少能源消耗或提高能源使用效率	174	1723	43915
节约原材料	27	555	4730
减少环境污染	119	1093	22094
其他科技项目	146	1264	9706

5-2-12 分地区企业限额以上R&D项目情况

项　目	北　京		
	R&D项目数（项）	R&D项目人员数（人）	R&D项目经费支出（万元）
总　计	**5540**	**42434**	**816469**
按项目来源分组			
国家科技项目	417	3876	130972
地方科技项目	156	1267	25303
企业委托科技项目	317	2030	35736
自选科技项目	4372	32195	570120
来境外的科技项目	83	563	11368
其他科技项目	195	2503	42970
按项目合作形式分组			
与境外机构合作	79	912	21382
与境内高校合作	326	3299	58676
与境内独立研究机构合作	286	2654	84478
与境内注册的外商独资企业合作	38	318	4239
与境内注册的其他企业合作	296	2066	51046
独立研究	4175	29496	519810
其他	340	3689	76837
按项目技术经济目标分组			
科学原理的探索、发现	11	23	102
技术原理的研究	132	981	20270
开发全新产品	2952	22268	493112
增加产品功能或提高产品性能	1571	12399	177604
提高劳动生产率	194	1716	26932
减少能源消耗或提高能源使用效率	237	1735	34345
节约原材料	73	491	6858
减少环境污染	116	927	17468
其他科技项目	254	1894	39778

5-2-12 续表 1

项 目	天 津		
	R&D项目数 (项)	R&D项目人员数 (人)	R&D项目经费支出 (万元)
总 计	**3177**	**28636**	**975649**
按项目来源分组			
国家科技项目	70	669	18830
地方科技项目	178	1633	60225
企业委托科技项目	182	1346	22567
自选科技项目	2627	23189	824238
来境外的科技项目	62	919	37022
其他科技项目	58	880	12765
按项目合作形式分组			
与境外机构合作	78	911	31872
与境内高校合作	250	2467	57857
与境内独立研究机构合作	146	1517	38482
与境内注册的外商独资企业合作	21	88	1750
与境内注册的其他企业合作	152	1464	102171
独立研究	2362	20634	717603
其他	168	1555	25914
按项目技术经济目标分组			
科学原理的探索、发现	61	528	26397
技术原理的研究	235	1843	90687
开发全新产品	1511	13005	384982
增加产品功能或提高产品性能	721	6408	257026
提高劳动生产率	195	2190	45705
减少能源消耗或提高能源使用效率	165	1929	95484
节约原材料	80	728	14656
减少环境污染	94	835	26177
其他科技项目	115	1170	34535

5-2-12 续表 2

项 目	河 北		
	R&D项目数 (项)	R&D项目人员数 (人)	R&D项目经费支出 (万元)
总 计	**2716**	**34522**	**735601**
按项目来源分组			
国家科技项目	87	1562	28025
地方科技项目	109	1414	26480
企业委托科技项目	67	634	11379
自选科技项目	2383	29340	630492
来境外的科技项目	4	30	357
其他科技项目	66	1542	38868
按项目合作形式分组			
与境外机构合作	27	407	14474
与境内高校合作	262	3922	83072
与境内独立研究机构合作	136	2286	48422
与境内注册的外商独资企业合作	7	170	783
与境内注册的其他企业合作	122	1763	32729
独立研究	2055	24461	520262
其他	107	1513	35859
按项目技术经济目标分组			
科学原理的探索、发现	57	593	8486
技术原理的研究	112	1766	48780
开发全新产品	1313	15655	342666
增加产品功能或提高产品性能	636	7769	170883
提高劳动生产率	133	1439	17604
减少能源消耗或提高能源使用效率	145	2027	57893
节约原材料	53	756	13551
减少环境污染	63	1165	33384
其他科技项目	204	3352	42354

5-2-12 续表 3

项　目	山　西		
	R&D项目数（项）	R&D项目人员数（人）	R&D项目经费支出（万元）
总　计	**1494**	**29159**	**433326**
按项目来源分组			
国家科技项目	67	1394	37873
地方科技项目	66	803	26432
企业委托科技项目	37	360	7447
自选科技项目	1310	26290	357713
来境外的科技项目	5	24	379
其他科技项目	9	288	3481
按项目合作形式分组			
与境外机构合作	12	179	5585
与境内高校合作	268	6739	47247
与境内独立研究机构合作	209	6177	66817
与境内注册的外商独资企业合作	1	14	53
与境内注册的其他企业合作	125	4088	36556
独立研究	842	11329	269830
其他	37	633	7238
按项目技术经济目标分组			
科学原理的探索、发现	15	562	3716
技术原理的研究	133	4586	46767
开发全新产品	563	6045	148637
增加产品功能或提高产品性能	316	6003	104535
提高劳动生产率	174	4414	40678
减少能源消耗或提高能源使用效率	118	2503	34337
节约原材料	36	763	5997
减少环境污染	51	909	8053
其他科技项目	88	3374	40606

5-2-12 续表 4

项 目	内蒙古		
	R&D项目数 (项)	R&D项目人员数 (人)	R&D项目经费支出 (万元)
总 计	**661**	**12312**	**295875**
按项目来源分组			
国家科技项目	28	688	19739
地方科技项目	47	1294	84025
企业委托科技项目	17	115	914
自选科技项目	545	9922	173542
来境外的科技项目	13	101	3812
其他科技项目	11	192	13844
按项目合作形式分组			
与境外机构合作	6	344	21182
与境内高校合作	78	1222	35352
与境内独立研究机构合作	50	1519	83799
与境内注册的外商独资企业合作	2	13	49
与境内注册的其他企业合作	62	1674	30483
独立研究	419	6529	109561
其他	44	1011	15449
按项目技术经济目标分组			
科学原理的探索、发现	14	609	14108
技术原理的研究	43	1239	23790
开发全新产品	285	5785	97191
增加产品功能或提高产品性能	146	1354	28798
提高劳动生产率	29	553	12455
减少能源消耗或提高能源使用效率	78	1699	96458
节约原材料	27	290	4958
减少环境污染	25	618	14758
其他科技项目	14	165	3360

5-2-12 续表 5

项　目	辽　宁		
	R&D项目数（项）	R&D项目人员数（人）	R&D项目经费支出（万元）
总　计	**3787**	**40087**	**1073030**
按项目来源分组			
国家科技项目	182	4506	140108
地方科技项目	367	2860	81152
企业委托科技项目	141	1609	41322
自选科技项目	2989	30099	796790
来境外的科技项目	29	188	2733
其他科技项目	79	825	10925
按项目合作形式分组			
与境外机构合作	50	445	37591
与境内高校合作	311	4021	127782
与境内独立研究机构合作	274	2901	68887
与境内注册的外商独资企业合作	17	200	16672
与境内注册的其他企业合作	216	1520	28593
独立研究	2608	26995	634098
其他	311	4005	159408
按项目技术经济目标分组			
科学原理的探索、发现			
技术原理的研究	66	1055	12235
开发全新产品	2134	23779	618640
增加产品功能或提高产品性能	857	8212	272580
提高劳动生产率	270	1990	39614
减少能源消耗或提高能源使用效率	173	2143	61450
节约原材料	66	684	20663
减少环境污染	112	1264	23808
其他科技项目	109	960	24040

5-2-12 续表 6

项　目	吉　林		
	R&D项目数（项）	R&D项目人员数（人）	R&D项目经费支出（万元）
总　计	**746**	**9557**	**277120**
按项目来源分组			
国家科技项目	33	948	10024
地方科技项目	54	754	13828
企业委托科技项目	42	386	9700
自选科技项目	558	6858	230226
来境外的科技项目	6	67	2653
其他科技项目	53	544	10688
按项目合作形式分组			
与境外机构合作	3	35	154
与境内高校合作	106	1401	20401
与境内独立研究机构合作	54	748	9692
与境内注册的外商独资企业合作			
与境内注册的其他企业合作	21	221	2202
独立研究	484	6381	229373
其他	78	771	15298
按项目技术经济目标分组			
科学原理的探索、发现	5	63	569
技术原理的研究	21	163	1989
开发全新产品	495	6742	226563
增加产品功能或提高产品性能	81	1061	13574
提高劳动生产率	28	270	11903
减少能源消耗或提高能源使用效率	30	483	7170
节约原材料	13	160	2187
减少环境污染	33	372	10153
其他科技项目	40	243	3012

5-2-12 续表 7

项　　目	黑龙江		
	R&D项目数（项）	R&D项目人员数（人）	R&D项目经费支出（万元）
总　　计	**1892**	**21545**	**471072**
按项目来源分组			
国家科技项目	134	2963	81815
地方科技项目	73	833	15510
企业委托科技项目	74	578	13657
自选科技项目	1570	16528	352379
来境外的科技项目	7	82	855
其他科技项目	34	561	6857
按项目合作形式分组			
与境外机构合作	16	589	29407
与境内高校合作	191	2179	31566
与境内独立研究机构合作	87	1622	49865
与境内注册的外商独资企业合作	12	88	1877
与境内注册的其他企业合作	229	1589	16494
独立研究	1264	14414	311928
其他	93	1064	29935
按项目技术经济目标分组			
科学原理的探索、发现			
技术原理的研究			
开发全新产品	969	12734	291420
增加产品功能或提高产品性能	464	4585	100920
提高劳动生产率	211	1289	16682
减少能源消耗或提高能源使用效率	63	689	12003
节约原材料	17	146	1947
减少环境污染	35	590	11674
其他科技项目	133	1512	36426

5-2-12 续表 8

项　目	上　海		
	R&D项目数（项）	R&D项目人员数（人）	R&D项目经费支出（万元）
总　计	**6909**	**60535**	**1842961**
按项目来源分组			
国家科技项目	181	2527	92315
地方科技项目	266	3081	135949
企业委托科技项目	493	2881	91291
自选科技项目	5742	50600	1481088
来境外的科技项目	137	759	28511
其他科技项目	90	687	13807
按项目合作形式分组			
与境外机构合作	246	4297	204162
与境内高校合作	411	3080	105612
与境内独立研究机构合作	266	2768	123276
与境内注册的外商独资企业合作	61	776	20141
与境内注册的其他企业合作	577	2900	73078
独立研究	4982	43143	1194389
其他	366	3571	122303
按项目技术经济目标分组			
科学原理的探索、发现			
技术原理的研究	191	2544	54927
开发全新产品	3722	31631	1013289
增加产品功能或提高产品性能	2120	19745	560324
提高劳动生产率	187	1802	39086
减少能源消耗或提高能源使用效率	293	2331	93498
节约原材料	120	673	15077
减少环境污染	149	938	20037
其他科技项目	127	871	46723

5-2-12 续表 9

项目	江苏		
	R&D项目数(项)	R&D项目人员数(人)	R&D项目经费支出(万元)
总计	**19766**	**223359**	**4996068**
按项目来源分组			
国家科技项目	496	6869	178377
地方科技项目	1113	13648	306035
企业委托科技项目	658	5356	116810
自选科技项目	16623	184611	4020888
来境外的科技项目	297	6386	200154
其他科技项目	579	6489	173805
按项目合作形式分组			
与境外机构合作	527	10417	253497
与境内高校合作	2318	28859	600457
与境内独立研究机构合作	884	10387	257697
与境内注册的外商独资企业合作	185	2241	44759
与境内注册的其他企业合作	790	7719	160620
独立研究	14064	147889	3372467
其他	998	15847	306572
按项目技术经济目标分组			
科学原理的探索、发现			
技术原理的研究	18	228	2083
开发全新产品	10547	112631	2662707
增加产品功能或提高产品性能	5744	67167	1508225
提高劳动生产率	734	6673	114612
减少能源消耗或提高能源使用效率	1304	16621	355100
节约原材料	332	3087	63753
减少环境污染	638	7995	173591
其他科技项目	449	8957	115996

5-2-12 续表 10

项　目	浙　江		
	R&D项目数(项)	R&D项目人员数(人)	R&D项目经费支出(万元)
总　计	**21620**	**170228**	**3068338**
按项目来源分组			
国家科技项目	429	4598	115058
地方科技项目	1930	19016	376153
企业委托科技项目	463	2676	40088
自选科技项目	18233	139683	2476463
来境外的科技项目	129	1018	14699
其他科技项目	436	3237	45877
按项目合作形式分组			
与境外机构合作	182	1802	53474
与境内高校合作	1737	14270	284496
与境内独立研究机构合作	619	5396	96228
与境内注册的外商独资企业合作	123	1464	20539
与境内注册的其他企业合作	513	3684	72541
独立研究	16468	129251	2301157
其他	1978	14361	239902
按项目技术经济目标分组			
科学原理的探索、发现	2	21	534
技术原理的研究	12	97	2510
开发全新产品	12649	99816	1822523
增加产品功能或提高产品性能	5893	45734	803157
提高劳动生产率	464	4010	67416
减少能源消耗或提高能源使用效率	1209	9423	182604
节约原材料	394	2888	49827
减少环境污染	551	4095	84690
其他科技项目	446	4144	55075

5-2-12 续表 11

项 目	安 徽		
	R&D项目数 (项)	R&D项目人员数 (人)	R&D项目经费支出 (万元)
总 计	**3268**	**35752**	**669314**
按项目来源分组			
国家科技项目	145	3711	75119
地方科技项目	190	2784	52624
企业委托科技项目	141	883	5400
自选科技项目	2688	27330	515215
来境外的科技项目	28	187	2897
其他科技项目	76	857	18059
按项目合作形式分组			
与境外机构合作	39	463	7120
与境内高校合作	572	7757	170283
与境内独立研究机构合作	259	3439	55718
与境内注册的外商独资企业合作	19	86	655
与境内注册的其他企业合作	177	1816	27202
独立研究	1987	20207	375682
其他	215	1984	32654
按项目技术经济目标分组			
科学原理的探索、发现	1	16	109
技术原理的研究	62	974	13705
开发全新产品	1714	17758	351859
增加产品功能或提高产品性能	833	7890	139926
提高劳动生产率	119	1376	30222
减少能源消耗或提高能源使用效率	194	2049	38950
节约原材料	63	911	16793
减少环境污染	105	1031	17652
其他科技项目	177	3747	60097

5-2-12 续表 12

项　目	福　建		
	R&D项目数（项）	R&D项目人员数（人）	R&D项目经费支出（万元）
总　计	**3551**	**45005**	**904286**
按项目来源分组			
国家科技项目	120	2460	50362
地方科技项目	295	3996	67614
企业委托科技项目	90	1400	88032
自选科技项目	2904	35588	656428
来境外的科技项目	52	521	10686
其他科技项目	90	1040	31163
按项目合作形式分组			
与境外机构合作	69	648	17948
与境内高校合作	390	4661	86022
与境内独立研究机构合作	174	2247	44699
与境内注册的外商独资企业合作	16	117	1162
与境内注册的其他企业合作	113	1133	15831
独立研究	2386	31271	584401
其他	403	4928	154224
按项目技术经济目标分组			
科学原理的探索、发现	48	897	28962
技术原理的研究	113	1340	19282
开发全新产品	1650	19914	394803
增加产品功能或提高产品性能	1034	14986	331027
提高劳动生产率	126	1508	25899
减少能源消耗或提高能源使用效率	230	2524	41004
节约原材料	70	1153	18295
减少环境污染	168	1435	23982
其他科技项目	112	1248	21033

5-2-12 续表 13

项　　目	江　西		
	R&D项目数（项）	R&D项目人员数（人）	R&D项目经费支出（万元）
总　计	**1614**	**20203**	**489069**
按项目来源分组			
国家科技项目	71	3329	68583
地方科技项目	113	1645	30257
企业委托科技项目	71	476	3175
自选科技项目	1310	13881	361071
来境外的科技项目	10	131	5320
其他科技项目	39	741	20663
按项目合作形式分组			
与境外机构合作	7	111	456
与境内高校合作	187	2131	40055
与境内独立研究机构合作	106	1206	35209
与境内注册的外商独资企业合作	18	210	1382
与境内注册的其他企业合作	64	707	11368
独立研究	1106	14044	369402
其他	126	1794	31196
按项目技术经济目标分组			
科学原理的探索、发现	27	266	3025
技术原理的研究	76	807	27254
开发全新产品	678	9895	246525
增加产品功能或提高产品性能	451	4313	96008
提高劳动生产率	75	735	19539
减少能源消耗或提高能源使用效率	75	1290	22086
节约原材料	61	858	15731
减少环境污染	77	776	27071
其他科技项目	94	1263	31829

5-2-12 续表 14

项　目	山　东		
	R&D项目数（项）	R&D项目人员数（人）	R&D项目经费支出（万元）
总　计	**14172**	**150155**	**3777131**
按项目来源分组			
国家科技项目	364	5938	198707
地方科技项目	1397	18098	403414
企业委托科技项目	397	3622	61116
自选科技项目	11648	117975	3009884
来境外的科技项目	77	1035	21903
其他科技项目	289	3487	82107
按项目合作形式分组			
与境外机构合作	218	2488	136457
与境内高校合作	1504	20009	472989
与境内独立研究机构合作	788	8827	199491
与境内注册的外商独资企业合作	61	1287	22206
与境内注册的其他企业合作	655	7079	185800
独立研究	10006	100743	2489283
其他	940	9722	270906
按项目技术经济目标分组			
科学原理的探索、发现	1	29	217
技术原理的研究	230	3863	43751
开发全新产品	7941	81680	2037787
增加产品功能或提高产品性能	3228	32912	854266
提高劳动生产率	573	6071	136746
减少能源消耗或提高能源使用效率	892	10622	278026
节约原材料	424	4516	141708
减少环境污染	480	6450	161166
其他科技项目	403	4012	123465

5-2-12　续表 15

项　目	河　南		
	R&D项目数（项）	R&D项目人员数（人）	R&D项目经费支出（万元）
总　计	**4797**	**68505**	**1154606**
按项目来源分组			
国家科技项目	130	4404	103246
地方科技项目	198	4199	70406
企业委托科技项目	116	1231	15877
自选科技项目	4285	57841	950187
来境外的科技项目	14	353	7280
其他科技项目	54	477	7611
按项目合作形式分组			
与境外机构合作	27	588	8727
与境内高校合作	595	10142	151258
与境内独立研究机构合作	244	4228	75123
与境内注册的外商独资企业合作	18	172	3188
与境内注册的其他企业合作	186	3746	72352
独立研究	3518	47043	799598
其他	209	2586	44360
按项目技术经济目标分组			
科学原理的探索、发现	2	22	40
技术原理的研究	37	239	5150
开发全新产品	2281	33091	579554
增加产品功能或提高产品性能	1389	18623	317760
提高劳动生产率	272	5298	75088
减少能源消耗或提高能源使用效率	293	4655	86499
节约原材料	82	1681	20138
减少环境污染	109	1395	23263
其他科技项目	332	3501	47116

5-2-12 续表 16

项　目	湖　北		
	R&D项目数（项）	R&D项目人员数（人）	R&D项目经费支出（万元）
总　计	**3320**	**43386**	**842766**
按项目来源分组			
国家科技项目	151	2610	64221
地方科技项目	196	3772	59868
企业委托科技项目	157	2316	29635
自选科技项目	2693	33209	666762
来境外的科技项目	17	210	3528
其他科技项目	106	1269	18753
按项目合作形式分组			
与境外机构合作	63	622	11723
与境内高校合作	400	5132	99963
与境内独立研究机构合作	149	2128	32471
与境内注册的外商独资企业合作	34	316	3355
与境内注册的其他企业合作	209	2348	29794
独立研究	2246	30106	630234
其他	219	2734	35225
按项目技术经济目标分组			
科学原理的探索、发现	12	71	594
技术原理的研究	36	412	3915
开发全新产品	1914	26619	566524
增加产品功能或提高产品性能	821	9952	154891
提高劳动生产率	89	929	11783
减少能源消耗或提高能源使用效率	173	2103	51087
节约原材料	59	878	13580
减少环境污染	88	1098	11890
其他科技项目	128	1324	28503

5-2-12 续表 17

项 目	湖 南		
	R&D项目数（项）	R&D项目人员数（人）	R&D项目经费支出（万元）
总 计	**3175**	**38682**	**829584**
按项目来源分组			
国家科技项目	90	1427	39280
地方科技项目	156	2824	57658
企业委托科技项目	117	1279	35569
自选科技项目	2749	32475	682765
来境外的科技项目	8	126	2883
其他科技项目	55	551	11428
按项目合作形式分组			
与境外机构合作	30	407	10825
与境内高校合作	361	5362	125763
与境内独立研究机构合作	203	2801	41404
与境内注册的外商独资企业合作	46	311	7436
与境内注册的其他企业合作	154	1566	44245
独立研究	2107	25021	535731
其他	274	3214	64181
按项目技术经济目标分组			
科学原理的探索、发现	64	1045	28931
技术原理的研究	196	1541	34589
开发全新产品	1379	18757	410288
增加产品功能或提高产品性能	999	11679	266150
提高劳动生产率	132	1221	22357
减少能源消耗或提高能源使用效率	145	1477	24153
节约原材料	45	506	9099
减少环境污染	76	1112	22324
其他科技项目	139	1344	11694

5-2-12 续表 18

项　目	广　东		
	R&D项目数(项)	R&D项目人员数(人)	R&D项目经费支出(万元)
总　计	**11960**	**211754**	**4765562**
按项目来源分组			
国家科技项目	191	2831	59951
地方科技项目	966	11165	239000
企业委托科技项目	437	4475	80956
自选科技项目	9850	185593	4281647
来境外的科技项目	235	3449	53146
其他科技项目	281	4241	50862
按项目合作形式分组			
与境外机构合作	405	14178	254972
与境内高校合作	1217	14994	277351
与境内独立研究机构合作	415	4330	89309
与境内注册的外商独资企业合作	102	1312	23716
与境内注册的其他企业合作	504	4887	81501
独立研究	8633	157560	3840391
其他	684	14493	198323
按项目技术经济目标分组			
科学原理的探索、发现	52	649	10324
技术原理的研究	30	334	5649
开发全新产品	6198	80390	1660918
增加产品功能或提高产品性能	3843	106587	2639265
提高劳动生产率	409	5655	138186
减少能源消耗或提高能源使用效率	746	9671	163450
节约原材料	182	2450	48354
减少环境污染	247	2597	47845
其他科技项目	253	3421	51571

5-2-12 续表 19

项 目	广 西		
	R&D项目数 (项)	R&D项目人员数 (人)	R&D项目经费支出 (万元)
总 计	**1489**	**12686**	**275618**
按项目来源分组			
国家科技项目	42	428	9087
地方科技项目	288	2502	78362
企业委托科技项目	95	367	5926
自选科技项目	1044	9301	181414
来境外的科技项目	4	11	307
其他科技项目	16	77	522
按项目合作形式分组			
与境外机构合作	19	163	1815
与境内高校合作	177	1700	30696
与境内独立研究机构合作	95	636	7211
与境内注册的外商独资企业合作	13	315	7494
与境内注册的其他企业合作	65	492	27026
独立研究	1044	8846	191750
其他	76	534	9625
按项目技术经济目标分组			
科学原理的探索、发现	5	31	163
技术原理的研究	144	721	9725
开发全新产品	714	6885	161100
增加产品功能或提高产品性能	366	3037	55604
提高劳动生产率	65	702	31249
减少能源消耗或提高能源使用效率	60	587	10341
节约原材料	23	179	2105
减少环境污染	42	331	3350
其他科技项目	70	213	1981

5-2-12 续表 20

项 目	海 南		
	R&D项目数（项）	R&D项目人员数（人）	R&D项目经费支出（万元）
总 计	**199**	**1433**	**15557**
按项目来源分组			
国家科技项目	24	188	1743
地方科技项目	8	47	206
企业委托科技项目	1	1	28
自选科技项目	161	1161	12203
来境外的科技项目			
其他科技项目	5	36	1376
按项目合作形式分组			
与境外机构合作	7	70	1632
与境内高校合作	21	153	945
与境内独立研究机构合作	35	175	4385
与境内注册的外商独资企业合作			
与境内注册的其他企业合作	29	117	2316
独立研究	95	834	4741
其他	12	84	1538
按项目技术经济目标分组			
科学原理的探索、发现	26	176	1240
技术原理的研究	13	69	1001
开发全新产品	79	740	9473
增加产品功能或提高产品性能	37	261	1942
提高劳动生产率	4	11	41
减少能源消耗或提高能源使用效率	8	66	1178
节约原材料	1	8	9
减少环境污染	2	16	26
其他科技项目	29	86	648

5-2-12 续表 21

项　目	重　庆		
	R&D项目数（项）	R&D项目人员数（人）	R&D项目经费支出（万元）
总　计	**2966**	**24973**	**442529**
按项目来源分组			
国家科技项目	174	2512	46056
地方科技项目	167	1727	29848
企业委托科技项目	192	1384	21341
自选科技项目	2344	18738	334444
来境外的科技项目	24	249	2769
其他科技项目	65	363	8071
按项目合作形式分组			
与境外机构合作	52	710	13648
与境内高校合作	190	2283	42359
与境内独立研究机构合作	139	960	15594
与境内注册的外商独资企业合作	26	189	1633
与境内注册的其他企业合作	192	1024	24355
独立研究	2223	18679	321762
其他	144	1128	23177
按项目技术经济目标分组			
科学原理的探索、发现	14	52	422
技术原理的研究	83	494	3233
开发全新产品	1873	14986	294936
增加产品功能或提高产品性能	617	5828	89034
提高劳动生产率	90	882	9148
减少能源消耗或提高能源使用效率	73	843	19680
节约原材料	41	282	3561
减少环境污染	55	541	10103
其他科技项目	120	1065	12411

5-2-12 续表 22

项 目	四 川		
	R&D项目数(项)	R&D项目人员数(人)	R&D项目经费支出(万元)
总 计	**2917**	**33169**	**514614**
按项目来源分组			
国家科技项目	214	3767	59281
地方科技项目	182	1849	33291
企业委托科技项目	117	1796	17540
自选科技项目	2329	24803	389649
来境外的科技项目	7	82	436
其他科技项目	68	872	14418
按项目合作形式分组			
与境外机构合作	35	371	8335
与境内高校合作	306	4068	72575
与境内独立研究机构合作	209	2515	50134
与境内注册的外商独资企业合作	11	133	1941
与境内注册的其他企业合作	161	1675	21485
独立研究	2063	23085	348066
其他	132	1322	12078
按项目技术经济目标分组			
科学原理的探索、发现	1	15	226
技术原理的研究	120	1241	13894
开发全新产品	1296	16074	300607
增加产品功能或提高产品性能	751	7420	103723
提高劳动生产率	219	2580	28765
减少能源消耗或提高能源使用效率	145	1769	25052
节约原材料	131	1530	16285
减少环境污染	103	1197	12581
其他科技项目	151	1343	13481

5-2-12 续表 23

项 目	贵 州		
	R&D项目数(项)	R&D项目人员数(人)	R&D项目经费支出(万元)
总 计	**628**	**6062**	**147934**
按项目来源分组			
国家科技项目	104	1310	21541
地方科技项目	44	392	5276
企业委托科技项目	20	209	4149
自选科技项目	438	3608	109490
来境外的科技项目	1	9	142
其他科技项目	21	534	7336
按项目合作形式分组			
与境外机构合作	3	24	12931
与境内高校合作	96	765	20853
与境内独立研究机构合作	48	661	22303
与境内注册的外商独资企业合作	1	10	123
与境内注册的其他企业合作	38	339	7774
独立研究	419	3875	72316
其他	23	388	11635
按项目技术经济目标分组			
科学原理的探索、发现	19	167	1051
技术原理的研究	39	301	19327
开发全新产品	280	3491	72164
增加产品功能或提高产品性能	208	1397	33111
提高劳动生产率	17	104	3800
减少能源消耗或提高能源使用效率	25	297	4206
节约原材料	7	93	3200
减少环境污染	22	146	10186
其他科技项目	11	66	890

5-2-12 续表 24

项　目	云　南		
	R&D项目数(项)	R&D项目人员数(人)	R&D项目经费支出(万元)
总　计	**746**	**8074**	**99475**
按项目来源分组			
国家科技项目	62	473	11150
地方科技项目	86	809	11771
企业委托科技项目	40	216	3768
自选科技项目	524	4572	47123
来境外的科技项目	5	67	5812
其他科技项目	29	1937	19851
按项目合作形式分组			
与境外机构合作	10	103	1786
与境内高校合作	80	2480	23644
与境内独立研究机构合作	74	730	9342
与境内注册的外商独资企业合作	1	2	234
与境内注册的其他企业合作	78	683	8649
独立研究	424	3474	49922
其他	79	602	5898
按项目技术经济目标分组			
科学原理的探索、发现	11	110	625
技术原理的研究	68	2182	24573
开发全新产品	287	2183	26022
增加产品功能或提高产品性能	181	1605	27699
提高劳动生产率	39	504	4145
减少能源消耗或提高能源使用效率	61	466	4693
节约原材料	24	294	1841
减少环境污染	35	325	6496
其他科技项目	40	405	3380

5-2-12 续表 25

项 目	西 藏		
	R&D项目数 (项)	R&D项目人员数 (人)	R&D项目经费支出 (万元)
总 计	**15**	**125**	**5847**
按项目来源分组			
国家科技项目	6	51	4049
地方科技项目	6	55	840
企业委托科技项目			
自选科技项目	3	19	958
来境外的科技项目			
其他科技项目			
按项目合作形式分组			
与境外机构合作			
与境内高校合作	1	5	357
与境内独立研究机构合作	6	46	4042
与境内注册的外商独资企业合作			
与境内注册的其他企业合作			
独立研究	7	69	1442
其他	1	5	7
按项目技术经济目标分组			
科学原理的探索、发现	7	76	1354
技术原理的研究	1	7	2945
开发全新产品	6	38	1498
增加产品功能或提高产品性能			
提高劳动生产率			
减少能源消耗或提高能源使用效率			
节约原材料			
减少环境污染			
其他科技项目	1	4	50

5-2-12 续表 26

项 目	陕 西		
	R&D项目数(项)	R&D项目人员数(人)	R&D项目经费支出(万元)
总 计	**1731**	**23016**	**368830**
按项目来源分组			
国家科技项目	168	5553	115527
地方科技项目	91	1217	22635
企业委托科技项目	97	1189	14252
自选科技项目	1305	13086	185673
来境外的科技项目	3	116	3700
其他科技项目	67	1855	27041
按项目合作形式分组			
与境外机构合作	6	17	212
与境内高校合作	152	1536	27735
与境内独立研究机构合作	111	2384	36088
与境内注册的外商独资企业合作	3	62	872
与境内注册的其他企业合作	96	949	12207
独立研究	1234	16852	260536
其他	129	1216	31179
按项目技术经济目标分组			
科学原理的探索、发现			
技术原理的研究	135	1581	22530
开发全新产品	878	14096	210900
增加产品功能或提高产品性能	401	4580	95816
提高劳动生产率	71	572	4047
减少能源消耗或提高能源使用效率	49	615	9418
节约原材料	26	239	1962
减少环境污染	27	234	2658
其他科技项目	144	1099	21498

5-2-12　续表 27

项　　目	甘　肃		
	R&D项目数 (项)	R&D项目人员数 (人)	R&D项目经费支出 (万元)
总　　计	**550**	**8700**	**140003**
按项目来源分组			
国家科技项目	51	1336	27622
地方科技项目	54	2348	46573
企业委托科技项目	33	209	2672
自选科技项目	401	4709	62333
来境外的科技项目			
其他科技项目	11	98	803
按项目合作形式分组			
与境外机构合作	2	8	160
与境内高校合作	102	1153	19798
与境内独立研究机构合作	49	1224	31441
与境内注册的外商独资企业合作			
与境内注册的其他企业合作	31	284	1417
独立研究	330	5678	81851
其他	36	353	5336
按项目技术经济目标分组			
科学原理的探索、发现	12	88	305
技术原理的研究	52	1544	25082
开发全新产品	216	2540	53855
增加产品功能或提高产品性能	138	2380	27686
提高劳动生产率	39	709	14614
减少能源消耗或提高能源使用效率	35	742	11092
节约原材料	13	126	1545
减少环境污染	20	356	3446
其他科技项目	25	215	2380

5-2-12 续表 28

项　目	青　海		
	R&D项目数（项）	R&D项目人员数（人）	R&D项目经费支出（万元）
总　计	**117**	**1272**	**24904**
按项目来源分组			
国家科技项目	12	184	3720
地方科技项目	26	317	10831
企业委托科技项目			
自选科技项目	78	759	10325
来境外的科技项目			
其他科技项目	1	12	28
按项目合作形式分组			
与境外机构合作	6	66	1027
与境内高校合作	15	275	7739
与境内独立研究机构合作	24	249	8519
与境内注册的外商独资企业合作	1	29	142
与境内注册的其他企业合作	11	128	1608
独立研究	56	449	5554
其他	4	76	315
按项目技术经济目标分组			
科学原理的探索、发现			
技术原理的研究	23	223	3288
开发全新产品	21	200	1764
增加产品功能或提高产品性能	25	318	10046
提高劳动生产率	10	102	1556
减少能源消耗或提高能源使用效率	11	145	757
节约原材料	2	49	3716
减少环境污染	19	175	3340
其他科技项目	6	60	436

5-2-12 续表 29

项　目	宁　夏		
	R&D项目数（项）	R&D项目人员数（人）	R&D项目经费支出（万元）
总　计	**724**	**4104**	**63374**
按项目来源分组			
国家科技项目	42	354	7731
地方科技项目	61	625	7555
企业委托科技项目	8	60	1465
自选科技项目	610	3048	46213
来境外的科技项目			
其他科技项目	3	17	411
按项目合作形式分组			
与境外机构合作	5	42	716
与境内高校合作	60	499	8270
与境内独立研究机构合作	27	216	6098
与境内注册的外商独资企业合作	4	26	791
与境内注册的其他企业合作	33	210	3799
独立研究	581	2982	42669
其他	14	129	1032
按项目技术经济目标分组			
科学原理的探索、发现			
技术原理的研究	45	268	4857
开发全新产品	365	1929	26087
增加产品功能或提高产品性能	228	1206	19369
提高劳动生产率	23	190	2339
减少能源消耗或提高能源使用效率	36	296	7771
节约原材料	14	111	1992
减少环境污染	7	48	646
其他科技项目	6	56	314

5-2-12 续表 30

项目	新疆		
	R&D项目数(项)	R&D项目人员数(人)	R&D项目经费支出(万元)
总 计	**602**	**5345**	**104916**
按项目来源分组			
国家科技项目	24	186	3855
地方科技项目	47	422	9812
企业委托科技项目	3	35	131
自选科技项目	506	4468	82114
来境外的科技项目			
其他科技项目	22	234	9004
按项目合作形式分组			
与境外机构合作	4	33	858
与境内高校合作	65	556	11680
与境内独立研究机构合作	51	405	6402
与境内注册的外商独资企业合作	4	19	231
与境内注册的其他企业合作	47	367	12283
独立研究	388	3597	69532
其他	43	368	3931
按项目技术经济目标分组			
科学原理的探索、发现	3	19	484
技术原理的研究	214	1823	35306
开发全新产品	116	960	14187
增加产品功能或提高产品性能	95	856	25657
提高劳动生产率	66	574	3101
减少能源消耗或提高能源使用效率	44	372	7208
节约原材料	19	115	2500
减少环境污染	12	77	1190
其他科技项目	33	549	15283

六、企业办研发机构情况

6-1 企业办研发机构

项 目	机构数（个）	机构人员（人）	#博士和硕士	机构经费支出（万元）	仪器和设备原价（万元）
总 计	**29879**	**1549790**	**182434**	**29836233**	**24914711**
按企业规模分组					
大中型企业	15217	1279651	151101	26250606	21902198
大型企业	3522	684271	97439	16443424	12775247
中型企业	11695	595380	53662	9807181	9126951
小型企业	14662	270139	31333	3585627	3012513
按企业控股情况分组					
国有控股	4807	509914	73585	10682559	9555220
集体控股	1159	100406	21728	2621312	1957822
私人控股	17577	571108	51828	9231278	7725595
港澳台商控股	2204	137127	11687	2310913	1800696
外商控股	2613	165095	16561	3563486	2904849
按登记注册类型分组					
内资企业	23008	1141352	142251	21080016	17860444
国有企业	1311	117884	13431	2132986	1754593
集体企业	208	10230	872	270876	120589
股份合作企业	229	6686	610	134771	91939
联营企业	35	3466	447	17356	45969
有限责任公司	7080	453617	57470	9075152	7914193
#国有独资公司	693	90130	8212	1838723	2442612
股份有限公司	2759	261186	44072	5436836	4482748
私营企业	11279	283713	25041	3957350	3392859
其他内资企业	107	4570	308	54689	57554
港澳台商投资企业	2992	172637	14445	2913163	2315172
外商投资企业	3879	235801	25738	5843054	4739095

6-2 大中型企业办研发机构

项　目	机构数（个）	机构人员（人）	#博士和硕士	机构经费支出（万元）	仪器和设备原价（万元）
总　计	**15217**	**1279651**	**151101**	**26250606**	**21902198**
按企业控股情况分组					
国有控股	4012	489879	70430	10394296	9304185
集体控股	730	91532	20749	2497916	1811513
私人控股	6802	383772	31392	6890554	5843225
港澳台商控股	1328	119037	9903	2048620	1580183
外商控股	1554	143977	13562	3184128	2588360
按登记注册类型分组					
内资企业	11160	929009	117784	18435535	15648257
国有企业	1115	113485	12869	2076356	1712767
集体企业	106	8745	739	250749	105947
股份合作企业	95	4170	341	102043	55022
联营企业	19	2905	407	12953	42574
有限责任公司	4087	392486	49481	8254007	7230834
#国有独资公司	640	88701	8079	1821022	2424772
股份有限公司	2258	248148	41977	5257678	4313774
私营企业	3427	155537	11780	2439425	2139550
其他内资企业	53	3533	190	42326	47790
港澳台商投资企业	1766	147426	11941	2553666	2018891
外商投资企业	2291	203216	21376	5261404	4235050

6-3 大型企业办研发机构

项　目	机构数（个）	机构人员（人）	#博士和硕士	机构经费支出（万元）	仪器和设备原价（万元）
总　计	**3522**	**684271**	**97439**	**16443424**	**12775247**
按企业控股情况分组					
国有控股	1839	359473	57317	8305380	7037151
集体控股	138	61469	18039	2032213	1398067
私人控股	859	117798	10175	2846678	2064600
港澳台商控股	268	58156	4376	1052653	766396
外商控股	284	69741	5691	1485852	1094156
按登记注册类型分组					
内资企业	2732	513697	81203	12227372	9560126
国有企业	448	76878	9727	1609854	1222652
集体企业	21	5491	459	221361	82428
股份合作企业	9	550	80	14025	3062
联营企业	5	2567	369	8163	17669
有限责任公司	1256	250197	37220	6088215	5138218
#国有独资公司	408	75782	6893	1645955	2132659
股份有限公司	741	148652	30793	3689647	2647989
私营企业	245	28067	2494	579974	438826
其他内资企业	7	1295	61	16134	9284
港澳台商投资企业	301	67480	4796	1255694	917362
外商投资企业	489	103094	11440	2960358	2297759

6-4 中型企业办研发机构

项　目	机构数（个）	机构人员（人）	#博士和硕士	机构经费支出（万元）	仪器和设备原价（万元）
总　计	**11695**	**595380**	**53662**	**9807181**	**9126951**
按企业控股情况分组					
国有控股	2173	130406	13113	2088916	2267033
集体控股	592	30063	2710	465703	413446
私人控股	5943	265974	21217	4043877	3778625
港澳台商控股	1060	60881	5527	995967	813787
外商控股	1270	74236	7871	1698277	1494204
按登记注册类型分组					
内资企业	8428	415312	36581	6208163	6088131
国有企业	667	36607	3142	466502	490116
集体企业	85	3254	280	29388	23519
股份合作企业	86	3620	261	88018	51960
联营企业	14	338	38	4790	24905
有限责任公司	2831	142289	12261	2165792	2092617
#国有独资公司	232	12919	1186	175067	292113
股份有限公司	1517	99496	11184	1568031	1665785
私营企业	3182	127470	9286	1859451	1700724
其他内资企业	46	2238	129	26192	38507
港澳台商投资企业	1465	79946	7145	1297972	1101529
外商投资企业	1802	100122	9936	2301046	1937291

6-5 小型企业办研发机构

项　目	机构数（个）	机构人员（人）	#博士和硕士	机构经费支出（万元）	仪器和设备原价（万元）
总　计	**14662**	**270139**	**31333**	**3585627**	**3012513**
按企业控股情况分组					
国有控股	795	20035	3155	288263	251035
集体控股	429	8874	979	123397	146309
私人控股	10775	187336	20436	2340724	1882371
港澳台商控股	876	18090	1784	262293	220513
外商控股	1059	21118	2999	379358	316489
按登记注册类型分组					
内资企业	11848	212343	24467	2644480	2212186
国有企业	196	4399	562	56630	41826
集体企业	102	1485	133	20128	14642
股份合作企业	134	2516	269	32729	36918
联营企业	16	561	40	4403	3396
有限责任公司	2993	61131	7989	821145	683359
#国有独资公司	53	1429	133	17701	17840
股份有限公司	501	13038	2095	179158	168974
私营企业	7852	128176	13261	1517926	1253309
其他内资企业	54	1037	118	12363	9763
港澳台商投资企业	1226	25211	2504	359497	296282
外商投资企业	1588	32585	4362	581650	504045

6-6 按行业分企业办研发机构

行　业	机构数(个)	机构人员(人)	#博士和硕士	机构经费支出(万元)	仪器和设备原价(万元)
总　计	**29879**	**1549790**	**182434**	**29836233**	**24914711**
采矿业	**544**	**62304**	**7827**	**1134883**	**712407**
煤炭开采和洗选业	236	20988	1646	474100	256544
石油和天然气开采业	148	35870	5742	529547	386720
黑色金属矿采选业	35	1370	78	24770	18701
有色金属矿采选业	72	1878	161	72395	29803
非金属矿采选业	53	2198	200	34072	20639
制造业	**29094**	**1471480**	**171951**	**28576160**	**23972602**
农副食品加工业	1033	27300	3453	448261	545124
食品制造业	624	17797	2460	355679	251546
饮料制造业	498	21491	1603	534070	476909
烟草制品业	44	2762	607	164364	127700
纺织业	1085	45515	2468	648621	681257
纺织服装、鞋、帽制造业	292	14175	738	214014	151529
皮革、毛皮、羽毛(绒)及其制品业	215	8210	319	114719	88489
木材加工及木、竹、藤、棕、草制品业	257	4170	430	59538	49521
家具制造业	172	4345	200	51279	44513
造纸及纸制品业	293	14017	977	307506	189573
印刷业和记录媒介的复制	181	6277	407	88752	129174
文教体育用品制造业	235	8556	432	98412	91387
石油加工、炼焦及核燃料加工业	175	9678	1388	254944	267078
化学原料及化学制品制造业	2960	109058	12230	2144015	1779759
医药制造业	1839	68211	11776	1073194	1078964
化学纤维制造业	170	12101	779	321422	430989
橡胶制品业	319	17221	833	389438	519289
塑料制品业	723	25196	1705	361141	520122
非金属矿物制品业	1233	41382	3859	581306	681166
黑色金属冶炼及压延加工业	436	51166	6196	1452091	963377
有色金属冶炼及压延加工业	675	36305	2981	939315	758996
金属制品业	988	34518	2473	461887	487537
通用设备制造业	3059	125606	9695	2102308	1670652
专用设备制造业	2366	110328	12309	1889280	1222955
交通运输设备制造业	2110	167586	14607	3804248	3838611
电气机械及器材制造业	3223	165147	13150	3330336	2521463
通信设备、计算机及其他电子设备制造业	2554	269441	56925	5684818	3771078
仪器仪表及文化、办公用机械制造业	1098	43734	6208	590605	487872
工艺品及其他制造业	225	9999	701	109810	144074
电力、燃气及水的生产和供应业	**241**	**16006**	**2656**	**125190**	**229701**
电力、热力的生产和供应业	187	14565	2418	114321	215104
燃气生产和供应业	10	416	9	1811	1634
水的生产和供应业	44	1025	229	9059	12963

6-7　按行业分大中型企业办研发机构

行　业	机构数（个）	机构人员（人）	#博士和硕士	机构经费支出（万元）	仪器和设备原价（万元）
总　计	**15217**	**1279651**	**151101**	**26250606**	**21902198**
采矿业	**492**	**61193**	**7621**	**1115639**	**696694**
煤炭开采和洗选业	223	20760	1635	471730	255722
石油和天然气开采业	141	35514	5597	518916	379711
黑色金属矿采选业	31	1307	77	23084	17963
有色金属矿采选业	61	1621	139	70244	25433
非金属矿采选业	36	1991	173	31666	17866
制造业	**14536**	**1203352**	**140904**	**25027666**	**20984628**
农副食品加工业	407	18365	1896	320063	449270
食品制造业	272	12520	1647	294035	194277
饮料制造业	299	18291	1143	461710	433647
烟草制品业	35	2499	570	156645	124897
纺织业	729	40024	2107	582851	607494
纺织服装、鞋、帽制造业	217	12926	635	199065	142076
皮革、毛皮、羽毛(绒)及其制品业	150	7155	253	98536	79938
木材加工及木、竹、藤、棕、草制品业	90	2306	245	36350	35838
家具制造业	97	3154	112	36832	24614
造纸及纸制品业	192	12401	857	280170	165869
印刷业和记录媒介的复制	103	4873	277	72490	107381
文教体育用品制造业	115	6640	350	78502	78928
石油加工、炼焦及核燃料加工业	128	8998	1291	234661	256129
化学原料及化学制品制造业	1238	79513	7571	1690804	1411078
医药制造业	849	49474	8281	831378	825540
化学纤维制造业	115	11151	685	296270	406776
橡胶制品业	162	14761	616	351965	491787
塑料制品业	282	18334	1096	264559	417697
非金属矿物制品业	611	31800	2693	456142	588128
黑色金属冶炼及压延加工业	348	49628	6052	1422757	933557
有色金属冶炼及压延加工业	383	31490	2446	843348	676249
金属制品业	444	25482	1782	349586	376712
通用设备制造业	1363	94095	7114	1704201	1343011
专用设备制造业	949	82408	9273	1582065	963568
交通运输设备制造业	1341	152894	13330	3605585	3639297
电气机械及器材制造业	1617	132205	10223	2901383	2179663
通信设备、计算机及其他电子设备制造业	1450	242406	53571	5357195	3520239
仪器仪表及文化、办公用机械制造业	411	29018	4223	424160	375671
工艺品及其他制造业	136	8445	561	93870	133679
电力、燃气及水的生产和供应业	**189**	**15106**	**2576**	**107301**	**220875**
电力、热力的生产和供应业	157	13919	2373	98909	209142
燃气生产和供应业	6	397	9	1642	1008
水的生产和供应业	26	790	194	6750	10726

6-8 按行业分大型企业办研发机构

行　业	机构数(个)	机构人员(人)	#博士和硕士	机构经费支出(万元)	仪器和设备原价(万元)
总　计	**3522**	**684271**	**97439**	**16443424**	**12775247**
采矿业	**367**	**57180**	**7163**	**1026796**	**665346**
煤炭开采和洗选业	182	19770	1555	443207	250850
石油和天然气开采业	132	34847	5379	502071	371922
黑色金属矿采选业	8	639	38	9336	12666
有色金属矿采选业	31	758	100	55756	20428
非金属矿采选业	14	1166	91	16427	9480
制造业	**3093**	**617330**	**88384**	**15348642**	**11952022**
农副食品加工业	107	8953	705	167364	158323
食品制造业	50	4683	569	126609	80702
饮料制造业	91	10871	635	358045	320179
烟草制品业	17	1823	462	136126	106972
纺织业	140	18222	804	318947	226221
纺织服装、鞋、帽制造业	40	6412	307	109024	82801
皮革、毛皮、羽毛(绒)及其制品业	29	3328	115	50578	44426
木材加工及木、竹、藤、棕、草制品业	8	188	56	7355	16709
家具制造业	7	585	2	4443	2050
造纸及纸制品业	35	6001	445	198751	85196
印刷业和记录媒介的复制	19	1077	57	18573	15093
文教体育用品制造业	13	2004	138	29411	24810
石油加工、炼焦及核燃料加工业	64	6618	977	180837	185785
化学原料及化学制品制造业	286	33393	3008	751914	627505
医药制造业	140	15451	3267	313419	404413
化学纤维制造业	41	6458	406	204370	316305
橡胶制品业	40	9539	419	267519	363444
塑料制品业	26	6189	255	80776	18470
非金属矿物制品业	73	9049	761	173737	243539
黑色金属冶炼及压延加工业	206	43689	5676	1285286	809335
有色金属冶炼及压延加工业	129	19537	1265	551367	314569
金属制品业	59	7443	560	106512	56078
通用设备制造业	190	32574	3191	754593	547051
专用设备制造业	187	38223	4520	825240	433660
交通运输设备制造业	389	99734	9763	2653131	2750551
电气机械及器材制造业	274	57317	4318	1619735	1129196
通信设备、计算机及其他电子设备制造业	355	158821	44189	3899339	2336675
仪器仪表及文化、办公用机械制造业	63	6878	1433	132662	174917
工艺品及其他制造业	15	2270	81	22978	77048
电力、燃气及水的生产和供应业	**62**	**9761**	**1892**	**67986**	**157878**
电力、热力的生产和供应业	55	9414	1813	66566	156271
水的生产和供应业	7	347	79	1420	1607

6-9 按行业分中型企业办研发机构

行业	机构数(个)	机构人员(人)	#博士和硕士	机构经费支出(万元)	仪器和设备原价(万元)
总计	**11695**	**595380**	**53662**	**9807181**	**9126951**
采矿业	**125**	**4013**	**458**	**88842**	**31348**
煤炭开采和洗选业	41	990	80	28523	4872
石油和天然气开采业	9	667	218	16844	7789
黑色金属矿采选业	23	668	39	13748	5297
有色金属矿采选业	30	863	39	14488	5005
非金属矿采选业	22	825	82	15239	8385
制造业	**11443**	**586022**	**52520**	**9679024**	**9032606**
农副食品加工业	300	9412	1191	152699	290947
食品制造业	222	7837	1078	167427	113575
饮料制造业	208	7420	508	103665	113468
烟草制品业	18	676	108	20519	17925
纺织业	589	21802	1303	263904	381273
纺织服装、鞋、帽制造业	177	6514	328	90041	59275
皮革、毛皮、羽毛(绒)及其制品业	121	3827	138	47958	35512
木材加工及木、竹、藤、棕、草制品业	82	2118	189	28995	19128
家具制造业	90	2569	110	32389	22565
造纸及纸制品业	157	6400	412	81419	80673
印刷业和记录媒介的复制	84	3796	220	53917	92288
文教体育用品制造业	102	4636	212	49091	54119
石油加工、炼焦及核燃料加工业	64	2380	314	53825	70344
化学原料及化学制品制造业	952	46120	4563	938889	783574
医药制造业	709	34023	5014	517958	421127
化学纤维制造业	74	4693	279	91900	90471
橡胶制品业	122	5222	197	84446	128343
塑料制品业	256	12145	841	183783	399227
非金属矿物制品业	538	22751	1932	282405	344589
黑色金属冶炼及压延加工业	142	5939	376	137471	124222
有色金属冶炼及压延加工业	254	11953	1181	291981	361680
金属制品业	385	18039	1222	243074	320634
通用设备制造业	1173	61521	3923	949607	795959
专用设备制造业	762	44185	4753	756825	529908
交通运输设备制造业	952	53160	3567	952454	888747
电气机械及器材制造业	1343	74888	5905	1281648	1050468
通信设备、计算机及其他电子设备制造业	1095	83585	9382	1457856	1183564
仪器仪表及文化、办公用机械制造业	348	22140	2790	291499	200753
工艺品及其他制造业	121	6175	480	70892	56631
电力、燃气及水的生产和供应业	**127**	**5345**	**684**	**39315**	**62997**
电力、热力的生产和供应业	102	4505	560	32343	52870
燃气生产和供应业	6	397	9	1642	1008
水的生产和供应业	19	443	115	5331	9119

6-10 按行业分小型企业办研发机构

行　业	机构数(个)	机构人员(人)	#博士和硕士	机构经费支出(万元)	仪器和设备原价(万元)
总　计	**14662**	**270139**	**31333**	**3585627**	**3012513**
采矿业	**52**	**1111**	**206**	**19244**	**15713**
煤炭开采和洗选业	13	228	11	2370	822
石油和天然气开采业	7	356	145	10631	7009
黑色金属矿采选业	4	63	1	1686	738
有色金属矿采选业	11	257	22	2151	4370
非金属矿采选业	17	207	27	2406	2774
制造业	**14558**	**268128**	**31047**	**3548494**	**2987974**
农副食品加工业	626	8935	1557	128198	95854
食品制造业	352	5277	813	61643	57269
饮料制造业	199	3200	460	72360	43262
烟草制品业	9	263	37	7719	2803
纺织业	356	5491	361	65770	73763
纺织服装、鞋、帽制造业	75	1249	103	14949	9453
皮革、毛皮、羽毛(绒)及其制品业	65	1055	66	16183	8551
木材加工及木、竹、藤、棕、草制品业	167	1864	185	23188	13683
家具制造业	75	1191	88	14447	19898
造纸及纸制品业	101	1616	120	27337	23703
印刷业和记录媒介的复制	78	1404	130	16262	21793
文教体育用品制造业	120	1916	82	19910	12459
石油加工、炼焦及核燃料加工业	47	680	97	20282	10949
化学原料及化学制品制造业	1722	29545	4659	453211	368681
医药制造业	990	18737	3495	241816	253424
化学纤维制造业	55	950	94	25152	24213
橡胶制品业	157	2460	217	37473	27502
塑料制品业	441	6862	609	96583	102425
非金属矿物制品业	622	9582	1166	125164	93038
黑色金属冶炼及压延加工业	88	1538	144	29334	29821
有色金属冶炼及压延加工业	292	4815	535	95967	82747
金属制品业	544	9036	691	112301	110825
通用设备制造业	1696	31511	2581	398107	327641
专用设备制造业	1417	27920	3036	307215	259387
交通运输设备制造业	769	14692	1277	198663	199313
电气机械及器材制造业	1606	32942	2927	428953	341800
通信设备、计算机及其他电子设备制造业	1104	27035	3354	327623	250839
仪器仪表及文化、办公用机械制造业	687	14716	1985	166445	112201
工艺品及其他制造业	89	1554	140	15940	10395
电力、燃气及水的生产和供应业	**52**	**900**	**80**	**17889**	**8826**
电力、热力的生产和供应业	30	646	45	15412	5963
燃气生产和供应业	4	19		169	627
水的生产和供应业	18	235	35	2308	2237

6-11 按行业分国有控股企业办研发机构

行　业	机构数(个)	机构人员(人)	#博士和硕士	机构经费支出(万元)	仪器和设备原价(万元)
总　计	**4807**	**509914**	**73585**	**10682559**	**9555220**
采矿业	**412**	**58032**	**7370**	**964636**	**665821**
煤炭开采和洗选业	202	20006	1543	380916	249792
石油和天然气开采业	135	35265	5590	516185	378892
黑色金属矿采选业	12	675	36	10262	15885
有色金属矿采选业	43	780	98	44295	14878
非金属矿采选业	20	1306	103	12978	6375
制造业	**4221**	**437607**	**63686**	**9620468**	**8674591**
农副食品加工业	53	2187	243	28939	37437
食品制造业	63	2122	379	45347	33310
饮料制造业	104	8464	562	305338	303333
烟草制品业	36	2536	581	160242	124409
纺织业	107	5465	222	69503	117567
纺织服装、鞋、帽制造业	20	1520	28	6559	7786
皮革、毛皮、羽毛(绒)及其制品业	3	82	1	410	687
木材加工及木、竹、藤、棕、草制品业	21	304	42	5212	4104
家具制造业	7	164	5	470	197
造纸及纸制品业	43	3059	243	92931	51149
印刷业和记录媒介的复制	25	1518	130	23382	28181
文教体育用品制造业	11	434	27	4157	30982
石油加工、炼焦及核燃料加工业	77	6915	1108	151223	209396
化学原料及化学制品制造业	462	36284	3362	700012	686868
医药制造业	273	13634	1816	206483	263190
化学纤维制造业	34	3639	365	103835	70770
橡胶制品业	50	5624	208	75888	94897
塑料制品业	44	1637	173	26013	120405
非金属矿物制品业	173	8794	906	139583	263275
黑色金属冶炼及压延加工业	155	38032	5032	811876	645887
有色金属冶炼及压延加工业	150	15350	1399	306859	255585
金属制品业	100	4220	549	67488	54871
通用设备制造业	419	34229	3373	746821	627014
专用设备制造业	393	43633	4090	868377	566359
交通运输设备制造业	615	95455	10088	2439503	2589831
电气机械及器材制造业	252	25085	2426	591730	479673
通信设备、计算机及其他电子设备制造业	347	64532	23895	1499511	786515
仪器仪表及文化、办公用机械制造业	150	10034	2146	115383	193193
工艺品及其他制造业	33	2625	264	27343	27697
电力、燃气及水的生产和供应业	**174**	**14275**	**2529**	**97455**	**214808**
电力、热力的生产和供应业	144	13179	2351	89596	203250
燃气生产和供应业	5	388	9	1563	1008
水的生产和供应业	25	708	169	6296	10550

6-12 按行业分内资企业办研发机构

行业	机构数(个)	机构人员(人)	#博士和硕士	机构经费支出(万元)	仪器和设备原价(万元)
总计	**23008**	**1141352**	**142251**	**21080016**	**17860444**
采矿业	**516**	**61295**	**7607**	**1028577**	**691056**
煤炭开采和洗选业	233	20890	1626	405299	256544
石油和天然气开采业	145	35603	5617	519685	379914
黑色金属矿采选业	33	1257	71	24270	18101
有色金属矿采选业	60	1775	111	51700	20783
非金属矿采选业	45	1770	182	27624	15715
制造业	**22279**	**1064977**	**132144**	**19942527**	**16973397**
农副食品加工业	848	18827	2689	302628	413019
食品制造业	481	12487	1738	202206	180502
饮料制造业	409	16787	1233	431383	409192
烟草制品业	43	2741	607	163774	127510
纺织业	829	34734	1898	478021	546601
纺织服装、鞋、帽制造业	191	8789	366	129185	106069
皮革、毛皮、羽毛(绒)及其制品业	128	4711	160	63413	38268
木材加工及木、竹、藤、棕、草制品业	215	3433	357	47848	40824
家具制造业	118	2578	115	27235	27541
造纸及纸制品业	209	8347	697	208604	146225
印刷业和记录媒介的复制	131	4510	327	56690	108306
文教体育用品制造业	154	4004	289	44309	66488
石油加工、炼焦及核燃料加工业	146	8690	1295	237112	237141
化学原料及化学制品制造业	2422	91376	9841	1693312	1470847
医药制造业	1452	51640	8212	740898	778364
化学纤维制造业	125	9148	674	231111	363684
橡胶制品业	239	10782	580	175375	237232
塑料制品业	529	12988	1147	185954	312387
非金属矿物制品业	988	31414	3084	430783	541815
黑色金属冶炼及压延加工业	357	46856	5731	1281725	854085
有色金属冶炼及压延加工业	561	29306	2398	728443	626926
金属制品业	759	24278	1896	335867	309876
通用设备制造业	2504	101428	7804	1546359	1308475
专用设备制造业	1896	89784	9729	1515222	962623
交通运输设备制造业	1635	124498	10455	2384928	2439911
电气机械及器材制造业	2419	122433	9909	2504528	1777984
通信设备、计算机及其他电子设备制造业	1459	147807	43615	3300085	2041135
仪器仪表及文化、办公用机械制造业	854	32517	4691	404074	368556
工艺品及其他制造业	168	7905	566	90733	129971
电力、燃气及水的生产和供应业	**213**	**15080**	**2500**	**108911**	**195991**
电力、热力的生产和供应业	172	13852	2324	99839	187496
燃气生产和供应业	7	387	9	1680	1328
水的生产和供应业	34	841	167	7392	7167

6-13 按行业分国有企业办研发机构

行业	机构数（个）	机构人员（人）	#博士和硕士	机构经费支出（万元）	仪器和设备原价（万元）
总 计	**1311**	**117884**	**13431**	**2132986**	**1754593**
采矿业	**105**	**14218**	**1249**	**171557**	**145771**
煤炭开采和洗选业	56	1925	135	31767	19717
石油和天然气开采业	30	11434	1055	128833	121786
黑色金属矿采选业	4	382	26	6970	727
有色金属矿采选业	8	161	6	2367	1540
非金属矿采选业	7	316	27	1620	2002
制造业	**1103**	**94194**	**10468**	**1910896**	**1455675**
农副食品加工业	8	356	9	4854	6663
食品制造业	20	542	85	5933	2800
饮料制造业	17	2012	129	22073	16719
烟草制品业	22	1793	422	124539	112960
纺织业	29	1312	42	13036	8594
纺织服装、鞋、帽制造业	9	672	10	1511	1758
皮革、毛皮、羽毛(绒)及其制品业	3	82	1	410	687
木材加工及木、竹、藤、棕、草制品业	11	66	2	455	115
家具制造业	2	8		28	10
造纸及纸制品业	6	793	90	24370	22234
印刷业和记录媒介的复制	10	741	55	10451	6392
文教体育用品制造业	2	14		51	74
石油加工、炼焦及核燃料加工业	20	1942	271	58355	32098
化学原料及化学制品制造业	117	10015	892	166260	141676
医药制造业	59	2735	390	41873	44510
化学纤维制造业	8	1415	66	23862	10997
橡胶制品业	18	987	42	18667	17881
塑料制品业	11	176	10	3475	7614
非金属矿物制品业	48	2176	208	17785	16134
黑色金属冶炼及压延加工业	45	11369	1557	183101	122526
有色金属冶炼及压延加工业	27	1997	212	48196	30645
金属制品业	40	1528	290	29552	20667
通用设备制造业	131	7552	514	101539	116612
专用设备制造业	104	7184	664	87914	41578
交通运输设备制造业	157	18351	1984	427367	304182
电气机械及器材制造业	60	7424	561	221741	209265
通信设备、计算机及其他电子设备制造业	50	5549	950	228569	82745
仪器仪表及文化、办公用机械制造业	52	3854	841	30907	59005
工艺品及其他制造业	16	1519	148	13973	18508
电力、燃气及水的生产和供应业	**103**	**9472**	**1714**	**50533**	**153148**
电力、热力的生产和供应业	89	9065	1638	48573	149548
水的生产和供应业	14	407	76	1959	3600

6-14 按行业分港澳台商投资企业办研发机构

行业	机构数(个)	机构人员(人)	#博士和硕士	机构经费支出(万元)	仪器和设备原价(万元)
总 计	**2992**	**172637**	**14445**	**2913163**	**2315172**
采矿业	**4**	**298**	**131**	**9910**	**7463**
石油和天然气开采业	1	239	120	9362	6706
有色金属矿采选业	1	22	7	98	120
非金属矿采选业	2	37	4	450	637
制造业	**2976**	**171834**	**14205**	**2892613**	**2277857**
农副食品加工业	86	4556	338	63707	61874
食品制造业	64	2051	331	48429	37359
饮料制造业	26	1423	81	23479	20565
烟草制品业	1	21		590	190
纺织业	151	6301	302	108976	90359
纺织服装、鞋、帽制造业	63	4416	329	72976	34933
皮革、毛皮、羽毛(绒)及其制品业	38	2157	91	30570	32816
木材加工及木、竹、藤、棕、草制品业	21	454	49	7379	4069
家具制造业	28	768	39	12316	6708
造纸及纸制品业	39	1427	92	13998	13575
印刷业和记录媒介的复制	34	1185	26	20886	9951
文教体育用品制造业	49	2966	69	28928	7367
石油加工、炼焦及核燃料加工业	13	522	42	10850	24981
化学原料及化学制品制造业	210	7549	761	151887	77069
医药制造业	156	8062	1733	127168	92656
化学纤维制造业	24	2014	35	42896	48831
橡胶制品业	28	2014	103	102653	87931
塑料制品业	98	4419	194	48155	62973
非金属矿物制品业	115	4921	277	66918	59053
黑色金属冶炼及压延加工业	40	2528	237	79610	71412
有色金属冶炼及压延加工业	52	2825	154	136019	50303
金属制品业	113	5679	295	58192	112681
通用设备制造业	190	8339	459	123593	88801
专用设备制造业	187	8439	997	101725	102909
交通运输设备制造业	156	11106	443	208460	210994
电气机械及器材制造业	391	20174	1230	270630	153496
通信设备、计算机及其他电子设备制造业	480	49937	4724	854502	651857
仪器仪表及文化、办公用机械制造业	87	4104	681	65234	53427
工艺品及其他制造业	35	1472	92	11837	8690
电力、燃气及水的生产和供应业	**12**	**505**	**109**	**10641**	**29853**
电力、热力的生产和供应业	6	408	79	9575	24280
燃气生产和供应业	2	13		109	300
水的生产和供应业	4	84	30	958	5273

6-15 按行业分外商投资企业办研发机构

行业	机构数(个)	机构人员(人)	#博士和硕士	机构经费支出(万元)	仪器和设备原价(万元)
总 计	**3879**	**235801**	**25738**	**5843054**	**4739095**
采矿业	**24**	**711**	**89**	**96396**	**13888**
煤炭开采和洗选业	3	98	20	68801	
石油和天然气开采业	2	28	5	500	100
黑色金属矿采选业	2	113	7	500	600
有色金属矿采选业	11	81	43	20596	8900
非金属矿采选业	6	391	14	5998	4288
制造业	**3839**	**234669**	**25602**	**5741020**	**4721349**
农副食品加工业	99	3917	426	81926	70231
食品制造业	79	3259	391	105044	33685
饮料制造业	63	3281	289	79209	47152
纺织业	105	4480	268	61624	44297
纺织服装、鞋、帽制造业	38	970	43	11853	10526
皮革、毛皮、羽毛(绒)及其制品业	49	1342	68	20736	17406
木材加工及木、竹、藤、棕、草制品业	21	283	24	4311	4628
家具制造业	26	999	46	11728	10264
造纸及纸制品业	45	4243	188	84904	29772
印刷业和记录媒介的复制	16	582	54	11175	10917
文教体育用品制造业	32	1586	74	25175	17532
石油加工、炼焦及核燃料加工业	16	466	51	6982	4956
化学原料及化学制品制造业	328	10133	1628	298816	231844
医药制造业	231	8509	1831	205128	207945
化学纤维制造业	21	939	70	47415	18474
橡胶制品业	52	4425	150	111410	194126
塑料制品业	96	7789	364	127032	144762
非金属矿物制品业	130	5047	498	83606	80298
黑色金属冶炼及压延加工业	39	1782	228	90756	37880
有色金属冶炼及压延加工业	62	4174	429	74853	81767
金属制品业	116	4561	282	67828	64981
通用设备制造业	365	15839	1432	432356	273375
专用设备制造业	283	12105	1583	272333	157422
交通运输设备制造业	319	31982	3709	1210860	1187706
电气机械及器材制造业	413	22540	2011	555178	589983
通信设备、计算机及其他电子设备制造业	615	71697	8586	1530231	1078087
仪器仪表及文化、办公用机械制造业	157	7113	836	121297	65889
工艺品及其他制造业	22	622	43	7240	5413
电力、燃气及水的生产和供应业	**16**	**421**	**47**	**5638**	**3858**
电力、热力的生产和供应业	9	305	15	4907	3328
燃气生产和供应业	1	16		22	6
水的生产和供应业	6	100	32	709	524

6-16　各地区企业办研发机构

地　区	机构数（个）	机构人员（人）	#博士和硕士	机构经费支出（万元）	仪器和设备原价（万元）
总　计	**29879**	**1549790**	**182434**	**29836233**	**24914711**
东部地区	21252	1089961	135993	22107869	17578862
中部地区	5556	271021	28871	4337993	3759411
西部地区	3069	188776	17558	3389748	3575950
北　京	670	34985	7990	643828	365862
天　津	560	28886	2991	640375	836409
河　北	573	40586	4020	644149	669504
山　西	261	19297	1951	295849	301652
内蒙古	183	13414	1546	278382	154407
辽　宁	782	48104	5688	889049	923039
吉　林	196	13841	1803	338535	336057
黑龙江	211	20942	2587	309080	243761
上　海	1322	79164	13559	2254292	2248649
江　苏	5094	187533	17977	3797592	2868582
浙　江	5692	187381	13078	3171508	2728436
安　徽	1567	53872	4968	883485	692131
福　建	1028	49299	3868	957004	690168
江　西	331	16392	1464	285123	261862
山　东	2233	161223	16928	3982566	2840813
河　南	1369	70120	6309	919561	785031
湖　北	789	42746	5308	752483	707142
湖　南	832	33811	4481	553878	431777
广　东	3242	271645	49789	5113862	3395278
广　西	374	12870	1089	235475	156090
海　南	56	1155	105	13645	12123
重　庆	436	23618	2080	490020	939728
四　川	827	60951	5350	1053459	1053183
贵　州	175	11053	693	202625	216199
云　南	225	9860	731	173819	139473
西　藏	7	447	30	3942	6100
陕　西	419	29410	3430	580369	468307
甘　肃	148	10414	972	104032	150971
青　海	35	1755	110	58626	36964
宁　夏	107	5635	492	80062	114507
新　疆	133	9349	1035	128936	140022

6-17 各地区大中型企业办研发机构

地 区	机构数(个)	机构人员(人)	#博士和硕士	机构经费支出(万元)	仪器和设备原价(万元)
总 计	**15217**	**1279651**	**151101**	**26250606**	**21902198**
东部地区	10354	882094	112825	19161902	15231024
中部地区	2900	227610	23043	3896285	3324856
西部地区	1963	169947	15233	3192418	3346318
北 京	284	25899	5639	509868	334182
天 津	290	23441	2357	558147	764428
河 北	380	36814	3497	606249	628762
山 西	174	17805	1821	280290	274234
内蒙古	139	12614	1437	266421	142195
辽 宁	399	41207	4755	787201	845688
吉 林	121	12058	1556	316081	314437
黑龙江	149	19583	2378	296571	231756
上 海	640	63739	11215	1981594	2023180
江 苏	2248	140355	12585	3130182	2238959
浙 江	2247	125580	8777	2286558	2031960
安 徽	607	40324	3380	762725	578760
福 建	558	39248	2859	785319	572487
江 西	183	14223	1098	268247	249239
山 东	1380	142811	14445	3721221	2621711
河 南	828	59393	5085	833740	688819
湖 北	418	35735	4130	683809	637274
湖 南	420	28489	3595	454822	350337
广 东	1906	242279	46624	4786254	3161844
广 西	192	10669	821	211531	136168
海 南	22	721	72	9309	7825
重 庆	267	21090	1760	458419	895241
四 川	481	54451	4509	993848	980716
贵 州	131	10115	611	193007	205939
云 南	129	8121	566	147860	117255
西 藏	4	436	26	3796	5992
陕 西	329	27650	3154	560488	453228
甘 肃	110	9536	913	101890	143673
青 海	31	1661	103	58245	36859
宁 夏	70	5017	400	75956	108437
新 疆	80	8587	933	120957	120616

6-18 各地区大型企业办研发机构

地 区	机构数（个）	机构人员（人）	#博士和硕士	机构经费支出（万元）	仪器和设备原价（万元）
总 计	**3522**	**684271**	**97439**	**16443424**	**12775247**
东部地区	2013	442653	73427	11422497	8154963
中部地区	858	135572	13876	2780981	2126040
西部地区	651	106046	10136	2239946	2494243
北 京	56	9382	1513	227752	106479
天 津	58	9648	936	284645	383952
河 北	132	24171	2675	470612	439344
山 西	65	13405	1342	230136	195490
内蒙古	54	8941	882	203982	89855
辽 宁	153	28105	3477	599238	305261
吉 林	41	9267	1338	272081	267992
黑龙江	79	16881	2141	279253	196564
上 海	97	30998	7223	1206533	1123706
江 苏	434	57885	5976	1618598	1030565
浙 江	223	32061	3048	700788	583668
安 徽	149	20352	1526	528250	262592
福 建	121	18053	1073	423729	298233
江 西	57	8680	642	215359	205961
山 东	380	82829	8803	2537854	1709728
河 南	279	34929	2587	570748	461796
湖 北	97	17410	2068	443014	413210
湖 南	91	14648	2232	242141	122437
广 东	355	149322	38689	3351665	2174028
广 西	36	5107	380	132314	74998
海 南	4	199	14	1083	
重 庆	68	11790	995	313957	772928
四 川	163	37287	3246	782594	767253
贵 州	39	4347	371	142539	105981
云 南	20	2758	194	69447	29969
西 藏					
陕 西	153	20214	2305	339207	367918
甘 肃	53	6428	684	72619	98939
青 海	22	1336	99	56041	35947
宁 夏	14	1923	183	32944	54459
新 疆	29	5915	797	94304	95997

6-19 各地区中型企业办研发机构

地区	机构数(个)	机构人员(人)	#博士和硕士	机构经费支出(万元)	仪器和设备原价(万元)
总计	**11695**	**595380**	**53662**	**9807181**	**9126951**
东部地区	8341	439441	39398	7739405	7076060
中部地区	2042	92038	9167	1115304	1198816
西部地区	1312	63901	5097	952472	852075
北京	228	16517	4126	282116	227703
天津	232	13793	1421	273502	380475
河北	248	12643	822	135637	189418
山西	109	4400	479	50154	78744
内蒙古	85	3673	555	62439	52340
辽宁	246	13102	1278	187963	540427
吉林	80	2791	218	44001	46446
黑龙江	70	2702	237	17318	35192
上海	543	32741	3992	775061	899474
江苏	1814	82470	6609	1511585	1208394
浙江	2024	93519	5729	1585769	1448292
安徽	458	19972	1854	234475	316168
福建	437	21195	1786	361591	274254
江西	126	5543	456	52889	43278
山东	1000	59982	5642	1183367	911983
河南	549	24464	2498	262992	227023
湖北	321	18325	2062	240795	224064
湖南	329	13841	1363	212682	227900
广东	1551	92957	7935	1434589	987816
广西	156	5562	441	79217	61170
海南	18	522	58	8227	7825
重庆	199	9300	765	144462	122313
四川	318	17164	1263	211253	213463
贵州	92	5768	240	50469	99958
云南	109	5363	372	78413	87287
西藏	4	436	26	3796	5992
陕西	176	7436	849	221282	85309
甘肃	57	3108	229	29272	44734
青海	9	325	4	2204	912
宁夏	56	3094	217	43012	53979
新疆	51	2672	136	26654	24619

6-20 各地区小型企业办研发机构

地 区	机构数（个）	机构人员（人）	#博士和硕士	机构经费支出（万元）	仪器和设备原价（万元）
总 计	**14662**	**270139**	**31333**	**3585627**	**3012513**
东部地区	10898	207867	23168	2945967	2347838
中部地区	2656	43411	5828	441708	434555
西部地区	1106	18829	2325	197330	229633
北 京	386	9086	2351	133960	31680
天 津	270	5445	634	82228	71982
河 北	193	3772	523	37900	40742
山 西	87	1492	130	15559	27418
内蒙古	44	800	109	11961	12212
辽 宁	383	6897	933	101848	77351
吉 林	75	1783	247	22454	21619
黑龙江	62	1359	209	12509	12004
上 海	682	15425	2344	272698	225470
江 苏	2846	47178	5392	667410	629623
浙 江	3445	61801	4301	884950	696476
安 徽	960	13548	1588	120760	113371
福 建	470	10051	1009	171685	117681
江 西	148	2169	366	16876	12623
山 东	853	18412	2483	261345	219102
河 南	541	10727	1224	85821	96212
湖 北	371	7011	1178	68674	69868
湖 南	412	5322	886	99056	81440
广 东	1336	29366	3165	327608	233434
广 西	182	2201	268	23944	19921
海 南	34	434	33	4336	4298
重 庆	169	2528	320	31601	44488
四 川	346	6500	841	59612	72468
贵 州	44	938	82	9618	10260
云 南	96	1739	165	25960	22218
西 藏	3	11	4	146	109
陕 西	90	1760	276	19880	15079
甘 肃	38	878	59	2142	7298
青 海	4	94	7	381	105
宁 夏	37	618	92	4106	6070
新 疆	53	762	102	7979	19406

6-21 各地区国有控股企业办研发机构

地区	机构数(个)	机构人员(人)	#博士和硕士	机构经费支出(万元)	仪器和设备原价(万元)
总计	**4807**	**509914**	**73585**	**10682559**	**9555220**
东部地区	2335	244693	47026	5648455	4558429
中部地区	1261	136448	14435	2542816	2243196
西部地区	1211	128773	12124	2491288	2753595
北京	250	17459	3463	318857	222524
天津	202	15104	1528	317747	331013
河北	165	19591	1972	365126	428757
山西	105	15282	1522	254954	237350
内蒙古	74	9405	1096	127464	97075
辽宁	201	26184	3137	432689	268642
吉林	65	8722	1357	270973	238417
黑龙江	108	17035	2137	255046	190431
上海	317	30410	6765	1162962	1125315
江苏	318	26061	3466	506003	471305
浙江	161	11184	1226	203836	212710
安徽	225	21568	1828	532543	380751
福建	77	6503	736	119248	102549
江西	83	8737	600	108294	152035
山东	342	52409	6510	1192952	863433
河南	274	26774	2371	410567	303784
湖北	199	21529	2710	497743	524473
湖南	202	16801	1910	212697	215955
广东	277	39059	18143	1018971	524244
广西	84	6282	547	153246	86264
海南	25	729	80	10064	7938
重庆	161	14800	1312	314420	796355
四川	223	39484	3271	783001	782749
贵州	114	9635	578	187849	199277
云南	86	5019	352	97523	50075
西藏	2	8		385	340
陕西	268	25039	2963	533654	417119
甘肃	85	8361	819	90815	129827
青海	26	1391	103	56438	36670
宁夏	21	2494	215	45534	49087
新疆	67	6855	868	100959	108756

6-22 各地区内资企业办研发机构

地　区	机构数（个）	机构人员（人）	#博士和硕士	机构经费支出（万元）	仪器和设备原价（万元）
总　计	**23008**	**1141352**	**142251**	**21080016**	**17860444**
东部地区	15263	729153	100450	14462493	11612137
中部地区	4953	237336	25834	3634063	2972056
西部地区	2790	174831	15955	2982837	3275764
北　京	522	27305	6207	443950	246636
天　津	437	22186	2412	445770	424853
河　北	485	33862	3086	526386	559016
山　西	241	18235	1883	287539	280447
内蒙古	153	11962	1244	183979	124690
辽　宁	658	41151	4645	657251	819324
吉　林	178	12335	1656	315874	312167
黑龙江	185	19916	2466	280758	229163
上　海	722	33975	4168	824943	762515
江　苏	3635	118339	12688	2291443	1803090
浙　江	4309	135271	8460	2210701	1847379
安　徽	1402	47110	4287	787985	613601
福　建	589	19998	2107	312506	279455
江　西	288	13707	1125	129310	178722
山　东	1915	139594	14354	3313333	2452426
河　南	1218	60023	5556	790065	644614
湖　北	686	34703	4595	527918	324910
湖　南	755	31307	4266	514614	388432
广　东	1947	156718	42245	3428630	2408839
广　西	327	9775	824	139694	106432
海　南	44	754	78	7580	8605
重　庆	385	20577	1739	394302	882530
四　川	766	57379	4984	1005840	1011173
贵　州	165	10938	687	201174	215500
云　南	200	9163	657	156383	82139
西　藏	6	415	30	1442	3953
陕　西	398	28541	3290	560844	456407
甘　肃	143	10035	951	99246	144842
青　海	24	1694	71	36404	28844
宁　夏	95	5111	456	74982	79971
新　疆	128	9241	1022	128548	139284

6-23 各地区国有企业办研发机构

地区	机构数（个）	机构人员（人）	#博士和硕士	机构经费支出（万元）	仪器和设备原价（万元）
总计	**1311**	**117884**	**13431**	**2132986**	**1754593**
东部地区	553	46306	6527	963782	737268
中部地区	382	34042	3634	541353	509168
西部地区	376	37536	3270	627851	508158
北京	27	2024	391	25982	16808
天津	30	2020	219	24485	23414
河北	71	6642	637	135223	131816
山西	19	1978	211	20082	61116
内蒙古	12	372	59	3441	8343
辽宁	64	8145	1209	136433	61730
吉林	29	4111	660	168059	146056
黑龙江	35	3684	460	19790	47752
上海	51	2432	274	57388	66969
江苏	112	7946	1402	128950	119534
浙江	34	2172	214	36767	30247
安徽	58	2183	283	34245	21410
福建	15	872	124	16477	22784
江西	34	2320	124	24417	32075
山东	112	11716	1765	363403	214813
河南	73	6804	603	49143	58318
湖北	75	8216	879	139450	86490
湖南	59	4746	414	86168	55952
广东	36	2326	292	38575	48700
广西	36	1763	162	23495	23844
海南	1	11		101	453
重庆	40	1963	129	32640	20270
四川	81	15529	1235	258198	191217
贵州	32	3426	302	71668	54980
云南	26	1430	63	15797	11634
西藏	2	8		385	340
陕西	116	10287	1144	187437	161417
甘肃	16	1049	71	5018	9688
青海	1	170	10	4393	8658
宁夏	4	735	39	12661	7314
新疆	10	804	56	12718	10453

6-24 各地区港澳台商投资企业办研发机构

地 区	机构数(个)	机构人员(人)	#博士和硕士	机构经费支出(万元)	仪器和设备原价(万元)
总 计	**2992**	**172637**	**14445**	**2913163**	**2315172**
东部地区	2678	159049	13230	2747202	2148763
中部地区	232	10854	937	135529	126304
西部地区	82	2734	278	30432	40105
北 京	38	2392	195	35740	37659
天 津	42	2370	171	43991	56444
河 北	33	4046	550	50178	40784
山 西	5	411	12	3900	6966
内蒙古	4	38	3	737	976
辽 宁	42	2831	476	101046	45866
吉 林	2	32	8	101	12
黑龙江	3	41	10	219	324
上 海	165	9080	1807	173251	129085
江 苏	566	26886	1725	486710	370135
浙 江	665	24608	2920	502487	494088
安 徽	65	2471	215	22282	24539
福 建	251	17902	797	373223	264559
江 西	24	776	155	13889	3932
山 东	93	6099	545	163853	116939
河 南	67	4807	352	60633	62930
湖 北	28	1195	96	13048	5088
湖 南	38	1121	89	21459	22513
广 东	779	62699	4031	815796	592154
广 西	17	217	11	4893	3525
海 南	4	136	13	927	1051
重 庆	19	806	49	7713	6709
四 川	21	995	126	10577	11677
贵 州	5	45	5	592	221
云 南	10	241	45	4508	6913
西 藏					
陕 西					3750
甘 肃	3	268	20	703	5316
青 海					
宁 夏	1	64	16	560	710
新 疆	2	60	3	150	307

6-25 各地区外商投资企业办研发机构

地　区	机构数(个)	机构人员(人)	#博士和硕士	机构经费支出(万元)	仪器和设备原价(万元)
总　计	**3879**	**235801**	**25738**	**5843054**	**4739095**
东部地区	3311	201759	22313	4898175	3817962
中部地区	371	22831	2100	568401	661051
西部地区	197	11211	1325	376479	260082
北　京	110	5288	1588	164137	81568
天　津	81	4330	408	150614	355113
河　北	55	2678	384	67585	69704
山　西	15	651	56	4409	14239
内蒙古	26	1414	299	93666	28741
辽　宁	82	4122	567	130753	57849
吉　林	16	1474	139	22559	23878
黑龙江	23	985	111	28104	14274
上　海	435	36109	7584	1256098	1357050
江　苏	893	42308	3564	1019439	695357
浙　江	718	27502	1698	458320	386969
安　徽	100	4291	466	73218	53991
福　建	188	11399	964	271275	146153
江　西	19	1909	184	141924	79207
山　东	225	15530	2029	505380	271448
河　南	84	5290	401	68863	77487
湖　北	75	6848	617	211518	377145
湖　南	39	1383	126	17806	20831
广　东	516	52228	3513	869436	394285
广　西	30	2878	254	90888	46133
海　南	8	265	14	5138	2467
重　庆	32	2235	292	88005	50489
四　川	40	2577	240	37042	30334
贵　州	5	70	1	860	478
云　南	15	456	29	12928	50421
西　藏	1	32		2500	2147
陕　西	21	869	140	19525	8150
甘　肃	2	111	1	4083	813
青　海	11	61	39	22223	8120
宁　夏	11	460	20	4520	33826
新　疆	3	48	10	239	431

6-26 各地区分行业企业办研发机构

地区	采矿业				
	机构数(个)	机构人员(人)	#博士和硕士	机构经费支出(万元)	仪器和设备原价(万元)
总计	**544**	**62304**	**7827**	**1134883**	**712407**
东部地区	217	27542	3419	486556	291970
中部地区	171	18840	2142	332552	188651
西部地区	156	15922	2266	315775	231786
北京	8	617	170	20433	11063
天津	8	2390	402	76558	19527
河北	29	3521	471	42398	32812
山西	22	4080	628	110571	57655
内蒙古	20	1140	123	87523	3203
辽宁	31	4452	126	69868	17540
吉林	8	149	19	7195	861
黑龙江	8	4223	810	98879	42525
上海					
江苏	15	1632	233	25593	23180
浙江	7	166	13	2335	1956
安徽	30	989	95	11692	21988
福建	6	123	1	839	4202
江西	7	176	18	6750	4640
山东	100	13994	1829	235840	172054
河南	68	7685	447	88884	56287
湖北	10	1255	103	4904	411
湖南	18	283	22	3677	4285
广东	13	647	174	12692	9636
广西	3	158	7	978	1009
海南					
重庆	7	95	3	10116	5324
四川	34	5822	742	77525	120563
贵州	4	336	9	298	464
云南	15	451	40	13987	2766
西藏					
陕西	33	2464	600	14775	5580
甘肃	3	146	4	524	1169
青海	13	683	75	34274	22323
宁夏	2	47	31	7246	282
新疆	22	4580	632	68528	69104

6-26 续表 1

地区	制造业				
	机构数 (个)	机构人员 (人)	#博士和硕士	机构经费支出 (万元)	仪器和设备原价 (万元)
总　计	**29094**	**1471480**	**171951**	**28576160**	**23972602**
东部地区	20926	1057603	131612	21549630	17197625
中部地区	5306	245416	25617	3976624	3480830
西部地区	2860	168429	14710	3049282	3293661
北　京	661	34327	7800	622074	354262
天　津	548	26403	2570	554744	816851
河　北	539	36992	3548	601346	634028
山　西	233	14740	1226	181458	232614
内蒙古	154	11712	1220	188683	150330
辽　宁	744	43408	5527	818641	904744
吉　林	181	13521	1773	330045	334803
黑龙江	177	13219	1364	202639	171062
上　海	1314	78917	13523	2251825	2246307
江　苏	5055	185242	17592	3762196	2828969
浙　江	5664	186305	13007	3154233	2718500
安　徽	1532	52538	4807	868966	665398
福　建	1019	48882	3809	955416	668269
江　西	320	15838	1369	276772	256497
山　东	2115	146301	14851	3739408	2665875
河　南	1283	61494	5706	826479	710040
湖　北	774	41006	5036	744569	700787
湖　南	806	33060	4336	545696	409629
广　东	3211	269671	49280	5076102	3347698
广　西	367	12507	1054	233624	154016
海　南	56	1155	105	13645	12123
重　庆	424	23258	2015	478155	920547
四　川	784	54591	4540	974537	926792
贵　州	168	10588	654	201857	211159
云　南	203	8926	690	158125	136515
西　藏	7	447	30	3942	6100
陕　西	381	25919	2736	563806	455021
甘　肃	139	9752	943	99351	144957
青　海	21	902	25	19960	5984
宁　夏	103	5351	441	72152	113931
新　疆	109	4476	362	55093	68309

6-26 续表 2

地区	农副食品加工业				
	机构数（个）	机构人员（人）	#博士和硕士	机构经费支出（万元）	仪器和设备原价（万元）
总　计	**1033**	**27300**	**3453**	**448261**	**545124**
东部地区	562	14448	2076	301318	407860
中部地区	337	9059	976	113768	103799
西部地区	134	3793	401	33175	33464
北　京	26	375	174	3808	1590
天　津	13	195	52	2264	4780
河　北	21	395	91	8630	6207
山　西	5	49	5	472	223
内蒙古	8	191	12	386	316
辽　宁	30	447	101	10873	153492
吉　林	5	84	19	1138	86
黑龙江	8	179	24	1757	1497
上　海	8	162	27	837	1808
江　苏	95	1617	280	30846	29976
浙　江	126	2163	311	35724	42938
安　徽	102	1692	234	14168	18040
福　建	83	1753	221	29720	16473
江　西	16	146	50	2431	991
山　东	93	5881	552	154636	139605
河　南	98	4660	337	57474	32839
湖　北	39	780	97	6469	13736
湖　南	64	1469	210	29859	36390
广　东	64	1425	266	23875	10831
广　西	22	1313	57	13504	18804
海　南	3	35	1	106	161
重　庆	12	291	42	2923	2163
四　川	38	801	124	5136	3518
贵　州	7	113	7	521	229
云　南	15	343	20	3821	2187
西　藏	1	6	2	108	56
陕　西	7	151	69	787	923
甘　肃	11	120	11	304	445
青　海					
宁　夏	7	189	33	1217	1883
新　疆	6	275	24	4467	2941

6-26 续表 3

地区	食品制造业				
	机构数(个)	机构人员(人)	#博士和硕士	机构经费支出(万元)	仪器和设备原价(万元)
总　计	**624**	**17797**	**2460**	**355679**	**251546**
东部地区	386	11889	1586	255167	165118
中部地区	146	3817	517	52787	53905
西部地区	92	2091	357	47724	32524
北　京	13	406	125	10605	5105
天　津	16	220	31	2412	1908
河　北	20	1381	155	9763	18224
山　西	9	206	24	4006	1625
内蒙古	14	629	144	29874	14331
辽　宁	7	141	10	1372	3956
吉　林	1	25	8	550	215
黑龙江	6	102	33	515	1108
上　海	13	574	153	7038	16623
江　苏	47	619	84	8244	6196
浙　江	75	1427	126	29699	15394
安　徽	28	442	47	3575	3777
福　建	43	838	157	23436	13749
江　西	12	401	26	2819	1048
山　东	89	3824	511	92202	70555
河　南	46	1745	221	33199	23717
湖　北	24	599	108	2672	2727
湖　南	20	297	50	5452	19689
广　东	62	2450	234	70386	13403
广　西	14	143	11	1656	691
海　南	1	9		11	5
重　庆	13	228	16	1824	1505
四　川	14	220	24	2294	1927
贵　州	6	143	24	1297	2197
云　南	5	126	27	2472	2159
西　藏					
陕　西	8	188	19	3939	1671
甘　肃	3	41	5	304	274
青　海					
宁　夏	8	145	60	2178	5173
新　疆	7	228	27	1888	2595

6-26 续表 4

地区	饮料制造业				
	机构数(个)	机构人员(人)	#博士和硕士	机构经费支出(万元)	仪器和设备原价(万元)
总　计	**498**	**21491**	**1603**	**534070**	**476909**
东部地区	222	10009	805	204480	143409
中部地区	150	4472	390	59608	40760
西部地区	126	7010	408	269983	292740
北　京	4	841	55	13044	3469
天　津	7	281	37	8986	9428
河　北	13	519	54	5800	7623
山　西	6	348	13	4190	989
内蒙古	7	362	15	5926	3276
辽　宁	14	566	20	4215	28585
吉　林	6	66	5	432	46
黑龙江	1	260	2	12193	4773
上　海	8	224	39	3236	4547
江　苏	36	1952	105	34370	16671
浙　江	52	1459	189	58902	25606
安　徽	36	1022	82	5408	4816
福　建	23	846	66	23302	11528
江　西	12	260	48	3449	3451
山　东	40	1895	153	28794	17791
河　南	43	1171	120	11481	11278
湖　北	24	1002	80	16314	8931
湖　南	22	343	40	6140	6476
广　东	24	1410	85	23760	18076
广　西	12	344	14	12620	1562
	1	16	2	70	83
海　南					
重　庆	12	413	21	4864	3173
四　川	55	4466	273	187237	264529
贵　州	6	730	38	52545	11748
云　南	5	114	9	512	1020
西　藏	1	32		2500	2147
陕　西	12	230	7	845	935
甘　肃	1	14		40	130
青　海	1	12		62	
宁　夏	8	107	16	1061	872
新　疆	6	186	15	1773	3348

6-26 续表 5

地　区	机构数 （个）	机构人员 （人）	#博士和硕士	机构经费支出 （万元）	仪器和设备原价 （万元）
总　计	**44**	**2762**	**607**	**164364**	**127700**
东部地区	12	880	188	53390	78690
中部地区	20	994	262	74459	27025
西部地区	12	888	157	36516	21985
北　京	1	31	8	2591	5393
天　津					
河　北					
山　西					
内蒙古					
辽　宁					
吉　林	2	88	32	10155	1660
黑龙江	1	44	8	1226	869
上　海	1	87	25	18201	18478
江　苏	3	153	19	1525	2587
浙　江	2	170	32	3683	9523
安　徽	2	95	32	4155	6316
福　建	1	131	24	6172	1093
江　西	1	58	15	3698	4065
山　东	1	167	27	15262	38328
河　南	4	185	20	4234	3387
湖　北	3	275	72	16246	9031
湖　南	7	249	83	34745	1698
广　东	2	131	52	5807	3275
广　西	1	114	26	4010	4202
	1	10	1	149	14
海　南					
重　庆					
四　川	1	25		10	8
贵　州	1	93	21	3864	5317
云　南	7	548	98	26661	10278
西　藏					
陕　西	1	30	5	954	1525
甘　肃	1	78	7	1017	656
青　海					
宁　夏					
新　疆					

6-26 续表 6

地　区	纺织业				
	机构数（个）	机构人员（人）	#博士和硕士	机构经费支出（万元）	仪器和设备原价（万元）
总　计	**1085**	**45515**	**2468**	**648621**	**681257**
东部地区	866	38479	2003	578629	573881
中部地区	144	4534	320	38318	52511
西部地区	75	2502	145	31674	54864
北　京	13	305	15	5762	1140
天　津	13	428	31	6334	4563
河　北	12	909	16	9172	52264
山　西	1	35		200	260
内蒙古	4	483	30	6754	4483
辽　宁	13	426	8	3981	10398
吉　林	1	8		17	5
黑龙江	1	3		4	10
上　海	22	622	23	10647	5458
江　苏	247	8383	713	100654	77607
浙　江	375	12426	439	227199	221516
安　徽	52	1526	159	15876	20021
福　建	48	1560	130	16275	31792
江　西	4	203	6	918	315
山　东	94	11803	524	172493	131180
河　南	36	1639	92	8543	10363
湖　北	24	695	42	8537	5071
湖　南	25	425	21	4223	16467
广　东	28	1554	98	25344	34823
广　西	17	160	20	2178	1387
	1	63	6	768	3140
海　南					
重　庆	8	124		1339	273
四　川	26	652	36	6034	7451
贵　州					
云　南	1	15		11	90
西　藏					
陕　西	6	168	19	2666	24669
甘　肃	1	108	3	526	10598
青　海					
宁　夏	3	359	22	8419	2544
新　疆	9	433	15	3748	3369

6-26 续表 7

地区	纺织服装、鞋、帽制造业				
	机构数（个）	机构人员（人）	#博士和硕士	机构经费支出（万元）	仪器和设备原价（万元）
总计	**292**	**14175**	**738**	**214014**	**151529**
东部地区	260	13148	671	201937	145223
中部地区	29	905	55	10899	5009
西部地区	3	122	12	1179	1296
北京	2	492	4	1940	2342
天津	6	198		1535	3256
河北	4	334		939	595
山西					
内蒙古					
辽宁					
吉林	1	53	2	119	577
黑龙江					
上海	6	121	9	1543	4449
江苏	57	2278	132	58605	42752
浙江	93	3316	116	39689	29543
安徽	12	171	17	4462	2074
福建	30	1085	125	31288	22662
江西	4	353	1	1924	112
山东	20	1964	161	30777	29978
河南	5	142	6	1050	461
湖北	1	20		200	150
湖南	6	166	29	3143	1636
广东	42	3360	124	35619	9646
广西					
海南					
重庆	1	5		25	5
四川	1	55	7	887	1062
贵州					
云南					
西藏					
陕西					
甘肃					
青海					
宁夏	1	62	5	267	230
新疆					

6-26 续表 8

地 区	皮革、皮毛、羽毛(绒)及其制品 机构数(个)	机构人员(人)	#博士和硕士	机构经费支出(万元)	仪器和设备原价(万元)
总 计	**215**	**8210**	**319**	**114719**	**88489**
东部地区	189	7777	281	111750	81631
中部地区	22	361	32	2708	5047
西部地区	4	72	6	261	1811
北 京					
天 津					
河 北	3	147	3	1293	5150
山 西					
内蒙古					
辽 宁					
吉 林					
黑龙江					
上 海	1	50		15	90
江 苏	15	214	6	3557	954
浙 江	98	3316	55	47595	30469
安 徽	6	97	8	717	1390
福 建	42	2358	104	30650	23815
江 西	1	5		25	60
山 东	11	647	64	19533	18112
河 南	11	180	16	1526	3175
湖 北					
湖 南	4	79	8	440	422
广 东	19	1045	49	9108	3041
广 西	1	15	2	47	
海 南					
重 庆					
四 川	2	33	3	92	1715
贵 州					
云 南					
西 藏					
陕 西					
甘 肃	1	24	1	121	96
青 海					
宁 夏					
新 疆					

6-26 续表 9

地　区	木材加工及木、竹、藤、棕、草制品业				
	机构数(个)	机构人员(人)	#博士和硕士	机构经费支出(万元)	仪器和设备原价(万元)
总　计	**257**	**4170**	**430**	**59538**	**49521**
东部地区	161	2794	316	50223	39767
中部地区	73	961	70	7609	7260
西部地区	23	415	44	1706	2494
北　京	1	26	4	2	4
天　津					
河　北	1	38		180	40
山　西					
内蒙古					
辽　宁	2	13	1	1389	1059
吉　林	14	100	12	514	307
黑龙江					
上　海	3	133	3	1477	996
江　苏	66	836	110	18175	8796
浙　江	55	977	109	13400	7590
安　徽	26	271	19	1295	615
福　建	13	388	39	4855	4072
江　西	11	86	8	280	1711
山　东	8	185	39	5878	750
河　南	8	133	4	1369	699
湖　北	2	35	10	428	504
湖　南	12	336	17	3723	3424
广　东	12	198	11	4869	16460
广　西	12	274	28	1045	2221
海　南					
重　庆	1	5	2	400	70
四　川	4	51	10	89	151
贵　州	1	38	2	40	
云　南	4	43		112	42
西　藏					
陕　西	1	4	2	20	10
甘　肃					
青　海					
宁　夏					
新　疆					

6-26 续表 10

地区	家具制造业				
	机构数(个)	机构人员(人)	#博士和硕士	机构经费支出(万元)	仪器和设备原价(万元)
总计	**172**	**4345**	**200**	**51279**	**44513**
东部地区	149	4065	187	44822	35322
中部地区	16	196	8	5759	4104
西部地区	7	84	5	698	5087
北京	1	95	4	144	60
天津	3	33	2	178	1282
河北	1	21		37	23
山西					
内蒙古					
辽宁					
吉林					
黑龙江	3	68	1	191	84
上海	5	176	2	2567	154
江苏	8	99	9	427	2503
浙江	81	2439	80	24006	17544
安徽	5	56	1	76	208
福建	5	235	35	4484	5262
江西	1	4	2	146	18
山东	11	249	28	7551	3793
河南	2	11		120	77
湖北	2	17		89	26
湖南	3	40	4	5137	3692
广东	34	718	27	5429	4700
广西					
海南					
重庆	2	19		486	872
四川	5	65	5	212	4215
贵州					
云南					
西藏					
陕西					
甘肃					
青海					
宁夏					
新疆					

6-26 续表 11

地 区	造纸及纸制品业				
	机构数（个）	机构人员（人）	#博士和硕士	机构经费支出（万元）	仪器和设备原价（万元）
总 计	**293**	**14017**	**977**	**307506**	**189573**
东部地区	197	10750	725	261813	147469
中部地区	63	1920	169	22983	29145
西部地区	33	1347	83	22711	12959
北 京					
天 津	6	238	22	2528	4304
河 北	1	22	3	540	1420
山 西					
内蒙古	2	35	2	1523	905
辽 宁	1	5		15	5337
吉 林	2	27	4	54	152
黑龙江	2	51	3	803	3447
上 海	3	58	10	144	386
江 苏	26	2291	159	21839	20094
浙 江	64	1609	124	35798	35668
安 徽	15	216	26	2436	3728
福 建	18	556	43	11776	8893
江 西					
山 东	32	3685	282	167260	60951
河 南	24	1156	65	6631	6870
湖 北	8	116	14	672	1959
湖 南	12	354	57	12387	12990
广 东	43	2113	79	21179	10416
广 西	3	23	2	85	400
	3	173	3	733	
海 南					
重 庆	1	7	7	100	
四 川	7	265	35	1372	1132
贵 州	2	22		8	103
云 南	6	232	12	2967	654
西 藏					
陕 西	5	73	3	326	240
甘 肃	2	11		15	489
青 海					
宁 夏	5	679	22	16316	9036
新 疆					

6-26 续表 12

地　区	印刷业和记录媒介的复制				
	机构数（个）	机构人员（人）	#博士和硕士	机构经费支出（万元）	仪器和设备原价（万元）
总　计	**181**	**6277**	**407**	**88752**	**129174**
东部地区	118	4458	274	61032	103813
中部地区	42	1309	102	19888	21143
西部地区	21	510	31	7832	4218
北　京	4	197	29	2328	264
天　津	2	213	9	1678	701
河　北	4	324	21	2019	1724
山　西					
内蒙古					
辽　宁	2	230	52	3851	13009
吉　林	1	2		1	260
黑龙江	1	5		25	20
上　海	18	394	18	6353	12959
江　苏	19	325	12	4525	10541
浙　江	24	945	38	14284	10198
安　徽	21	711	22	10563	9052
福　建	7	173	20	2118	1285
江　西	2	50	6	136	1472
山　东	3	181	15	3398	3818
河　南	9	311	42	3722	3635
湖　北	3	86	10	1578	1564
湖　南	5	144	22	3863	5141
广　东	34	1471	60	20413	49296
广　西	1	6		2	3
	1	5		67	18
海　南					
重　庆	6	42		443	658
四　川	4	240	22	4608	1681
贵　州	2	10		185	116
云　南	7	179	5	2234	1505
西　藏					
陕　西	1	33	4	360	255
甘　肃					
青　海					
宁　夏					
新　疆					

6-26 续表 13

地 区	文教体育用品制造业				
	机构数（个）	机构人员（人）	#博士和硕士	机构经费支出（万元）	仪器和设备原价（万元）
总 计	**235**	**8556**	**432**	**98412**	**91387**
东部地区	214	8114	406	94957	89540
中部地区	19	363	23	3008	1752
西部地区	2	79	3	448	96
北 京	4	105	5	2093	119
天 津	7	104	7	2171	1574
河 北					
山 西	2	125		524	817
内蒙古					
辽 宁	3	27		58	11
吉 林					
黑龙江					
上 海	13	702	41	14983	3753
江 苏	30	1233	36	13512	4012
浙 江	85	2402	71	23406	17637
安 徽	13	153	8	1434	531
福 建	9	799	18	7726	2441
江 西					
山 东	10	764	119	14922	23364
河 南	2	55	7	992	285
湖 北	1	11		20	10
湖 南	1	19	8	39	110
广 东	53	1978	109	16085	36629
广 西	1	75	3	408	75
海 南					
重 庆					
四 川	1	4		39	21
贵 州					
云 南					
西 藏					
陕 西					
甘 肃					
青 海					
宁 夏					
新 疆					

6-26 续表 14

地　区	石油加工、炼焦及核燃料加工业				
	机构数（个）	机构人员（人）	#博士和硕士	机构经费支出（万元）	仪器和设备原价（万元）
总　计	**175**	**9678**	**1388**	**254944**	**267078**
东部地区	103	5873	790	200988	181412
中部地区	49	2007	268	23566	53313
西部地区	23	1798	330	30390	32353
北　京	5	638	126	11327	36858
天　津	5	885	103	3111	8973
河　北	5	98	4	1990	1276
山　西	14	585	71	6202	9242
内蒙古	1	6		42	10
辽　宁	13	596	47	28189	41661
吉　林	1	45	2	180	500
黑龙江	3	193	34	2448	7884
上　海	8	537	70	9579	18631
江　苏	17	390	42	15633	6416
浙　江	3	44	2	183	246
安　徽	2	53		432	2402
福　建	5	83	5	4381	1768
江　西	2	185	12	446	5230
山　东	26	2088	337	114298	56716
河　南	14	239	45	2177	2829
湖　北	2	170	31	1847	4858
湖　南	11	537	73	9833	20368
广　东	16	514	54	12298	8869
广　西					
海　南					
重　庆	3	115	15	2073	3746
四　川	7	222	7	6209	4331
贵　州					
云　南	2	73	7	1367	777
西　藏					
陕　西	1	208	144	1435	
甘　肃	3	558	96	6160	7886
青　海					
宁　夏	1	40		711	11
新　疆	5	576	61	12393	15592

6-26 续表 15

地 区	化学原料及化学制品制造业				
	机构数（个）	机构人员（人）	#博士和硕士	机构经费支出（万元）	仪器和设备原价（万元）
总 计	**2960**	**109058**	**12230**	**2144015**	**1779759**
东部地区	2124	75215	9224	1662956	1278837
中部地区	537	20215	1838	234157	198069
西部地区	299	13628	1168	246902	302853
北 京	39	1083	177	14632	6050
天 津	65	3004	300	73212	69269
河 北	68	3967	279	40193	32390
山 西	32	2729	176	38395	38744
内蒙古	19	434	43	6358	3345
辽 宁	91	4471	459	54011	49497
吉 林	10	808	55	9584	31955
黑龙江	5	96	30	891	984
上 海	129	4207	919	145658	81288
江 苏	684	18509	2453	374159	253793
浙 江	394	11625	1217	289718	256862
安 徽	161	4960	403	57169	38491
福 建	60	1106	165	16687	17016
江 西	36	731	138	7152	3905
山 东	330	18345	1925	481096	404995
河 南	107	3967	393	42091	38962
湖 北	109	4469	425	51769	14017
湖 南	77	2455	218	27106	31012
广 东	259	8821	1309	172805	105914
广 西	31	919	69	8942	4041
海 南	5	77	21	786	1763
重 庆	40	1995	144	50992	40835
四 川	92	5622	488	80293	168913
贵 州	18	817	101	43661	27104
云 南	23	772	110	7867	4269
西 藏					
陕 西	23	1528	100	23958	42084
甘 肃	15	711	41	7439	3427
青 海	6	210	5	8957	39
宁 夏	11	187	14	2761	5283
新 疆	21	433	53	5673	3512

6-26 续表 16

地 区	医药制造业				
	机构数(个)	机构人员(人)	#博士和硕士	机构经费支出(万元)	仪器和设备原价(万元)
总 计	**1839**	**68211**	**11776**	**1073194**	**1078964**
东部地区	1069	43965	8393	769254	763195
中部地区	482	15551	1936	184417	185793
西部地区	288	8695	1447	119523	129976
北 京	64	2189	652	49226	16686
天 津	51	2883	480	56903	25150
河 北	35	3101	614	29011	39161
山 西	17	867	91	4579	11706
内蒙古	15	249	35	10505	6694
辽 宁	48	1484	308	17168	24036
吉 林	45	2062	188	22152	57030
黑龙江	31	948	145	15389	15533
上 海	89	3473	1138	65874	68953
江 苏	205	7179	1428	158340	126408
浙 江	240	8421	1203	143591	132734
安 徽	78	2182	223	27119	21403
福 建	40	1236	193	17705	21641
江 西	44	2388	252	25943	13167
山 东	143	8434	1644	145076	172011
河 南	117	3812	565	39730	34660
湖 北	71	1966	247	24097	17822
湖 南	79	1326	225	25409	14472
广 东	138	5087	688	78138	132401
广 西	52	1128	118	17407	11150
海 南	16	478	45	8224	4014
重 庆	44	1537	299	23740	31914
四 川	61	1843	458	22328	19054
贵 州	14	537	62	5633	6657
云 南	32	868	132	15167	17598
西 藏	5	409	28	1334	3897
陕 西	30	960	119	13386	9810
甘 肃	15	534	119	5843	15894
青 海	3	40	6	361	239
宁 夏	11	538	59	3396	6652
新 疆	6	52	12	424	418

6-26 续表 17

地区	化学纤维制造业				
	机构数（个）	机构人员（人）	#博士和硕士	机构经费支出（万元）	仪器和设备原价（万元）
总计	**170**	**12101**	**779**	**321422**	**430989**
东部地区	143	8694	520	233499	380964
中部地区	19	1649	171	65143	35798
西部地区	8	1758	88	22781	14227
北京	2	67	10	10	57
天津	1	70		153	58
河北	4	657	11	4406	2960
山西					
内蒙古					
辽宁	2	323	12	9258	11285
吉林	5	582	126	50351	28039
黑龙江					
上海	2	23	3	370	62
江苏	60	1867	187	74850	38344
浙江	54	3017	161	75506	121792
安徽	4	175	11	2885	2253
福建	4	1250	6	20848	29839
江西	1	4		23	281
山东	7	731	106	37505	36952
河南	5	818	29	7368	1223
湖北	1	23	2	1519	3400
湖南	3	47	3	2997	602
广东	7	689	24	10592	139616
广西					
海南					
重庆					
四川	4	877	52	14155	8828
贵州					
云南	1	36	9	276	3800
西藏					
陕西					
甘肃	2	40	22	79	
青海					
宁夏					
新疆	1	805	5	8271	1599

6-26 续表 18

地 区	橡胶制品业				
	机构数(个)	机构人员(人)	#博士和硕士	机构经费支出(万元)	仪器和设备原价(万元)
总 计	**319**	**17221**	**833**	**389438**	**519289**
东部地区	233	13421	566	350905	416396
中部地区	54	2454	176	26209	46165
西部地区	32	1346	91	12323	56728
北 京	4	91	9	1283	292
天 津	16	478	35	9087	33631
河 北	13	316	19	2677	1861
山 西	3	183	8	4482	2698
内蒙古					
辽 宁	8	271	10	4322	3273
吉 林					
黑龙江	1	34		2417	1201
上 海	13	504	24	16867	9124
江 苏	50	1409	101	33985	75878
浙 江	53	2871	45	20286	40756
安 徽	19	1386	56	11383	34811
福 建	19	1188	26	65261	66060
江 西	5	67	14	833	160
山 东	32	4328	226	168287	158516
河 南	17	397	62	2492	1728
湖 北	6	313	24	2482	2581
湖 南	3	74	12	2121	2986
广 东	25	1965	71	28851	27006
广 西	4	179	7	4764	4003
海 南					
重 庆	5	102	4	1090	346
四 川	10	255	13	739	4393
贵 州	7	592	62	4892	21243
云 南	1	29		55	326
西 藏					
陕 西	3	53	2	506	170
甘 肃					
青 海					
宁 夏	1	120	3	258	26209
新 疆	1	16		20	38

6-26 续表 19

地 区	塑料制品业				
	机构数(个)	机构人员(人)	#博士和硕士	机构经费支出(万元)	仪器和设备原价(万元)
总 计	**723**	**25196**	**1705**	**361141**	**520122**
东部地区	567	21537	1375	315327	367044
中部地区	115	2746	247	30629	113006
西部地区	41	913	83	15185	40072
北 京	10	154	16	4070	2262
天 津	17	294	24	3761	3371
河 北	9	389	35	3763	10474
山 西	2	11		1583	834
内蒙古	2	40	1	361	12975
辽 宁	12	224	43	3692	28183
吉 林	3	60	16	929	3673
黑龙江	3	50	2	42	356
上 海	40	1808	83	35893	130001
江 苏	100	2798	154	45933	30730
浙 江	184	4134	221	63613	73424
安 徽	65	1105	124	16732	99364
福 建	41	2226	108	45527	10982
江 西	1	6		16	16
山 东	31	933	129	13655	10906
河 南	17	442	37	3695	2353
湖 北	16	984	59	7187	6285
湖 南	8	88	9	445	126
广 东	123	8577	562	95422	66712
广 西	3	61		603	956
海 南					
重 庆	3	44		90	140
四 川	11	374	27	8265	16534
贵 州	2	20	2	180	134
云 南	3	43	2	1677	363
西 藏					
陕 西	4	38		563	2874
甘 肃	4	86	6	1507	868
青 海					
宁 夏					
新 疆	9	207	45	1940	5229

6-26 续表 20

地区	非金属矿物制品业				
	机构数(个)	机构人员(人)	#博士和硕士	机构经费支出(万元)	仪器和设备原价(万元)
总计	**1233**	**41382**	**3859**	**581306**	**681166**
东部地区	775	26253	2566	429221	448698
中部地区	322	9814	827	104514	166195
西部地区	136	5315	466	47572	66273
北京	28	1628	416	28924	14600
天津	11	239	14	2000	3093
河北	35	2247	125	46840	123982
山西	21	521	33	5111	3585
内蒙古	14	842	144	9316	9517
辽宁	38	1005	101	34297	43448
吉林	6	415	10	4895	3105
黑龙江	6	448	3	2291	2353
上海	45	1192	205	20791	13994
江苏	175	4815	462	74911	36126
浙江	130	3083	192	49949	39158
安徽	56	885	76	11360	61198
福建	50	1306	76	28531	17024
江西	32	832	62	7923	6430
山东	121	5750	611	95508	93185
河南	119	4546	436	50064	68772
湖北	31	871	111	8607	10270
湖南	51	1296	96	14263	10483
广东	134	4965	364	47422	64016
广西	19	627	82	3799	3808
海南	8	23		48	72
重庆	17	602	31	4400	5923
四川	42	2355	163	22528	39149
贵州	4	66		123	210
云南	11	360	19	3675	4382
西藏					
陕西	9	183	3	663	206
甘肃	5	120	13	1115	1111
青海					
宁夏	5	69	2	1716	1394
新疆	10	91	9	236	574

6-26 续表 21

地 区	黑色金属冶炼及压延加工业制造业				
	机构数(个)	机构人员(人)	#博士和硕士	机构经费支出(万元)	仪器和设备原价(万元)
总 计	**436**	**51166**	**6196**	**1452091**	**963377**
东部地区	263	28283	4092	911553	694066
中部地区	85	11733	842	380009	177420
西部地区	88	11150	1262	160530	91891
北 京	2	586	286	10379	2590
天 津	21	2784	113	92870	153242
河 北	39	5288	760	97159	43660
山 西	8	1222	105	20902	17786
内蒙古	12	2268	503	28881	23383
辽 宁	31	5532	1155	89774	93475
吉 林	4	649	92	15794	8616
黑龙江	2	67	1	1121	1605
上 海	6	753	383	88767	129074
江 苏	72	3630	393	293222	108889
浙 江	37	1221	84	35935	14930
安 徽	16	2181	96	154452	36143
福 建	16	902	81	20710	13125
江 西	8	1348	86	9295	13158
山 东	26	5640	742	159268	88281
河 南	19	2819	129	57733	37141
湖 北	7	1441	211	83786	37655
湖 南	21	2006	122	36926	25316
广 东	12	1872	93	23434	46779
广 西	6	292	19	6428	1440
	1	75	2	36	22
海 南					
重 庆	8	275	35	3648	2929
四 川	27	5104	276	90300	41150
贵 州	5	228	48	1823	1459
云 南	8	334	19	14484	3867
西 藏					
陕 西	2	1000	62	2735	3118
甘 肃	14	1289	285	6309	5314
青 海	1	190	2	2194	2589
宁 夏	1	71	8	3416	2600
新 疆	4	99	5	312	4044

6-26 续表 22

地 区	有色金属冶炼及压延加工业				
	机构数(个)	机构人员(人)	#博士和硕士	机构经费支出(万元)	仪器和设备原价(万元)
总 计	**675**	**36305**	**2981**	**939315**	**758996**
东部地区	327	15670	1288	524364	396104
中部地区	213	11506	962	238856	165656
西部地区	135	9129	731	176095	197237
北 京	6	122	18	3143	330
天 津	5	107	3	2161	1656
河 北	7	639	34	19392	6198
山 西	9	599	43	5214	8813
内蒙古	19	1778	63	8294	6345
辽 宁	14	1000	65	70669	46228
吉 林	6	1060	62	3414	18165
黑龙江	4	279	22	5480	5251
上 海	18	375	31	13313	5818
江 苏	90	1998	210	43563	109036
浙 江	74	2097	158	67159	45941
安 徽	37	1611	161	83629	33353
福 建	18	1607	255	51650	27436
江 西	28	996	75	6605	10452
山 东	35	4848	306	197570	102327
河 南	56	3813	283	73078	37047
湖 北	10	504	48	23155	5087
湖 南	63	2644	268	38281	47488
广 东	59	2855	208	55655	51124
广 西	20	379	24	5580	4788
海 南	1	22		87	11
重 庆	7	652	45	13977	9452
四 川	25	819	58	20924	8970
贵 州	3	325	12	3295	4711
云 南	18	1008	89	21502	46185
西 藏					
陕 西	12	507	140	43760	17704
甘 肃	17	2727	210	43922	66369
青 海	4	44	2	2203	1674
宁 夏	9	870	78	12138	18539
新 疆	1	20	10	500	12500

6-26 续表 23

地区	金属制品业				
	机构数(个)	机构人员(人)	#博士和硕士	机构经费支出(万元)	仪器和设备原价(万元)
总　计	**988**	**34518**	**2473**	**461887**	**487537**
东部地区	755	26726	1658	362188	421948
中部地区	161	5159	571	48410	32638
西部地区	72	2633	244	51289	32951
北　京	18	415	81	5295	3792
天　津	25	657	26	5287	8858
河　北	20	470	46	7223	6873
山　西	4	30	4	60	469
内蒙古	4	41	3	28	219
辽　宁	30	1660	160	28884	50726
吉　林	4	107	11	3612	4912
黑龙江	3	321	6	1939	3251
上　海	44	1751	135	24061	31245
江　苏	196	6038	441	98614	80177
浙　江	237	6874	313	103500	138429
安　徽	71	1564	301	16118	7024
福　建	22	1195	46	20483	18555
江　西	6	180	8	5576	694
山　东	38	2037	129	17798	17574
河　南	33	1103	58	7057	4578
湖　北	26	1463	134	10875	7958
湖　南	14	391	49	3173	3753
广　东	125	5629	281	51042	65720
广　西	5	72	5	990	771
海　南					
重　庆	9	333	57	2559	2789
四　川	29	1577	98	36852	23135
贵　州	3	59	2	5224	1611
云　南	3	78	11	298	108
西　藏					
陕　西	5	181	27	1585	1088
甘　肃	4	147	20	584	857
青　海					
宁　夏	5	109	14	2303	1811
新　疆	5	36	7	867	562

6-26 续表 24

地 区	通用设备制造业				
	机构数（个）	机构人员（人）	#博士和硕士	机构经费支出（万元）	仪器和设备原价（万元）
总 计	**3059**	**125606**	**9695**	**2102308**	**1670652**
东部地区	2361	92500	7133	1659265	1286868
中部地区	450	20490	1682	226334	190054
西部地区	248	12616	880	216709	193730
北 京	54	2244	445	30433	22141
天 津	58	2794	178	53567	33934
河 北	55	2240	119	20742	22436
山 西	21	1011	46	5730	13150
内蒙古	8	257	4	8975	8641
辽 宁	124	5926	791	62736	71485
吉 林	7	281	9	1115	1961
黑龙江	19	3062	225	49179	28234
上 海	172	8806	1123	301754	240260
江 苏	617	18786	1444	343158	297897
浙 江	786	25456	1227	397604	276968
安 徽	145	4869	348	45260	53189
福 建	44	1284	81	20796	17284
江 西	10	419	35	5123	4164
山 东	278	16278	1175	246671	223165
河 南	101	4124	314	51424	35676
湖 北	69	3695	440	44031	30761
湖 南	78	3029	265	24474	22918
广 东	173	8686	550	181806	81298
广 西	24	555	15	17136	6260
海 南					
重 庆	33	1607	150	46186	42096
四 川	81	4261	406	80218	65077
贵 州	10	470	18	2648	9181
云 南	11	421	9	6249	6750
西 藏					
陕 西	43	3169	216	37072	26027
甘 肃	14	588	17	5357	4260
青 海	5	278	10	5833	1442
宁 夏	14	966	35	6119	23386
新 疆	5	44		918	611

6-26 续表 25

地区	专用设备制造业				
	机构数(个)	机构人员(人)	#博士和硕士	机构经费支出(万元)	仪器和设备原价(万元)
总计	**2366**	**110328**	**12309**	**1889280**	**1222955**
东部地区	1699	67639	7806	1133767	802310
中部地区	449	27496	3300	458557	248245
西部地区	217	15176	1196	296683	172332
北京	90	5189	1591	91642	82348
天津	52	2217	297	42604	23805
河北	55	2868	220	36722	17274
山西	39	3824	370	52698	41348
内蒙古	9	3101	89	34518	46273
辽宁	81	5629	745	100212	64753
吉林	13	737	13	6321	8810
黑龙江	26	2469	220	57002	15195
上海	136	5614	796	109108	84770
江苏	417	12367	1016	173982	139170
浙江	452	10923	566	152357	123976
安徽	113	3552	355	34943	25895
福建	70	2489	191	42448	29180
江西	16	630	33	3526	2075
山东	162	11780	864	266669	166243
河南	121	7066	789	142623	85534
湖北	60	2213	329	33442	22172
湖南	61	7005	1191	128001	47218
广东	182	8538	1519	117942	70731
广西	31	1992	199	26085	24284
海南	2	25	1	80	60
重庆	22	1853	163	13300	48748
四川	64	3378	304	48520	24047
贵州	9	754	42	5788	3222
云南	15	575	10	4722	2618
西藏					
陕西	51	2169	314	154140	13508
甘肃	9	953	39	3701	5562
青海					
宁夏	2	271	25	4714	3628
新疆	5	130	11	1196	443

6-26 续表 26

地 区	交通运输设备制造业				
	机构数（个）	机构人员（人）	#博士和硕士	机构经费支出（万元）	仪器和设备原价（万元）
总 计	**2110**	**167586**	**14607**	**3804248**	**3838611**
东部地区	1306	92023	8169	2190439	1842076
中部地区	466	44061	4270	926598	951574
西部地区	338	31502	2168	687212	1044960
北 京	39	3928	413	92426	27660
天 津	37	2583	254	38864	126370
河 北	55	6544	451	96749	114643
山 西	14	913	63	16061	28122
内蒙古	8	831	85	35699	8304
辽 宁	55	7240	744	162957	66219
吉 林	29	4891	972	185004	154386
黑龙江	17	3014	345	36332	55216
上 海	118	15091	2688	558801	554884
江 苏	309	16686	1397	345773	261312
浙 江	383	15429	521	253073	298951
安 徽	143	11598	840	202751	106085
福 建	53	2907	129	50328	33410
江 西	18	3370	191	65484	86212
山 东	125	10207	1029	275446	205318
河 南	86	6556	470	91999	83509
湖 北	105	10266	938	273075	403811
湖 南	54	3453	451	55892	34232
广 东	123	11375	543	315530	152603
广 西	42	2788	242	96470	52956
	9	33		493	707
海 南					
重 庆	107	10263	659	268013	692215
四 川	60	5058	286	85615	80739
贵 州	37	3052	95	43499	71568
云 南	8	1860	65	28968	23251
西 藏					
陕 西	70	7170	724	126952	110759
甘 肃	2	72	10	604	500
青 海	1	128		350	
宁 夏					
新 疆	3	280	2	1042	4668

6-26 续表 27

地 区	电气机械及器材制造业				
	机构数(个)	机构人员(人)	#博士和硕士	机构经费支出(万元)	仪器和设备原价(万元)
总 计	**3223**	**165147**	**13150**	**3330336**	**2521463**
东部地区	2636	134432	10416	2728819	2059300
中部地区	434	20432	2092	390876	300492
西部地区	152	10268	637	210291	161251
北 京	70	4004	806	71188	29653
天 津	54	2416	288	54152	256024
河 北	26	2170	276	140555	94223
山 西	11	728	77	5532	19917
内蒙古	6	131	40	1123	1165
辽 宁	51	3133	199	54006	62485
吉 林	7	383	42	3653	4613
黑龙江	14	703	114	5280	18825
上 海	166	8546	613	129544	99044
江 苏	640	26174	2515	582066	403724
浙 江	825	28991	1413	487954	337398
安 徽	192	6583	662	105079	55501
福 建	71	5033	259	68616	73606
江 西	30	1596	109	107161	91420
山 东	173	11369	955	342693	225931
河 南	75	4904	607	67199	64353
湖 北	54	3326	251	60047	29873
湖 南	51	2209	230	36925	15991
广 东	557	42485	3069	796057	475159
广 西	28	607	49	3706	6692
	3	111	23	1987	2053
海 南					
重 庆	23	706	59	14755	10877
四 川	35	2469	162	60465	31749
贵 州	8	196	3	3347	4411
云 南	11	749	18	11549	3968
西 藏					
陕 西	22	3911	244	103944	86449
甘 肃	8	784	17	6685	10820
青 海					
宁 夏	8	257	10	2523	2867
新 疆	3	458	35	2195	2254

6-26 续表 28

地区	通信设备、计算机及其他电子设备制造业				
	机构数（个）	机构人员（人）	#博士和硕士	机构经费支出（万元）	仪器和设备原价（万元）
总计	**2554**	**269441**	**56925**	**5684818**	**3771078**
东部地区	2175	237618	53010	5291562	3468546
中部地区	235	12479	2274	140268	129813
西部地区	144	19344	1641	252987	172719
北京	111	6709	1551	139487	80546
天津	35	2299	230	75388	26414
河北	15	931	124	8434	19654
山西	6	479	60	2184	31040
内蒙古	2	34	7	123	150
辽宁	42	1959	213	53192	13885
吉林	6	926	76	9548	5586
黑龙江	6	229	57	2490	444
上海	165	20299	4602	627803	688940
江苏	513	33658	2340	626382	520644
浙江	356	18283	2948	335875	265751
安徽	76	2406	368	23295	11395
福建	136	11541	968	264506	131946
江西	9	459	102	4471	3060
山东	86	8623	1819	416185	125361
河南	51	2456	312	30534	25551
湖北	50	3816	997	46360	30602
湖南	31	1708	302	21387	22135
广东	716	133316	38215	2744311	1595405
广西	7	254	23	2767	1941
海南					
重庆	11	897	163	8112	7581
四川	61	13013	1122	183468	89493
贵州	12	1187	34	12039	30600
云南					
西藏					
陕西	45	3255	245	31909	29896
甘肃	5	609	21	7528	9067
青海					
宁夏					
新疆	1	95	26	7042	3992

6-26 续表 29

地区	仪器仪表及文化、办公用机械制造业				
	机构数(个)	机构人员(人)	#博士和硕士	机构经费支出(万元)	仪器和设备原价(万元)
总计	**1098**	**43734**	**6208**	**590605**	**487872**
东部地区	876	33909	4614	486325	324479
中部地区	141	7027	1078	70380	60342
西部地区	81	2798	516	33900	103052
北京	42	2009	674	23272	8547
天津	20	759	31	13010	10867
河北	17	841	77	7019	3686
山西	9	275	37	3335	1247
内蒙古					
辽宁	25	902	276	16679	16739
吉林	2	62	17	515	145
黑龙江	14	594	89	3627	2922
上海	57	2518	352	35209	19927
江苏	243	8453	1314	172114	113862
浙江	257	8701	888	95626	74109
安徽	26	786	109	10575	5431
福建	30	1767	191	16475	8562
江西	8	1026	88	11331	2780
山东	67	2555	304	29334	21164
河南	47	2280	209	20959	25530
湖北	17	1181	269	10985	20386
湖南	18	823	260	9055	1902
广东	118	5404	507	77588	47015
广西	8	153	28	2230	1180
海南					
重庆	32	1066	101	12273	11861
四川	12	285	64	3900	6464
贵州	2	80	2	671	203
云南	3	87	19	1090	110
西藏					
陕西	18	665	267	10717	81065
甘肃	2	138		192	335
青海					
宁夏	3	312	35	2639	1814
新疆	1	12		189	20

6-26 续表 30

地 区	工艺品及其他制造业				
	机构数(个)	机构人员(人)	#博士和硕士	机构经费支出(万元)	仪器和设备原价(万元)
总 计	**225**	**9999**	**701**	**109810**	**144074**
东部地区	169	6884	439	78981	51925
中部地区	31	1683	157	15845	74633
西部地区	25	1432	105	14984	17516
北 京	7	368	83	2972	339
天 津	2	24	3	527	340
河 北	1	136	11	100	6
山 西					
内蒙古					
辽 宁	7	198	7	2843	1519
吉 林					
黑龙江					
上 海	5	117	8	1389	592
江 苏	17	481	30	9220	3839
浙 江	67	2462	151	28798	13434
安 徽	9	172	19	1575	776
福 建	18	1040	47	8662	7771
江 西	1	30		15	5
山 东	22	1106	73	19629	18896
河 南	10	764	38	5916	63813
湖 北	9	669	87	8082	9541
湖 南	2	48	13	258	498
广 东	23	952	26	4842	5190
广 西	3	34	11	1161	403
海 南					
重 庆	4	77	2	546	377
四 川	4	187	12	1724	7355
贵 州	9	1056	79	10574	9136
云 南	3	33		391	210
西 藏					
陕 西	2	45	1	587	35
甘 肃					
青 海					
宁 夏					
新 疆					

6-26 续表 31

地 区	电力、燃气及水的生产和供应业				
	机构数(个)	机构人员(人)	#博士和硕士	机构经费支出(万元)	仪器和设备原价(万元)
总 计	**241**	**16006**	**2656**	**125190**	**229701**
东部地区	109	4816	962	71682	89267
中部地区	79	6765	1112	28817	89931
西部地区	53	4425	582	24691	50504
北 京	1	41	20	1321	538
天 津	4	93	19	9073	31
河 北	5	73	1	404	2664
山 西	6	477	97	3820	11382
内蒙古	9	562	203	2177	874
辽 宁	7	244	35	541	756
吉 林	7	171	11	1295	393
黑龙江	26	3500	413	7562	30174
上 海	8	247	36	2467	2343
江 苏	24	659	152	9802	16433
浙 江	21	910	58	14939	7980
安 徽	5	345	66	2827	4746
福 建	3	294	58	750	17696
江 西	4	378	77	1601	725
山 东	18	928	248	7318	2884
河 南	18	941	156	4198	18704
湖 北	5	485	169	3010	5944
湖 南	8	468	123	4505	17862
广 东	18	1327	335	25068	37944
广 西	4	205	28	874	1065
海 南					
重 庆	5	265	62	1749	13857
四 川	9	538	68	1397	5828
贵 州	3	129	30	470	4576
云 南	7	483	1	1707	192
西 藏					
陕 西	5	1027	94	1788	7706
甘 肃	6	516	25	4157	4845
青 海	1	170	10	4393	8658
宁 夏	2	237	20	665	294
新 疆	2	293	41	5315	2610

七、新产品开发和生产情况

7-1 企业新产品开发和生产

单位：万元

项　　目	新产品开发项目数(项)	新产品开发经费支出	新产品产值	新产品销售收入	#出口
总　　计	**237754**	**44819855**	**681988049**	**658382082**	**115725306**
按企业规模分组					
大中型企业	152770	36546131	587144049	579780546	106787198
大型企业	67438	22238556	390437403	394718390	72063401
中型企业	85332	14307575	196706646	185062156	34723797
小型企业	84984	8273724	94844000	78601536	8938108
按企业控股情况分组					
国有控股	73063	16816481	259957743	265185441	19091225
集体控股	14373	2878773	34287248	31950007	9014382
私人控股	98477	14763879	210743233	186798696	29923332
港澳台商控股	17061	3407392	51737462	50358942	19109391
外商控股	21522	5107437	96071530	97488889	34887989
按登记注册类型分组					
内资企业	181305	32354329	446459845	424544508	50420262
国有企业	18682	3679200	67587605	68218798	2952079
集体企业	1878	392690	8974420	8634218	1428190
股份合作企业	1576	187256	1795532	1668132	216378
联营企业	253	74906	1469441	1455443	57797
有限责任公司	70812	13468323	158821320	159597112	21375157
#国有独资公司	13232	3323662	38332295	40013108	4343078
股份有限公司	29998	6949051	96425121	92897884	11221802
私营企业	57464	7475123	109824893	90470431	13034134
其他内资企业	642	127779	1561514	1602490	134727
港澳台商投资企业	22261	4451524	67676551	64270926	24009861
外商投资企业	34188	8014002	167851652	169566648	41295184

7-2 大中型企业新产品开发和生产

单位：万元

项　目	新产品开发项目数(项)	新产品开发经费支出	新产品产值	新产品销售收入	#出口
总　计	**152770**	**36546131**	**587144049**	**579780546**	**106787198**
按企业控股情况分组					
国有控股	65280	16106968	252939342	255706526	18621350
集体控股	11688	2585052	31513791	29287410	8814615
私人控股	42199	9326970	142981768	136793689	24445602
港澳台商控股	11643	2860630	47060145	45821942	18231470
外商控股	14256	4253485	87713548	89411779	33306070
按登记注册类型分组					
内资企业	115524	26067197	370990059	364212557	44959539
国有企业	16750	3531958	66382428	67025008	2905309
集体企业	1360	346179	8392142	8066924	1410220
股份合作企业	702	113995	1242671	1132883	182439
联营企业	140	65691	1332957	1319257	46686
有限责任公司	52032	11627343	140966288	140076360	19891661
#国有独资公司	12907	3288438	37967906	39562243	4304977
股份有限公司	26444	6562518	92780093	89478516	10921644
私营企业	17698	3717471	58637201	55787072	9473074
其他内资企业	398	102043	1256280	1326537	128505
港澳台商投资企业	14921	3703541	61028133	57868082	22786616
外商投资企业	22325	6775394	155125857	157699907	39041043

7-3 大型企业新产品开发和生产

单位：万元

项　目	新产品开发项目数(项)	新产品开发经费支出	新产品产值	新产品销售收入	#出口
总　计	**67438**	**22238556**	**390437403**	**394718390**	**72063401**
按企业控股情况分组					
国有控股	39048	12659255	217584705	221552786	15149325
集体控股	6440	1913056	20764474	21024926	7772023
私人控股	11510	3609199	63122743	62318337	12476611
港澳台商控股	3736	1507199	27987556	27580416	12258458
外商控股	4170	1882704	48345967	49951932	22637834
按登记注册类型分组					
内资企业	55767	16768465	257657342	257132244	31850499
国有企业	9766	2719429	58875014	59828587	2287647
集体企业	1054	298411	7766784	7435324	1379661
股份合作企业	73	24306	347784	295630	94196
联营企业	82	54366	1285441	1285264	43465
有限责任公司	28815	8318833	102669552	103639250	16341886
#国有独资公司	10520	2958398	35175201	37021641	4013796
股份有限公司	13117	4359491	64777144	63072199	7823521
私营企业	2715	957143	21142936	20691485	3821178
其他内资企业	145	36485	792688	884506	58945
港澳台商投资企业	4663	1831376	33964962	33490667	14866813
外商投资企业	7008	3638715	98815099	104095478	25346089

7-4 中型企业新产品开发和生产

单位：万元

项　　目	新产品开发项目数（项）	新产品开发经费支出	新产品产值	新产品销售收入	#出口
总　计	**85332**	**14307575**	**196706646**	**185062156**	**34723797**
按企业控股情况分组					
国有控股	26232	3447713	35354637	34153740	3472025
集体控股	5248	671997	10749317	8262485	1042592
私人控股	30689	5717772	79859026	74475351	11968991
港澳台商控股	7907	1353431	19072590	18241526	5973012
外商控股	10086	2370781	39367580	39459848	10668236
按登记注册类型分组					
内资企业	59757	9298732	113332718	107080313	13109040
国有企业	6984	812529	7507414	7196421	617662
集体企业	306	47768	625358	631600	30560
股份合作企业	629	89688	894887	837254	88243
联营企业	58	11324	47517	33993	3221
有限责任公司	23217	3308510	38296735	36437110	3549774
#国有独资公司	2387	330040	2792705	2540602	291181
股份有限公司	13327	2203027	28002950	26406317	3098123
私营企业	14983	2760328	37494265	35095587	5651896
其他内资企业	253	65558	463593	442032	69560
港澳台商投资企业	10258	1872164	27063171	24377414	7919803
外商投资企业	15317	3136679	56310757	53604429	13694954

7-5 小型企业新产品开发和生产

单位：万元

项　　目	新产品开发项目数（项）	新产品开发经费支出	新产品产值	新产品销售收入	#出口
总　计	**84984**	**8273724**	**94844000**	**78601536**	**8938108**
按企业控股情况分组					
国有控股	7783	709513	7018401	9478914	469876
集体控股	2685	293721	2773457	2662597	199767
私人控股	56278	5436909	67761465	50005008	5477730
港澳台商控股	5418	546763	4677317	4537001	877922
外商控股	7266	853952	8357983	8077109	1581919
按登记注册类型分组					
内资企业	65781	6287133	75469786	60331950	5460723
国有企业	1932	147242	1205177	1193789	46770
集体企业	518	46512	582278	567294	17969
股份合作企业	874	73261	552861	535249	33938
联营企业	113	9216	136484	136186	11110
有限责任公司	18780	1840980	17855033	19520752	1483496
#国有独资公司	325	35224	364389	450865	38101
股份有限公司	3554	386534	3645028	3419368	300158
私营企业	39766	3757653	51187692	34683359	3561060
其他内资企业	244	25736	305233	275953	6222
港澳台商投资企业	7340	747983	6648418	6402845	1223245
外商投资企业	11863	1238608	12725796	11866741	2254140

7-6 按行业分企业新产品开发和生产

单位：万元

行业	新产品开发项目数(项)	新产品开发经费支出	新产品产值	新产品销售收入	#出口
总　计	**237754**	**44819855**	**681988049**	**658382082**	**115725306**
采矿业	**3143**	**778802**	**9257173**	**11336229**	**809276**
煤炭开采和洗选业	1721	454823	7853257	9949776	776894
石油和天然气开采业	998	239326	177876	179734	12556
黑色金属矿采选业	110	19875	128813	127545	12000
有色金属矿采选业	112	47482	716191	714045	2822
非金属矿采选业	202	17297	381037	365130	5004
制造业	**232346**	**43722520**	**672099992**	**646373420**	**114838012**
农副食品加工业	3917	769113	10463547	9726604	761011
食品制造业	3240	506479	6067838	5760295	641920
饮料制造业	3512	585494	5463721	5407713	124007
烟草制品业	790	139429	6923361	7607132	38444
纺织业	7547	1087500	21003383	17889720	4079588
纺织服装、鞋、帽制造业	1414	258839	5361285	5072699	1323754
皮革、毛皮、羽毛(绒)及其制品业	1954	163494	3349529	3203870	984816
木材加工及木、竹、藤、棕、草制品业	1435	134196	2489067	2334952	324868
家具制造业	664	101103	1405329	1488788	696305
造纸及纸制品业	1141	373235	6621466	6320544	499316
印刷业和记录媒介的复制	906	153319	1762026	1706396	175460
文教体育用品制造业	1492	168320	1549595	1504718	756302
石油加工、炼焦及核燃料加工业	1144	309601	6235369	6501033	66478
化学原料及化学制品制造业	14718	2813021	38204250	36789229	4107027
医药制造业	14360	1550581	17230624	15924583	1702401
化学纤维制造业	1040	465784	6353108	7749054	554800
橡胶制品业	3219	547957	6775888	6552184	1800694
塑料制品业	3647	618564	7133377	6909031	1250195
非金属矿物制品业	5682	936820	12109812	11511430	1804826
黑色金属冶炼及压延加工业	6087	3467141	48387930	48959029	2800093
有色金属冶炼及压延加工业	3922	1163349	16018266	16466471	2798507
金属制品业	5712	918384	10440891	10095898	2149517
通用设备制造业	25505	3496364	41312464	39998344	4522104
专用设备制造业	20774	3275247	31963133	30665895	3096524
交通运输设备制造业	24955	6315052	164063821	150064104	14702045
电气机械及器材制造业	29680	4723470	74603315	69228923	14173994
通信设备、计算机及其他电子设备制造业	32306	7461815	107385020	109456919	45831046
仪器仪表及文化、办公用机械制造业	9674	1029939	9075060	9376391	2322614
工艺品及其他制造业	1836	180922	2264363	2020166	749312
电力、燃气及水的生产和供应业	**2265**	**318532**	**630883**	**672433**	**78019**
电力、热力的生产和供应业	2076	289367	558846	522975	78019
燃气生产和供应业	37	16552	13935	104881	
水的生产和供应业	152	12614	58103	44577	

7-7 按行业分大中型企业新产品开发和生产

单位：万元

行 业	新产品开发项目数(项)	新产品开发经费支出	新产品产值	新产品销售收入	#出口
总 计	**152770**	**36546131**	**587144049**	**579780546**	**106787198**
采矿业	**2983**	**759112**	**8097096**	**7608960**	**806229**
煤炭开采和洗选业	1695	449429	7014747	6524027	776894
石油和天然气开采业	970	237455	144778	153388	12556
黑色金属矿采选业	95	17536	79342	78741	12000
有色金属矿采选业	84	43889	619313	617941	1842
非金属矿采选业	139	10802	238915	234863	2937
制造业	**147724**	**35495255**	**578686110**	**571758255**	**105970080**
农副食品加工业	1698	465888	6912026	6336931	620401
食品制造业	1825	363670	4898535	4670113	506284
饮料制造业	2707	469905	4360427	4367562	86703
烟草制品业	734	132856	6859209	7547039	35016
纺织业	5220	877975	18165831	15330843	3592105
纺织服装、鞋、帽制造业	846	213657	4552441	4278844	1077345
皮革、毛皮、羽毛(绒)及其制品业	1017	125290	2719907	2608667	741499
木材加工及木、竹、藤、棕、草制品业	843	71650	1554049	1510201	196121
家具制造业	340	71063	1040644	1151529	584004
造纸及纸制品业	711	305051	5729127	5502603	470550
印刷业和记录媒介的复制	542	106192	1260114	1241597	73083
文教体育用品制造业	798	123274	1128780	1113193	524389
石油加工、炼焦及核燃料加工业	955	272776	5900798	6170503	66253
化学原料及化学制品制造业	7064	1904545	28352879	27273660	3164428
医药制造业	8837	1073412	13440843	12483159	1450118
化学纤维制造业	805	400648	5638440	7114423	515260
橡胶制品业	2529	491879	6300020	6096850	1750594
塑料制品业	1522	373834	4757224	4574561	900093
非金属矿物制品业	2911	629830	8786610	8369690	1517343
黑色金属冶炼及压延加工业	5700	3371715	46658913	47337141	2740252
有色金属冶炼及压延加工业	2397	933703	13205905	13852482	2624881
金属制品业	2813	609579	6997185	6789418	1716962
通用设备制造业	15364	2629492	33717044	32737014	3722341
专用设备制造业	12376	2490083	25849579	24840531	2599707
交通运输设备制造业	19390	5823650	144815747	145705929	14058958
电气机械及器材制造业	18412	3734953	64694733	59980864	13113008
通信设备、计算机及其他电子设备制造业	23908	6665809	102177761	104362336	44805398
仪器仪表及文化、办公用机械制造业	4360	645652	6572843	6968492	2126571
工艺品及其他制造业	1100	117225	1634354	1437988	590414
电力、燃气及水的生产和供应业	**2063**	**291764**	**360843**	**413331**	**10889**
电力、热力的生产和供应业	1940	268235	358024	315057	10889
燃气生产和供应业	29	15399		95462	
水的生产和供应业	94	8130	2820	2813	

7-8 按行业分大型企业新产品开发和生产

单位：万元

行 业	新产品开发项目数(项)	新产品开发经费支出	新产品产值	新产品销售收入	#出口
总 计	**67438**	**22238556**	**390437403**	**394718390**	**72063401**
采矿业	**2716**	**615256**	**7818365**	**7338599**	**803374**
煤炭开采和洗选业	1628	439667	6971227	6481239	775881
石油和天然气开采业	929	139516	132040	143328	12556
黑色金属矿采选业	51	9558	23688	24200	12000
有色金属矿采选业	38	20901	594423	593553	
非金属矿采选业	70	5615	96988	96278	2937
制造业	**63348**	**21440901**	**382478921**	**387243616**	**71252255**
农副食品加工业	543	249514	2619465	2511132	281516
食品制造业	558	140504	2332248	2169717	76415
饮料制造业	1739	336527	2602320	2775329	66780
烟草制品业	573	114604	6493877	7199430	34916
纺织业	2470	402038	9142330	8918738	1955588
纺织服装、鞋、帽制造业	317	101138	2622137	2542847	577041
皮革、毛皮、羽毛(绒)及其制品业	483	73834	1428365	1403587	396922
木材加工及木、竹、藤、棕、草制品业	158	18974	624480	626935	54004
家具制造业	45	29779	135698	283749	244256
造纸及纸制品业	324	176435	3544823	3378294	322615
印刷业和记录媒介的复制	115	27248	227362	226232	
文教体育用品制造业	220	54187	248449	244343	93019
石油加工、炼焦及核燃料加工业	708	168354	4130320	4262119	63832
化学原料及化学制品制造业	2195	851362	12092817	11711814	1647982
医药制造业	2668	393429	5208430	4807675	607314
化学纤维制造业	385	229646	3011661	4558975	330856
橡胶制品业	1656	372808	5126002	4956282	1577882
塑料制品业	125	121281	1638713	1570662	483247
非金属矿物制品业	680	221582	3075723	2764634	486507
黑色金属冶炼及压延加工业	4994	3087043	42331366	42964899	2363242
有色金属冶炼及压延加工业	1186	561675	7069460	7875079	2057388
金属制品业	611	202026	2204056	2118603	708681
通用设备制造业	5559	1192554	18909997	18073455	1701363
专用设备制造业	4651	1458009	16468310	16108592	1235851
交通运输设备制造业	10054	4256724	116532008	118581989	9700475
电气机械及器材制造业	7334	1856677	34665027	34068538	8180583
通信设备、计算机及其他电子设备制造业	12072	4529676	75118619	77607538	34892483
仪器仪表及文化、办公用机械制造业	830	192543	2524511	2623180	980240
工艺品及其他制造业	95	20730	350349	309253	131258
电力、燃气及水的生产和供应业	**1374**	**182399**	**140118**	**136175**	**7772**
电力、热力的生产和供应业	1338	180762	140118	136175	7772
燃气生产和供应业	4	148			
水的生产和供应业	32	1490			

7-9 按行业分中型企业新产品开发和生产

单位：万元

行业	新产品开发项目数(项)	新产品开发经费支出	新产品产值	新产品销售收入	#出口
总计	**85332**	**14307575**	**196706646**	**185062156**	**34723797**
采矿业	**267**	**143855**	**278731**	**270361**	**2855**
煤炭开采和洗选业	67	9762	43520	42788	1013
石油和天然气开采业	41	97939	12739	10060	
黑色金属矿采选业	44	7977	55654	54541	
有色金属矿采选业	46	22989	24891	24388	1842
非金属矿采选业	69	5188	141928	138585	
制造业	**84376**	**14054355**	**196207189**	**184514639**	**34717824**
农副食品加工业	1155	216374	4292562	3825800	338885
食品制造业	1267	223166	2566287	2500396	429869
饮料制造业	968	133378	1758108	1592234	19922
烟草制品业	161	18252	365333	347609	100
纺织业	2750	475937	9023500	6412106	1636517
纺织服装、鞋、帽制造业	529	112520	1930304	1735996	500304
皮革、毛皮、羽毛(绒)及其制品业	534	51457	1291542	1205080	344578
木材加工及木、竹、藤、棕、草制品业	685	52675	929570	883265	142117
家具制造业	295	41285	904946	867780	339748
造纸及纸制品业	387	128616	2184305	2124309	147935
印刷业和记录媒介的复制	427	78944	1032752	1015365	73083
文教体育用品制造业	578	69087	880331	868850	431370
石油加工、炼焦及核燃料加工业	247	104422	1770478	1908384	2421
化学原料及化学制品制造业	4869	1053182	16260062	15561846	1516446
医药制造业	6169	679983	8232413	7675485	842804
化学纤维制造业	420	171002	2626779	2555448	184404
橡胶制品业	873	119072	1174018	1140567	172712
塑料制品业	1397	252553	3118511	3003899	416846
非金属矿物制品业	2231	408249	5710887	5605056	1030836
黑色金属冶炼及压延加工业	706	284672	4327547	4372242	377010
有色金属冶炼及压延加工业	1211	372028	6136445	5977403	567493
金属制品业	2202	407553	4793129	4670815	1008281
通用设备制造业	9805	1436938	14807047	14663559	2020978
专用设备制造业	7725	1032074	9381269	8731940	1363856
交通运输设备制造业	9336	1566926	28283739	27123939	4358483
电气机械及器材制造业	11078	1878276	30029706	25912327	4932425
通信设备、计算机及其他电子设备制造业	11836	2136133	27059142	26754798	9912915
仪器仪表及文化、办公用机械制造业	3530	453110	4048332	4345312	1146331
工艺品及其他制造业	1005	96495	1284005	1128735	459156
电力、燃气及水的生产和供应业	**689**	**109365**	**220726**	**277157**	**3117**
电力、热力的生产和供应业	602	87474	217906	178882	3117
燃气生产和供应业	25	15251		95462	
水的生产和供应业	62	6640	2820	2813	

7-10 按行业分小型企业新产品开发和生产

单位：万元

行业	新产品开发项目数(项)	新产品开发经费支出	新产品产值	新产品销售收入	#出口
总计	**84984**	**8273724**	**94844000**	**78601536**	**8938108**
采矿业	**160**	**19691**	**1160077**	**3727269**	**3046**
煤炭开采和洗选业	26	5394	838510	3425749	
石油和天然气开采业	28	1870	33098	26346	
黑色金属矿采选业	15	2339	49471	48804	
有色金属矿采选业	28	3593	96877	96104	980
非金属矿采选业	63	6495	142122	130267	2066
制造业	**84622**	**8227265**	**93413883**	**74615165**	**8867932**
农副食品加工业	2219	303225	3551521	3389673	140609
食品制造业	1415	142809	1169303	1090182	135637
饮料制造业	805	115589	1103294	1040151	37305
烟草制品业	56	6573	64152	60093	3429
纺织业	2327	209526	2837553	2558877	487483
纺织服装、鞋、帽制造业	568	45181	808844	793856	246408
皮革、毛皮、羽毛(绒)及其制品业	937	38203	629622	595204	243317
木材加工及木、竹、藤、棕、草制品业	592	62546	935017	824751	128747
家具制造业	324	30040	364685	337259	112301
造纸及纸制品业	430	68184	892338	817941	28766
印刷业和记录媒介的复制	364	47128	501913	464799	102376
文教体育用品制造业	694	45046	420815	391525	231913
石油加工、炼焦及核燃料加工业	189	36824	334571	330529	225
化学原料及化学制品制造业	7654	908476	9851371	9515570	942600
医药制造业	5523	477169	3789781	3441424	252283
化学纤维制造业	235	65137	714667	634631	39540
橡胶制品业	690	56078	475868	455335	50100
塑料制品业	2125	244730	2376153	2334470	350102
非金属矿物制品业	2771	306990	3323202	3141740	287482
黑色金属冶炼及压延加工业	387	95426	1729016	1621888	59841
有色金属冶炼及压延加工业	1525	229646	2812361	2613990	173626
金属制品业	2899	308805	3443706	3306480	432556
通用设备制造业	10141	866872	7595421	7261330	799763
专用设备制造业	8398	785164	6113553	5825363	496816
交通运输设备制造业	5565	491402	19248075	4358176	643088
电气机械及器材制造业	11268	988518	9908581	9248059	1060985
通信设备、计算机及其他电子设备制造业	8398	796005	5207259	5094583	1025648
仪器仪表及文化、办公用机械制造业	5314	384287	2502217	2407899	196044
工艺品及其他制造业	736	63697	630009	582178	158898
电力、燃气及水的生产和供应业	**202**	**26768**	**270040**	**259102**	**67130**
电力、热力的生产和供应业	136	21131	200822	207918	67130
燃气生产和供应业	8	1153	13935	9419	
水的生产和供应业	58	4484	55283	41765	

7-11 按行业分国有控股企业新产品开发和生产

单位：万元

行　业	新产品开发项目数(项)	新产品开发经费支出	新产品产值	新产品销售收入	#出口
总　计	**73063**	**16816481**	**259957743**	**265185441**	**19091225**
采矿业	**2831**	**721869**	**8498418**	**10618297**	**790941**
煤炭开采和洗选业	1660	442618	7766308	9874457	775881
石油和天然气开采业	954	237019	149162	160178	12556
黑色金属矿采选业	62	8583	7678	8044	
有色金属矿采选业	46	25441	482463	482359	980
非金属矿采选业	109	8209	92808	93259	1524
制造业	**68134**	**15806639**	**251073974**	**254086156**	**18224500**
农副食品加工业	204	62129	560775	455122	6244
食品制造业	540	47243	1320059	1273635	77370
饮料制造业	1701	255560	2174623	2386106	62180
烟草制品业	740	132834	6794979	7483048	35258
纺织业	1633	114218	1248486	1253730	261295
纺织服装、鞋、帽制造业	158	7114	68289	77081	10007
皮革、毛皮、羽毛(绒)及其制品业	60	1327	11556	8651	530
木材加工及木、竹、藤、棕、草制品业	26	2996	79272	72003	2463
家具制造业	82	28069	48382	56685	4544
造纸及纸制品业	243	98553	1120524	1126595	91913
印刷业和记录媒介的复制	264	32367	362836	368482	3783
文教体育用品制造业	137	12336	53063	58535	11672
石油加工、炼焦及核燃料加工业	843	184384	4049880	4375116	25268
化学原料及化学制品制造业	3515	892407	10391704	10265819	1220112
医药制造业	3005	293151	3056870	2905124	371766
化学纤维制造业	296	129728	1186635	2664230	102593
橡胶制品业	1225	202411	1680211	1602877	252475
塑料制品业	352	81669	677436	648280	43578
非金属矿物制品业	1030	146771	1832403	1686944	209905
黑色金属冶炼及压延加工业	4492	2472792	32946126	33544338	1754502
有色金属冶炼及压延加工业	1442	368499	3947650	4381218	486019
金属制品业	788	176910	1189779	1174913	126483
通用设备制造业	8282	1280499	17567313	16642932	1316228
专用设备制造业	7795	1521979	15606909	15492965	1255207
交通运输设备制造业	12784	4285328	107763805	109801208	6374052
电气机械及器材制造业	4495	791263	11929951	10915105	908217
通信设备、计算机及其他电子设备制造业	8607	1885418	21629961	21470339	3104284
仪器仪表及文化、办公用机械制造业	2742	241706	1543043	1732765	99132
工艺品及其他制造业	650	56611	228814	160669	7422
电力、燃气及水的生产和供应业	**2098**	**287973**	**385351**	**480987**	**75785**
电力、热力的生产和供应业	1967	265736	369790	382501	75785
燃气生产和供应业	31	15062	1531	96993	
水的生产和供应业	100	7175	14031	1494	

7-12 按行业分内资企业新产品开发和生产

单位：万元

行　业	新产品开发项目数(项)	新产品开发经费支出	新产品产值	新产品销售收入	#出口
总　计	**181305**	**32354329**	**446459845**	**424544508**	**50420262**
采矿业	**3096**	**769431**	**8727991**	**10819659**	**795862**
煤炭开采和洗选业	1721	454823	7837774	9939254	776894
石油和天然气开采业	997	239205	172674	179734	12556
黑色金属矿采选业	98	18242	107813	106545	
有色金属矿采选业	99	41119	278926	276781	2822
非金属矿采选业	181	16042	330805	317346	3590
制造业	**176083**	**31285865**	**437131852**	**413077983**	**49546380**
农副食品加工业	3078	585331	7037016	6296279	484416
食品制造业	2269	309987	3485198	3299685	451294
饮料制造业	2785	442490	4256694	4185111	105789
烟草制品业	781	138728	6922169	7605940	38444
纺织业	5955	811027	15391880	14708494	2746178
纺织服装、鞋、帽制造业	865	173016	3567953	3484588	824356
皮革、毛皮、羽毛(绒)及其制品业	1524	99904	2118079	2061396	577862
木材加工及木、竹、藤、棕、草制品业	744	110657	2053267	1927537	224336
家具制造业	378	48178	873619	961451	507031
造纸及纸制品业	791	246584	4184655	3966475	143363
印刷业和记录媒介的复制	623	85165	1082525	1058546	73488
文教体育用品制造业	943	86664	805773	812743	349648
石油加工、炼焦及核燃料加工业	1033	290573	5298765	5622920	66084
化学原料及化学制品制造业	11583	2172714	28740180	28034224	2938153
医药制造业	10634	1138179	13024673	12102933	1313577
化学纤维制造业	801	332701	3812414	5258185	387777
橡胶制品业	2348	334904	3622475	3453421	856559
塑料制品业	2318	364090	4154800	4001557	408605
非金属矿物制品业	4393	675527	8645222	8349162	1057876
黑色金属冶炼及压延加工业	5583	3179455	44868607	45023905	2429508
有色金属冶炼及压延加工业	3319	899884	12245525	12660440	1735295
金属制品业	4426	699799	7409060	7038346	1041676
通用设备制造业	20843	2715233	30712144	29390940	2957434
专用设备制造业	17118	2650866	25764570	24982652	2179891
交通运输设备制造业	19311	4361964	100749684	83440670	7691896
电气机械及器材制造业	20776	3379612	52420745	49446289	7530154
通信设备、计算机及其他电子设备制造业	21633	4069028	36795657	36953926	9145529
仪器仪表及文化、办公用机械制造业	7595	726069	5249423	5301683	768060
工艺品及其他制造业	1562	150445	1756082	1567340	512056
电力、燃气及水的生产和供应业	**2126**	**299034**	**600003**	**646866**	**78019**
电力、热力的生产和供应业	1983	273930	537497	501627	78019
燃气生产和供应业	28	15086	9421	104881	
水的生产和供应业	115	10018	53085	40359	

7-13 按行业分国有企业新产品开发和生产

单位：万元

行业	新产品开发项目数(项)	新产品开发经费支出	新产品产值	新产品销售收入	#出口
总计	**18682**	**3679200**	**67587605**	**68218798**	**2952079**
采矿业	**707**	**108207**	**587594**	**553534**	**6581**
煤炭开采和洗选业	347	63814	478393	436053	1641
石油和天然气开采业	303	34551	84470	92000	4940
黑色金属矿采选业	33	5726	2688	3200	
有色金属矿采选业	7	1920	9746	10617	
非金属矿采选业	17	2196	12297	11664	
制造业	**16462**	**3378239**	**66748802**	**67415702**	**2937726**
农副食品加工业	53	12360	87495	76698	
食品制造业	103	12153	222784	210666	31062
饮料制造业	125	44920	314045	293436	1281
烟草制品业	578	80488	6096205	6399702	25559
纺织业	129	22656	384087	388556	81227
纺织服装、鞋、帽制造业	67	1861	12380	12572	507
皮革、毛皮、羽毛(绒)及其制品业	58	795	11187	8626	505
木材加工及木、竹、藤、棕、草制品业	13	480	2896	2179	
家具制造业			367	367	
造纸及纸制品业	103	26728	216764	207295	
印刷业和记录媒介的复制	139	13501	130077	133338	
文教体育用品制造业	2	95	986	1287	
石油加工、炼焦及核燃料加工业	229	59785	707925	740251	21004
化学原料及化学制品制造业	848	269260	2657803	2597097	287875
医药制造业	712	72699	688844	645480	53582
化学纤维制造业	124	38074	252329	299370	69901
橡胶制品业	274	10171	139565	131942	41025
塑料制品业	105	6068	58483	59237	
非金属矿物制品业	187	29635	302489	289602	4168
黑色金属冶炼及压延加工业	1157	889075	10545222	10718560	346724
有色金属冶炼及压延加工业	384	45142	906998	909001	20363
金属制品业	242	78325	491012	483656	20999
通用设备制造业	2243	208518	1541611	1546634	142920
专用设备制造业	1198	172512	1896898	1889008	70840
交通运输设备制造业	3110	652829	32836653	32031687	809295
电气机械及器材制造业	1209	206259	2631991	2381836	209156
通信设备、计算机及其他电子设备制造业	1727	323383	3098233	4204442	679980
仪器仪表及文化、办公用机械制造业	1041	82493	455499	699918	19233
工艺品及其他制造业	299	17603	56977	53261	520
电力、燃气及水的生产和供应业	**1513**	**192755**	**251209**	**249561**	**7772**
电力、热力的生产和供应业	1443	186486	248208	246562	7772
燃气生产和供应业	4	1798	1531	1531	
水的生产和供应业	66	4471	1470	1469	

7-14 按行业分港澳台商投资企业新产品开发和生产

单位：万元

行　　业	新产品开发项目数(项)	新产品开发经费支出	新产品产值	新产品销售收入	#出口
总　计	**22261**	**4451524**	**67676551**	**64270926**	**24009861**
采矿业	**9**	**807**	**21763**	**21763**	
石油和天然气开采业	1	121			
有色金属矿采选业	1	230			
非金属矿采选业	7	456	21763	21763	
制造业	**22189**	**4438766**	**67642606**	**64242294**	**24009861**
农副食品加工业	347	83029	1328452	1325176	18926
食品制造业	318	72485	917872	874413	19337
饮料制造业	214	50482	381941	292443	2149
烟草制品业	9	701	1192	1192	
纺织业	744	163792	1933620	1805328	647015
纺织服装、鞋、帽制造业	253	64232	1186525	1016232	217644
皮革、毛皮、羽毛(绒)及其制品业	262	27862	649882	629454	104901
木材加工及木、竹、藤、棕、草制品业	598	14949	255047	234159	74728
家具制造业	176	34184	332712	331353	71240
造纸及纸制品业	116	27709	1158795	1114373	118021
印刷业和记录媒介的复制	200	50525	401756	385913	30147
文教体育用品制造业	305	55670	307461	302911	153937
石油加工、炼焦及核燃料加工业	74	9198	723930	688049	337
化学原料及化学制品制造业	1290	239399	3039524	2753211	274730
医药制造业	1973	169257	1327105	1258447	184404
化学纤维制造业	133	82461	1333905	1300568	87870
橡胶制品业	125	60123	862101	812726	341036
塑料制品业	758	82515	877935	882268	354413
非金属矿物制品业	448	111008	1677241	1583906	364010
黑色金属冶炼及压延加工业	233	183929	1906215	1908496	214917
有色金属冶炼及压延加工业	304	176163	2591841	2482358	776911
金属制品业	575	96338	1211273	1274759	566979
通用设备制造业	1667	208923	2243672	2210914	555656
专用设备制造业	1398	211547	1771068	1678928	364286
交通运输设备制造业	1227	317261	7932424	7923010	3997881
电气机械及器材制造业	3176	478787	6947839	5274489	1740321
通信设备、计算机及其他电子设备制造业	4389	1242449	23198548	22714559	11938772
仪器仪表及文化、办公用机械制造业	739	105978	895490	967004	680425
工艺品及其他制造业	136	16917	247198	215634	108869
电力、燃气及水的生产和供应业	**63**	**11951**	**12181**	**6869**	
电力、热力的生产和供应业	40	9198	2650	2650	
燃气生产和供应业	6	1378	4514		
水的生产和供应业	17	1375	5018	4219	

7-15 按行业分外商投资企业新产品开发和生产

单位：万元

行业	新产品开发项目数(项)	新产品开发经费支出	新产品产值	新产品销售收入	#出口
总计	**34188**	**8014002**	**167851652**	**169566648**	**41295184**
采矿业	**38**	**8565**	**507419**	**494807**	**13413**
煤炭开采和洗选业			15483	10522	
石油和天然气开采业			5202		
黑色金属矿采选业	12	1633	21000	21000	12000
有色金属矿采选业	12	6133	437265	437264	
非金属矿采选业	14	799	28469	26021	1413
制造业	**34074**	**7997889**	**167325534**	**169053143**	**41281770**
农副食品加工业	492	100754	2098079	2105149	257669
食品制造业	653	124006	1664768	1586196	171290
饮料制造业	513	92522	825085	930159	16069
纺织业	848	112681	3677883	1375899	686395
纺织服装、鞋、帽制造业	296	21590	606808	571880	281753
皮革、毛皮、羽毛(绒)及其制品业	168	35727	581568	513020	302053
木材加工及木、竹、藤、棕、草制品业	93	8590	180753	173255	25804
家具制造业	110	18742	198998	195984	118033
造纸及纸制品业	234	98942	1278016	1239696	237932
印刷业和记录媒介的复制	83	17630	277745	261936	71824
文教体育用品制造业	244	25986	436362	389064	252717
石油加工、炼焦及核燃料加工业	37	9829	212674	190064	57
化学原料及化学制品制造业	1845	400907	6424545	6001794	894144
医药制造业	1753	243145	2878845	2563202	204421
化学纤维制造业	106	50623	1206788	1190301	79153
橡胶制品业	746	152930	2291312	2286038	603100
塑料制品业	571	171958	2100642	2025206	487177
非金属矿物制品业	841	150286	1787348	1578361	382940
黑色金属冶炼及压延加工业	271	103757	1613108	2026628	155668
有色金属冶炼及压延加工业	299	87302	1180900	1323673	286301
金属制品业	711	122248	1820558	1782793	540862
通用设备制造业	2995	572208	8356648	8396490	1009014
专用设备制造业	2258	412834	4427494	4004314	552347
交通运输设备制造业	4417	1635828	55381713	58700425	3012269
电气机械及器材制造业	5728	865072	15234730	14508145	4903519
通信设备、计算机及其他电子设备制造业	6284	2150337	47390815	49788435	24746746
仪器仪表及文化、办公用机械制造业	1340	197893	2930147	3107704	874129
工艺品及其他制造业	138	13561	261083	237192	128387
电力、燃气及水的生产和供应业	**76**	**7548**	**18699**	**18698**	
电力、热力的生产和供应业	53	6239	18699	18698	
燃气生产和供应业	3	88			
水的生产和供应业	20	1221			

7-16　各地区企业新产品开发和生产

单位：万元

地　区	新产品开发项目数(项)	新产品开发经费支出	新产品产值	新产品销售收入	#出口
总　计	**237754**	**44819855**	**681988049**	**658382082**	**115725306**
东部地区	167505	32449043	486339057	470039572	104849145
中部地区	41102	8114189	121965347	119763171	6712622
西部地区	29145	4256002	73680100	68576088	4163539
北　京	9100	1417379	26676100	28314951	6729746
天　津	8537	1356563	29071117	28262709	7731218
河　北	4943	870897	11673258	11634045	1997051
山　西	2019	668441	7568977	6296160	1222522
内蒙古	1027	267573	5642368	3340301	448314
辽　宁	8760	2248810	25999724	25868782	1949080
吉　林	2128	374768	29342229	28925805	132032
黑龙江	3628	708150	5158317	5097624	229095
上　海	13559	2991877	49212317	54440825	8497006
江　苏	31985	6919176	100156458	85236348	21284823
浙　江	32537	4182500	68011970	63482974	16119960
安　徽	8612	1442068	17088079	15333831	946978
福　建	5839	1382920	18081068	17674924	6646201
江　西	2511	466584	5313568	5094716	690208
山　东	20838	4757571	72364464	71919279	9396412
河　南	7961	1508452	15844515	17710388	1062642
湖　北	8109	1612357	18394689	18116899	1400684
湖　南	6134	1333370	23254975	23187749	1028461
广　东	31126	6294129	84834806	82955488	24486893
广　西	3176	443277	7817586	8223781	249477
海　南	281	27222	257775	249246	10756
重　庆	4380	766572	19651262	19029836	1029630
四　川	8762	1142995	23919946	21846719	1300131
贵　州	1962	258805	1990596	1891156	123877
云　南	1244	261718	2735626	2739668	190839
西　藏	12	2102	54674	48166	408
陕　西	5972	701121	6859434	6566624	335369
甘　肃	1139	163449	1693113	2348957	189931
青　海	94	31629	544145	542937	112
宁　夏	819	98097	1126328	963234	112434
新　疆	558	118664	1645022	1034710	183017

7-17 各地区大中型企业新产品开发和生产

单位：万元

地　区	新产品开发项目数（项）	新产品开发经费支出	新产品产值	新产品销售收入	#出口
总　计	**152770**	**36546131**	**587144049**	**579780546**	**106787198**
东部地区	102518	26090031	413866550	412012639	96879266
中部地区	27715	6714382	108168750	107019282	6093488
西部地区	22537	3741718	65108749	60748626	3814444
北　京	4905	1025189	20996833	19829168	6399381
天　津	5647	1177199	27085102	26215887	7515933
河　北	3975	777020	11018765	10952204	1960547
山　西	1681	630539	7189338	6081847	1216137
内蒙古	797	235761	5494910	3188152	445682
辽　宁	6454	1991859	23603211	23723459	1921892
吉　林	1377	331990	28153274	28070578	123155
黑龙江	3044	654933	4947915	4911381	220125
上　海	8844	2528770	45684640	50784738	8126536
江　苏	17112	5189886	72754081	72939425	20081031
浙　江	12006	2613497	48262194	45261993	11825740
安　徽	4965	1125168	14208985	12689635	757199
福　建	3360	1014664	15594329	15279620	6356036
江　西	1810	384119	4913423	4715900	654839
山　东	16951	4223025	68490916	68376264	9126329
河　南	5445	1267888	14331092	16312978	981820
湖　北	5470	1355946	16668050	16505431	1277995
湖　南	3923	963799	17756675	17731532	862219
广　东	23132	5534037	80276649	78547987	23555185
广　西	2241	368884	7342792	7818720	219521
海　南	132	14884	99829	101895	10657
重　庆	3342	673318	17440933	16889747	994832
四　川	6514	998351	19342516	17785186	1133061
贵　州	1698	236011	1872691	1774830	90127
云　南	808	220795	2269845	2307527	132554
西　藏	1	516	51029	44445	408
陕　西	5088	635944	6550195	6281446	324137
甘　肃	988	154907	1594080	2268508	186406
青　海	72	30193	539098	541425	112
宁　夏	600	87403	1050319	898957	109675
新　疆	388	99635	1560342	949684	177928

7-18 各地区大型企业新产品开发和生产

单位：万元

地 区	新产品开发项目数(项)	新产品开发经费支出	新产品产值	新产品销售收入	#出口
总 计	**67438**	**22238556**	**390437403**	**394718390**	**72063401**
东部地区	40958	15151607	261988203	267097222	65050800
中部地区	14736	4638150	83660032	83819983	4371205
西部地区	11744	2448799	44789168	43801184	2641396
北 京	837	354933	13671313	13728910	5570655
天 津	1568	710312	19207965	18474573	5095402
河 北	2332	584335	8448665	8466665	1760822
山 西	1069	551298	6277850	5559092	1198354
内蒙古	486	159822	2647715	2566826	289013
辽 宁	4474	1627101	18187215	18725893	1624356
吉 林	886	258784	27305616	27243287	99248
黑龙江	2480	529271	3994756	3919883	186806
上 海	2907	1465732	32230919	37260999	5258317
江 苏	5389	2686670	42479293	43464123	13030475
浙 江	2237	816046	15891361	15299117	4194724
安 徽	2144	714802	8306902	7341615	373354
福 建	766	504595	7979701	7877997	4039994
江 西	1041	289384	3897483	3765784	526828
山 东	9208	2761151	50455771	51146692	6647500
河 南	2961	828705	9932758	11989258	753331
湖 北	2153	912405	12226167	11976292	783536
湖 南	2002	553501	11718500	12024772	449749
广 东	11237	3640384	53436001	52652253	17828555
广 西	1059	230505	5715897	6265608	132015
海 南	3	350			
重 庆	1533	417118	12483418	12071152	594939
四 川	3527	658288	13291258	11743397	797229
贵 州	659	133791	1207305	1163299	76940
云 南	273	133456	1236057	1385227	69088
西 藏					
陕 西	3192	480661	5747892	5508067	288164
甘 肃	582	111600	1216727	1672187	168147
青 海	53	27173	509016	512923	
宁 夏	187	40829	411172	391835	54325
新 疆	193	55556	322711	520665	171537

7-19 各地区中型企业新产品开发和生产

单位：万元

地区	新产品开发项目数(项)	新产品开发经费支出	新产品产值	新产品销售收入	#出口
总计	**85332**	**14307575**	**196706646**	**185062156**	**34723797**
东部地区	61560	10938424	151878346	144915416	31828466
中部地区	12979	2076232	24508719	23199298	1722283
西部地区	10793	1292919	20319581	16947442	1173048
北京	4068	670257	7325520	6100258	828726
天津	4079	466887	7877137	7741314	2420531
河北	1643	192686	2570101	2485539	199725
山西	612	79241	911488	522755	17783
内蒙古	311	75940	2847195	621326	156669
辽宁	1980	364758	5415997	4997565	297536
吉林	491	73206	847658	827291	23907
黑龙江	564	125662	953159	991498	33319
上海	5937	1063038	13453721	13523739	2868219
江苏	11723	2503216	30274789	29475302	7050556
浙江	9769	1797451	32370833	29962876	7631016
安徽	2821	410367	5902083	5348019	383845
福建	2594	510070	7614627	7401623	2316042
江西	769	94735	1015940	950116	128011
山东	7743	1461874	18035145	17229572	2478829
河南	2484	439183	4398333	4323720	228489
湖北	3317	443541	4441883	4529139	494459
湖南	1921	410298	6038175	5706760	412470
广东	11895	1893653	26840649	25895734	5726630
广西	1182	138379	1626894	1553113	87507
海南	129	14534	99829	101895	10657
重庆	1809	256201	4957515	4818595	399893
四川	2987	340063	6051258	6041788	335833
贵州	1039	102219	665385	611531	13188
云南	535	87338	1033788	922300	63466
西藏	1	516	51029	44445	408
陕西	1896	155283	802303	773379	35973
甘肃	406	43307	377353	596321	18259
青海	19	3020	30081	28502	112
宁夏	413	46574	639147	507122	55350
新疆	195	44079	1237631	429019	6390

7-20 各地区小型企业新产品开发和生产

单位：万元

地区	新产品开发项目数（项）	新产品开发经费支出	新产品产值	新产品销售收入	#出口
总计	**84984**	**8273724**	**94844000**	**78601536**	**8938108**
东部地区	64987	6359012	72472507	58026933	7969879
中部地区	13387	1399807	13796597	12743889	619134
西部地区	6608	514285	8571351	7827463	349096
北京	4195	392189	5679267	8485783	330365
天津	2890	179364	1986015	2046822	215285
河北	968	93877	654492	681841	36504
山西	338	37902	379639	214313	6385
内蒙古	230	31811	147458	152149	2633
辽宁	2306	256951	2396513	2145323	27188
吉林	751	42778	1188955	855227	8878
黑龙江	584	53217	210402	186243	8971
上海	4715	463107	3527678	3656087	370470
江苏	14873	1729290	27402376	12296924	1203792
浙江	20531	1569003	19749776	18220981	4294220
安徽	3647	316900	2879094	2644196	189778
福建	2479	368256	2486739	2395305	290165
江西	701	82465	400146	378816	35369
山东	3887	534547	3873548	3543015	270083
河南	2516	240564	1513424	1397410	80823
湖北	2639	256411	1726639	1611468	122689
湖南	2211	369571	5498300	5456217	166242
广东	7994	760092	4558157	4407501	931709
广西	935	74393	474795	405061	29956
海南	149	12337	157946	147351	99
重庆	1038	93253	2210329	2140089	34798
四川	2248	144645	4577430	4061533	167070
贵州	264	22795	117905	116326	33750
云南	436	40924	465781	432141	58285
西藏	11	1586	3645	3721	
陕西	884	65177	309239	285178	11232
甘肃	151	8543	99033	80449	3525
青海	22	1436	5048	1512	
宁夏	219	10694	76009	64277	2759
新疆	170	19029	84680	85026	5089

7-21 各地区国有控股企业新产品开发和生产

单位：万元

地区	新产品开发项目数(项)	新产品开发经费支出	新产品产值	新产品销售收入	#出口
总计	**73063**	**16816481**	**259957743**	**265185441**	**19091225**
东部地区	38250	9223955	136736976	143072397	13460365
中部地区	17506	4676183	79339880	79676515	3384766
西部地区	17307	2916343	43880887	42436529	2246095
北京	4799	761256	7552098	10242729	554031
天津	4101	848219	14025246	13739323	625371
河北	2085	524565	6416911	6448247	618143
山西	1451	578058	6153617	5640337	1204219
内蒙古	612	184506	2377864	2304791	253751
辽宁	4995	1452529	16059689	16302439	978762
吉林	990	276828	27150586	27175012	96220
黑龙江	2384	574575	4171092	4168825	177024
上海	5664	1618278	32577078	36168782	3315562
江苏	4427	869632	12782144	12446564	2740069
浙江	1517	288619	3660178	3771760	465809
安徽	2621	748845	7635604	6958495	243347
福建	720	148859	2178556	2153479	166136
江西	1288	251563	3108438	3031382	345157
山东	5704	1500785	22051841	23421422	1688021
河南	2762	624859	6568124	7942914	376106
湖北	3579	1013408	12165525	12178793	454569
湖南	2431	608046	12386893	12580758	488124
广东	4036	1187212	19200497	18149865	2298577
广西	1544	268453	6305961	6784981	133036
海南	202	24000	232739	227788	9884
重庆	2251	461509	11101489	10642586	353726
四川	4725	729523	11611063	10035043	759908
贵州	1698	225190	1761109	1707900	114657
云南	725	196450	1783290	1878631	122747
西藏	1	516	1	1	
陕西	4334	586395	6087088	5836569	317456
甘肃	747	134448	1435491	1854202	173505
青海	62	28447	512696	513205	
宁夏	304	52801	465392	452307	8987
新疆	304	48104	439443	426314	8321

7-22 各地区内资企业新产品开发和生产

单位：万元

地区	新产品开发项目数(项)	新产品开发经费支出	新产品产值	新产品销售收入	#出口
总计	**181303**	**32353709**	**446459845**	**424544508**	**50420262**
东部地区	118223	21444673	284206929	266883804	42129164
中部地区	36142	7122316	105003841	103625612	4932154
西部地区	26938	3786720	57245531	54031841	3358945
北京	7638	1024344	11837664	14414876	661987
天津	6918	879933	11080074	10827182	810723
河北	3537	703763	9296806	9168247	1034785
山西	1933	659541	7006207	6117688	1218581
内蒙古	845	219485	2748346	2693668	279011
辽宁	7657	1855472	19548047	19569524	1145447
吉林	1745	359524	28959271	28579802	113303
黑龙江	3189	653644	4493710	4455321	215421
上海	7097	1344074	17403701	17417679	2684861
江苏	20797	4225497	61133527	45587901	6067387
浙江	24493	2982185	45847678	43007986	10190386
安徽	7300	1269985	13279814	12312043	638717
福建	3007	523167	5584811	5471456	824636
江西	2081	297859	3587626	3478989	365628
山东	18274	4043719	61945444	61750759	6857871
河南	7161	1341861	14060213	15330971	796968
湖北	6905	1299580	11556348	11311570	675681
湖南	5828	1240322	22060652	22039231	907856
广东	18622	3844927	40347667	39492277	11850018
广西	2739	299209	3313284	3393310	169132
海南	183	17593	181511	175917	1062
重庆	3905	654078	13091797	12549699	859781
四川	8271	1072510	22904736	20605588	1003297
贵州	1920	253814	1865156	1774402	83785
云南	1055	238556	2424861	2458260	188069
西藏	11	2096	49932	44326	408
陕西	5729	655053	6474389	6216465	325077
甘肃	1128	162041	1661321	2328632	189595
青海	83	26356	103281	105421	112
宁夏	697	86723	1000278	864650	78810
新疆	555	116799	1608151	997420	181869

7-23 各地区国有企业新产品开发和生产

单位：万元

地区	新产品开发项目数(项)	新产品开发经费支出	新产品产值	新产品销售收入	#出口
总计	**18682**	**3679200**	**67587605**	**68218798**	**2952079**
东部地区	8087	1814820	20555747	20922735	2012544
中部地区	4963	1155318	39424345	39582488	545913
西部地区	5632	709062	7607514	7713574	393621
北京	346	44610	423243	373883	11555
天津	275	171236	2682516	2618502	68013
河北	1010	168897	1812405	1750350	162557
山西	348	61134	268766	246136	6270
内蒙古	32	8027	3673	2852	100
辽宁	1014	430924	2162721	2124689	250206
吉林	733	162928	25411655	25369272	14136
黑龙江	361	50652	458301	444435	2188
上海	747	125298	2206993	2184300	20789
江苏	1921	294210	4577196	4218946	681533
浙江	357	41264	387174	444984	63014
安徽	720	73707	513519	400875	8531
福建	148	44081	210026	194548	19432
江西	435	34198	414193	378526	31986
山东	1686	424047	5223333	6257166	651192
河南	543	78064	1258237	1210261	107562
湖北	1364	532935	5330212	5427126	176537
湖南	459	161701	5769463	6105858	198703
广东	570	70152	867985	755048	84254
广西	356	33250	824731	1099673	53752
海南	13	101	2155	320	
重庆	492	55910	729262	647995	53965
四川	1475	247517	2503230	2533147	160301
贵州	543	80064	631549	594633	18491
云南	98	9015	245191	255055	33
西藏	1	516			
陕西	2391	238662	2404406	2318599	106979
甘肃	140	16310	57630	54447	
青海	3	301			
宁夏	48	8914	137185	136148	
新疆	53	10576	70657	71026	

7-24 各地区港澳台商投资企业新产品开发和生产

单位：万元

地 区	新产品开发项目数(项)	新产品开发经费支出	新产品产值	新产品销售收入	#出口
总 计	**22261**	**4451524**	**67676551**	**64270926**	**24009861**
东部地区	20381	4112692	62514880	59174307	23142799
中部地区	1269	267206	3622781	3609212	683407
西部地区	611	71626	1538891	1487408	183655
北 京	385	157253	4263289	2955759	348539
天 津	460	56695	1154249	1158331	435391
河 北	883	85571	505606	701533	140687
山 西	42	5324	49381	20186	1482
内蒙古	13	941	82	38	
辽 宁	353	211933	1916309	1893659	617181
吉 林	6	1098	66903	60043	10973
黑龙江	20	5135	28690	46697	5
上 海	1392	274138	3977328	4023909	1270836
江 苏	4406	894890	12271502	11713508	6164543
浙 江	3666	598330	10276793	9641734	2759473
安 徽	394	54594	643876	630921	96024
福 建	1834	507142	7605409	7446977	3896508
江 西	51	12133	176549	170358	2353
山 东	611	147977	2453033	2300853	637900
河 南	339	69032	792000	816569	39593
湖 北	255	71458	1019754	1048141	469617
湖 南	162	48433	845627	816296	63361
广 东	6330	1177900	18079777	17326737	6871730
广 西	102	14553	83304	77067	8266
海 南	61	862	11585	11308	13
重 庆	116	19993	744239	753874	1724
四 川	159	24681	485605	451040	136301
贵 州	13	709	51887	51858	32500
云 南	126	7253	102112	96771	
西 藏					
陕 西	22	2064	34812	23974	2919
甘 肃	4	683	2483	2601	336
青 海			3600	252	
宁 夏	56	750	12143	10887	462
新 疆			18625	19048	1148

7-25 各地区外商投资企业新产品开发和生产

单位：万元

地区	新产品开发项目数(项)	新产品开发经费支出	新产品产值	新产品销售收入	#出口
总计	**34188**	**8014002**	**167851652**	**169566648**	**41295184**
东部地区	28901	6891679	139617248	143981461	39577182
中部地区	3691	724667	13338726	12528348	1097062
西部地区	1596	397656	14895678	13056839	620940
北京	1077	235782	10575147	10944317	5719219
天津	1159	419935	16836794	16277196	6485104
河北	523	81563	1870846	1764265	821580
山西	44	3575	513388	158286	2458
内蒙古	169	47147	2893940	646596	169304
辽宁	750	181406	4535368	4405599	186452
吉林	377	14147	316055	285961	7757
黑龙江	419	49371	635916	595607	13669
上海	5070	1373665	27831289	32999237	4541309
江苏	6782	1798789	26751428	27934940	9052894
浙江	4378	601984	11887499	10833255	3170101
安徽	918	117490	3164388	2390867	212237
福建	998	352611	4890848	4756492	1925056
江西	379	156592	1549393	1445369	322228
山东	1953	565876	7965987	7867667	1900641
河南	461	97559	992302	1562848	226081
湖北	949	241318	5818588	5757188	255386
湖南	144	44615	348696	332223	57245
广东	6174	1271302	26407363	26136475	5765145
广西	335	129515	4420998	4753404	72079
海南	37	8767	64680	62021	9681
重庆	359	92500	5815227	5726263	168125
四川	332	45805	529606	790091	160533
贵州	29	4281	73554	64896	7593
云南	63	15910	208653	184637	2770
西藏	1	6	4742	3840	
陕西	221	44004	350233	326185	7374
甘肃	7	725	29309	17724	
青海	11	5273	437265	437264	
宁夏	66	10625	113906	87697	33162
新疆	3	1865	18247	18242	

7-26 各地区分行业新产品开发和生产

单位：万元

地　区	采矿业				
	新产品开发项目数（项）	新产品开发经费支出	新产品产值	新产品销售收入	#出口
总　计	**3143**	**778802**	**9257173**	**11336229**	**809276**
东部地区	1385	429574	4522897	6974426	18143
中部地区	1254	277677	3945888	3599070	769124
西部地区	504	71551	788389	762733	22009
北　京	27	14325	805931	3389831	
天　津	168	114324	70497	71659	1524
河　北	130	5566	84681	65011	
山　西	216	66535	3346804	3013702	730643
内蒙古	40	7414	32966	22544	
辽　宁	297	31065	193169	195130	
吉　林	10	484	20998	20903	
黑龙江	363	53209			
上　海			16850	16850	
江　苏	71	10804	29796	29427	
浙　江	13	2295	14914	13397	2028
安　徽	176	23429	12411	11869	39
福　建	21	1455	3020	2896	
江　西	46	7468	22566	22566	1852
山　东	630	247205	3291046	3177653	14591
河　南	383	107191	336853	324125	31651
湖　北	28	15258	12531	12517	4940
湖　南	32	4104	193725	193389	
广　东	27	2514	12994	12574	
广　西	22	2419	39407	38520	12000
	1	23			
海　南					
重　庆	36	3709	6185	6185	
四　川	148	17961	171598	160795	2393
贵　州	28	549	130	130	
云　南	18	8930	25604	26008	
西　藏			1	1	
陕　西	123	10575	294	10581	7616
甘　肃	2	1841	29068	20115	
青　海	24	10439	437265	437264	
宁　夏	5	290	25440	25440	
新　疆	58	7426	20430	15150	

7-26 续表 1

单位：万元

地区	制造业				
	新产品开发项目数(项)	新产品开发经费支出	新产品产值	新产品销售收入	#出口
总计	**232346**	**43722520**	**672099992**	**646373420**	**114838012**
东部地区	165060	31873022	481530044	462834058	104762128
中部地区	38990	7703376	117789904	115837320	5934353
西部地区	28294	4145502	72776499	67698791	4141531
北京	9057	1400479	25863215	24918167	6729746
天津	8366	1242049	28920772	28097197	7663054
河北	4723	861906	11584362	11564819	1997051
山西	1672	565662	4203082	3263861	491879
内蒙古	951	254699	5609401	3317757	448314
辽宁	8369	2189437	25803198	25670294	1949080
吉林	2095	361655	29303690	28797968	132032
黑龙江	3034	622742	5081266	5014114	229095
上海	13526	2988872	49180615	54409123	8497006
江苏	31612	6887556	100118782	85199235	21284333
浙江	32435	4160760	67884017	63420703	16117932
安徽	8310	1410273	17075668	15321962	946939
福建	5753	1352729	18078048	17672029	6646201
江西	2409	456180	5290132	5071814	688356
山东	20111	4502371	69018263	68691145	9380077
河南	7465	1382161	15435978	17312142	1021846
湖北	8005	1584853	18381618	18103842	1395744
湖南	6000	1319850	23018472	22951618	1028461
广东	30828	6259666	84820999	82942102	24486893
广西	3132	437194	7777836	8184958	237477
海南	280	27198	257775	249246	10756
重庆	4307	759023	19643372	19022045	1029630
四川	8573	1120019	23682187	21620232	1297738
贵州	1852	251781	1989932	1891026	123877
云南	1212	251300	2710022	2713660	190839
西藏	12	2102	54674	48165	408
陕西	5792	688750	6858265	6555065	327754
甘肃	1122	160488	1664013	2328818	189931
青海	67	20889	106881	105673	112
宁夏	787	95919	1099630	936537	112434
新疆	487	103338	1580286	974857	183017

7-26 续表 2

单位：万元

地　区	农副食品加工业				
	新产品开发项目数(项)	新产品开发经费支出	新产品产值	新产品销售收入	#出口
总　计	**3917**	**769113**	**10463547**	**9726604**	**761011**
东部地区	2268	469283	5538880	5124035	603345
中部地区	1197	222757	3132974	2916386	103412
西部地区	452	77074	1791694	1686183	54253
北　京	80	10525	184870	210173	6270
天　津	68	10514	341004	330995	3804
河　北	65	9326	128063	132275	21781
山　西	16	1555	21161	20680	792
内蒙古	31	3783	29860	29966	26447
辽　宁	90	20854	533421	367676	3707
吉　林	10	904	110859	47520	162
黑龙江	21	5638	82269	72832	7800
上　海	32	5442	60515	59564	345
江　苏	297	60325	667732	627762	34769
浙　江	504	55693	451843	442851	58712
安　徽	264	30131	479764	464234	16061
福　建	175	51190	380004	365239	104526
江　西	45	6655	86103	82711	600
山　东	640	205918	2251828	2054807	345774
河　南	431	87245	934052	827569	8700
湖　北	150	25940	334415	319689	60689
湖　南	260	64689	1084350	1081151	8608
广　东	312	38467	539599	532693	23657
广　西	109	33542	171395	158521	7431
	5	1031			
海　南					
重　庆	63	6905	293969	266171	4495
四　川	104	12767	1126113	1067404	15168
贵　州	10	465	4556	4436	
云　南	45	4377	97939	93198	115
西　藏	3	615	3066	3228	
陕　西	21	8058	14588	14387	
甘　肃	14	661	5256	4947	150
青　海	1	111	800	700	
宁　夏	38	1552	38291	37365	447
新　疆	13	4239	5860	5860	

7-26 续表 3

单位：万元

地 区	食品制造业				
	新产品开发项目数(项)	新产品开发经费支出	新产品产值	新产品销售收入	#出口
总 计	**3240**	**506479**	**6067838**	**5760295**	**641920**
东部地区	2142	363746	3496530	3381935	507060
中部地区	597	99011	1206560	1153342	89110
西部地区	501	43722	1364748	1225019	45750
北 京	157	17286	206668	246325	5775
天 津	88	5453	140579	160769	104482
河 北	95	43539	100619	99005	13253
山 西	18	5552	30397	17803	1172
内蒙古	144	11929	766557	720095	1912
辽 宁	53	3879	19516	20421	
吉 林	4	922	20074	16812	19
黑龙江	30	2395	50802	50336	5061
上 海	173	9409	395364	400427	2906
江 苏	146	21223	105533	96033	32694
浙 江	279	38418	643199	527171	52493
安 徽	92	7047	57693	55679	10630
福 建	128	26693	317071	305441	35724
江 西	31	5069	45967	43722	3731
山 东	572	107891	1011865	960925	255795
河 南	203	41169	490921	467613	31235
湖 北	147	11945	140585	137340	35179
湖 南	72	24913	370121	364036	2083
广 东	442	88988	556089	565403	3939
广 西	70	2678	23604	20336	3796
海 南	9	967	26	16	
重 庆	79	4920	139181	134150	2698
四 川	50	5024	199385	143310	441
贵 州	19	746	11739	11498	30
云 南	16	5276	36545	31251	21865
西 藏	5	523	385	318	
陕 西	59	6591	46252	42390	
甘 肃	15	710	5446	4623	2657
青 海					
宁 夏	24	3282	121684	109108	7512
新 疆	20	2045	13970	7941	4838

7-26 续表 4

单位：万元

地区	饮料制造业				
	新产品开发项目数(项)	新产品开发经费支出	新产品产值	新产品销售收入	#出口
总计	**3512**	**585494**	**5463721**	**5407713**	**124007**
东部地区	1475	290333	2201027	2239205	58871
中部地区	488	97758	1343410	1349777	40122
西部地区	1549	197403	1919285	1818731	25014
北京	44	13071	126463	139868	3713
天津	88	6722	147235	106564	335
河北	118	5572	105588	99073	25
山西	21	12126	29260	160195	12780
内蒙古	27	6562	57705	62557	
辽宁	71	10031	76115	78504	180
吉林	7	520	45234	26819	
黑龙江	12	9535	146876	146643	
上海	117	2965	6896	6387	
江苏	117	59444	176602	163622	4190
浙江	323	63889	646116	618727	21684
安徽	109	17856	179963	193204	11253
福建	124	53811	275325	275770	9109
江西	37	4696	52598	42779	
山东	288	50588	437076	540221	17824
河南	136	24783	505896	468029	12323
湖北	99	16311	156470	128492	450
湖南	67	11932	227113	183617	3316
广东	181	24176	203609	210470	1810
广西	321	14049	309934	222962	
	4	65			
海南					
重庆	31	7524	166645	157913	18
四川	1009	129256	1039322	1013456	8295
贵州	26	27301	238472	258140	16374
云南	20	4588	26768	23737	312
西藏	1	6	4742	3840	
陕西	64	2744	34111	36845	
甘肃	12	1128	481	299	
青海	6	452	7338	6860	
宁夏	19	1414	6161	5072	15
新疆	13	2380	27606	27050	

7-26 续表 5

单位：万元

地 区	烟草制品业				
	新产品开发项目数(项)	新产品开发经费支出	新产品产值	新产品销售收入	#出口
总 计	**790**	**139429**	**6923361**	**7607132**	**38444**
东部地区	223	36440	1266067	1236053	13168
中部地区	355	48404	4774297	5110442	15477
西部地区	212	54585	882997	1260637	9799
北 京	3	1670	56	54	
天 津					
河 北			977	1460	
山 西	2	279			
内蒙古	1	21			
辽 宁					
吉 林	4	1957	53509	53509	
黑龙江	15	1137	29725	27100	
上 海	30	5035	650582	657316	8187
江 苏	15	3527	5456	4974	
浙 江	66	2407	103615	99297	
安 徽	61	5168	80053	79969	
福 建	32	8314	25834	9788	342
江 西	3	323	20548	20628	
山 东	21	8925	352449	334860	1553
河 南	17	2777	571367	551293	
湖 北	174	18662	55350	62912	407
湖 南	79	18104	3963746	4315031	15070
广 东	56	6562	127098	128304	3087
广 西	49	928	232286	230945	
海 南					
重 庆	10	69	200228	191293	
四 川	1	7			
贵 州	40	4649			
云 南	95	47000	394033	782024	9799
西 藏					
陕 西	9	1121	47876	47876	
甘 肃	7	790	8574	8500	
青 海					
宁 夏					
新 疆					

7-26 续表 6

单位：万元

地 区	纺织业				
	新产品开发项目数(项)	新产品开发经费支出	新产品产值	新产品销售收入	#出口
总 计	**7547**	**1087500**	**21003383**	**17889720**	**4079588**
东部地区	6398	913848	16569283	15767849	3704383
中部地区	647	109659	1286707	1307779	130833
西部地区	502	63994	3147394	814092	244372
北 京	63	7199	138258	124760	9064
天 津	749	17741	119852	110170	30340
河 北	123	9818	172718	177952	10214
山 西	10	1546	9182	8819	376
内蒙古	49	25207	2514862	324289	152743
辽 宁	57	28383	129303	125513	11300
吉 林	4	627	123334	119182	502
黑龙江	2	441	1542	1447	1090
上 海	96	12961	132797	115167	11554
江 苏	1288	258156	2067373	1935512	475000
浙 江	2381	314735	6369031	5896873	1619456
安 徽	175	43685	339652	331113	59048
福 建	245	59261	472166	472969	52565
江 西	17	1296	35084	33432	4577
山 东	1266	178322	6644093	6498763	1342515
河 南	109	23833	247644	287783	28628
湖 北	104	19605	187397	174871	26493
湖 南	226	18626	342873	351131	10119
广 东	108	26483	312372	300506	141597
广 西	214	2569	41001	41725	110
	22	789	11320	9665	780
海 南					
重 庆	23	4267	120133	114695	25767
四 川	100	7996	278756	248764	39074
贵 州					
云 南	1	116	555	631	
西 藏					
陕 西	52	6977	38615	28515	8710
甘 肃	6	1805	18544	10453	3901
青 海					
宁 夏	43	10575	110044	20989	10795
新 疆	14	4482	24884	24033	3273

7-26 续表 7

单位：万元

地区	纺织服装、鞋、帽制造业				
	新产品开发项目数(项)	新产品开发经费支出	新产品产值	新产品销售收入	#出口
总　计	**1414**	**258839**	**5361285**	**5072699**	**1323754**
东部地区	1311	239782	4909850	4725900	1297935
中部地区	78	18329	368643	271054	16223
西部地区	25	728	82792	75746	9596
北　京	26	2471	19826	19802	1411
天　津	79	1694	9977	11959	9577
河　北	19	395	8066	8086	51
山　西			345	200	
内蒙古	6	135			
辽　宁			8673	5311	
吉　林	3	143	1228	563	269
黑龙江					
上　海	135	5800	126226	112219	76892
江　苏	249	77642	1749224	1780825	316495
浙　江	530	74646	1517808	1472248	596910
安　徽	40	4499	25160	23758	7089
福　建	84	31457	704479	586584	110094
江　西	10	6843	265198	175429	745
山　东	134	29253	345897	326267	115476
河　南	12	1877	17607	16933	7120
湖　北	3	671	2833	2218	1000
湖　南	10	4296	56272	51954	
广　东	55	16424	419674	402600	71030
广　西	1	82	3038	3038	
海　南					
重　庆	5	123	3768	2752	158
四　川	3	137	71192	65354	8823
贵　州					
云　南					
西　藏					
陕　西	7	119	1211	1059	
甘　肃			1031	1031	
青　海					
宁　夏	3	133	2553	2512	615
新　疆					

7-26 续表 8

单位：万元

地　区	皮革、皮毛、羽毛(绒)及其制品				
	新产品开发项目数(项)	新产品开发经费支出	新产品产值	新产品销售收入	#出口
总　计	**1954**	**163494**	**3349529**	**3203870**	**984816**
东部地区	1834	151003	3166312	3032489	963756
中部地区	74	11896	164194	153777	19820
西部地区	46	595	19023	17604	1240
北　京					
天　津	73	923	39991	34847	1992
河　北	9	853	17087	20613	
山　西					
内蒙古					
辽　宁			2180	2180	
吉　林			1200	1100	
黑龙江					
上　海					
江　苏	29	6799	66817	64774	9746
浙　江	1024	74491	1673577	1543115	702244
安　徽	14	5031	54088	49364	13004
福　建	256	33514	956302	955773	99414
江　西	1	23	5875	6153	1296
山　东	396	25214	310941	292612	104274
河　南	45	4411	30321	26503	5521
湖　北	1	382	4123	3085	
湖　南	13	2050	68587	67572	
广　东	47	9208	99417	118575	46086
广　西					
海　南					
重　庆	3	193	5859	5714	
四　川	4	265	12914	11690	1240
贵　州					
云　南					
西　藏					
陕　西	30	45			
甘　肃	8	88			
青　海					
宁　夏	1	4	250	200	
新　疆					

7-26 续表 9

单位：万元

地区	木材加工及木、竹、藤、棕、草制品业				
	新产品开发项目数(项)	新产品开发经费支出	新产品产值	新产品销售收入	#出口
总　计	**1435**	**134196**	**2489067**	**2334952**	**324868**
东部地区	1165	93654	1736522	1685772	289405
中部地区	235	25257	614628	541986	34487
西部地区	35	15285	137917	107194	976
北　京	5	149	1380	1446	
天　津	3	672	800	800	
河　北	3	141	55512	54232	
山　西					
内蒙古	2	73	4161	3861	
辽　宁	4	1345	16973	15719	1580
吉　林	13	480	150243	110291	11579
黑龙江	7	711	2017	852	
上　海	10	1266	52855	50137	1757
江　苏	812	38562	731995	732880	65609
浙　江	203	25310	527718	501534	156204
安　徽	51	3194	50912	46779	13309
福　建	33	10883	106662	101173	26257
江　西	9	2441	38463	34792	1050
山　东	34	10544	190933	178503	31900
河　南	56	6822	128830	109117	434
湖　北	6	1530	24353	23750	
湖　南	93	10078	219810	216406	8117
广　东	58	4784	51694	49349	6099
广　西	10	770	30113	40020	411
海　南					
重　庆	8	873	4225	4121	
四　川	7	1691	97994	59042	515
贵　州	2	11641			
云　南	3	118	1423	149	50
西　藏					
陕　西	2	81			
甘　肃	1	38	1		
青　海					
宁　夏					
新　疆					

7-26 续表 10

单位：万元

地　区	家具制造业				
	新产品开发项目数(项)	新产品开发经费支出	新产品产值	新产品销售收入	#出口
总　计	**664**	**101103**	**1405329**	**1488788**	**696305**
东部地区	553	81989	1250598	1345034	677170
中部地区	71	16002	113662	107253	18828
西部地区	40	3112	41068	36501	306
北　京	4	1802	17945	29745	2076
天　津	12	113	5732	7452	320
河　北	6	489	10646	10409	519
山　西					
内蒙古	1	39	28	60	
辽　宁	2	138	26718	2464	2412
吉　林			8019	7421	
黑龙江	15	1020	13288	9732	2889
上　海	48	28461	65311	65606	26035
江　苏	46	3847	31178	30560	24221
浙　江	230	30264	791300	904308	512757
安　徽	9	566	17539	17425	12271
福　建	29	5061	62235	62455	16604
江　西	2	200			
山　东	20	1716	117987	106992	40974
河　南	14	1884	16984	15878	3327
湖　北	17	361	134	121	
湖　南	14	11970	57698	56677	341
广　东	156	10099	121547	125043	51253
广　西	3	253	401	603	281
海　南					
重　庆	14	1348	4782	4194	
四　川	19	1204	27536	23437	25
贵　州					
云　南	1	227			
西　藏					
陕　西	1	20	1152	1037	
甘　肃					
青　海					
宁　夏	1	21	267	267	
新　疆			6903	6903	

7-26 续表 11

单位：万元

地 区	造纸及纸制品业				
	新产品开发项目数(项)	新产品开发经费支出	新产品产值	新产品销售收入	#出口
总 计	**1141**	**373235**	**6621466**	**6320544**	**499316**
东部地区	843	283641	5021845	4922079	487316
中部地区	190	64830	1019634	850963	8955
西部地区	108	24764	579987	547503	3045
北 京	5	234	19598	7868	2033
天 津	5	525	57762	60750	
河 北	47	3362	129226	112404	
山 西	1	107			
内蒙古	2	33	7200	7194	
辽 宁	7	346	13427	12907	
吉 林	2	1020	14225		
黑龙江	27	3760	74829	77516	180
上 海	19	3820	62558	62376	2213
江 苏	160	56235	725861	702939	127345
浙 江	244	49330	1362366	1305760	154176
安 徽	43	13469	220863	205401	6943
福 建	42	16949	110280	107060	4280
江 西	6	5068	120	110	
山 东	200	124746	2268927	2289172	163969
河 南	39	16573	450861	314463	1657
湖 北	15	2972	58000	53890	
湖 南	57	21862	200736	199582	176
广 东	114	28096	271839	260844	33300
广 西	12	8216	25972	23144	
海 南					
重 庆	11	646	175775	174349	2095
四 川	15	2219	170035	160263	950
贵 州	1	5			
云 南	19	5029	33283	19651	
西 藏					
陕 西	11	1125	19800	18000	
甘 肃			92	97	
青 海					
宁 夏	32	7455	134284	131258	
新 疆	5	36	13547	13547	

7-26 续表 12

单位：万元

地区	印刷业和记录媒介的复制				
	新产品开发项目数(项)	新产品开发经费支出	新产品产值	新产品销售收入	#出口
总 计	**906**	**153319**	**1762026**	**1706396**	**175460**
东部地区	548	91092	1445213	1396980	174756
中部地区	175	43850	187103	183153	639
西部地区	183	18378	129710	126263	65
北 京	27	2281	35196	71250	2125
天 津	13	1242	29529	32863	172
河 北	10	1154	56874	44641	1862
山 西	5	111	907	891	
内蒙古					
辽 宁	62	3917	40365	37676	3698
吉 林	3	632	18536	13788	
黑龙江	10	809	2450	2445	
上 海	80	12562	283184	285255	1249
江 苏	57	12498	144575	103841	21130
浙 江	113	18866	422611	404709	106551
安 徽	39	18901	87323	83563	19
福 建	19	9794	98195	97023	16593
江 西	27	1046	2992	2989	
山 东	32	3225	41798	39025	267
河 南	48	4375	35698	33920	620
湖 北	23	5059	22341	28812	
湖 南	20	12916	16856	16748	
广 东	135	25554	292885	280697	21108
广 西	13	4965	9247	6600	
海 南					
重 庆	12	553	7018	6618	
四 川	43	4983	10976	10912	
贵 州	1	41	426	343	
云 南	70	4704	96207	96064	65
西 藏					
陕 西	41	2870	1103	994	
甘 肃					
青 海					
宁 夏	3	263	4734	4734	
新 疆					

7-26 续表 13

单位：万元

地 区	文教体育用品制造业				
	新产品开发项目数（项）	新产品开发经费支出	新产品产值	新产品销售收入	#出口
总 计	**1492**	**168320**	**1549595**	**1504718**	**756302**
东部地区	1425	162230	1480820	1437252	730530
中部地区	61	5700	64576	63616	25708
西部地区	6	390	4200	3850	63
北 京	22	2026	11612	17684	772
天 津	83	1187	2055	2921	896
河 北			1386	164	120
山 西			4913	5618	3958
内蒙古					
辽 宁	4	165	657	305	22
吉 林			2355	1688	
黑龙江					
上 海	175	13356	293447	288017	142357
江 苏	111	37154	143693	116544	73534
浙 江	513	36558	458246	452419	329201
安 徽	28	1594	30482	29298	12664
福 建	63	16286	153093	149337	18210
江 西			110	91	
山 东	130	22819	163544	159066	19515
河 南	14	2892	13694	13945	6226
湖 北	1	16	2739	3044	2385
湖 南	18	1198	10282	9932	476
广 东	324	32680	253086	250794	145904
广 西	5	347	2750	2400	63
海 南					
重 庆			1450	1450	
四 川	1	43			
贵 州					
云 南					
西 藏					
陕 西					
甘 肃					
青 海					
宁 夏					
新 疆					

7-26 续表 14

单位：万元

地　区	石油加工、炼焦及核燃料加工业				
	新产品开发项目数(项)	新产品开发经费支出	新产品产值	新产品销售收入	#出口
总　计	**1144**	**309601**	**6235369**	**6501033**	**66478**
东部地区	721	220557	5432518	5663821	50486
中部地区	173	57382	418115	481090	1432
西部地区	250	31661	384735	356122	14560
北　京	90	5683	330760	475631	
天　津	112	21277	143294	142456	
河　北	7	606	3343	2557	
山　西	11	9533	298	310	
内蒙古	1	7260	4295	4295	
辽　宁	89	22143	866275	765014	
吉　林	1	8	66848	66652	
黑龙江	66	15345	66779	117079	791
上　海	91	17885	991466	965444	394
江　苏	74	15598	683815	631591	1645
浙　江	11	6629	112065	101420	23
安　徽	13	1046	15023	15023	
福　建	6	2924	80178	80765	
江　西	16	2121	38639	35204	
山　东	159	116041	1482106	1760054	48398
河　南	21	6382	39095	40763	
湖　北	13	1381			
湖　南	32	21566	191433	206060	641
广　东	82	11772	739217	738888	26
广　西	13	567	5078	4717	
海　南					
重　庆	20	2628	23418	22223	
四　川	121	9139	310746	282287	14560
贵　州					
云　南	2	208			
西　藏					
陕　西	5	209			
甘　肃	31	2299	4365	4365	
青　海					
宁　夏					
新　疆	57	9351	36833	38235	

7-26 续表 15

单位：万元

地　区	化学原料及化学制品制造业				
	新产品开发项目数（项）	新产品开发经费支出	新产品产值	新产品销售收入	#出口
总　计	**14718**	**2813021**	**38204250**	**36789229**	**4107027**
东部地区	10799	2088028	29627762	28720719	3434636
中部地区	2349	465626	4907871	4717310	424325
西部地区	1570	259366	3668617	3351201	248066
北　京	363	35129	547607	538187	38930
天　津	522	53170	987400	974425	47592
河　北	219	56545	487931	479227	97304
山　西	151	31909	358597	264982	16461
内蒙古	22	3838	25365	19228	
辽　宁	439	80898	1534914	1533999	24108
吉　林	71	17304	363032	297706	211
黑龙江	47	26937	30462	24268	
上　海	978	163181	1801515	1899837	138048
江　苏	3326	675637	8597378	8695959	1154664
浙　江	1653	291267	5864235	5356481	1038894
安　徽	647	73609	902027	890412	69388
福　建	206	39813	476972	449285	56986
江　西	140	21099	150733	154802	36158
山　东	1756	441460	7175957	6790116	681924
河　南	383	67642	973553	1082999	118299
湖　北	471	153575	1059343	956394	141724
湖　南	439	73552	1070123	1045747	42085
广　东	1316	246934	2099388	1949723	156100
广　西	218	31549	100790	101585	7928
	21	3996	54465	53483	86
海　南					
重　庆	170	43215	996910	941356	78748
四　川	530	86036	1709864	1556352	129980
贵　州	67	14234	311153	315740	1169
云　南	175	25541	201200	106402	2978
西　藏	1	37			
陕　西	258	22372	94592	93788	20369
甘　肃	60	8508	89841	85127	302
青　海	9	11005	547	429	
宁　夏	17	3810	20731	20560	6292
新　疆	43	9222	117624	110633	299

7-26 续表 16

单位：万元

地 区	医药制造业				
	新产品开发项目数(项)	新产品开发经费支出	新产品产值	新产品销售收入	#出口
总 计	**14360**	**1550581**	**17230624**	**15924583**	**1702401**
东部地区	9373	1065820	11108562	10330268	1287830
中部地区	3045	322761	3839384	3339110	263424
西部地区	1942	162000	2282678	2255205	151148
北 京	779	61148	785650	762675	16133
天 津	644	33267	635677	584652	57703
河 北	909	47294	386484	375065	52048
山 西	151	8412	307623	53898	2100
内蒙古	53	7688	30767	19674	240
辽 宁	442	45202	183758	175407	34459
吉 林	407	39516	611709	452363	5150
黑龙江	312	28800	111621	98715	11703
上 海	843	96637	822681	730258	19141
江 苏	1424	235385	2707685	2604952	114807
浙 江	1471	175990	2026680	1864890	677955
安 徽	439	35526	305926	279672	39422
福 建	277	36234	324391	281048	55520
江 西	307	30710	275415	258201	14831
山 东	1176	208687	2306298	2091699	208047
河 南	524	65011	815148	781933	38793
湖 北	524	57391	742289	772279	129079
湖 南	381	57396	669653	642049	22345
广 东	1223	114024	860543	799076	52003
广 西	372	22228	141826	136531	3631
	185	11953	68714	60547	13
海 南					
重 庆	359	31155	611247	733253	76531
四 川	518	43242	658615	628291	3188
贵 州	102	5376	102103	59479	
云 南	149	13299	268844	227639	17910
西 藏	2	922	46481	40780	408
陕 西	192	20848	274186	266804	10839
甘 肃	50	10033	28108	26354	
青 海	19	1085	3780	357	
宁 夏	94	4666	113248	112909	38400
新 疆	32	1458	3475	3136	

7-26 续表 17

单位：万元

地区	化学纤维制造业				
	新产品开发项目数(项)	新产品开发经费支出	新产品产值	新产品销售收入	#出口
总计	**1040**	**465784**	**6353108**	**7749054**	**554800**
东部地区	833	374450	5638796	5628316	481925
中部地区	78	60310	355424	1764160	31545
西部地区	129	31024	358888	356578	41331
北京	11	627	3472	3713	
天津	5	158	595	1046	
河北	45	9849	57177	58619	8741
山西					
内蒙古					
辽宁	25	5687	14991	15360	166
吉林	37	40898	215804	197875	580
黑龙江	1	11	1312	1265	
上海	6	1929	3579	3579	
江苏	335	159328	1648806	1703539	128322
浙江	247	104568	2856683	2811053	225498
安徽	15	3341	68652	61173	15623
福建	35	33447	402449	393091	25242
江西	4	37	56	73	
山东	91	41205	361914	359534	56695
河南	6	7956	11062	1446348	6000
湖北	4	660	9010	9781	
湖南	11	7407	49528	47645	9342
广东	33	17651	289131	278783	37259
广西					
海南					
重庆	1	868			
四川	86	19605	182793	181239	41331
贵州					
云南	34	530	16000	15200	
西藏					
陕西					
甘肃	6	760	260	304	
青海					
宁夏					
新疆	2	9261	159835	159835	

7-26 续表 18

单位：万元

地区	橡胶制品业				
	新产品开发项目数(项)	新产品开发经费支出	新产品产值	新产品销售收入	#出口
总计	**3219**	**547957**	**6775888**	**6552184**	**1800694**
东部地区	2071	447427	5654077	5460577	1581295
中部地区	846	64019	717176	716882	165746
西部地区	302	36510	404636	374726	53653
北京	25	3789	35591	26893	
天津	142	13190	83563	81350	10750
河北	37	4477	39452	38845	24704
山西	32	6039	6948	5165	1959
内蒙古	15	848	1761	1761	
辽宁	89	13254	77704	69531	11465
吉林					
黑龙江	206	2650	104418	99689	1193
上海	163	31178	302845	301394	12095
江苏	316	59241	786431	817900	250191
浙江	212	61443	1144171	1128743	50131
安徽	474	24217	323145	293850	136183
福建	44	51065	230699	238098	38895
江西	6	464	1659	1636	
山东	903	181709	2702127	2556670	1098013
河南	76	25111	231805	266596	24599
湖北	41	3233	28472	28941	648
湖南	11	2305	20730	21005	1164
广东	140	28082	251494	201153	85051
广西	101	4903	10148	11262	6808
海南					
重庆	26	1464	44155	43125	
四川	31	4494	115112	111017	6752
贵州	56	19980	182617	182617	36668
云南	5	80	329	290	33
西藏					
陕西	51	877	2127	1983	100
甘肃	1	57	560	632	
青海					
宁夏	9	2776	38900	13111	2093
新疆	7	1032	8928	8928	1200

7-26 续表 19

单位：万元

地　区	塑料制品业				
	新产品开发项目数（项）	新产品开发经费支出	新产品产值	新产品销售收入	#出口
总　计	**3647**	**618564**	**7133377**	**6909031**	**1250195**
东部地区	3108	501766	5954700	5727336	1236847
中部地区	331	80755	803150	744462	12417
西部地区	208	36044	375527	437232	931
北　京	67	6888	91525	98457	14011
天　津	124	13334	263976	252241	139326
河　北	71	4619	15322	13807	300
山　西	3	1622	39734	23042	65
内蒙古	2	70	131	131	
辽　宁	49	7572	207988	199405	5740
吉　林	18	1178	60582	51754	86
黑龙江	20	2148	11893	11826	
上　海	260	41796	606629	605961	48613
江　苏	509	103160	887682	873196	85376
浙　江	940	100887	1711701	1646518	401380
安　徽	144	53925	338582	320233	11776
福　建	458	61722	492364	449591	103928
江　西	8	513	7116	2752	
山　东	112	21148	162839	137118	8616
河　南	47	4777	61959	58379	190
湖　北	65	8688	220793	214968	104
湖　南	26	7905	62491	61509	196
广　东	515	140356	1514674	1451041	429556
广　西	7	2942	7560	7373	
海　南	3	285			
重　庆	26	2281	51052	115349	
四　川	57	12056	241652	233893	180
贵　州	9	244	3341	2952	
云　南	11	1583	39395	38516	
西　藏					
陕　西	33	4596	19036	18986	
甘　肃	17	3402	3542	3348	500
青　海					
宁　夏	3	255	3500	3500	
新　疆	43	8615	6319	13185	251

7-26 续表 20

单位：万元

地区	非金属矿物制品业				
	新产品开发项目数(项)	新产品开发经费支出	新产品产值	新产品销售收入	#出口
总计	**5682**	**936820**	**12109812**	**11511430**	**1804826**
东部地区	3697	589773	8104099	7701521	1440679
中部地区	1492	257055	2334594	2243643	204947
西部地区	493	89992	1671119	1566265	159201
北京	431	40564	817406	813166	44600
天津	169	5248	102809	88855	7321
河北	98	18638	400389	426923	47726
山西	58	6083	82288	69989	2531
内蒙古	35	11652	18677	17165	102
辽宁	176	41217	443923	432039	14654
吉林	34	3921	110177	92911	28456
黑龙江	41	5114	46107	41481	2077
上海	315	37202	411719	401287	59636
江苏	764	130510	1202480	1126276	156680
浙江	536	65043	1393832	1203810	216621
安徽	158	35278	296426	266344	5470
福建	157	45791	619442	658813	154870
江西	178	17719	150289	129167	2915
山东	673	125306	1439121	1391041	291871
河南	634	116321	729057	728399	92374
湖北	182	38444	211373	207219	25267
湖南	207	34176	708878	708133	45857
广东	378	80255	1272078	1158413	446701
广西	56	11548	35607	32119	14601
海南			900	900	
重庆	92	24577	416878	401273	84801
四川	213	23950	1085571	1006497	59169
贵州	16	730	4369	2522	327
云南	8	1869	6059	6026	
西藏					
陕西	30	1932	41077	41244	
甘肃	16	5152	39590	35901	200
青海					
宁夏	15	1816	16250	16397	
新疆	12	6766	7040	7122	

7-26 续表 21

单位：万元

地　区	黑色金属冶炼及压延加工业制造业				
	新产品开发项目数(项)	新产品开发经费支出	新产品产值	新产品销售收入	#出口
总　计	**6087**	**3467141**	**48387930**	**48959029**	**2800093**
东部地区	4341	2324682	29242565	29660190	1656341
中部地区	1014	922357	11143182	11086321	852007
西部地区	732	220102	8002183	8212517	291745
北　京	148	15299	281922	283401	41414
天　津	173	276849	5463095	5409425	236950
河　北	469	267812	3653418	3607293	262965
山　西	108	193928	994973	897831	310621
内蒙古	130	35284	740000	743130	185000
辽　宁	965	608567	4859296	5134738	139126
吉　林	18	2815	674747	674714	23218
黑龙江	45	8309	36987	47475	
上　海	1170	190374	2560224	2500085	33564
江　苏	652	601815	5385156	5479750	582715
浙　江	229	57735	1180981	1325780	92233
安　徽	157	192337	1753783	1738006	16069
福　建	31	22041	425911	424642	12430
江　西	113	37217	972434	1049816	151732
山　东	388	193980	4249287	4329867	91572
河　南	185	79086	1448984	1456224	74654
湖　北	243	285824	3282419	3269644	94990
湖　南	145	122841	1978856	1952611	180723
广　东	110	88718	1181669	1163850	163373
广　西	14	11862	356667	647092	37877
	6	1493	1607	1359	
海　南					
重　庆	40	22098	419192	444167	
四　川	335	57223	3082692	3043268	54993
贵　州	48	1603	217467	216248	12
云　南	33	21355	239509	229888	
西　藏					
陕　西	43	23302	1784858	1765727	
甘　肃	43	33546	982551	921517	12760
青　海	2	74	41742	46398	
宁　夏	3	3110	1221	18796	1102
新　疆	41	10646	136286	136286	

7-26 续表 22

单位：万元

地 区	有色金属冶炼及压延加工业				
	新产品开发项目数(项)	新产品开发经费支出	新产品产值	新产品销售收入	#出口
总 计	**3922**	**1163349**	**16018266**	**16466471**	**2798507**
东部地区	2065	662847	9137727	8941041	2072625
中部地区	855	268948	4937362	5117607	422461
西部地区	1002	231555	1943177	2407823	303422
北 京	152	11703	220984	206818	51946
天 津	227	4500	24798	25215	896
河 北	81	16590	255088	252816	1516
山 西	36	7799	172009	101288	
内蒙古	54	6474	80345	170849	4525
辽 宁	49	89043	1469413	1438105	612820
吉 林	8	2294	123772	123729	7542
黑龙江	33	9163	77214	76126	21
上 海	90	15384	152815	139305	21011
江 苏	439	111742	903109	1037929	208155
浙 江	356	80797	1633614	1507021	335454
安 徽	141	45080	586155	577948	14129
福 建	120	48369	690174	676054	84401
江 西	151	21309	113306	151607	32815
山 东	288	211294	2464143	2437581	509779
河 南	247	98439	1207832	1506186	213996
湖 北	25	9202	609855	584328	684
湖 南	214	75663	2047221	1996396	153273
广 东	262	73365	1323421	1220081	246649
广 西	51	15468	81898	83537	26861
海 南	1	62	169	116	
重 庆	122	38401	790210	792320	7172
四 川	111	18359	216929	199585	11941
贵 州	16	3608	63938	63043	
云 南	202	39136	361897	241683	87890
西 藏					
陕 西	235	40725	103399	106327	283
甘 肃	132	42702	54039	573472	145160
青 海	10	804		57	
宁 夏	67	25754	190522	176951	19590
新 疆	2	123			

7-26 续表 23

单位：万元

地区	金属制品业				
	新产品开发项目数（项）	新产品开发经费支出	新产品产值	新产品销售收入	#出口
总计	**5712**	**918384**	**10440891**	**10095898**	**2149517**
东部地区	4347	688479	8419211	8238724	2015723
中部地区	851	123057	1355463	1231402	97590
西部地区	514	106848	666217	625772	36205
北京	138	20923	326651	369904	43555
天津	265	47410	833002	839964	105223
河北	88	13213	93755	86292	9442
山西	18	1986	850	893	
内蒙古	10	1810	13188	12835	220
辽宁	116	30984	138267	140871	446
吉林	19	3157	95284	50818	280
黑龙江	80	5694	12115	11104	249
上海	247	41382	551606	557413	90887
江苏	1091	232837	2030380	2005489	305539
浙江	1422	151322	2683654	2484895	687453
安徽	215	36910	349636	319070	17490
福建	93	16608	281823	268679	205182
江西	27	5466	56403	54235	20666
山东	263	32406	379001	347394	162502
河南	220	22720	89619	101986	10703
湖北	158	26080	438168	411854	20379
湖南	114	21044	313388	281442	27824
广东	624	101393	1101071	1137824	405495
广西	21	1413	12087	10523	636
海南					
重庆	62	9877	233734	231011	28663
四川	254	41860	256081	240106	5605
贵州	30	9396	20612	20214	1026
云南	15	29168	23744	18087	
西藏					
陕西	54	5599	26005	26500	55
甘肃	40	1437	63286	49293	
青海					
宁夏	20	2541	3971	3771	
新疆	8	3747	13511	13432	

7-26　续表 24

单位：万元

地　区	通用设备制造业				
	新产品开发项目数(项)	新产品开发经费支出	新产品产值	新产品销售收入	#出口
总　计	**25505**	**3496364**	**41312464**	**39998344**	**4522104**
东部地区	19033	2538807	29456429	28657920	3685238
中部地区	3857	604536	5814076	5777022	278813
西部地区	2615	353021	6041959	5563402	558053
北　京	582	76918	969634	1031668	89227
天　津	980	85612	1661676	1675632	267634
河　北	442	39277	255444	241401	18850
山　西	222	13253	178754	171009	6803
内蒙古	69	9824	7418	8271	100
辽　宁	2532	236037	2539539	2440044	117593
吉　林	85	4783	90417	85181	
黑龙江	464	177853	1790849	1800882	11320
上　海	1828	411832	6590394	6704660	385147
江　苏	3695	586529	5619959	5398097	842279
浙　江	5143	535485	6440271	6066920	1216221
安　徽	1060	113688	1164992	1102280	68332
福　建	222	41229	684761	665755	99297
江　西	126	13537	112857	113510	14517
山　东	2540	359962	2888273	2810047	420965
河　南	809	116777	815043	851840	59593
湖　北	676	96040	689753	653998	56246
湖　南	415	68605	971412	998322	62002
广　东	1066	164505	1761982	1584003	228024
广　西	162	20089	295982	296126	3311
海　南	3	1421	44495	39693	
重　庆	623	81835	1092261	1037617	178386
四　川	565	109039	3853197	3176599	278554
贵　州	176	9646	55857	56868	1971
云　南	53	11308	112138	85368	1799
西　藏					
陕　西	605	80657	393593	423954	57033
甘　肃	121	10939	100480	357571	11822
青　海	15	5848	36003	33762	
宁　夏	214	12469	91349	84141	25079
新　疆	12	1368	3683	3124	

7-26 续表 25

单位：万元

地　区	专用设备制造业				
	新产品开发项目数(项)	新产品开发经费支出	新产品产值	新产品销售收入	#出口
总　计	**20774**	**3275247**	**31963133**	**30665895**	**3096524**
东部地区	13589	1965317	18752221	18287543	2232187
中部地区	4897	910260	8910353	8354322	465141
西部地区	2287	399495	4297664	4021428	399195
北　京	2371	203845	1441569	1408217	138410
天　津	723	85187	1286856	1200948	289954
河　北	456	66621	534394	520063	52824
山　西	554	199030	925340	848392	125196
内蒙古	154	71101	912367	805358	52265
辽　宁	856	195743	2784205	2884377	159338
吉　林	93	12233	101641	101052	430
黑龙江	285	85669	773183	756602	45826
上　海	1096	228282	1398533	1573745	156271
江　苏	2325	362064	2883543	2646175	526107
浙　江	2315	205435	2562536	2333476	403668
安　徽	564	58197	968227	725782	23509
福　建	424	79946	536635	545101	53311
江　西	98	4670	43915	38479	
山　东	1643	340071	4271080	4184234	211746
河　南	1148	202302	2094757	1983702	84123
湖　北	635	53388	505717	472369	13005
湖　南	1520	294771	3497575	3427945	173054
广　东	1371	197797	1045203	983619	240363
广　西	339	59225	912319	861963	54496
海　南	9	326	7668	7586	196
重　庆	375	83204	396280	322976	33655
四　川	529	82524	1434304	1397700	135917
贵　州	89	14997	54952	49052	7462
云　南	94	10615	51904	47820	17105
西　藏					
陕　西	502	54937	344550	359929	98016
甘　肃	125	12534	71946	69012	280
青　海					
宁　夏	59	7940	100673	88394	
新　疆	21	2418	18371	19223	

7-26 续表 26

单位：万元

地　区	交通运输设备制造业				
	新产品开发项目数(项)	新产品开发经费支出	新产品产值	新产品销售收入	#出口
总　计	**24955**	**6315052**	**164063821**	**150064104**	**14702045**
东部地区	13125	3763858	97979037	85512529	13315964
中部地区	7037	1532150	44256192	43283601	642400
西部地区	4793	1019045	21828593	21267975	743681
北　京	545	294490	2459103	2406568	98085
天　津	591	298058	6819183	6707692	58351
河　北	497	70769	1795977	2086735	466848
山　西	96	35904	321284	284864	6528
内蒙古	97	45047	371958	339340	24527
辽　宁	1026	470960	7326362	7389074	491021
吉　林	1108	205394	26026758	26020364	50710
黑龙江	782	179050	1124393	1079781	91635
上　海	1575	666119	17999254	21360827	2063120
江　苏	3002	572223	26918363	11769982	5886178
浙　江	2545	367076	7448040	6786817	2123100
安　徽	1310	317405	3881363	3342580	151235
福　建	349	88060	1529588	1499961	298137
江　西	325	144461	1790052	1680805	104219
山　东	1941	488424	9436316	9340881	672931
河　南	881	159742	1637757	1641763	64935
湖　北	1928	394825	6904236	6744454	130753
湖　南	607	95370	2570349	2488990	42387
广　东	1052	446186	16241001	16158282	1158192
广　西	579	161543	4709156	5009700	57904
海　南	2	1493	5850	5710	
重　庆	1558	326004	11693578	11283441	483899
四　川	1008	132856	1786563	1767057	115563
贵　州	535	91217	348258	281295	25516
云　南	56	8940	468416	421210	1569
西　藏					
陕　西	895	248424	2387582	2113587	34546
甘　肃	13	1757	27109	15875	
青　海	5	1511	16504	16950	
宁　夏					
新　疆	47	1746	19468	19520	158

7-26 续表 27

单位：万元

地区	电气机械及器材制造业				
	新产品开发项目数(项)	新产品开发经费支出	新产品产值	新产品销售收入	#出口
总计	**29680**	**4723470**	**74603315**	**69228923**	**14173994**
东部地区	23600	3850934	61143373	56993712	13097198
中部地区	3660	644377	9141930	8857161	756857
西部地区	2419	227715	4317362	3377400	319939
北京	694	158602	3150686	1838387	49784
天津	998	91604	1792363	1623682	764302
河北	504	149950	2627677	2425321	873216
山西	77	15839	178869	175200	455
内蒙古	27	4862	13568	19588	234
辽宁	477	84246	1557648	1491663	20683
吉林	69	3937	70608	50789	
黑龙江	203	32230	389090	363234	39643
上海	1655	248649	3252079	3180323	1052524
江苏	5182	1014529	13021967	12585129	1652120
浙江	4797	607561	9669916	8845638	2450886
安徽	1257	181901	3641479	3105612	161045
福建	735	98869	1145097	1121921	408745
江西	310	86855	798609	742947	239224
山东	2329	461493	8753465	8541575	1066547
河南	546	109860	1325854	1747080	30799
湖北	734	92323	1336900	1311310	148689
湖南	464	121433	1400522	1360987	137003
广东	6219	932112	16112070	15270223	4748710
广西	153	14992	220682	197805	9916
海南	10	3319	60406	69851	9681
重庆	141	32483	863140	747090	5074
四川	590	70788	974072	830847	47662
贵州	106	4751	234780	237069	
云南	58	11384	170608	167776	23396
西藏					
陕西	1080	58132	735357	681171	66841
甘肃	185	9385	91411	90300	6490
青海					
宁夏	36	3155	78699	65349	
新疆	43	17782	935044	340407	160327

7-26 续表 28

单位：万元

地区	通信设备、计算机及其他电子设备制造业				
	新产品开发项目数(项)	新产品开发经费支出	新产品产值	新产品销售收入	#出口
总　计	**32306**	**7461815**	**107385020**	**109456919**	**45831046**
东部地区	25703	6673146	98197682	101440873	44765202
中部地区	2616	443980	3342458	2780283	674419
西部地区	3987	344688	5844880	5235763	391425
北　京	1348	306142	12650309	12830839	5993434
天　津	1068	144421	7490534	7076315	5175355
河　北	132	11052	119631	111125	22042
山　西	30	4420	480530	129209	81
内蒙古	19	1159	8250	7172	
辽　宁	344	154296	663504	651329	284968
吉　林	34	12930	105577	98868	1903
黑龙江	62	9263	21794	19525	3040
上　海	1571	615350	9008099	10787213	3897452
江　苏	3583	1136545	17411874	18581769	7617761
浙　江	2192	385084	3962728	3713907	1290282
安　徽	439	53322	638840	493637	23902
福　建	984	317829	6107313	6069964	4374039
江　西	251	23137	114270	110757	56124
山　东	1327	444314	6304169	7357538	1328664
河　南	276	38823	193697	215412	12636
湖　北	1329	231353	1145797	1118937	502243
湖　南	195	70734	641953	593939	74490
广　东	13154	3158114	34477366	34260554	14781206
广　西	107	6388	29236	26588	330
海　南			2155	320	
重　庆	81	13203	592113	557631	59
四　川	1937	214713	4627594	4076472	310473
贵　州	346	18020	112027	109042	33324
云　南	14	2513	52153	50315	2038
西　藏					
陕　西	1243	73739	339543	330481	26852
甘　肃	195	9203	63832	62572	5678
青　海					
宁　夏					
新　疆	45	5751	20132	15490	12670

7-26 续表 29

单位：万元

地区	仪器仪表及文化、办公用机械制造业				
	新产品开发项目数(项)	新产品开发经费支出	新产品产值	新产品销售收入	#出口
总　计	**9674**	**1029939**	**9075060**	**9376391**	**2322614**
东部地区	7177	800272	7697863	7867014	2261122
中部地区	1497	154485	905024	1048140	35633
西部地区	1000	75183	472173	461236	25860
北　京	786	75742	846401	875319	71101
天　津	359	21452	435441	551216	349778
河　北	173	9947	65100	71398	9995
山　西	52	8631	56575	23584	
内蒙古					
辽　宁	241	31198	197107	185886	2659
吉　林	43	4085	37163	33745	935
黑龙江	235	8359	77724	74633	4579
上　海	652	76646	557774	548838	233457
江　苏	1438	242180	2630918	2704443	548716
浙　江	1495	131996	1303692	1236721	234114
安　徽	309	29427	105957	103848	3480
福　建	283	29219	115375	109525	63276
江　西	156	10988	103724	96987	457
山　东	602	47545	347723	322123	19448
河　南	304	33502	231469	193608	20247
湖　北	157	21462	139898	371208	3922
湖　南	241	38031	152514	150528	2013
广　东	1148	134348	1198333	1261545	728578
广　西	94	2680	6492	6173	908
海　南					
重　庆	343	17733	247967	239181	16968
四　川	147	24881	79635	54140	2472
贵　州	17	1689	4071	3617	
云　南	28	1819	7504	7145	1366
西　藏					
陕　西	266	21967	99941	125536	3540
甘　肃	12	613	3130	3162	
青　海			166	160	112
宁　夏	86	2929	22300	21155	494
新　疆	7	873	968	968	

7-26 续表 30

单位：万元

地区	工艺品及其他制造业				
	新产品开发项目数(项)	新产品开发经费支出	新产品产值	新产品销售收入	#出口
总计	**1836**	**180922**	**2264363**	**2020166**	**749312**
东部地区	1244	135026	1868751	1677824	639137
中部地区	201	24692	314640	267748	101536
西部地区	391	21204	80971	74594	8639
北京	89	23983	141073	79350	5882
天津	3	525	1992	1992	
河北			6888	6887	705
山西			2247		
内蒙古			939	939	
辽宁	104	3336	70955	54777	6936
吉林			756	756	
黑龙江	9	458	1528	1528	
上海	71	3974	39671	46486	12150
江苏	128	12123	174821	169564	38346
浙江	423	44535	899975	815803	363632
安徽	43	3923	111010	105800	27595
福建	99	16351	273229	251124	118224
江西	2	2191	7000	7400	2700
山东	185	18093	157105	152464	62524
河南	33	8165	84908	75410	64117
湖北	71	7236	67452	36040	1367
湖南	43	2719	39740	40815	5757
广东	142	12108	103044	99379	30738
广西	38	1397	2569	1571	176
海南					
重庆	8	557	20936	19344	444
四川	185	3665	25509	24289	4867
贵州	140	11441	19197	16851	
云南	5	520	3570	3590	2553
西藏					
陕西	3	683	7713	7946	570
甘肃	12	2942	540	64	30
青海					
宁夏					
新疆					

7-26 续表 31

单位：万元

地 区	电力、燃气及水的生产和供应业				
	新产品开发项目数(项)	新产品开发经费支出	新产品产值	新产品销售收入	#出口
总 计	**2265**	**318532**	**630883**	**672433**	**78019**
东部地区	1060	146447	286115	231088	68874
中部地区	858	133136	229556	326781	9145
西部地区	347	38949	115212	114564	
北 京	16	2575	6954	6954	
天 津	3	190	79848	93853	66640
河 北	90	3425	4215	4215	
山 西	131	36244	19091	18597	
内蒙古	36	5460			
辽 宁	94	28308	3358	3358	
吉 林	23	12629	17541	106935	
黑龙江	231	32200	77051	83510	
上 海	33	3005	14853	14853	
江 苏	302	20816	7879	7686	490
浙 江	89	19446	113039	48874	
安 徽	126	8367			
福 建	65	28736			
江 西	56	2935	871	337	
山 东	97	7995	55155	50481	1744
河 南	113	19100	71684	74121	9145
湖 北	76	12246	540	540	
湖 南	102	9416	42778	42742	
广 东	271	31950	813	813	
广 西	22	3664	343	303	
海 南					
重 庆	37	3840	1705	1605	
四 川	41	5016	66161	65692	
贵 州	82	6476	534		
云 南	14	1488			
西 藏					
陕 西	57	1796	875	979	
甘 肃	15	1120	32	25	
青 海	3	301			
宁 夏	27	1888	1258	1257	
新 疆	13	7900	44306	44704	

八、专利情况

8-1 企业专利

项 目	专利申请数（件）	#发明专利	有效发明专利数（件）	专利所有权转让及许可数（件）	专利所有权转让及许可收入（万元）
总 计	**265808**	**92450**	**118245**	**304567**	**672835**
按企业规模分组					
大中型企业	166762	63011	81592	73522	508243
大型企业	81187	37546	44492	2977	404202
中型企业	85575	25465	37100	70545	104042
小型企业	99046	29439	36653	231045	164592
按企业控股情况分组					
国有控股	57267	24505	27552	1560	268146
集体控股	15306	9762	13835	455	5968
私人控股	131548	37020	50331	233499	158515
港澳台商控股	21946	6331	8738	67410	7040
外商控股	27248	11145	13295	1213	225077
按登记注册类型分组					
内资企业	197803	69235	89101	234331	270380
国有企业	13086	4747	6478	257	22224
集体企业	1815	811	700	178	4870
股份合作企业	1140	341	415	146	38
联营企业	173	35	51	2	
有限责任公司	58072	22608	33612	44048	111977
#国有独资公司	6961	2227	2981	217	65227
股份有限公司	39402	18961	20985	968	13054
私营企业	83153	21493	26528	188673	115217
其他内资企业	962	239	332	59	3000
港澳台商投资企业	29741	8318	11179	68650	10554
外商投资企业	38264	14897	17965	1586	391902

8-2 大中型企业专利

项　目	专利申请数(件)	#发明专利	有效发明专利数(件)	专利所有权转让及许可数(件)	专利所有权转让及许可收入(万元)
总　计	**166762**	**63011**	**81592**	**73522**	**508243**
按企业控股情况分组					
国有控股	52170	22219	23786	1362	256923
集体控股	13130	9018	12915	277	4270
私人控股	59131	15996	25006	3661	61505
港澳台商控股	14728	4691	6816	67060	2624
外商控股	20352	8982	10402	917	177414
按登记注册类型分组					
内资企业	119642	45593	59516	4174	163946
国有企业	12108	4263	5732	218	21666
集体企业	1411	669	495	153	3380
股份合作企业	573	153	178	101	18
联营企业	99	17	43	1	
有限责任公司	39544	16468	25204	1702	84776
#国有独资公司	6754	2163	2853	217	65227
股份有限公司	36202	17548	18588	774	12066
私营企业	29057	6323	9049	1186	42040
其他内资企业	648	152	227	39	
港澳台商投资企业	19781	6056	8553	68178	4297
外商投资企业	27339	11362	13523	1170	340000

8-3 大型企业专利

项　目	专利申请数(件)	#发明专利	有效发明专利数(件)	专利所有权转让及许可数(件)	专利所有权转让及许可收入(万元)
总　计	**81187**	**37546**	**44492**	**2977**	**404202**
按企业控股情况分组					
国有控股	38375	17321	16611	900	207095
集体控股	9530	7943	11563	139	3415
私人控股	14843	3842	5094	1417	12544
港澳台商控股	5904	2168	4001	300	1171
外商控股	9110	5281	6265	128	174499
按登记注册类型分组					
内资企业	61470	28130	31809	1461	108585
国有企业	8960	3126	3913	92	19302
集体企业	1136	594	381	138	3380
股份合作企业	44	9	19	80	
联营企业	71	9	20		
有限责任公司	23930	11825	18314	551	70227
#国有独资公司	5744	1838	2348	206	65220
股份有限公司	21740	11256	7467	408	9151
私营企业	5361	1278	1550	192	6526
其他内资企业	228	33	145		
港澳台商投资企业	7843	2870	4830	1298	1279
外商投资企业	11874	6546	7853	218	294338

8-4 中型企业专利

项 目	专利申请数(件)	#发明专利	有效发明专利数(件)	专利所有权转让及许可数(件)	专利所有权转让及许可收入(万元)
总 计	**85575**	**25465**	**37100**	**70545**	**104042**
按企业控股情况分组					
国有控股	13795	4898	7175	462	49828
集体控股	3600	1075	1352	138	855
私人控股	44288	12154	19912	2244	48961
港澳台商控股	8824	2523	2815	66760	1453
外商控股	11242	3701	4137	789	2915
按登记注册类型分组					
内资企业	58172	17463	27707	2713	55361
国有企业	3148	1137	1819	126	2365
集体企业	275	75	114	15	
股份合作企业	529	144	159	21	18
联营企业	28	8	23	1	
有限责任公司	15614	4643	6890	1151	14549
#国有独资公司	1010	325	505	11	7
股份有限公司	14462	6292	11121	366	2916
私营企业	23696	5045	7499	994	35514
其他内资企业	420	119	82	39	
港澳台商投资企业	11938	3186	3723	66880	3018
外商投资企业	15465	4816	5670	952	45663

8-5 小型企业专利

项 目	专利申请数(件)	#发明专利	有效发明专利数(件)	专利所有权转让及许可数(件)	专利所有权转让及许可收入(万元)
总 计	**99046**	**29439**	**36653**	**231045**	**164592**
按企业控股情况分组					
国有控股	5097	2286	3766	198	11223
集体控股	2176	744	920	178	1698
私人控股	72417	21024	25325	229838	97010
港澳台商控股	7218	1640	1922	350	4416
外商控股	6896	2163	2893	296	47664
按登记注册类型分组					
内资企业	78161	23642	29585	230157	106434
国有企业	978	484	746	39	558
集体企业	404	142	205	25	1490
股份合作企业	567	188	237	45	20
联营企业	74	18	8	1	
有限责任公司	18528	6140	8408	42346	27201
#国有独资公司	207	64	128		
股份有限公司	3200	1413	2397	194	988
私营企业	54096	15170	17479	187487	73177
其他内资企业	314	87	105	20	3000
港澳台商投资企业	9960	2262	2626	472	6256
外商投资企业	10925	3535	4442	416	51901

8-6 按行业分企业专利

行　业	专利申请数(件)	#发明专利	有效发明专利数(件)	专利所有权转让及许可数(件)	专利所有权转让及许可收入(万元)
总　计	**265808**	**92450**	**118245**	**304567**	**672835**
采矿业	**2792**	**947**	**1887**	**43**	**1904**
煤炭开采和洗选业	1034	418	459	24	1667
石油和天然气开采业	1472	413	1216	15	226
黑色金属矿采选业	64	28	49		
有色金属矿采选业	133	48	107	1	10
非金属矿采选业	89	40	56	3	1
制造业	**259826**	**90560**	**115408**	**304502**	**670654**
农副食品加工业	3068	1073	1384	113	6163
食品制造业	3220	1292	1341	94	1101
饮料制造业	2397	547	697	1714	6933
烟草制品业	666	245	173	7	
纺织业	8826	1289	1282	759	1610
纺织服装、鞋、帽制造业	2351	215	373	468	1019
皮革、毛皮、羽毛(绒)及其制品业	1533	142	109	7	20
木材加工及木、竹、藤、棕、草制品业	1758	464	523	50	1980
家具制造业	2557	303	654	24	522
造纸及纸制品业	1255	416	434	63	1760
印刷业和记录媒介的复制	1486	357	531	25	38
文教体育用品制造业	4175	450	1085	136	896
石油加工、炼焦及核燃料加工业	595	401	949	6	330
化学原料及化学制品制造业	12081	6925	7141	482	32994
医药制造业	8601	5166	6017	183466	70459
化学纤维制造业	904	268	421	85	214
橡胶制品业	1703	419	670	63	3500
塑料制品业	6355	1695	2046	278	1364
非金属矿物制品业	8789	3792	8633	230	5412
黑色金属冶炼及压延加工业	5295	2005	2280	143	4855
有色金属冶炼及压延加工业	4457	1644	2696	236	3670
金属制品业	8849	1899	2873	347	12626
通用设备制造业	23070	5771	8504	1400	18455
专用设备制造业	21629	6294	9004	1189	99066
交通运输设备制造业	23969	5185	6440	827	127083
电气机械及器材制造业	36576	9549	14432	68914	18466
通信设备、计算机及其他电子设备制造业	49225	29385	29498	42879	230267
仪器仪表及文化、办公用机械制造业	10925	2871	4448	445	11214
工艺品及其他制造业	3449	460	744	52	8640
电力、燃气及水的生产和供应业	**3190**	**943**	**950**	**22**	**278**
电力、热力的生产和供应业	3058	881	861	7	165
燃气生产和供应业	11	6	19		
水的生产和供应业	121	56	70	15	113

8-7 按行业分大中型企业专利

行业	专利申请数(件)	#发明专利	有效发明专利数(件)	专利所有权转让及许可数(件)	专利所有权转让及许可收入(万元)
总计	**166762**	**63011**	**81592**	**73522**	**508243**
采矿业	**2674**	**888**	**1816**	**42**	**994**
煤炭开采和洗选业	984	391	451	24	757
石油和天然气开采业	1429	399	1168	15	226
黑色金属矿采选业	63	27	48		
有色金属矿采选业	125	42	106	1	10
非金属矿采选业	73	29	43	2	1
制造业	**161065**	**61253**	**78884**	**73473**	**507025**
农副食品加工业	1224	424	380	44	2251
食品制造业	1815	705	672	26	121
饮料制造业	1496	266	425	47	6933
烟草制品业	644	230	162	7	
纺织业	5382	878	998	267	1609
纺织服装、鞋、帽制造业	1530	169	284	462	994
皮革、毛皮、羽毛(绒)及其制品业	857	66	65	5	20
木材加工及木、竹、藤、棕、草制品业	973	190	185	13	1701
家具制造业	1171	67	224	13	18
造纸及纸制品业	635	248	268	30	711
印刷业和记录媒介的复制	547	137	312	16	
文教体育用品制造业	2431	256	618	16	
石油加工、炼焦及核燃料加工业	395	252	848	3	200
化学原料及化学制品制造业	5917	3079	3910	258	21664
医药制造业	4785	2938	3911	135	9097
化学纤维制造业	710	188	325	74	211
橡胶制品业	1085	221	487	40	3500
塑料制品业	2577	626	887	120	171
非金属矿物制品业	5283	2665	6848	125	2132
黑色金属冶炼及压延加工业	4824	1836	2065	137	4855
有色金属冶炼及压延加工业	3178	1165	2219	202	1560
金属制品业	4286	754	1415	209	9528
通用设备制造业	10618	2676	4482	622	2838
专用设备制造业	9627	2991	3933	560	73894
交通运输设备制造业	19131	3911	4828	526	125898
电气机械及器材制造业	22541	6173	10126	68141	14013
通信设备、计算机及其他电子设备制造业	40263	26560	25448	1168	217228
仪器仪表及文化、办公用机械制造业	5381	1333	2179	202	5841
工艺品及其他制造业	1742	247	368	5	40
电力、燃气及水的生产和供应业	**3023**	**870**	**892**	**7**	**225**
电力、热力的生产和供应业	2974	848	831	5	165
燃气生产和供应业	6	2	16		
水的生产和供应业	43	20	45	2	60

8-8 按行业分大型企业专利

行业	专利申请数（件）	#发明专利	有效发明专利数（件）	专利所有权转让及许可数（件）	专利所有权转让及许可收入（万元）
总 计	**81187**	**37546**	**44492**	**2977**	**404202**
采矿业	**2462**	**774**	**1688**	**34**	**983**
煤炭开采和洗选业	892	323	399	24	757
石油和天然气开采业	1414	397	1156	10	226
黑色金属矿采选业	16	11	19		
有色金属矿采选业	98	30	88		
非金属矿采选业	42	13	26		
制造业	**76357**	**36110**	**42075**	**2939**	**403024**
农副食品加工业	373	137	115		
食品制造业	647	251	319	1	1
饮料制造业	855	111	168	6	3532
烟草制品业	565	198	133	1	
纺织业	1485	223	284	46	1465
纺织服装、鞋、帽制造业	365	65	135	10	994
皮革、毛皮、羽毛(绒)及其制品业	327	25	34	3	20
木材加工及木、竹、藤、棕、草制品业	242	85	77		
家具制造业	47	16	34	6	18
造纸及纸制品业	128	75	119	6	490
印刷业和记录媒介的复制	48	31	61		
文教体育用品制造业	822	68	171		
石油加工、炼焦及核燃料加工业	280	199	792	2	170
化学原料及化学制品制造业	1921	1215	1637	79	8072
医药制造业	1891	1269	1460	25	6244
化学纤维制造业	432	66	247	64	191
橡胶制品业	466	70	219	24	3500
塑料制品业	295	59	58	3	
非金属矿物制品业	1072	211	354	27	1605
黑色金属冶炼及压延加工业	4413	1700	1929	135	4855
有色金属冶炼及压延加工业	1495	454	1072	155	1220
金属制品业	569	106	161	8	
通用设备制造业	2157	640	1327	97	556
专用设备制造业	3191	949	1559	338	62669
交通运输设备制造业	12667	2493	2488	255	124975
电气机械及器材制造业	9585	3227	5384	1261	5371
通信设备、计算机及其他电子设备制造业	27996	21811	20644	276	171290
仪器仪表及文化、办公用机械制造业	1744	316	1008	111	5788
工艺品及其他制造业	279	40	86		
电力、燃气及水的生产和供应业	**2368**	**662**	**729**	**4**	**195**
电力、热力的生产和供应业	2356	658	706	2	135
燃气生产和供应业	2	1	1		
水的生产和供应业	10	3	22	2	60

8-9 按行业分中型企业专利

行业	专利申请数(件)	#发明专利	有效发明专利数(件)	专利所有权转让及许可数(件)	专利所有权转让及许可收入(万元)
总计	**85575**	**25465**	**37100**	**70545**	**104042**
采矿业	**212**	**114**	**128**	**8**	**11**
煤炭开采和洗选业	92	68	52		
石油和天然气开采业	15	2	12	5	
黑色金属矿采选业	47	16	29		
有色金属矿采选业	27	12	18	1	10
非金属矿采选业	31	16	17	2	1
制造业	**84708**	**25143**	**36809**	**70534**	**104001**
农副食品加工业	851	287	265	44	2251
食品制造业	1168	454	353	25	120
饮料制造业	641	155	257	41	3401
烟草制品业	79	32	29	6	
纺织业	3897	655	714	221	144
纺织服装、鞋、帽制造业	1165	104	149	452	
皮革、毛皮、羽毛(绒)及其制品业	530	41	31	2	
木材加工及木、竹、藤、棕、草制品业	731	105	108	13	1701
家具制造业	1124	51	190	7	
造纸及纸制品业	507	173	149	24	221
印刷业和记录媒介的复制	499	106	251	16	
文教体育用品制造业	1609	188	447	16	
石油加工、炼焦及核燃料加工业	115	53	56	1	30
化学原料及化学制品制造业	3996	1864	2273	179	13593
医药制造业	2894	1669	2451	110	2853
化学纤维制造业	278	122	78	10	20
橡胶制品业	619	151	268	16	
塑料制品业	2282	567	829	117	171
非金属矿物制品业	4211	2454	6494	98	527
黑色金属冶炼及压延加工业	411	136	136	2	
有色金属冶炼及压延加工业	1683	711	1147	47	340
金属制品业	3717	648	1254	201	9528
通用设备制造业	8461	2036	3155	525	2282
专用设备制造业	6436	2042	2374	222	11225
交通运输设备制造业	6464	1418	2340	271	923
电气机械及器材制造业	12956	2946	4742	66880	8642
通信设备、计算机及其他电子设备制造业	12267	4749	4804	892	45938
仪器仪表及文化、办公用机械制造业	3637	1017	1171	91	53
工艺品及其他制造业	1463	207	282	5	40
电力、燃气及水的生产和供应业	**655**	**208**	**163**	**3**	**30**
电力、热力的生产和供应业	618	190	125	3	30
燃气生产和供应业	4	1	15		
水的生产和供应业	33	17	23		

8-10 按行业分小型企业专利

行 业	专利申请数(件)	#发明专利	有效发明专利数(件)	专利所有权转让及许可数(件)	专利所有权转让及许可收入(万元)
总 计	**99046**	**29439**	**36653**	**231045**	**164592**
采矿业	**118**	**59**	**71**	**1**	**910**
煤炭开采和洗选业	50	27	8		910
石油和天然气开采业	43	14	48		
黑色金属矿采选业	1	1	1		
有色金属矿采选业	8	6	1		
非金属矿采选业	16	11	13	1	
制造业	**98761**	**29307**	**36524**	**231029**	**163629**
农副食品加工业	1844	649	1004	69	3913
食品制造业	1405	587	669	68	980
饮料制造业	901	281	272	1667	
烟草制品业	22	15	11		
纺织业	3444	411	284	492	1
纺织服装、鞋、帽制造业	821	46	89	6	25
皮革、毛皮、羽毛(绒)及其制品业	676	76	44	2	
木材加工及木、竹、藤、棕、草制品业	785	274	338	37	278
家具制造业	1386	236	430	11	504
造纸及纸制品业	620	168	166	33	1049
印刷业和记录媒介的复制	939	220	219	9	38
文教体育用品制造业	1744	194	467	120	896
石油加工、炼焦及核燃料加工业	200	149	101	3	130
化学原料及化学制品制造业	6164	3846	3231	224	11330
医药制造业	3816	2228	2106	183331	61362
化学纤维制造业	194	80	96	11	3
橡胶制品业	618	198	183	23	
塑料制品业	3778	1069	1159	158	1193
非金属矿物制品业	3506	1127	1785	105	3281
黑色金属冶炼及压延加工业	471	169	215	6	
有色金属冶炼及压延加工业	1279	479	477	34	2109
金属制品业	4563	1145	1458	138	3098
通用设备制造业	12452	3095	4022	778	15617
专用设备制造业	12002	3303	5071	629	25171
交通运输设备制造业	4838	1274	1612	301	1185
电气机械及器材制造业	14035	3376	4306	773	4453
通信设备、计算机及其他电子设备制造业	8962	2825	4050	41711	13038
仪器仪表及文化、办公用机械制造业	5544	1538	2269	243	5374
工艺品及其他制造业	1707	213	376	47	8600
电力、燃气及水的生产和供应业	**167**	**73**	**58**	**15**	**53**
电力、热力的生产和供应业	84	33	30	2	
燃气生产和供应业	5	4	3		
水的生产和供应业	78	36	25	13	53

8-11 按行业分国有控股企业专利

行　业	专利申请数(件)		有效发明专利数(件)
		#发明专利	
总　计	**57267**	**24505**	**27552**
采矿业	**2469**	**757**	**1637**
煤炭开采和洗选业	884	302	349
石油和天然气开采业	1436	399	1158
黑色金属矿采选业	21	10	20
有色金属矿采选业	81	29	84
非金属矿采选业	47	17	26
制造业	**51769**	**22876**	**25024**
农副食品加工业	123	55	64
食品制造业	426	286	350
饮料制造业	895	84	94
烟草制品业	638	229	168
纺织业	479	114	323
纺织服装、鞋、帽制造业	118	32	26
皮革、毛皮、羽毛(绒)及其制品业	40	6	2
木材加工及木、竹、藤、棕、草制品业	14	8	11
家具制造业	44	4	35
造纸及纸制品业	114	65	47
印刷业和记录媒介的复制	125	58	112
文教体育用品制造业	68	15	29
石油加工、炼焦及核燃料加工业	320	222	822
化学原料及化学制品制造业	2446	1351	2293
医药制造业	1518	913	1131
化学纤维制造业	100	50	129
橡胶制品业	355	66	239
塑料制品业	294	95	256
非金属矿物制品业	828	264	371
黑色金属冶炼及压延加工业	4053	1560	1843
有色金属冶炼及压延加工业	1567	880	1312
金属制品业	503	181	340
通用设备制造业	2770	901	1747
专用设备制造业	3798	1120	2171
交通运输设备制造业	10559	2576	3008
电气机械及器材制造业	3525	851	1725
通信设备、计算机及其他电子设备制造业	14436	10259	5641
仪器仪表及文化、办公用机械制造业	1401	532	646
工艺品及其他制造业	202	89	88
电力、燃气及水的生产和供应业	**3029**	**872**	**891**
电力、热力的生产和供应业	2979	849	833
燃气生产和供应业	9	5	16
水的生产和供应业	41	18	42

8-12 按行业分内资企业专利

行业	专利申请数(件)	#发明专利	有效发明专利数(件)	专利所有权转让及许可数(件)	专利所有权转让及许可收入(万元)
总 计	**197803**	**69235**	**89101**	**234331**	**270380**
采矿业	**2704**	**880**	**1779**	**43**	**1904**
煤炭开采和洗选业	986	373	414	24	1667
石油和天然气开采业	1463	407	1209	15	226
黑色金属矿采选业	61	25	46		
有色金属矿采选业	119	40	65	1	10
非金属矿采选业	75	35	45	3	1
制造业	**191979**	**67442**	**86387**	**234268**	**268259**
农副食品加工业	2610	875	1263	106	6110
食品制造业	2256	870	1062	81	1001
饮料制造业	2167	453	587	1714	6933
烟草制品业	664	245	173	7	
纺织业	6113	938	948	699	1133
纺织服装、鞋、帽制造业	849	132	212	454	25
皮革、毛皮、羽毛(绒)及其制品业	1073	99	71	6	20
木材加工及木、竹、藤、棕、草制品业	1148	290	308	41	523
家具制造业	1777	206	357	15	504
造纸及纸制品业	879	278	279	40	1760
印刷业和记录媒介的复制	1324	304	480	8	
文教体育用品制造业	2122	247	776	135	896
石油加工、炼焦及核燃料加工业	522	352	782	6	240
化学原料及化学制品制造业	10052	5841	6220	393	26643
医药制造业	6977	4147	4638	183405	32768
化学纤维制造业	690	203	283	76	194
橡胶制品业	1175	297	532	37	3500
塑料制品业	4355	1075	1491	221	1348
非金属矿物制品业	7068	3336	8051	209	5106
黑色金属冶炼及压延加工业	4823	1852	2110	137	4854
有色金属冶炼及压延加工业	3808	1498	2381	225	2389
金属制品业	6766	1434	2101	211	9360
通用设备制造业	18348	4637	6637	1236	18443
专用设备制造业	17222	4927	6979	806	93481
交通运输设备制造业	18872	4293	5118	534	4642
电气机械及器材制造业	26172	6441	8839	1112	17438
通信设备、计算机及其他电子设备制造业	31414	19591	20187	41979	17922
仪器仪表及文化、办公用机械制造业	8024	2169	2973	325	10734
工艺品及其他制造业	2654	374	524	50	294
电力、燃气及水的生产和供应业	**3120**	**913**	**935**	**20**	**218**
电力、热力的生产和供应业	3009	859	852	7	165
燃气生产和供应业	11	6	19		
水的生产和供应业	100	48	64	13	53

8-13　按行业分国有企业专利

行　业	专利申请数(件)	#发明专利	有效发明专利数(件)	专利所有权转让及许可数(件)	专利所有权转让及许可收入(万元)
总　计	**13086**	**4747**	**6478**	**257**	**22224**
采矿业	**676**	**219**	**603**	**11**	**15**
煤炭开采和洗选业	61	17	31	10	15
石油和天然气开采业	586	187	541		
黑色金属矿采选业	17	8	16		
有色金属矿采选业	4	3	3		
非金属矿采选业	8	4	12	1	
制造业	**9830**	**3805**	**5090**	**244**	**22178**
农副食品加工业	10	7			
食品制造业	49	32	42	8	345
饮料制造业	60	19	16	5	3532
烟草制品业	552	183	135	1	
纺织业	130	26	224	4	340
纺织服装、鞋、帽制造业	73	14	3		
皮革、毛皮、羽毛(绒)及其制品业	37	6	2		
木材加工及木、竹、藤、棕、草制品业	5	3	3		
家具制造业	5			3	
造纸及纸制品业	37	32	25		
印刷业和记录媒介的复制	45	25	44		
文教体育用品制造业	7				
石油加工、炼焦及核燃料加工业	42	31	77		
化学原料及化学制品制造业	823	454	758	33	6075
医药制造业	205	161	259	16	2243
化学纤维制造业	31	19	46	1	141
橡胶制品业	78	12	56		
塑料制品业	45	18	74	9	
非金属矿物制品业	98	45	87	18	17
黑色金属冶炼及压延加工业	1740	707	570	5	900
有色金属冶炼及压延加工业	346	205	200		
金属制品业	183	75	121		
通用设备制造业	549	186	236	30	
专用设备制造业	710	185	313	19	75
交通运输设备制造业	1540	412	818	44	3678
电气机械及器材制造业	728	183	219	5	25
通信设备、计算机及其他电子设备制造业	1209	563	611	3	75
仪器仪表及文化、办公用机械制造业	376	161	140	40	4733
工艺品及其他制造业	107	31	11		
电力、燃气及水的生产和供应业	**2580**	**723**	**785**	**2**	**31**
电力、热力的生产和供应业	2568	717	764	2	31
水的生产和供应业	12	6	21		

8-14 按行业分港澳台商投资企业专利

行业	专利申请数(件)	#发明专利	有效发明专利数(件)	专利所有权转让及许可数(件)	专利所有权转让及许可收入(万元)
总计	**29741**	**8318**	**11179**	**68650**	**10554**
采矿业	**5**	**4**	**2**		
石油和天然气开采业	2	1			
非金属矿采选业	3	3	2		
制造业	**29694**	**8292**	**11169**	**68650**	**10554**
农副食品加工业	194	65	33	2	
食品制造业	381	129	87	3	100
饮料制造业	95	18	22		
烟草制品业	2				
纺织业	1997	229	196	30	
纺织服装、鞋、帽制造业	433	51	141	9	1000
皮革、毛皮、羽毛(绒)及其制品业	338	18	21	1	
木材加工及木、竹、藤、棕、草制品业	140	56	86	9	1457
家具制造业	408	57	90	6	18
造纸及纸制品业	92	52	54	23	
印刷业和记录媒介的复制	130	38	22	8	38
文教体育用品制造业	1274	142	145		
石油加工、炼焦及核燃料加工业	28	18	154		90
化学原料及化学制品制造业	830	359	328	14	668
医药制造业	701	467	613	26	2687
化学纤维制造业	109	35	124	6	20
橡胶制品业	190	32	17	2	
塑料制品业	1256	343	317	50	11
非金属矿物制品业	762	228	239	13	207
黑色金属冶炼及压延加工业	278	62	77	4	
有色金属冶炼及压延加工业	358	59	162	7	400
金属制品业	993	232	368	49	393
通用设备制造业	1762	363	548	61	
专用设备制造业	1633	417	853	291	1056
交通运输设备制造业	1810	263	392	134	1137
电气机械及器材制造业	5595	1502	1853	67640	404
通信设备、计算机及其他电子设备制造业	6435	2809	3669	191	397
仪器仪表及文化、办公用机械制造业	891	185	414	71	472
工艺品及其他制造业	572	63	144		
电力、燃气及水的生产和供应业	**42**	**22**	**8**		
电力、热力的生产和供应业	26	17	6		
水的生产和供应业	16	5	2		

8-15 按行业分外商投资企业专利

行业	专利申请数(件)	#发明专利	有效发明专利数(件)	专利所有权转让及许可数(件)	专利所有权转让及许可收入(万元)
总计	**38264**	**14897**	**17965**	**1586**	**391902**
采矿业	**83**	**63**	**106**		
煤炭开采和洗选业	48	45	45		
石油和天然气开采业	7	5	7		
黑色金属矿采选业	3	3	3		
有色金属矿采选业	14	8	42		
非金属矿采选业	11	2	9		
制造业	**38153**	**14826**	**17852**	**1584**	**391842**
农副食品加工业	264	133	88	5	53
食品制造业	583	293	192	10	
饮料制造业	135	76	88		
纺织业	716	122	138	30	477
纺织服装、鞋、帽制造业	1069	32	20	5	-6
皮革、毛皮、羽毛(绒)及其制品业	122	25	17		
木材加工及木、竹、藤、棕、草制品业	470	118	129		
家具制造业	372	40	207	3	
造纸及纸制品业	284	86	101		
印刷业和记录媒介的复制	32	15	29	9	
文教体育用品制造业	779	61	164	1	
石油加工、炼焦及核燃料加工业	45	31	13		
化学原料及化学制品制造业	1199	725	593	75	5683
医药制造业	923	552	766	35	35005
化学纤维制造业	105	30	14	3	
橡胶制品业	338	90	121	24	
塑料制品业	744	277	238	7	5
非金属矿物制品业	959	228	343	8	100
黑色金属冶炼及压延加工业	194	91	93	2	0
有色金属冶炼及压延加工业	291	87	153	4	880
金属制品业	1090	233	404	87	2874
通用设备制造业	2960	771	1319	103	12
专用设备制造业	2774	950	1172	92	4529
交通运输设备制造业	3287	629	930	159	121304
电气机械及器材制造业	4809	1606	3740	162	624
通信设备、计算机及其他电子设备制造业	11376	6985	5642	709	211948
仪器仪表及文化、办公用机械制造业	2010	517	1061	49	8
工艺品及其他制造业	223	23	76	2	8347
电力、燃气及水的生产和供应业	**28**	**8**	**7**	**2**	**60**
电力、热力的生产和供应业	23	5	3		
水的生产和供应业	5	3	4	2	60

8-16 各地区企业专利

地 区	专利申请数(件)	#发明专利	有效发明专利数(件)	专利所有权转让及许可数(件)	专利所有权转让及许可收入(万元)
总 计	**265808**	**92450**	**118245**	**304567**	**672835**
东部地区	207414	72469	85638	76261	490448
中部地区	38170	13478	22560	3094	149542
西部地区	20206	6497	10045	225210	32845
北 京	7016	3573	5168	187	15313
天 津	7162	2782	3663	271	72296
河 北	3190	1009	1539	73	1980
山 西	1798	694	856	74	2142
内蒙古	1050	495	422	11	95
辽 宁	6402	2649	3061	128	14938
吉 林	1433	560	993	43	2191
黑龙江	1797	622	1618	35	464
上 海	15472	6246	9668	506	20516
江 苏	40043	11920	14156	2488	287306
浙 江	46402	8692	11787	1817	21165
安 徽	8504	2407	3496	376	5831
福 建	8075	2251	2482	289	1315
江 西	1398	500	511	70	3826
山 东	18441	5430	6507	1106	33551
河 南	7551	2096	3388	347	4796
湖 北	7899	2813	3834	2112	125482
湖 南	7790	3786	7864	37	4811
广 东	54922	27768	27476	69380	21971
广 西	1322	501	761	28	20
海 南	289	149	131	16	96
重 庆	5567	1217	1584	112	1312
四 川	4979	1650	2456	224723	29665
贵 州	1481	653	781	173	31
云 南	1049	421	807	37	722
西 藏	24	12	40		
陕 西	2642	907	1636	70	870
甘 肃	693	255	790	13	
青 海	114	39	150		
宁 夏	357	127	171	1	26
新 疆	928	220	447	42	105

8-17 各地区大中型企业专利

地 区	专利申请数（件）	#发明专利	有效发明专利数（件）	专利所有权转让及许可数（件）	专利所有权转让及许可收入（万元）
总 计	**166762**	**63011**	**81592**	**73522**	**508243**
东部地区	127039	49422	58248	72259	365542
中部地区	24777	8933	16409	760	130265
西部地区	14946	4656	6935	503	12437
北 京	4379	2340	2742	89	2195
天 津	4719	1854	2541	152	68134
河 北	2421	693	1153	52	1960
山 西	1425	514	681	67	242
内蒙古	822	419	347	5	95
辽 宁	3822	1409	1634	62	1064
吉 林	846	289	630	31	2055
黑龙江	1204	346	1246	22	352
上 海	9946	4155	7166	237	13545
江 苏	19495	5839	8369	1140	235021
浙 江	19964	3837	5189	838	10690
安 徽	4535	1391	1486	171	340
福 建	4935	1329	1416	154	138
江 西	988	319	304	19	825
山 东	13661	3842	4791	979	28753
河 南	5476	1427	2512	277	1512
湖 北	4693	1669	2483	147	122764
湖 南	5610	2978	7067	26	2175
广 东	43565	24068	23231	68556	4043
广 西	903	257	503	11	20
海 南	132	56	16		
重 庆	4780	983	1206	84	754
四 川	3357	1147	1747	112	10102
贵 州	1222	567	629	168	31
云 南	585	234	530	31	492
西 藏	14	11	9		
陕 西	1882	626	1096	51	869
甘 肃	415	161	254	13	
青 海	79	23	126		
宁 夏	234	88	146		
新 疆	653	140	342	28	75

8-18 各地区大型企业专利

地 区	专利申请数（件）	#发明专利	有效发明专利数（件）	专利所有权转让及许可数（件）	专利所有权转让及许可收入（万元）
总 计	**81187**	**37546**	**44492**	**2977**	**404202**
东部地区	59090	30869	35091	2327	270534
中部地区	12781	4058	6006	364	125081
西部地区	9316	2619	3395	286	8587
北 京	1884	886	1547	36	1605
天 津	1742	1058	1216	127	68134
河 北	1528	376	734	21	920
山 西	1097	394	461	32	212
内蒙古	619	298	212		
辽 宁	2791	973	971	39	990
吉 林	605	201	465	13	2052
黑龙江	944	298	1056	21	226
上 海	3935	2156	3329	97	534
江 苏	5999	1784	3860	201	179890
浙 江	4801	1350	1531	130	588
安 徽	2393	858	479	66	85
福 建	1580	541	440	112	50
江 西	623	146	174	2	825
山 东	7117	2252	2997	255	15533
河 南	3115	731	1508	180	792
湖 北	2340	858	1066	41	120329
湖 南	1664	572	797	9	560
广 东	27713	19493	18465	1309	2292
广 西	528	126	151	1	20
海 南			1		
重 庆	3418	614	505	33	104
四 川	2119	710	1119	66	7949
贵 州	480	178	308	147	31
云 南	163	85	173	13	460
西 藏					
陕 西	1115	380	502	26	23
甘 肃	160	73	111		
青 海	67	20	76		
宁 夏	94	31	52		
新 疆	553	104	186		

8-19 各地区中型企业专利

地　区	专利申请数（件）	#发明专利	有效发明专利数（件）	专利所有权转让及许可数（件）	专利所有权转让及许可收入（万元）
总　计	**85575**	**25465**	**37100**	**70545**	**104042**
东部地区	67949	18553	23157	69932	95009
中部地区	11996	4875	10403	396	5184
西部地区	5630	2037	3540	217	3849
北　京	2495	1454	1195	53	590
天　津	2977	796	1325	25	
河　北	893	317	419	31	1040
山　西	328	120	220	35	30
内蒙古	203	121	135	5	95
辽　宁	1031	436	663	23	74
吉　林	241	88	165	18	3
黑龙江	260	48	190	1	126
上　海	6011	1999	3837	140	13012
江　苏	13496	4055	4509	939	55132
浙　江	15163	2487	3658	708	10103
安　徽	2142	533	1007	105	255
福　建	3355	788	976	42	88
江　西	365	173	130	17	
山　东	6544	1590	1794	724	13220
河　南	2361	696	1004	97	720
湖　北	2353	811	1417	106	2435
湖　南	3946	2406	6270	17	1615
广　东	15852	4575	4766	67247	1751
广　西	375	131	352	10	
海　南	132	56	15		
重　庆	1362	369	701	51	650
四　川	1238	437	628	46	2152
贵　州	742	389	321	21	
云　南	422	149	357	18	32
西　藏	14	11	9		
陕　西	767	246	594	25	846
甘　肃	255	88	143	13	
青　海	12	3	50		
宁　夏	140	57	94		
新　疆	100	36	156	28	75

8-20 各地区小型企业专利

地区	专利申请数（件）	#发明专利	有效发明专利数（件）	专利所有权转让及许可数（件）	专利所有权转让及许可收入（万元）
总计	**99046**	**29439**	**36653**	**231045**	**164592**
东部地区	80375	23047	27390	4002	124906
中部地区	13393	4545	6151	2334	19277
西部地区	5260	1841	3110	224707	20409
北京	2637	1233	2426	98	13118
天津	2443	928	1122	119	4163
河北	769	316	386	21	20
山西	373	180	175	7	1900
内蒙古	228	76	75	6	
辽宁	2580	1240	1427	66	13875
吉林	587	271	363	12	136
黑龙江	593	276	372	13	112
上海	5526	2091	2502	269	6971
江苏	20548	6081	5787	1348	52285
浙江	26438	4855	6598	979	10475
安徽	3969	1016	2010	205	5491
福建	3140	922	1066	135	1178
江西	410	181	207	51	3001
山东	4780	1588	1716	127	4798
河南	2075	669	876	70	3284
湖北	3206	1144	1351	1965	2718
湖南	2180	808	797	11	2636
广东	11357	3700	4245	824	17928
广西	419	244	258	17	
海南	157	93	115	16	96
重庆	787	234	378	28	558
四川	1622	503	709	224611	19563
贵州	259	86	152	5	
云南	464	187	277	6	230
西藏	10	1	31		
陕西	760	281	540	19	1
甘肃	278	94	536		
青海	35	16	24		
宁夏	123	39	25	1	26
新疆	275	80	105	14	30

8-21 各地区国有控股企业专利

地区	专利申请数(件)	#发明专利	有效发明专利数(件)
总计	**57267**	**24505**	**27552**
东部地区	34029	16636	15743
中部地区	13967	4674	7174
西部地区	9271	3195	4635
北京	3131	1454	1914
天津	2484	692	1243
河北	1226	345	426
山西	1199	438	534
内蒙古	466	190	165
辽宁	2550	944	1010
吉林	723	230	535
黑龙江	928	276	1149
上海	4406	1888	3824
江苏	2857	1146	1496
浙江	912	365	376
安徽	2695	970	677
福建	390	110	235
江西	575	146	167
山东	5092	1385	2092
河南	3006	845	1622
湖北	3240	1234	1657
湖南	1601	535	833
广东	10772	8194	3028
广西	642	164	235
海南	209	113	99
重庆	1593	460	587
四川	2288	793	1207
贵州	1114	513	391
云南	401	168	446
西藏	1	1	
陕西	1678	593	956
甘肃	256	109	191
青海	87	26	85
宁夏	91	42	70
新疆	654	136	302

8-22 各地区内资企业专利

地　区	专利申请数(件)	#发明专利	有效发明专利数(件)	专利所有权转让及许可数(件)	专利所有权转让及许可收入(万元)
总　计	**197803**	**69235**	**89101**	**234331**	**270380**
东部地区	144791	50996	59003	6215	208244
中部地区	34718	12431	21025	2968	29316
西部地区	18276	5802	9071	225146	32820
北　京	5253	2408	3616	155	11052
天　津	5363	2000	2228	208	69280
河　北	2718	814	1307	57	1080
山　西	1711	665	791	74	2142
内蒙古	787	351	323	11	95
辽　宁	5455	2286	2682	108	14504
吉　林	1342	541	954	37	2191
黑龙江	1651	563	1463	30	464
上　海	8379	3054	5001	336	20276
江　苏	27680	8313	8807	2006	34737
浙　江	33244	5915	8836	1477	17256
安　徽	7559	2149	3100	331	5415
福　建	3722	968	1165	208	1084
江　西	1230	415	450	70	3826
山　东	15958	4591	5590	593	30896
河　南	6938	1943	3132	330	4216
湖　北	6996	2486	3427	2059	6252
湖　南	7291	3669	7708	37	4811
广　东	36838	20543	19686	1056	7984
广　西	823	400	709	28	20
海　南	181	104	85	11	96
重　庆	5170	1079	1278	80	1312
四　川	4674	1500	2183	224710	29660
贵　州	1444	638	762	173	31
云　南	942	380	751	34	702
西　藏	24	12	40		
陕　西	2454	853	1551	64	870
甘　肃	655	251	775	3	
青　海	86	31	108		
宁　夏	311	92	148	1	26
新　疆	906	215	443	42	105

8-23 各地区国有企业专利

地区	专利申请数(件)	#发明专利	有效发明专利数(件)	专利所有权转让及许可数(件)	专利所有权转让及许可收入(万元)
总计	**13086**	**4747**	**6478**	**257**	**22224**
东部地区	6092	2217	2936	124	13603
中部地区	4358	1437	2113	85	3713
西部地区	2636	1093	1429	48	4908
北京	321	131	117	6	
天津	217	64	104	7	
河北	564	172	196		
山西	179	65	78		
内蒙古	16	14	3		
辽宁	1183	446	378	2	
吉林	389	87	390	13	2089
黑龙江	184	42	74		
上海	699	336	617	12	68
江苏	937	360	614	48	5052
浙江	171	71	50	9	2
安徽	335	103	111	6	
福建	97	36	79		
江西	201	25	31	10	
山东	1512	451	627	26	8136
河南	1194	314	587	16	15
湖北	1601	680	742	40	1610
湖南	275	121	100		
广东	391	150	154	14	345
广西	94	30	120	1	20
海南					
重庆	175	49	91		
四川	820	465	633	12	4783
贵州	535	264	84	3	31
云南	43	9	70	2	
西藏	1	1			
陕西	664	197	359	12	
甘肃	56	28	62	1	
青海	15	5	1		
宁夏	48	8			
新疆	169	23	6	17	75

8-24　各地区港澳台商投资企业专利

地　区	专利申请数（件）	#发明专利	有效发明专利数（件）	专利所有权转让及许可数（件）	专利所有权转让及许可收入（万元）
总　计	**29741**	**8318**	**11179**	**68650**	**10554**
东部地区	27962	7719	10378	68567	10114
中部地区	1339	425	474	48	420
西部地区	440	174	327	35	20
北　京	564	316	1040	2	
天　津	273	60	143	3	
河　北	213	89	138	3	
山　西	64	18	54		
内蒙古					
辽　宁	337	132	70	11	401
吉　林	7	2			
黑龙江	15	7	7		
上　海	1600	749	1061	60	108
江　苏	5243	1218	1668	169	1578
浙　江	7449	1609	1597	172	1505
安　徽	362	95	130	27	410
福　建	2464	609	722	41	229
江　西	70	40	28		
山　东	731	126	180	13	1200
河　南	252	59	80	4	
湖　北	320	146	76	17	10
湖　南	249	58	99		
广　东	9041	2788	3734	68088	5093
广　西	33	10	23		
海　南	47	23	25	5	
重　庆	205	85	107	32	
四　川	79	39	140		
贵　州	11	4	16		
云　南	49	25	28	3	20
西　藏					
陕　西	7		2		
甘　肃	27	4	10		
青　海	15	1			
宁　夏	12	4			
新　疆	2	2	1		

8-25 各地区外商投资企业专利

地　区	专利申请数(件)	#发明专利	有效发明专利数(件)	专利所有权转让及许可数(件)	专利所有权转让及许可收入(万元)
总　计	**38264**	**14897**	**17965**	**1586**	**391902**
东部地区	34661	13754	16257	1479	272091
中部地区	2113	622	1061	78	119806
西部地区	1490	521	647	29	5
北　京	1199	849	512	30	4261
天　津	1526	722	1292	60	3017
河　北	259	106	94	13	900
山　西	23	11	11		
内蒙古	263	144	99		
辽　宁	610	231	309	9	34
吉　林	84	17	39	6	
黑龙江	131	52	148	5	
上　海	5493	2443	3606	110	133
江　苏	7120	2389	3681	313	250992
浙　江	5709	1168	1354	168	2404
安　徽	583	163	266	18	6
福　建	1889	674	595	40	3
江　西	98	45	33		
山　东	1752	713	737	500	1455
河　南	361	94	176	13	580
湖　北	583	181	331	36	119220
湖　南	250	59	57		
广　东	9043	4437	4056	236	8893
广　西	466	91	29		
海　南	61	22	21		
重　庆	192	53	199		
四　川	226	111	133	13	5
贵　州	26	11	3		
云　南	58	16	28		
西　藏					
陕　西	181	54	83	6	
甘　肃	11		5	10	
青　海	13	7	42		
宁　夏	34	31	23		
新　疆	20	3	3		

8-26　各地区分行业企业专利

地　区	采矿业		
	专利申请数(件)	#发明专利	有效发明专利数(件)
总　计	**2792**	**947**	**1887**
东部地区	1289	434	751
中部地区	698	209	518
西部地区	805	304	618
北　京	117	45	35
天　津	96	21	138
河　北	73	22	65
山　西	171	60	71
内蒙古	188	112	108
辽　宁	299	117	130
吉　林	19	2	5
黑龙江	146	41	251
上　海	9	1	
江　苏	93	30	45
浙　江	2	2	1
安　徽	168	71	27
福　建	2	1	1
江　西	2	1	
山　东	583	184	330
河　南	155	19	153
湖　北	27	5	5
湖　南	10	10	6
广　东	15	11	6
广　西	4	4	3
海　南			
重　庆	6	1	4
四　川	162	97	278
贵　州	3		
云　南	4	2	8
西　藏			
陕　西	131	40	134
甘　肃			
青　海	19	7	43
宁　夏	3	2	5
新　疆	285	39	35

8-26 续表 1

地　区	制造业		
	专利申请数（件）	#发明专利	有效发明专利数（件）
总　计	**259826**	**90560**	**115408**
东部地区	204740	71587	84525
中部地区	36051	12876	21518
西部地区	19017	6091	9363
北　京	6620	3457	5103
天　津	7061	2759	3515
河　北	3047	977	1465
山　西	1573	608	763
内蒙古	857	379	311
辽　宁	5989	2499	2905
吉　林	1393	548	982
黑龙江	1529	553	1299
上　海	15243	6133	9642
江　苏	39715	11829	14066
浙　江	46296	8639	11757
安　徽	8232	2325	3437
福　建	8018	2233	2423
江　西	1341	478	508
山　东	17690	5218	6068
河　南	6463	1820	2867
湖　北	7794	2785	3821
湖　南	7726	3759	7841
广　东	54772	27694	27450
广　西	1299	495	757
	289	149	131
海　南			
重　庆	5518	1204	1576
四　川	4709	1515	2146
贵　州	1470	650	778
云　南	1035	418	799
西　藏	24	12	40
陕　西	2423	845	1494
甘　肃	682	252	786
青　海	80	27	106
宁　夏	311	120	166
新　疆	609	174	404

8-26 续表 2

地区	农副食品加工业		
	专利申请数（件）	#发明专利	有效发明专利数（件）
总计	**3068**	**1073**	**1384**
东部地区	1626	601	478
中部地区	1180	360	336
西部地区	262	112	570
北京	35	24	24
天津	25	10	3
河北	13	11	11
山西	25	1	1
内蒙古	8	5	6
辽宁	41	19	8
吉林	41	33	2
黑龙江	43	30	19
上海	75	16	11
江苏	341	134	63
浙江	413	94	135
安徽	330	85	89
福建	118	71	30
江西	16	8	7
山东	361	162	150
河南	275	64	61
湖北	271	93	80
湖南	179	46	77
广东	204	60	43
广西	24	17	21
海南			
重庆	37	15	13
四川	52	28	10
贵州	3	2	5
云南	69	17	9
西藏	5		30
陕西	4	2	7
甘肃	15	5	461
青海			
宁夏	25	6	3
新疆	20	15	5

8-26 续表 3

地 区	食品制造业		
	专利申请数(件)	#发明专利	有效发明专利数(件)
总 计	**3220**	**1292**	**1341**
东部地区	1912	742	893
中部地区	648	266	300
西部地区	660	284	148
北 京	40	37	65
天 津	107	72	34
河 北	213	54	141
山 西	59	13	29
内蒙古	355	181	14
辽 宁	65	26	14
吉 林	8	5	1
黑龙江	24	19	121
上 海	80	47	44
江 苏	124	63	64
浙 江	265	92	59
安 徽	116	25	17
福 建	174	37	36
江 西	57	15	18
山 东	306	116	146
河 南	211	49	56
湖 北	152	130	52
湖 南	21	10	6
广 东	530	196	230
广 西	23	15	9
	8	2	60
海 南			
重 庆	119	19	29
四 川	56	30	67
贵 州	20	5	6
云 南	34	6	12
西 藏			
陕 西	12	5	3
甘 肃	13	9	3
青 海			
宁 夏	12	8	
新 疆	16	6	5

8-26 续表 4

地　区	饮料制造业		
	专利申请数(件)	#发明专利	有效发明专利数(件)
总　计	**2397**	**547**	**697**
东部地区	939	234	273
中部地区	639	205	267
西部地区	819	108	157
北　京	36	10	8
天　津	85	20	12
河　北	21	5	6
山　西	20	10	8
内蒙古	17	10	7
辽　宁	16	7	2
吉　林	13	2	1
黑龙江	29	19	3
上　海	49	9	15
江　苏	141	27	40
浙　江	192	42	49
安　徽	271	21	86
福　建	149	33	30
江　西	15	3	4
山　东	134	34	56
河　南	39	18	39
湖　北	173	102	98
湖　南	79	30	28
广　东	115	46	55
广　西	38	20	12
海　南	1	1	
重　庆	38	1	1
四　川	578	32	51
贵　州	20	3	5
云　南	58	7	8
西　藏			
陕　西	11	3	8
甘　肃	37	22	3
青　海	11	5	46
宁　夏	2	2	2
新　疆	9	3	14

8-26 续表 5

地区	烟草制品业		
	专利申请数(件)	#发明专利	有效发明专利数(件)
总　计	**666**	**245**	**173**
东部地区	190	72	98
中部地区	393	134	43
西部地区	83	39	32
北　京	3		1
天　津			
河　北	7		
山　西			1
内蒙古			
辽　宁			
吉　林	20	4	6
黑龙江	6		2
上　海	47	15	13
江　苏	6	2	21
浙　江	16	5	
安　徽	67	23	
福　建	26	15	13
江　西			2
山　东	35		43
河　南	34	9	8
湖　北	195	66	12
湖　南	71	32	12
广　东	50	35	7
广　西	9	5	7
海　南			
重　庆	5	5	1
四　川			
贵　州	21	10	2
云　南	46	19	17
西　藏			
陕　西	2		5
甘　肃			
青　海			
宁　夏			
新　疆			

8-26 续表 6

地　区	纺织业		
	专利申请数(件)	#发明专利	有效发明专利数(件)
总　计	**8826**	**1289**	**1282**
东部地区	8017	1109	1132
中部地区	699	151	96
西部地区	110	29	54
北　京	15	11	19
天　津	157	23	21
河　北	15	4	9
山　西	8	6	11
内蒙古	23	3	9
辽　宁	43	22	34
吉　林	6	2	2
黑龙江	2	2	1
上　海	307	47	245
江　苏	2991	389	247
浙　江	3730	377	339
安　徽	99	25	33
福　建	117	41	44
江　西			
山　东	454	146	134
河　南	92	9	15
湖　北	135	93	28
湖　南	357	14	6
广　东	151	30	32
广　西	5	2	2
	37	19	8
海　南			
重　庆	12	2	2
四　川	25	7	34
贵　州			
云　南	4		
西　藏			
陕　西	20	5	4
甘　肃			
青　海			
宁　夏	15	6	3
新　疆	6	4	

8-26 续表 7

地　区	纺织服装、鞋、帽制造业		
	专利申请数（件）	#发明专利	有效发明专利数（件）
总　计	**2351**	**215**	**373**
东部地区	2300	195	351
中部地区	32	6	7
西部地区	19	14	15
北　京	6		
天　津	11	5	7
河　北	60	23	
山　西			
内蒙古	2		1
辽　宁			
吉　林	5		
黑龙江			
上　海	536	8	3
江　苏	587	48	93
浙　江	900	40	70
安　徽	13		5
福　建	83	18	33
江　西	5	2	2
山　东	49	22	9
河　南	3	3	
湖　北	1	1	
湖　南	5		
广　东	68	31	136
广　西			
海　南			
重　庆			
四　川	3		
贵　州			
云　南			
西　藏			
陕　西			
甘　肃			
青　海			
宁　夏	14	14	14
新　疆			

8-26 续表 8

地　区	皮革、皮毛、羽毛(绒)及其制品		
	专利申请数(件)	#发明专利	有效发明专利数(件)
总　计	**1533**	**142**	**109**
东部地区	1470	128	97
中部地区	53	14	10
西部地区	10		2
北　京			
天　津	60	6	1
河　北	23	1	8
山　西			
内蒙古			
辽　宁			
吉　林			
黑龙江			
上　海	11		
江　苏	180	12	6
浙　江	716	48	34
安　徽	10	2	4
福　建	129	24	21
江　西	2	2	2
山　东	226	14	13
河　南	40	9	2
湖　北	1	1	2
湖　南			
广　东	125	23	14
广　西			
海　南			
重　庆	5		
四　川	1		
贵　州			
云　南			
西　藏			
陕　西			
甘　肃	4		2
青　海			
宁　夏			
新　疆			

8-26 续表 9

地　区	木材加工及木、竹、藤、棕、草制品业		
	专利申请数(件)	#发明专利	有效发明专利数(件)
总　计	**1758**	**464**	**523**
东部地区	1509	364	408
中部地区	184	70	60
西部地区	65	30	55
北　京	8	5	9
天　津			
河　北	10	6	3
山　西			
内蒙古	1	1	
辽　宁	1	1	
吉　林	17	10	5
黑龙江	3	1	1
上　海	22	3	9
江　苏	303	82	81
浙　江	839	87	131
安　徽	53	21	3
福　建	32	15	22
江　西	21	10	16
山　东	200	101	87
河　南	7	1	
湖　北	9	5	3
湖　南	74	22	32
广　东	94	64	66
广　西	29	9	3
海　南			
重　庆	2	2	6
四　川	9	5	33
贵　州	14	6	8
云　南	9	6	4
西　藏			
陕　西	1	1	1
甘　肃			
青　海			
宁　夏			
新　疆			

8-26 续表 10

地 区	家具制造业		
	专利申请数(件)	#发明专利	有效发明专利数(件)
总 计	**2557**	**303**	**654**
东部地区	2143	244	569
中部地区	50	13	12
西部地区	364	46	73
北 京	6		
天 津	26		
河 北	23	1	1
山 西			
内蒙古			
辽 宁	33	4	3
吉 林			
黑龙江	22		1
上 海	67	22	54
江 苏	145	19	25
浙 江	985	81	98
安 徽	5	1	1
福 建	93	27	124
江 西			
山 东	18	3	2
河 南	15	4	4
湖 北	5	5	5
湖 南	3	3	1
广 东	747	87	262
广 西	44	41	44
海 南			
重 庆	14	1	
四 川	297	4	5
贵 州			
云 南			
西 藏			
陕 西	9		24
甘 肃			
青 海			
宁 夏			
新 疆			

8-26 续表 11

地区	造纸及纸制品业		
	专利申请数(件)	#发明专利	有效发明专利数(件)
总　计	**1255**	**416**	**434**
东部地区	1082	335	349
中部地区	96	41	39
西部地区	77	40	46
北　京	1	1	
天　津	52	31	11
河　北	8	6	13
山　西			
内蒙古	7		
辽　宁	17	17	9
吉　林	3	1	
黑龙江	4	4	1
上　海	34	10	15
江　苏	204	58	50
浙　江	387	92	70
安　徽	36	10	16
福　建	116	21	21
江　西	1	1	1
山　东	119	62	87
河　南	19	5	6
湖　北	17	8	4
湖　南	16	12	11
广　东	144	37	73
广　西	2		2
海　南			
重　庆	23	23	23
四　川	1	1	1
贵　州	5	4	
云　南	22	4	17
西　藏			
陕　西	1	1	1
甘　肃	1	1	
青　海			
宁　夏	9	4	1
新　疆	6	2	1

8-26 续表 12

地　区	印刷业和记录媒介的复制		
	专利申请数(件)	#发明专利	有效发明专利数(件)
总　计	**1486**	**357**	**531**
东部地区	1237	289	413
中部地区	194	40	74
西部地区	55	28	44
北　京	15	11	28
天　津	33	3	20
河　北	11	4	22
山　西	2	1	
内蒙古			
辽　宁	30	28	27
吉　林	15	1	13
黑龙江			
上　海	78	25	70
江　苏	270	91	86
浙　江	495	40	51
安　徽	22	6	24
福　建	107	5	4
江　西	6	2	9
山　东	16	4	15
河　南	101	11	11
湖　北	29	10	9
湖　南	19	9	8
广　东	182	78	90
广　西	17	3	
海　南			
重　庆	1		
四　川	23	20	31
贵　州			
云　南	9	1	3
西　藏			
陕　西	3	2	10
甘　肃			
青　海			
宁　夏	2	2	
新　疆			

8-26 续表 13

地　区	文教体育用品制造业		
	专利申请数(件)	#发明专利	有效发明专利数(件)
总　计	**4175**	**450**	**1085**
东部地区	4063	430	1033
中部地区	105	18	50
西部地区	7	2	2
北　京	3		5
天　津	78	20	20
河　北	6		8
山　西	5		2
内蒙古			
辽　宁	4	1	
吉　林			
黑龙江			
上　海	376	25	72
江　苏	734	101	148
浙　江	1440	145	515
安　徽	76	4	15
福　建	164	30	36
江　西	1		
山　东	158	25	69
河　南	9	4	4
湖　北	8	8	
湖　南	6	2	29
广　东	1100	83	160
广　西	7	2	2
海　南			
重　庆			
四　川			
贵　州			
云　南			
西　藏			
陕　西			
甘　肃			
青　海			
宁　夏			
新　疆			

8-26 续表 14

地 区	石油加工、炼焦及核燃料加工业		
	专利申请数(件)	#发明专利	有效发明专利数(件)
总 计	**595**	**401**	**949**
东部地区	354	260	722
中部地区	143	76	116
西部地区	98	65	111
北 京	51	41	220
天 津	9	6	21
河 北	6	5	7
山 西	42	20	25
内蒙古	6	3	
辽 宁	30	26	30
吉 林	6	6	1
黑龙江	13	8	17
上 海	39	36	171
江 苏	47	42	26
浙 江	14	12	20
安 徽	9	3	7
福 建	14	6	9
江 西	11	7	4
山 东	115	63	200
河 南	33	20	26
湖 北	4	2	14
湖 南	25	10	22
广 东	29	23	18
广 西	2	1	1
海 南			
重 庆	6	4	3
四 川	9	8	21
贵 州			
云 南			
西 藏			
陕 西	14	3	1
甘 肃	18	15	41
青 海			
宁 夏	3	2	
新 疆	40	29	44

8-26 续表 15

地　区	化学原料及化学制品制造业		
	专利申请数(件)	#发明专利	有效发明专利数(件)
总　计	**12081**	**6925**	**7141**
东部地区	9441	5446	5473
中部地区	1673	965	1024
西部地区	967	514	644
北　京	192	139	243
天　津	385	238	157
河　北	144	96	160
山　西	82	47	43
内蒙古	27	20	21
辽　宁	428	326	382
吉　林	94	55	81
黑龙江	34	20	41
上　海	978	642	1022
江　苏	2529	1499	1589
浙　江	1270	607	640
安　徽	396	217	211
福　建	204	112	53
江　西	78	59	45
山　东	1780	808	685
河　南	218	124	122
湖　北	516	322	297
湖　南	255	121	184
广　东	1499	960	537
广　西	48	41	33
海　南	32	19	5
重　庆	65	34	64
四　川	255	128	264
贵　州	261	90	76
云　南	93	60	84
西　藏	1		
陕　西	65	53	51
甘　肃	35	26	9
青　海	3	3	9
宁　夏	14	12	2
新　疆	100	47	31

8-26 续表 16

地　区	医药制造业		
	专利申请数（件）	#发明专利	有效发明专利数（件）
总　计	**8601**	**5166**	**6017**
东部地区	5331	3565	3813
中部地区	2098	992	1090
西部地区	1172	609	1114
北　京	264	212	260
天　津	1301	883	431
河　北	229	197	360
山　西	76	23	57
内蒙古	57	13	16
辽　宁	263	202	164
吉　林	191	132	205
黑龙江	183	90	74
上　海	336	246	258
江　苏	734	412	638
浙　江	670	427	560
安　徽	421	227	142
福　建	104	59	80
江　西	208	81	184
山　东	631	428	529
河　南	392	158	103
湖　北	254	129	182
湖　南	373	152	143
广　东	646	418	500
广　西	97	60	189
海　南	153	81	33
重　庆	269	171	208
四　川	203	92	146
贵　州	139	72	278
云　南	214	97	146
西　藏	18	12	10
陕　西	89	60	66
甘　肃	28	17	4
青　海	21	5	14
宁　夏	30	7	26
新　疆	7	3	11

8-26 续表 17

地　区	化学纤维制造业		
	专利申请数（件）	#发明专利	有效发明专利数（件）
总　计	**904**	**268**	**421**
东部地区	799	217	305
中部地区	64	27	81
西部地区	41	24	35
北　京	2	1	7
天　津			
河　北	3	3	15
山　西			
内蒙古			
辽　宁	6	5	9
吉　林	5	1	17
黑龙江			
上　海	9	9	2
江　苏	330	122	157
浙　江	360	50	76
安　徽	8	4	2
福　建	17	4	8
江　西	3	2	2
山　东	37	11	29
河　南	13	7	54
湖　北			
湖　南	35	13	6
广　东	35	12	2
广　西			
海　南			
重　庆			
四　川	33	21	32
贵　州			
云　南	5	1	2
西　藏			
陕　西			
甘　肃	2	2	
青　海			
宁　夏			
新　疆	1		1

8-26 续表 18

地 区	橡胶制品业		
	专利申请数(件)	#发明专利	有效发明专利数(件)
总 计	**1703**	**419**	**670**
东部地区	1343	322	474
中部地区	222	55	115
西部地区	138	42	81
北 京	13	5	7
天 津	62	42	52
河 北	58	15	45
山 西			10
内蒙古	9	4	
辽 宁	20	7	13
吉 林			
黑龙江	4	1	4
上 海	94	26	126
江 苏	302	84	102
浙 江	204	51	42
安 徽	116	18	69
福 建	95	12	11
江 西	8	6	
山 东	396	54	42
河 南	41	14	14
湖 北	17	6	16
湖 南	36	10	2
广 东	97	26	34
广 西	29	13	61
海 南	2		
重 庆	11	3	5
四 川	19	6	2
贵 州	51	8	7
云 南	3	1	
西 藏			
陕 西	7	3	1
甘 肃	6	1	
青 海			
宁 夏	2	2	2
新 疆	1	1	3

8-26 续表 19

地　区	塑料制品业		
	专利申请数(件)	#发明专利	有效发明专利数(件)
总　计	**6355**	**1695**	**2046**
东部地区	5400	1420	1561
中部地区	746	212	282
西部地区	209	63	203
北　京	27	9	19
天　津	95	21	73
河　北	75	10	20
山　西	7	3	9
内蒙古			
辽　宁	95	51	128
吉　林	22	13	59
黑龙江	34	5	34
上　海	414	168	116
江　苏	893	242	257
浙　江	1810	315	406
安　徽	179	43	134
福　建	675	183	69
江　西	2		2
山　东	96	24	11
河　南	48	20	26
湖　北	435	126	16
湖　南	19	2	2
广　东	1197	382	447
广　西	6	6	6
	23	15	15
海　南			
重　庆	7	4	20
四　川	95	27	44
贵　州	12	2	
云　南	12	11	6
西　藏			
陕　西	17	4	19
甘　肃	13	1	2
青　海			
宁　夏			
新　疆	47	8	106

8-26 续表 20

地　区	非金属矿物制品业		
	专利申请数(件)	#发明专利	有效发明专利数(件)
总　计	**8789**	**3792**	**8633**
东部地区	4984	1385	1986
中部地区	3521	2259	6419
西部地区	284	148	228
北　京	398	170	448
天　津	39	18	12
河　北	201	34	36
山　西	34	25	15
内蒙古	28	20	40
辽　宁	151	70	80
吉　林	10	5	6
黑龙江	66	10	41
上　海	457	131	151
江　苏	827	305	321
浙　江	1110	204	252
安　徽	363	61	490
福　建	240	73	129
江　西	70	28	25
山　东	648	153	200
河　南	432	161	193
湖　北	422	54	41
湖　南	2124	1915	5608
广　东	913	227	357
广　西	25	15	17
海　南			
重　庆	39	25	25
四　川	136	62	130
贵　州	6	4	2
云　南	25	3	5
西　藏			
陕　西	8	5	3
甘　肃	17	14	5
青　海			
宁　夏			1
新　疆			

8-26 续表 21

地区	黑色金属冶炼及压延加工业制造业		
	专利申请数（件）	#发明专利	有效发明专利数（件）
总计	**5295**	**2005**	**2280**
东部地区	3288	1216	1397
中部地区	1309	471	514
西部地区	698	318	369
北京	139	93	45
天津	129	52	58
河北	339	98	91
山西	379	124	117
内蒙古	17	13	33
辽宁	800	290	174
吉林	3	1	3
黑龙江	6	4	6
上海	713	283	634
江苏	658	238	197
浙江	137	29	57
安徽	153	69	76
福建	69	22	19
江西	15	6	6
山东	262	102	92
河南	95	29	75
湖北	595	206	178
湖南	63	32	53
广东	42	9	30
广西	8	2	10
海南			
重庆	101	21	23
四川	353	230	195
贵州	2	2	1
云南	27	20	8
西藏			
陕西	8	6	8
甘肃	11	1	6
青海			
宁夏			3
新疆	171	23	82

8-26 续表 22

地　区	有色金属冶炼及压延加工业		
	专利申请数（件）	#发明专利	有效发明专利数（件）
总　计	**4457**	**1644**	**2696**
东部地区	2192	555	982
中部地区	1437	571	1056
西部地区	828	518	658
北　京	68	47	113
天　津	40	19	68
河　北	17	13	15
山　西	36	22	66
内蒙古	38	26	25
辽　宁	96	21	47
吉　林	18	12	11
黑龙江	18	16	52
上　海	69	23	31
江　苏	586	155	147
浙　江	478	112	93
安　徽	107	32	42
福　建	80	14	30
江　西	142	27	17
山　东	262	75	175
河　南	614	251	562
湖　北	170	12	152
湖　南	332	199	154
广　东	495	75	263
广　西	35	11	51
	1	1	
海　南			
重　庆	145	53	40
四　川	40	18	56
贵　州	139	125	50
云　南	136	91	214
西　藏			
陕　西	162	116	110
甘　肃	76	47	36
青　海	23	13	30
宁　夏	34	18	46
新　疆			

8-26 续表 23

地区	金属制品业		
	专利申请数(件)	#发明专利	有效发明专利数(件)
总　计	**8849**	**1899**	**2873**
东部地区	7418	1517	2188
中部地区	948	256	415
西部地区	483	126	270
北　京	93	27	93
天　津	129	29	82
河　北	126	34	41
山　西	11	2	6
内蒙古	13	4	7
辽　宁	227	98	77
吉　林	22	15	1
黑龙江	26	9	10
上　海	368	118	179
江　苏	1979	391	501
浙　江	2562	408	615
安　徽	249	58	161
福　建	240	61	65
江　西	40	22	10
山　东	361	84	84
河　南	131	25	42
湖　北	249	70	141
湖　南	220	55	44
广　东	1333	267	451
广　西	4		9
海　南			
重　庆	67	11	24
四　川	248	68	64
贵　州	29	15	36
云　南	22	10	53
西　藏			
陕　西	19	3	14
甘　肃	41	13	47
青　海			
宁　夏	16		11
新　疆	24	2	5

8-26 续表 24

地区	通用设备制造业		
	专利申请数(件)	#发明专利	有效发明专利数(件)
总计	**23070**	**5771**	**8504**
东部地区	19303	4703	6511
中部地区	2637	742	1406
西部地区	1130	326	587
北京	300	85	178
天津	702	159	191
河北	184	44	78
山西	84	41	56
内蒙古	58	20	22
辽宁	973	333	375
吉林	34	7	10
黑龙江	164	46	37
上海	1802	518	1348
江苏	5928	1645	1552
浙江	5525	1066	1586
安徽	851	190	466
福建	458	89	148
江西	19	4	15
山东	1822	471	519
河南	538	153	218
湖北	567	190	335
湖南	380	111	269
广东	1609	293	536
广西	38	10	27
海南			
重庆	186	35	83
四川	375	139	271
贵州	80	28	15
云南	27	1	19
西藏			
陕西	129	47	84
甘肃	98	14	23
青海	15		7
宁夏	84	26	17
新疆	40	6	19

8-26 续表 25

地　区	专用设备制造业		
	专利申请数（件）	#发明专利	有效发明专利数（件）
总　计	**21629**	**6294**	**9004**
东部地区	15540	4474	5745
中部地区	4497	1344	2406
西部地区	1576	472	853
北　京	1182	668	651
天　津	626	214	284
河　北	323	82	92
山　西	404	161	178
内蒙古	70	31	88
辽　宁	852	305	423
吉　林	98	19	69
黑龙江	274	92	375
上　海	1384	394	618
江　苏	3723	1071	1183
浙　江	3381	671	961
安　徽	599	156	263
福　建	521	149	251
江　西	50	19	6
山　东	1487	237	340
河　南	889	241	642
湖　北	734	205	542
湖　南	1449	451	331
广　东	2044	679	936
广　西	170	45	71
海　南	17	4	6
重　庆	223	70	179
四　川	364	142	218
贵　州	65	29	36
云　南	63	25	18
西　藏			
陕　西	489	109	161
甘　肃	85	10	65
青　海			
宁　夏	1		7
新　疆	46	11	10

8-26　续表 26

地　区	交通运输设备制造业		
	专利申请数（件）	#发明专利	有效发明专利数（件）
总　计	**23969**	**5185**	**6440**
东部地区	12748	2580	3182
中部地区	5701	1436	1816
西部地区	5520	1169	1442
北　京	712	158	98
天　津	282	60	104
河　北	362	51	88
山　西	75	26	52
内蒙古	71	13	11
辽　宁	666	203	216
吉　林	525	128	347
黑龙江	308	72	310
上　海	1461	400	591
江　苏	2614	529	743
浙　江	3069	524	611
安　徽	2065	645	448
福　建	278	48	122
江　西	107	46	31
山　东	1958	289	305
河　南	749	131	130
湖　北	1340	241	309
湖　南	532	147	189
广　东	1346	318	300
广　西	503	124	101
海　南			4
重　庆	3770	593	668
四　川	360	112	112
贵　州	257	114	174
云　南	46	6	122
西　藏			
陕　西	468	187	231
甘　肃	31	19	10
青　海	5		
宁　夏			
新　疆	9	1	13

8-26 续表 27

地　区	电气机械及器材制造业		
	专利申请数（件）	#发明专利	有效发明专利数（件）
总　计	**36576**	**9549**	**14432**
东部地区	32117	8347	12726
中部地区	3352	900	1249
西部地区	1105	300	455
北　京	546	225	291
天　津	1361	583	1379
河　北	367	73	103
山　西	173	49	43
内蒙古	26	9	10
辽　宁	355	121	210
吉　林	53	24	31
黑龙江	186	79	108
上　海	1661	455	1239
江　苏	6311	1944	3454
浙　江	8583	1278	1998
安　徽	1125	228	376
福　建	1137	187	425
江　西	292	83	59
山　东	2552	833	774
河　南	570	115	161
湖　北	490	134	236
湖　南	463	188	235
广　东	9229	2641	2853
广　西	69	23	54
海　南	15	7	
重　庆	129	58	53
四　川	288	55	166
贵　州	72	11	9
云　南	69	16	14
西　藏			
陕　西	326	110	84
甘　肃	75	11	43
青　海	2	1	
宁　夏	29	3	21
新　疆	20	3	1

8-26 续表 28

地　区	通信设备、计算机及其他电子设备制造业		
	专利申请数(件)	#发明专利	有效发明专利数(件)
总　计	**49225**	**29385**	**29498**
东部地区	46146	28230	27306
中部地区	1649	737	1453
西部地区	1430	418	739
北　京	1929	1254	1958
天　津	820	183	351
河　北	116	73	53
山　西	10	4	9
内蒙古	21		
辽　宁	497	203	274
吉　林	118	50	36
黑龙江	13	3	2
上　海	3091	2250	2343
江　苏	4208	1568	1672
浙　江	3343	1279	1461
安　徽	319	96	179
福　建	1738	727	386
江　西	85	28	28
山　东	2115	751	1019
河　南	184	58	81
湖　北	655	419	944
湖　南	265	79	174
广　东	28289	19942	17789
广　西	37	18	12
海　南			
重　庆	53	14	26
四　川	738	198	138
贵　州	176	80	36
云　南	11	2	1
西　藏			
陕　西	333	88	481
甘　肃	46	14	17
青　海			
宁　夏			
新　疆	15	4	28

8-26 续表 29

地区	仪器仪表及文化、办公用机械制造业		
	专利申请数（件）	#发明专利	有效发明专利数（件）
总　计	**10925**	**2871**	**4448**
东部地区	8931	2228	3456
中部地区	1371	454	721
西部地区	623	189	271
北　京	487	196	244
天　津	442	61	117
河　北	87	34	39
山　西	41	30	25
内蒙古			
辽　宁	273	107	194
吉　林	66	22	75
黑龙江	63	19	33
上　海	409	147	216
江　苏	1648	535	543
浙　江	2395	361	674
安　徽	160	50	55
福　建	619	105	82
江　西	76	10	10
山　东	518	135	171
河　南	394	110	194
湖　北	263	121	119
湖　南	308	92	210
广　东	2053	547	1176
广　西	26	11	12
海　南			
重　庆	183	35	43
四　川	127	70	45
贵　州	32	9	31
云　南	27	10	33
西　藏			
陕　西	165	31	75
甘　肃	13	9	
青　海			
宁　夏	19	8	7
新　疆	31	6	25

8-26 续表 30

地 区	工艺品及其他制造业		
	专利申请数(件)	#发明专利	有效发明专利数(件)
总 计	**3449**	**460**	**744**
东部地区	2868	347	589
中部地区	397	55	50
西部地区	184	58	105
北 京	39	18	69
天 津	5	1	6
河 北			
山 西			
内蒙古	3	3	1
辽 宁	7	6	12
吉 林			
黑龙江	2	2	1
上 海	276	60	45
江 苏	363	18	58
浙 江	997	92	150
安 徽	7	3	17
福 建	221	45	122
江 西	11	7	3
山 东	573	10	82
河 南	277	17	18
湖 北	83	24	6
湖 南	17	2	5
广 东	387	97	45
广 西	4	1	1
海 南			
重 庆	8	5	37
四 川	21	12	10
贵 州	66	31	1
云 南	4	4	4
西 藏			
陕 西	61	1	42
甘 肃	17	1	9
青 海			
宁 夏			
新 疆			

8-26 续表 31

地 区	电力、燃气及水的生产和供应业		
	专利申请数(件)	#发明专利	有效发明专利数(件)
总 计	**3190**	**943**	**950**
东部地区	1385	448	362
中部地区	1421	393	524
西部地区	384	102	64
北 京	279	71	30
天 津	5	2	10
河 北	70	10	9
山 西	54	26	22
内蒙古	5	4	3
辽 宁	114	33	26
吉 林	21	10	6
黑龙江	122	28	68
上 海	220	112	26
江 苏	235	61	45
浙 江	104	51	29
安 徽	104	11	32
福 建	55	17	58
江 西	55	21	3
山 东	168	28	109
河 南	933	257	368
湖 北	78	23	8
湖 南	54	17	17
广 东	135	63	20
广 西	19	2	1
海 南			
重 庆	43	12	4
四 川	108	38	32
贵 州	8	3	3
云 南	10	1	
西 藏			
陕 西	88	22	8
甘 肃	11	3	4
青 海	15	5	1
宁 夏	43	5	
新 疆	34	7	8

九、政府相关政策落实情况

9-1 企业政府相关政策落实

单位：万元

项 目	使用来自政府部门的科技活动经费	研究开发费用加计扣除减免税	高新技术企业减免税
总 计	**2589494**	**1850606**	**3082755**
按企业规模分组			
大中型企业	2125941	1504400	2605208
大型企业	1294018	940005	1485429
中型企业	831924	564395	1119779
小型企业	463553	346206	477547
按企业控股情况分组			
国有控股	1485992	847315	827025
集体控股	86423	80797	130283
私人控股	750426	619385	884427
港澳台商控股	89530	99510	285703
外商控股	90867	133596	788756
按登记注册类型分组			
内资企业	2246997	1459667	1690656
国有企业	239360	200340	99547
集体企业	14369	3764	13340
股份合作企业	8704	3672	8795
联营企业	2604	1449	1250
有限责任公司	1165755	596828	593509
#国有独资公司	322336	190276	77076
股份有限公司	456872	300921	614606
私营企业	356025	335216	353875
其他内资企业	3306	17476	5734
港澳台商投资企业	144881	123529	397205
外商投资企业	197616	267410	994894

9-2 大中型企业政府相关政策落实

单位：万元

项　　目	使用来自政府部门的科技活动经费	研究开发费用加计扣除减免税	高新技术企业减免税
总　　计	**2125941**	**1504400**	**2605208**
按企业控股情况分组			
国有控股	1418400	810580	769118
集体控股	70690	71718	109532
私人控股	441657	388339	649893
港澳台商控股	68012	75625	225528
外商控股	69756	103829	728377
按登记注册类型分组			
内资企业	1858349	1186750	1371426
国有企业	225082	187612	94984
集体企业	11644	3192	12081
股份合作企业	5493	1858	6304
联营企业	1698	1135	893
有限责任公司	1036358	528860	461112
#国有独资公司	318380	189156	75937
股份有限公司	423217	281441	580250
私营企业	152823	166076	211192
其他内资企业	2035	16576	4610
港澳台商投资企业	112874	92351	326729
外商投资企业	154718	225300	907052

9-3 大型企业政府相关政策落实

单位：万元

项　　目	使用来自政府部门的科技活动经费	研究开发费用加计扣除减免税	高新技术企业减免税
总　　计	**1294018**	**940005**	**1485429**
按企业控股情况分组			
国有控股	1033790	672155	519806
集体控股	37208	45994	45486
私人控股	143998	150683	228749
港澳台商控股	32175	24806	108506
外商控股	26269	28903	555246
按登记注册类型分组			
内资企业	1154759	791279	691795
国有企业	137569	148002	48954
集体企业	7318	2133	9800
股份合作企业	641	127	750
联营企业	1451	481	608
有限责任公司	743289	398171	240479
#国有独资公司	288436	177934	65285
股份有限公司	240453	173953	350402
私营企业	22935	52899	37227
其他内资企业	1103	15515	3578
港澳台商投资企业	58210	27724	134511
外商投资企业	81049	121002	659123

9-4 中型企业政府相关政策落实

单位：万元

项　　目	使用来自政府部门的科技活动经费	研究开发费用加计扣除减免税	高新技术企业减免税
总　　计	**831924**	**564395**	**1119779**
按企业控股情况分组			
国有控股	384610	138424	249312
集体控股	33482	25723	64046
私人控股	297659	237656	421144
港澳台商控股	35837	50818	117022
外商控股	43487	74926	173131
按登记注册类型分组			
内资企业	703590	395471	679631
国有企业	87513	39611	46030
集体企业	4326	1060	2282
股份合作企业	4852	1731	5554
联营企业	247	655	286
有限责任公司	293069	130689	220633
#国有独资公司	29944	11222	10652
股份有限公司	182764	107488	229848
私营企业	129888	113176	173966
其他内资企业	932	1061	1033
港澳台商投资企业	54664	64627	192218
外商投资企业	73670	104297	247930

9-5 小型企业政府相关政策落实

单位：万元

项　　目	使用来自政府部门的科技活动经费	研究开发费用加计扣除减免税	高新技术企业减免税
总　　计	**463553**	**346206**	**477547**
按企业控股情况分组			
国有控股	67592	36736	57908
集体控股	15733	9080	20751
私人控股	308769	231045	234535
港澳台商控股	21517	23885	60175
外商控股	21111	29767	60379
按登记注册类型分组			
内资企业	388648	272917	319229
国有企业	14279	12727	4563
集体企业	2726	571	1258
股份合作企业	3211	1814	2492
联营企业	907	313	356
有限责任公司	129397	67969	132398
#国有独资公司	3956	1120	1139
股份有限公司	33655	19481	34356
私营企业	203203	169141	142682
其他内资企业	1271	900	1124
港澳台商投资企业	32008	31179	70475
外商投资企业	42898	42111	87842

9-6 按行业分企业政府相关政策落实

单位：万元

行 业	使用来自政府部门的科技活动经费	研究开发费用加计扣除减免税	高新技术企业减免税
总 计	**2589494**	**1850606**	**3082755**
采矿业	**86133**	**77211**	**5949**
煤炭开采和洗选业	39294	39810	4638
石油和天然气开采业	34046	30132	294
黑色金属矿采选业	2311	249	
有色金属矿采选业	6890	3993	3
非金属矿采选业	3592	3028	1015
制造业	**2483618**	**1753353**	**3056407**
农副食品加工业	46329	8643	12639
食品制造业	37473	13278	41968
饮料制造业	22891	6511	7104
烟草制品业	2982	5680	819
纺织业	31799	18390	26083
纺织服装、鞋、帽制造业	5998	3027	839
皮革、毛皮、羽毛(绒)及其制品业	3591	3250	4225
木材加工及木、竹、藤、棕、草制品业	12836	1120	2160
家具制造业	1055	4963	17006
造纸及纸制品业	24587	5011	20827
印刷业和记录媒介的复制	4914	31919	16531
文教体育用品制造业	4964	2447	4423
石油加工、炼焦及核燃料加工业	23216	19178	5622
化学原料及化学制品制造业	172266	134087	188262
医药制造业	120969	104844	285911
化学纤维制造业	13348	32546	21234
橡胶制品业	14390	16921	42658
塑料制品业	17113	17861	34190
非金属矿物制品业	52924	32669	91708
黑色金属冶炼及压延加工业	59385	182357	46947
有色金属冶炼及压延加工业	83896	35120	67218
金属制品业	34157	28114	40583
通用设备制造业	176929	159075	317988
专用设备制造业	204460	202971	189466
交通运输设备制造业	727633	271808	301212
电气机械及器材制造业	179881	146581	533492
通信设备、计算机及其他电子设备制造业	328026	210140	641922
仪器仪表及文化、办公用机械制造业	65515	47313	83195
工艺品及其他制造业	9253	7532	10173
电力、燃气及水的生产和供应业	**19743**	**20042**	**20398**
电力、热力的生产和供应业	16739	19648	18069
燃气生产和供应业	194	110	1668
水的生产和供应业	2810	283	662

9-7 按行业分大中型企业政府相关政策落实

单位：万元

行　业	使用来自政府部门的科技活动经费	研究开发费用加计扣除减免税	高新技术企业减免税
总　计	**2125941**	**1504400**	**2605208**
采矿业	**81704**	**66135**	**1343**
煤炭开采和洗选业	37713	39806	280
石油和天然气开采业	32487	19741	118
黑色金属矿采选业	2006	249	
有色金属矿采选业	6151	3993	3
非金属矿采选业	3349	2347	942
制造业	**2029903**	**1419335**	**2586455**
农副食品加工业	25890	4068	8576
食品制造业	27653	10709	37105
饮料制造业	14726	5915	5900
烟草制品业	2967	5447	819
纺织业	25482	14403	21902
纺织服装、鞋、帽制造业	5162	2717	644
皮革、毛皮、羽毛(绒)及其制品业	2630	3011	4166
木材加工及木、竹、藤、棕、草制品业	9976	837	780
家具制造业	434	3632	16695
造纸及纸制品业	19253	3116	20212
印刷业和记录媒介的复制	3571	4814	14692
文教体育用品制造业	3869	1832	4231
石油加工、炼焦及核燃料加工业	21069	16979	3168
化学原料及化学制品制造业	117227	65979	137735
医药制造业	84068	81345	227746
化学纤维制造业	10177	31977	20341
橡胶制品业	7718	16023	40943
塑料制品业	9503	12981	28275
非金属矿物制品业	32937	24177	81106
黑色金属冶炼及压延加工业	56677	177079	42436
有色金属冶炼及压延加工业	71475	31929	62873
金属制品业	24796	20585	30267
通用设备制造业	134701	133028	270725
专用设备制造业	157908	172969	132441
交通运输设备制造业	708271	246214	279046
电气机械及器材制造业	136899	114768	425453
通信设备、计算机及其他电子设备制造业	269872	173146	602776
仪器仪表及文化、办公用机械制造业	38487	33189	56257
工艺品及其他制造业	6453	6468	9149
电力、燃气及水的生产和供应业	**14334**	**18931**	**17410**
电力、热力的生产和供应业	12368	18701	15815
燃气生产和供应业	194	110	1596
水的生产和供应业	1772	120	

9-8 按行业分大型企业政府相关政策落实

单位：万元

行业	使用来自政府部门的科技活动经费	研究开发费用加计扣除减免税	高新技术企业减免税
总计	**1294018**	**940005**	**1485429**
采矿业	**75792**	**60095**	**398**
煤炭开采和洗选业	37137	39806	280
石油和天然气开采业	32313	19676	118
黑色金属矿采选业	678	6	
有色金属矿采选业	3281		
非金属矿采选业	2384	607	
制造业	**1212832**	**869038**	**1485031**
农副食品加工业	9022	1382	1607
食品制造业	12927	1306	23282
饮料制造业	9253	4742	4147
烟草制品业	2912	5360	69
纺织业	9779	5281	12172
纺织服装、鞋、帽制造业	2757	586	90
皮革、毛皮、羽毛(绒)及其制品业	1717	1857	3635
木材加工及木、竹、藤、棕、草制品业	12	466	541
家具制造业	23	1418	6825
造纸及纸制品业	12411	985	17355
印刷业和记录媒介的复制	2021	208	4658
文教体育用品制造业	1614	535	1034
石油加工、炼焦及核燃料加工业	12204	14526	2538
化学原料及化学制品制造业	52668	22855	22496
医药制造业	33505	41890	88333
化学纤维制造业	5728	26394	3025
橡胶制品业	5353	10541	32470
塑料制品业	2365	947	11863
非金属矿物制品业	11390	6684	55797
黑色金属冶炼及压延加工业	48561	175132	28821
有色金属冶炼及压延加工业	40983	16438	42989
金属制品业	5597	7754	3782
通用设备制造业	58567	75909	137454
专用设备制造业	89201	119379	56439
交通运输设备制造业	554662	187270	187669
电气机械及器材制造业	51863	44659	205614
通信设备、计算机及其他电子设备制造业	165649	83426	507080
仪器仪表及文化、办公用机械制造业	8476	10451	21397
工艺品及其他制造业	1615	658	1850
电力、燃气及水的生产和供应业	**5394**	**10873**	
电力、热力的生产和供应业	5161	10763	
燃气生产和供应业	74	110	
水的生产和供应业	159		

9-9 按行业分中型企业政府相关政策落实

单位：万元

行 业	使用来自政府部门的科技活动经费	研究开发费用加计扣除减免税	高新技术企业减免税
总 计	**831924**	**564395**	**1119779**
采矿业	**5912**	**6040**	**945**
煤炭开采和洗选业	576		
石油和天然气开采业	174	65	
黑色金属矿采选业	1328	243	
有色金属矿采选业	2870	3993	3
非金属矿采选业	965	1740	942
制造业	**817071**	**550297**	**1101424**
农副食品加工业	16868	2686	6969
食品制造业	14726	9404	13823
饮料制造业	5473	1174	1753
烟草制品业	55	87	750
纺织业	15704	9121	9730
纺织服装、鞋、帽制造业	2404	2131	554
皮革、毛皮、羽毛(绒)及其制品业	913	1154	531
木材加工及木、竹、藤、棕、草制品业	9964	371	239
家具制造业	411	2214	9870
造纸及纸制品业	6841	2131	2857
印刷业和记录媒介的复制	1550	4605	10034
文教体育用品制造业	2255	1297	3197
石油加工、炼焦及核燃料加工业	8866	2453	630
化学原料及化学制品制造业	64559	43124	115239
医药制造业	50563	39455	139413
化学纤维制造业	4449	5584	17315
橡胶制品业	2365	5482	8474
塑料制品业	7138	12034	16412
非金属矿物制品业	21547	17493	25309
黑色金属冶炼及压延加工业	8116	1947	13615
有色金属冶炼及压延加工业	30492	15491	19884
金属制品业	19199	12831	26485
通用设备制造业	76134	57119	133271
专用设备制造业	68707	53590	76002
交通运输设备制造业	153609	58944	91377
电气机械及器材制造业	85036	70108	219839
通信设备、计算机及其他电子设备制造业	104224	89720	95696
仪器仪表及文化、办公用机械制造业	30010	22738	34860
工艺品及其他制造业	4839	5810	7299
电力、燃气及水的生产和供应业	**8940**	**8058**	**17410**
电力、热力的生产和供应业	7208	7938	15815
燃气生产和供应业	120		1596
水的生产和供应业	1613	120	

9-10　按行业分小型企业政府相关政策落实

单位：万元

行　业	使用来自政府部门的科技活动经费	研究开发费用加计扣除减免税	高新技术企业减免税
总　计	**463553**	**346206**	**477547**
采矿业	**4429**	**11077**	**4606**
煤炭开采和洗选业	1581	4	4358
石油和天然气开采业	1560	10392	175
黑色金属矿采选业	305		
有色金属矿采选业	739		
非金属矿采选业	243	681	73
制造业	**453715**	**334019**	**469953**
农副食品加工业	20439	4575	4063
食品制造业	9821	2569	4863
饮料制造业	8165	596	1204
烟草制品业	15	233	
纺织业	6317	3987	4181
纺织服装、鞋、帽制造业	837	310	195
皮革、毛皮、羽毛(绒)及其制品业	961	238	59
木材加工及木、竹、藤、棕、草制品业	2860	283	1380
家具制造业	621	1331	312
造纸及纸制品业	5334	1895	615
印刷业和记录媒介的复制	1342	27106	1840
文教体育用品制造业	1096	615	192
石油加工、炼焦及核燃料加工业	2146	2199	2454
化学原料及化学制品制造业	55039	68108	50527
医药制造业	36901	23499	58166
化学纤维制造业	3171	569	893
橡胶制品业	6673	898	1715
塑料制品业	7610	4880	5915
非金属矿物制品业	19988	8493	10603
黑色金属冶炼及压延加工业	2708	5278	4511
有色金属冶炼及压延加工业	12422	3190	4345
金属制品业	9361	7529	10316
通用设备制造业	42228	26047	47263
专用设备制造业	46552	30002	57025
交通运输设备制造业	19362	25594	22166
电气机械及器材制造业	42982	31814	108039
通信设备、计算机及其他电子设备制造业	58154	36994	39146
仪器仪表及文化、办公用机械制造业	27029	14124	26939
工艺品及其他制造业	2799	1064	1024
电力、燃气及水的生产和供应业	**5409**	**1110**	**2988**
电力、热力的生产和供应业	4371	947	2254
水的生产和供应业	1039	163	662

9-11 按行业分国有控股企业政府相关政策落实

单位：万元

行　业	使用来自政府部门的科技活动经费	研究开发费用加计扣除减免税	高新技术企业减免税
总　计	**1485992**	**847315**	**827025**
采矿业	**77915**	**54572**	**5573**
煤炭开采和洗选业	37271	31622	4638
石油和天然气开采业	33435	22027	118
黑色金属矿采选业	876	6	
有色金属矿采选业	4814		
非金属矿采选业	1519	917	817
制造业	**1390466**	**774715**	**804942**
农副食品加工业	4729	1287	418
食品制造业	7864	1224	2785
饮料制造业	8012	4322	2571
烟草制品业	2966	5619	69
纺织业	4403	1249	2400
纺织服装、鞋、帽制造业	21	15	302
皮革、毛皮、羽毛(绒)及其制品业		20	
木材加工及木、竹、藤、棕、草制品业	559		
家具制造业		1418	6825
造纸及纸制品业	5550	914	360
印刷业和记录媒介的复制	300	705	7119
文教体育用品制造业	265	178	1066
石油加工、炼焦及核燃料加工业	15332	15135	3248
化学原料及化学制品制造业	78784	36770	45032
医药制造业	25457	17650	64672
化学纤维制造业	2622	1357	13868
橡胶制品业	3059	2481	9700
塑料制品业	3785	1011	6225
非金属矿物制品业	14599	7261	52848
黑色金属冶炼及压延加工业	37660	165726	13601
有色金属冶炼及压延加工业	57456	24317	46008
金属制品业	15075	5656	11856
通用设备制造业	83514	62805	106647
专用设备制造业	128103	129657	82471
交通运输设备制造业	648382	192310	181058
电气机械及器材制造业	38154	28481	58425
通信设备、计算机及其他电子设备制造业	174629	48327	56192
仪器仪表及文化、办公用机械制造业	25209	15160	24361
工艺品及其他制造业	3442	3661	4817
电力、燃气及水的生产和供应业	**17611**	**18029**	**16510**
电力、热力的生产和供应业	15188	17939	14915
燃气生产和供应业	194		1596
水的生产和供应业	2229	90	

9-12 按行业分内资企业政府相关政策落实

单位：万元

行 业	使用来自政府部门的科技活动经费	研究开发费用加计扣除减免税	高新技术企业减免税
总 计	**2246997**	**1459667**	**1690656**
采矿业	**82431**	**68981**	**5949**
煤炭开采和洗选业	39119	39810	4638
石油和天然气开采业	33755	22352	294
黑色金属矿采选业	1961	249	
有色金属矿采选业	5315	3993	3
非金属矿采选业	2282	2578	1015
制造业	**2145990**	**1371626**	**1681741**
农副食品加工业	39266	7938	6217
食品制造业	30614	9814	12794
饮料制造业	19633	5797	3744
烟草制品业	2981	5680	819
纺织业	25310	13254	14223
纺织服装、鞋、帽制造业	2577	2438	812
皮革、毛皮、羽毛(绒)及其制品业	2642	1849	4198
木材加工及木、竹、藤、棕、草制品业	10754	987	931
家具制造业	816	2576	1413
造纸及纸制品业	22877	3218	2402
印刷业和记录媒介的复制	3571	27488	12058
文教体育用品制造业	4081	1281	1857
石油加工、炼焦及核燃料加工业	21884	16973	5119
化学原料及化学制品制造业	151439	113720	149955
医药制造业	96995	74051	190605
化学纤维制造业	11255	31679	8166
橡胶制品业	8732	9761	18087
塑料制品业	14320	13792	16950
非金属矿物制品业	45007	26358	78424
黑色金属冶炼及压延加工业	55288	180012	34310
有色金属冶炼及压延加工业	72744	30419	56956
金属制品业	29919	19286	29168
通用设备制造业	159862	135231	181329
专用设备制造业	188641	177127	156756
交通运输设备制造业	677648	178235	198410
电气机械及器材制造业	140085	113302	294399
通信设备、计算机及其他电子设备制造业	245668	127813	134312
仪器仪表及文化、办公用机械制造业	51959	35199	58166
工艺品及其他制造业	8629	6351	9158
电力、燃气及水的生产和供应业	**18575**	**19060**	**2966**
电力、热力的生产和供应业	16041	18777	960
燃气生产和供应业	194		1668
水的生产和供应业	2340	283	338

9-13 按行业分国有企业政府相关政策落实

单位：万元

行业	使用来自政府部门的科技活动经费	研究开发费用加计扣除减免税	高新技术企业减免税
总计	**239360**	**200340**	**99547**
采矿业	**13385**	**9762**	
煤炭开采和洗选业	6440	1271	
石油和天然气开采业	4225	7838	
黑色金属矿采选业	172		
有色金属矿采选业	2165		
非金属矿采选业	383	654	
制造业	**220149**	**176217**	**99527**
农副食品加工业	123		
食品制造业	1633	70	20
饮料制造业	2658	654	2401
烟草制品业	431	4878	
纺织业	711	200	2
纺织服装、鞋、帽制造业	10	5	302
木材加工及木、竹、藤、棕、草制品业	465		
造纸及纸制品业	2216	84	
印刷业和记录媒介的复制	220	360	4278
文教体育用品制造业	10		
石油加工、炼焦及核燃料加工业	6330	2808	972
化学原料及化学制品制造业	16668	11847	8707
医药制造业	8417	4439	17734
化学纤维制造业	1943	113	
橡胶制品业	478	211	9
塑料制品业	155	343	162
非金属矿物制品业	1360	1139	1703
黑色金属冶炼及压延加工业	11861	84761	5162
有色金属冶炼及压延加工业	7351	998	246
金属制品业	8331	369	1096
通用设备制造业	15272	6517	9362
专用设备制造业	15587	8443	10117
交通运输设备制造业	67862	27701	17204
电气机械及器材制造业	10967	9241	6201
通信设备、计算机及其他电子设备制造业	23956	4016	7408
仪器仪表及文化、办公用机械制造业	11660	5178	6270
工艺品及其他制造业	2939	1824	171
电力、燃气及水的生产和供应业	**5827**	**14361**	**20**
电力、热力的生产和供应业	5184	14361	20
水的生产和供应业	643		

9-14　按行业分港澳台商投资企业政府相关政策落实

单位：万元

行　业	使用来自政府部门的科技活动经费	研究开发费用加计扣除减免税	高新技术企业减免税
总　计	**144881**	**123529**	**397205**
采矿业	**351**	**7781**	
石油和天然气开采业	292	7781	
有色金属矿采选业	49		
非金属矿采选业	10		
制造业	**143678**	**115465**	**382310**
农副食品加工业	3158	231	1462
食品制造业	3506	862	10898
饮料制造业	1150	134	1740
烟草制品业	1		
纺织业	3960	2964	2646
纺织服装、鞋、帽制造业	2093	512	27
皮革、毛皮、羽毛(绒)及其制品业	398	910	12
木材加工及木、竹、藤、棕、草制品业	1495	102	191
家具制造业	131	2306	15525
造纸及纸制品业	775	977	1348
印刷业和记录媒介的复制	1167	4059	2795
文教体育用品制造业	780	869	2319
石油加工、炼焦及核燃料加工业	880	2153	503
化学原料及化学制品制造业	5697	5245	14705
医药制造业	10109	12683	35857
化学纤维制造业	720	502	
橡胶制品业	4393	1458	9880
塑料制品业	1479	1906	9545
非金属矿物制品业	3532	2976	4425
黑色金属冶炼及压延加工业	1867	685	7826
有色金属冶炼及压延加工业	2797	1181	5151
金属制品业	1866	5051	4163
通用设备制造业	4447	5901	46376
专用设备制造业	7427	6586	12563
交通运输设备制造业	26803	5891	26210
电气机械及器材制造业	14830	9219	102818
通信设备、计算机及其他电子设备制造业	35659	36735	56252
仪器仪表及文化、办公用机械制造业	2012	2386	6198
工艺品及其他制造业	507	983	876
电力、燃气及水的生产和供应业	**853**	**284**	**14895**
电力、热力的生产和供应业	530	284	14895
水的生产和供应业	323		

9-15 按行业分外商投资企业政府相关政策落实

单位：万元

行　业	使用来自政府部门的科技活动经费	研究开发费用加计扣除减免税	高新技术企业减免税
总　计	**197616**	**267410**	**994894**
采矿业	**3351**	**450**	
煤炭开采和洗选业	175		
黑色金属矿采选业	350		
有色金属矿采选业	1526		
非金属矿采选业	1300	450	
制造业	**193950**	**266262**	**992357**
农副食品加工业	3906	474	4960
食品制造业	3354	2602	18276
饮料制造业	2108	580	1621
纺织业	2530	2172	9214
纺织服装、鞋、帽制造业	1329	77	
皮革、毛皮、羽毛(绒)及其制品业	552	492	15
木材加工及木、竹、藤、棕、草制品业	586	31	1038
家具制造业	107	82	68
造纸及纸制品业	934	816	17077
印刷业和记录媒介的复制	176	372	1678
文教体育用品制造业	104	298	247
石油加工、炼焦及核燃料加工业	452	53	
化学原料及化学制品制造业	15131	15122	23601
医药制造业	13864	18110	59450
化学纤维制造业	1373	365	13068
橡胶制品业	1266	5702	14692
塑料制品业	1314	2163	7695
非金属矿物制品业	4385	3335	8859
黑色金属冶炼及压延加工业	2230	1660	4812
有色金属冶炼及压延加工业	8356	3519	5111
金属制品业	2373	3778	7252
通用设备制造业	12621	17942	90283
专用设备制造业	8392	19258	20147
交通运输设备制造业	23182	87683	76592
电气机械及器材制造业	24965	24060	136275
通信设备、计算机及其他电子设备制造业	46700	45592	451358
仪器仪表及文化、办公用机械制造业	11545	9728	18831
工艺品及其他制造业	117	198	139
电力、燃气及水的生产和供应业	**316**	**698**	**2538**
电力、热力的生产和供应业	169	588	2214
水的生产和供应业	147		324

9-16 各地区企业政府相关政策落实

单位：万元

地区	使用来自政府部门的科技活动经费	研究开发费用加计扣除减免税	高新技术企业减免税
总计	**2589494**	**1850606**	**3082755**
东部地区	1477461	1199643	2525388
中部地区	570215	367056	423715
西部地区	541782	283907	133651
北京	168198	45197	223543
天津	47249	41920	38727
河北	31327	47251	55666
山西	52108	92313	4863
内蒙古	15832	18887	11747
辽宁	205110	54681	66606
吉林	32023	13491	15232
黑龙江	90378	22020	56409
上海	126278	208602	232177
江苏	250784	219889	527176
浙江	136896	260106	283419
安徽	122522	52317	102094
福建	67176	34058	80543
江西	50010	13329	20835
山东	188129	121025	204069
河南	78010	70518	90623
湖北	88462	57908	54469
湖南	56703	45159	79190
广东	253969	165773	810193
广西	37695	20061	9081
海南	2346	1139	3270
重庆	47660	41659	14256
四川	134819	81012	23270
贵州	36157	8392	6145
云南	40310	5413	10635
西藏	722	298	195
陕西	180307	90962	30957
甘肃	15503	7476	4750
青海	5649	1095	93
宁夏	14399	5373	10337
新疆	12731	3280	12185

9-17 各地区大中型企业政府相关政策落实

单位：万元

地　区	使用来自政府部门的科技活动经费	研究开发费用加计扣除减免税	高新技术企业减免税
总　计	**2125941**	**1504400**	**2605208**
东部地区	1156111	898912	2131039
中部地区	482853	336201	363811
西部地区	486977	269288	110358
北　京	139547	35400	140694
天　津	34474	38677	32217
河　北	25252	43060	43075
山　西	48156	91110	3924
内蒙古	13699	18450	9722
辽　宁	187257	49708	58535
吉　林	28019	11650	9953
黑龙江	84961	21444	52165
上　海	95643	174436	181368
江　苏	186238	138533	421546
浙　江	77724	158531	231145
安　徽	104886	44935	82273
福　建	41069	24495	71147
江　西	44351	12611	18892
山　东	164573	110853	180715
河　南	63181	65470	81691
湖　北	66375	52317	44036
湖　南	42925	36664	70877
广　东	203537	124854	769313
广　西	28797	18155	5384
海　南	798	366	1285
重　庆	41315	38491	13000
四　川	121499	75634	15365
贵　州	32137	8204	4909
云　南	33843	4283	9705
西　藏	478	298	55
陕　西	174104	89138	27428
甘　肃	13840	7421	2994
青　海	5213	995	93
宁　夏	12888	5295	9851
新　疆	9167	2924	11854

9-18 各地区大型企业政府相关政策落实

单位：万元

地 区	使用来自政府部门的科技活动经费	研究开发费用加计扣除减免税	高新技术企业减免税
总 计	**1294018**	**940005**	**1485429**
东部地区	619996	473179	1206543
中部地区	341459	257310	234197
西部地区	332563	209517	44689
北 京	21351	7290	5901
天 津	11123	25718	12806
河 北	15289	32713	17882
山 西	40046	85215	1078
内蒙古	10387	12789	3676
辽 宁	167603	41114	43276
吉 林	24161	9179	6126
黑龙江	77264	17852	43746
上 海	63762	111737	73550
江 苏	84998	65968	215464
浙 江	28378	48396	82229
安 徽	75157	35062	49023
福 建	11592	8858	45550
江 西	33425	8929	14296
山 东	111252	77096	121412
河 南	37890	43012	50319
湖 北	34088	36996	23577
湖 南	19429	21065	46031
广 东	104648	54290	588473
广 西	14403	8171	192
海 南			
重 庆	21952	30334	2102
四 川	91662	58555	6038
贵 州	16176	4119	1162
云 南	11977	1580	3151
西 藏			
陕 西	147215	82314	14089
甘 肃	6252	4692	1284
青 海	3813	995	93
宁 夏	4221	3411	1048
新 疆	4507	2556	11854

9-19 各地区中型企业政府相关政策落实

单位：万元

地　区	使用来自政府部门的科技活动经费	研究开发费用加计扣除减免税	高新技术企业减免税
总　计	**831924**	**564395**	**1119779**
东部地区	536116	425733	924496
中部地区	141395	78891	129613
西部地区	154414	59771	65669
北　京	118196	28110	134793
天　津	23351	12959	19411
河　北	9963	10347	25192
山　西	8111	5896	2846
内蒙古	3312	5661	6045
辽　宁	19654	8594	15260
吉　林	3858	2471	3826
黑龙江	7697	3592	8419
上　海	31882	62699	107819
江　苏	101239	72565	206082
浙　江	49346	110136	148917
安　徽	29729	9872	33250
福　建	29477	15637	25597
江　西	10926	3682	4596
山　东	53321	33757	59302
河　南	25291	22459	31373
湖　北	32287	15321	20458
湖　南	23496	15598	24846
广　东	98888	70564	180840
广　西	14394	9984	5192
海　南	798	366	1285
重　庆	19363	8157	10898
四　川	29837	17079	9327
贵　州	15960	4085	3748
云　南	21866	2703	6554
西　藏	478	298	55
陕　西	26889	6824	13339
甘　肃	7588	2729	1709
青　海	1400		
宁　夏	8667	1884	8803
新　疆	4660	368	

9-20　各地区小型企业政府相关政策落实

单位：万元

地　区	使用来自政府部门的科技活动经费	研究开发费用加计扣除减免税	高新技术企业减免税
总　计	**463553**	**346206**	**477547**
东部地区	321350	300731	394349
中部地区	87362	30855	59905
西部地区	54805	14619	23294
北　京	28651	9798	82850
天　津	12775	3243	6510
河　北	6075	4191	12591
山　西	3951	1203	939
内蒙古	2133	437	2025
辽　宁	17853	4974	8071
吉　林	4004	1841	5279
黑龙江	5417	576	4244
上　海	30634	34167	50808
江　苏	64547	81355	105630
浙　江	59172	101575	52274
安　徽	17636	7383	19822
福　建	26107	9563	9396
江　西	5660	719	1943
山　东	23556	10173	23355
河　南	14829	5048	8932
湖　北	22087	5591	10434
湖　南	13777	8495	8313
广　东	50432	40919	40880
广　西	8899	1905	3697
海　南	1548	773	1985
重　庆	6345	3168	1256
四　川	13320	5378	7905
贵　州	4020	188	1236
云　南	6467	1130	931
西　藏	244		141
陕　西	6204	1824	3530
甘　肃	1663	55	1756
青　海	436	100	
宁　夏	1512	78	486
新　疆	3564	356	331

9-21 各地区国有控股企业政府相关政策落实

单位：万元

地　区	使用来自政府部门的科技活动经费	研究开发费用加计扣除减免税	高新技术企业减免税
总　计	**1485992**	**847315**	**827025**
东部地区	676561	380015	561461
中部地区	379526	266549	212062
西部地区	429905	200751	53502
北　京	149216	16350	62314
天　津	25620	34269	7051
河　北	18544	26863	19536
山　西	41084	89719	1605
内蒙古	10559	4653	1250
辽　宁	169361	25212	30691
吉　林	22791	10121	6642
黑龙江	80056	17360	21326
上　海	83757	137545	112258
江　苏	55687	25817	119902
浙　江	15544	20984	37556
安　徽	87005	34679	45754
福　建	11221	5204	31102
江　西	29753	8626	15678
山　东	83867	64820	65104
河　南	33855	38917	34036
湖　北	53589	40290	35722
湖　南	31393	26836	51298
广　东	62077	21812	72698
广　西	19703	11116	1811
海　南	1667	1139	3251
重　庆	38503	22619	9557
四　川	98467	51702	5698
贵　州	32187	8116	4216
云　南	30670	3872	7455
西　藏	202		
陕　西	173442	86703	20552
甘　肃	9449	5565	1108
青　海	3883	995	93
宁　夏	5697	3426	1214
新　疆	7143	1984	547

9-22 各地区内资企业政府相关政策落实

单位：万元

地 区	使用来自政府部门的科技活动经费	研究开发费用加计扣除减免税	高新技术企业减免税
总 计	**2246997**	**1459667**	**1690656**
东部地区	1202591	859916	1240459
中部地区	535122	333188	348060
西部地区	509248	266564	102136
北 京	159351	34932	127096
天 津	45331	38702	15329
河 北	28568	32312	29994
山 西	50741	91323	4736
内蒙古	12987	18399	3139
辽 宁	190475	52428	61223
吉 林	31722	10725	11084
黑龙江	88453	18145	45028
上 海	93204	94605	102352
江 苏	196292	174214	292820
浙 江	110230	202013	205184
安 徽	116923	49616	83029
福 建	39147	16680	45409
江 西	37875	9165	8782
山 东	168131	110797	177019
河 南	73894	61427	77400
湖 北	81447	49136	41763
湖 南	54067	43650	76239
广 东	170039	102506	182542
广 西	26871	14161	4789
海 南	1822	727	1492
重 庆	45965	35244	7598
四 川	130549	78591	21263
贵 州	35306	8367	6145
云 南	38722	4824	8152
西 藏	722	298	195
陕 西	173782	90484	26344
甘 肃	15217	7468	4712
青 海	4177	1095	93
宁 夏	12808	4466	7522
新 疆	12145	3168	12185

9-23 各地区国有企业政府相关政策落实

单位：万元

地 区	使用来自政府部门的科技活动经费	研究开发费用加计扣除减免税	高新技术企业减免税
总 计	**239360**	**200340**	**99547**
东部地区	84426	68899	58063
中部地区	67208	41050	22146
西部地区	87726	90391	19338
北 京	8082	2969	5277
天 津	2360	1536	429
河 北	9355	5745	7983
山 西	444	4672	244
内蒙古	947		
辽 宁	14709	8816	5574
吉 林	4248	2057	250
黑龙江	4350	847	40
上 海	6741	17985	12159
江 苏	17606	10258	10850
浙 江	1738	3316	3824
安 徽	10376	1061	2259
福 建	1064	385	255
江 西	3879	3597	2819
山 东	19114	8535	10470
河 南	5912	7600	3237
湖 北	30919	15492	12724
湖 南	7080	5725	572
广 东	3643	9355	1245
广 西	4640	881	428
海 南	16		
重 庆	7577	900	205
四 川	19198	12878	3275
贵 州	12838	1382	638
云 南	3075	454	256
西 藏	180		
陕 西	35353	73338	13844
甘 肃	2484	258	
青 海			
宁 夏	1020		671
新 疆	415	300	22

9-24 各地区港澳台商投资企业政府相关政策落实

单位：万元

地 区	使用来自政府部门的科技活动经费	研究开发费用加计扣除减免税	高新技术企业减免税
总 计	**144881**	**123529**	**397205**
东部地区	130041	115726	386141
中部地区	9629	5966	9903
西部地区	5212	1837	1160
北 京	2041	1097	49481
天 津	469	191	14181
河 北	1014	9753	9884
山 西	574		
内蒙古	340		
辽 宁	2007	1490	1795
吉 林	200		
黑龙江	129		6
上 海	4991	10685	22773
江 苏	20769	16379	99943
浙 江	11903	24915	19183
安 徽	2488	1019	5651
福 建	16260	9801	25122
江 西	404	80	76
山 东	4541	508	6494
河 南	2125	2692	2738
湖 北	2354	1342	649
湖 南	1355	833	784
广 东	65838	40792	136793
广 西	1350	294	2
海 南	209	115	493
重 庆	343	1141	794
四 川	1107	312	201
贵 州	311	25	
云 南	1070	55	62
西 藏			
陕 西	111		101
甘 肃	286		
青 海	11		
宁 夏	242	10	
新 疆	40		

9-25 各地区外商投资企业政府相关政策落实

单位：万元

地　区	使用来自政府部门的科技活动经费	研究开发费用加计扣除减免税	高新技术企业减免税
总　计	**197616**	**267410**	**994894**
东部地区	144830	224001	898787
中部地区	25465	27902	65752
西部地区	27322	15507	30355
北　京	6807	9168	46966
天　津	1449	3027	9217
河　北	1745	5186	15788
山　西	793	990	127
内蒙古	2505	488	8609
辽　宁	12628	764	3588
吉　林	101	2766	4148
黑龙江	1796	3875	11375
上　海	28082	103312	107052
江　苏	33723	29296	134412
浙　江	14763	33178	59053
安　徽	3111	1682	13415
福　建	11769	7577	10012
江　西	11731	4085	11977
山　东	15458	9721	20556
河　南	1991	6399	10486
湖　北	4662	7430	12057
湖　南	1281	676	2167
广　东	18092	22475	490858
广　西	9474	5606	4289
海　南	315	297	1285
重　庆	1352	5274	5864
四　川	3163	2109	1806
贵　州	539		
云　南	518	534	2422
西　藏			
陕　西	6414	478	4512
甘　肃		8	38
青　海	1461		
宁　夏	1350	897	2815
新　疆	546	112	

9-26 各地区分行业企业政府相关政策落实

单位：万元

地 区	采矿业		
	使用来自政府部门的科技活动经费	研究开发费用加计扣除减免税	高新技术企业减免税
总 计	**86133**	**77211**	**5949**
东部地区	36369	27790	5523
中部地区	33939	31493	21
西部地区	15825	17929	406
北 京	2188	190	4476
天 津	1234	3382	
河 北	2781	4019	
山 西	12058	7421	
内蒙古	1040	8187	
辽 宁	6832	315	50
吉 林	3291		
黑龙江	541	281	
上 海	141	2350	
江 苏	866	3604	
浙 江	211	17	58
安 徽	10754	11817	15
福 建	1363	87	817
江 西	92	6	
山 东	20129	6046	
河 南	4714	10704	
湖 北	1201	1260	
湖 南	1289	5	6
广 东	625	7781	122
广 西	560		
海 南			
重 庆	230	945	
四 川	2775	6877	87
贵 州			
云 南	2116	6	
西 藏	22		
陕 西	5032	666	
甘 肃	40		
青 海	1456	995	
宁 夏	1632	188	
新 疆	922	65	319

9-26 续表 1

单位：万元

地　区	制造业		
	使用来自政府部门的科技活动经费	研究开发费用加计扣除减免税	高新技术企业减免税
总　计	**2483618**	**1753353**	**3056407**
东部地区	1430077	1161707	2501702
中部地区	531974	328045	421508
西部地区	521532	263601	133198
北　京	164944	44897	218995
天　津	45509	38538	38693
河　北	28027	43232	55666
山　西	39949	80870	4863
内蒙古	14457	10699	11707
辽　宁	196908	54367	66556
吉　林	28182	13491	14275
黑龙江	89707	21619	56366
上　海	125375	200365	229963
江　苏	248584	215610	527176
浙　江	134247	256923	282461
安　徽	111642	40086	102079
福　建	65787	33972	79726
江　西	49909	13186	20835
山　东	167923	114671	204021
河　南	71914	59796	89984
湖　北	86331	56648	54145
湖　南	54341	42349	78960
广　东	250426	157992	795177
广　西	34951	19473	9081
海　南	2346	1139	3270
重　庆	47404	39234	14256
四　川	131800	74135	23175
贵　州	36052	8392	6145
云　南	38187	5397	10635
西　藏	700	298	195
陕　西	174926	90296	30957
甘　肃	15329	7476	4750
青　海	4193	100	93
宁　夏	12732	5185	10337
新　疆	10804	2916	11866

9-26 续表 2

单位：万元

地　区	农副食品加工业		
	使用来自政府部门的科技活动经费	研究开发费用加计扣除减免税	高新技术企业减免税
总　计	**46329**	**8643**	**12639**
东部地区	20828	4583	7258
中部地区	14030	3239	1656
西部地区	11471	821	3725
北　京	1429		655
天　津	272		872
河　北	316	66	
山　西	218	243	
内蒙古	302		
辽　宁	1048	180	1461
吉　林	167		
黑龙江	744	139	193
上　海		180	178
江　苏	4713	1296	470
浙　江	3283	1160	168
安　徽	2649	593	115
福　建	2781	159	500
江　西	357		
山　东	4662	464	258
河　南	4194	984	79
湖　北	2689	212	176
湖　南	3011	1068	1094
广　东	1954	1078	2696
广　西	2644	427	3338
海　南	369		
重　庆	688	352	
四　川	5249	26	16
贵　州	34		
云　南	656	1	0
西　藏	104		141
陕　西	171		230
甘　肃	250		
青　海	338		
宁　夏	320	15	
新　疆	717		

9-26 续表 3

单位：万元

地 区	食品制造业		
	使用来自政府部门的科技活动经费	研究开发费用加计扣除减免税	高新技术企业减免税
总 计	**37473**	**13278**	**41968**
东部地区	19601	10619	34757
中部地区	6716	1521	4457
西部地区	11157	1138	2754
北 京	292	68	874
天 津	865	93	721
河 北	1232	405	1023
山 西	345		
内蒙古	4500	121	
辽 宁	512		
吉 林	25		
黑龙江	470		1653
上 海	550	868	598
江 苏	641	61	321
浙 江	1650	858	3443
安 徽	347	7	21
福 建	1045	691	89
江 西	322	751	
山 东	8348	6648	4201
河 南	3286	438	1734
湖 北	1034	307	678
湖 南	886	19	370
广 东	4324	745	23390
广 西	287	20	34
	145	183	97
海 南			
重 庆	495	383	20
四 川	720	473	
贵 州	127	6	
云 南	638		
西 藏			
陕 西	67	15	
甘 肃	201		
青 海			
宁 夏	3752	120	2700
新 疆	370		

9-26 续表 4

单位：万元

地　区	饮料制造业		
	使用来自政府部门的科技活动经费	研究开发费用加计扣除减免税	高新技术企业减免税
总　计	**22891**	**6511**	**7104**
东部地区	12187	3598	5943
中部地区	3812	496	408
西部地区	6892	2417	753
北　京	1260	722	2401
天　津	806	41	580
河　北	260	116	
山　西	118	18	
内蒙古	270		
辽　宁	477	76	
吉　林	30		
黑龙江	70		
上　海	170	45	20
江　苏	3268	296	
浙　江	1674	732	70
安　徽	387	100	189
福　建	2394	72	2106
江　西	202	17	
山　东	1211	1060	
河　南	1236	103	6
湖　北	755	99	
湖　南	1015	159	213
广　东	637	438	766
广　西	1598		602
	30		
海　南			
重　庆	371		
四　川	2446	899	150
贵　州	466	1500	
云　南	808		
西　藏			
陕　西	799	18	1
甘　肃	50		
青　海	37		
宁　夏	8		
新　疆	40		

9-26 续表 5

单位：万元

地区	烟草制品业		
	使用来自政府部门的科技活动经费	研究开发费用加计扣除减免税	高新技术企业减免税
总　计	**2982**	**5680**	**819**
东部地区	70	4878	
中部地区	371	259	
西部地区	2541	543	819
北　京			
天　津			
河　北			
山　西			
内蒙古			
辽　宁			
吉　林	50		
黑龙江			
上　海	60	4652	
江　苏			
浙　江	1	226	
安　徽	48		
福　建	6		
江　西			
山　东			
河　南		26	
湖　北	273		
湖　南		233	
广　东	3		
广　西	45		
海　南			
重　庆			
四　川			
贵　州	4		
云　南	2442	543	819
西　藏			
陕　西	50		
甘　肃			
青　海			
宁　夏			
新　疆			

9-26 续表 6

单位：万元

地　区	纺织业		
	使用来自政府部门的科技活动经费	研究开发费用加计扣除减免税	高新技术企业减免税
总　计	**31799**	**18390**	**26083**
东部地区	24702	16417	20514
中部地区	2910	1285	1727
西部地区	4187	689	3843
北　京	233	94	1307
天　津	262	61	800
河　北	305	12	30
山　西	210	68	36
内蒙古	450	362	3566
辽　宁	273	46	57
吉　林	55		
黑龙江			
上　海	222	515	2001
江　苏	9457	4961	2110
浙　江	5234	6457	7061
安　徽	1719	336	74
福　建	3347	1587	507
江　西	6	2	
山　东	4657	2446	5422
河　南	381	294	10
湖　北	250	161	190
湖　南	289	424	1417
广　东	663	238	1219
广　西	442		
	50		
海　南			
重　庆	613		
四　川	756	268	277
贵　州			
云　南	23		
西　藏			
陕　西	89	9	
甘　肃			
青　海			
宁　夏	1161		
新　疆	653	50	

9-26 续表 7

单位：万元

地区	纺织服装、鞋、帽制造业		
	使用来自政府部门的科技活动经费	研究开发费用加计扣除减免税	高新技术企业减免税
总计	**5998**	**3027**	**839**
东部地区	5591	2130	760
中部地区	312	897	57
西部地区	96		22
北京			
天津	50	42	
河北		5	
山西	10		
内蒙古	70		
辽宁			
吉林			
黑龙江			
上海	1053		
江苏	1053	217	401
浙江	758	1029	238
安徽	108	15	57
福建	1684	371	90
江西	100		
山东	155	401	
河南	8	23	
湖北	35		
湖南	50	859	
广东	838	66	31
广西	5		
海南			
重庆	9		
四川	12		
贵州			
云南			
西藏			
陕西			22
甘肃			
青海			
宁夏			
新疆			

9-26 续表 8

单位：万元

地　区	皮革、皮毛、羽毛(绒)及其制品		
	使用来自政府部门的科技活动经费	研究开发费用加计扣除减免税	高新技术企业减免税
总　计	**3591**	**3250**	**4225**
东部地区	2367	2973	4195
中部地区	786	268	30
西部地区	439	8	
北　京			
天　津			
河　北	5		408
山　西			
内蒙古			
辽　宁			
吉　林			
黑龙江			
上　海		173	
江　苏	170		46
浙　江	314	1163	1110
安　徽	137	249	30
福　建	384	1618	
江　西	25		
山　东	1339		2615
河　南	350	20	
湖　北	225		
湖　南	49		
广　东	155	20	15
广　西	303	8	
海　南			
重　庆	20		
四　川	116		
贵　州			
云　南			
西　藏			
陕　西			
甘　肃			
青　海			
宁　夏			
新　疆			

9-26 续表 9

单位：万元

地　区	木材加工及木、竹、藤、棕、草制品业		
	使用来自政府部门的科技活动经费	研究开发费用加计扣除减免税	高新技术企业减免税
总　计	**12836**	**1120**	**2160**
东部地区	5939	914	2073
中部地区	6475	206	87
西部地区	422		
北　京			252
天　津			
河　北			
山　西			
内蒙古			
辽　宁	48		75
吉　林	499		
黑龙江	10		
上　海		6	
江　苏	632	442	1313
浙　江	902	389	433
安　徽	83	6	65
福　建	1084		0
江　西	249	180	
山　东	3195		
河　南	1743	2	
湖　北	23		
湖　南	3869	18	22
广　东	78	78	
广　西	287		
海　南			
重　庆	120		
四　川	15		
贵　州			
云　南			
西　藏			
陕　西			
甘　肃			
青　海			
宁　夏			
新　疆			

9-26 续表 10

单位：万元

地　　区	家具制造业		
	使用来自政府部门的科技活动经费	研究开发费用加计扣除减免税	高新技术企业减免税
总　　计	**1055**	**4963**	**17006**
东部地区	828	3820	17006
中部地区	110	1143	
西部地区	116		
北　京			
天　津	10		
河　北	7		
山　西	20		
内蒙古			
辽　宁			
吉　林			
黑龙江			
上　海		1741	6838
江　苏	61	114	
浙　江	426	1403	1477
安　徽			
福　建	15	209	
江　西	35		
山　东	145		
河　南	45		
湖　北			
湖　南	10	1143	
广　东	165	353	8691
广　西	31		
海　南			
重　庆	3		
四　川	62		
贵　州			
云　南	20		
西　藏			
陕　西			
甘　肃			
青　海			
宁　夏			
新　疆			

9-26 续表 11

单位：万元

地　区	造纸及纸制品业		
	使用来自政府部门的科技活动经费	研究开发费用加计扣除减免税	高新技术企业减免税
总　计	**24587**	**5011**	**20827**
东部地区	16484	3357	19442
中部地区	3629	1503	1386
西部地区	4474	151	
北　京			9
天　津	685		
河　北	30	84	
山　西			
内蒙古			
辽　宁	73		
吉　林	40		
黑龙江	43		
上　海	9	688	805
江　苏	1049	18	16452
浙　江	6885	1116	306
安　徽	178	700	1034
福　建	918	720	238
江　西			
山　东	5535	581	1372
河　南	1629	414	1
湖　北	402	157	
湖　南	1336	233	350
广　东	1302	150	260
广　西	568		
海　南			
重　庆	83		
四　川	624		
贵　州			
云　南	1258	151	
西　藏			
陕　西	3		
甘　肃			
青　海			
宁　夏	1078		
新　疆	861		

9-26 续表 12

单位：万元

地　区	印刷业和记录媒介的复制		
	使用来自政府部门的科技活动经费	研究开发费用加计扣除减免税	高新技术企业减免税
总　计	**4914**	**31919**	**16531**
东部地区	2644	31420	10592
中部地区	2060	372	5658
西部地区	210	128	281
北　京	10		63
天　津		251	50
河　北	30	18	130
山　西			
内蒙古			
辽　宁	120		
吉　林			21
黑龙江	15		33
上　海	272	338	4806
江　苏	40	684	762
浙　江	250	26854	2060
安　徽	1770	55	2415
福　建	143	62	
江　西		236	2800
山　东	128	81	81
河　南	208	31	117
湖　北	15	23	252
湖　南	52	27	19
广　东	1650	3132	2641
广　西	115		
海　南			
重　庆	2		
四　川	1		
贵　州	20		
云　南	60	69	
西　藏			
陕　西		59	281
甘　肃			
青　海			
宁　夏	12		
新　疆			

9-26 续表 13

单位：万元

地　区	文教体育用品制造业		
	使用来自政府部门的科技活动经费	研究开发费用加计扣除减免税	高新技术企业减免税
总　计	**4964**	**2447**	**4423**
东部地区	4515	2268	4347
中部地区	424	179	76
西部地区	25		
北　京			96
天　津	148		
河　北			
山　西	205		
内蒙古			
辽　宁			
吉　林			
黑龙江			
上　海	184	361	67
江　苏	123	337	800
浙　江	1497	1048	555
安　徽	150	153	25
福　建	515	136	204
江　西			
山　东	1371	186	60
河　南	21		
湖　北			
湖　南	48	26	51
广　东	678	200	2566
广　西	25		
海　南			
重　庆			
四　川			
贵　州			
云　南			
西　藏			
陕　西			
甘　肃			
青　海			
宁　夏			
新　疆			

9-26 续表 14

单位：万元

地　区	石油加工、炼焦及核燃料加工业		
	使用来自政府部门的科技活动经费	研究开发费用加计扣除减免税	高新技术企业减免税
总　计	**23216**	**19178**	**5622**
东部地区	7692	16575	3547
中部地区	11870	2103	2075
西部地区	3654	500	
北　京	845	1281	
天　津	82	1368	141
河　北	22	561	
山　西	3760	210	
内蒙古			
辽　宁	205	2109	972
吉　林	100		
黑龙江	4036	530	376
上　海	669	4616	1285
江　苏	85	90	260
浙　江	3089	277	94
安　徽	324	449	
福　建	8	1786	431
江　西	1715	363	
山　东	2112	3005	
河　南	380		
湖　北	50		
湖　南	1505	551	1699
广　东	575	1482	363
广　西	113		
海　南			
重　庆	17		
四　川	1493	58	
贵　州			
云　南	442		
西　藏			
陕　西	50	410	
甘　肃			
青　海			
宁　夏			
新　疆	1539	32	

9-26 续表 15

单位：万元

地　区	化学原料及化学制品制造业		
	使用来自政府部门的科技活动经费	研究开发费用加计扣除减免税	高新技术企业减免税
总　计	**172266**	**134087**	**188262**
东部地区	104323	107518	156006
中部地区	22147	15963	26388
西部地区	45796	10606	5868
北　京	4428	858	3640
天　津	3329	545	6245
河　北	5453	1414	6458
山　西	3445	953	293
内蒙古	391	291	1003
辽　宁	6163	1160	4188
吉　林	1852	339	568
黑龙江	620	130	229
上　海	8994	10018	15700
江　苏	24362	51409	36604
浙　江	14900	21188	39334
安　徽	3652	4729	12787
福　建	2741	853	1460
江　西	1127	901	222
山　东	21429	13007	21292
河　南	1567	2674	3438
湖　北	6287	4409	6153
湖　南	3597	1828	2698
广　东	12292	7066	21086
广　西	2110	534	24
海　南	233		
重　庆	5535	2062	645
四　川	14787	5612	1248
贵　州	2255		1149
云　南	11592	557	589
西　藏	30		
陕　西	1665	999	416
甘　肃	2335	421	516
青　海	1695		
宁　夏	213	5	
新　疆	3189	125	279

9-26 续表 16

单位：万元

地　区	医药制造业		
	使用来自政府部门的科技活动经费	研究开发费用加计扣除减免税	高新技术企业减免税
总　计	**120969**	**104844**	**285911**
东部地区	74111	77283	230012
中部地区	27877	18526	40633
西部地区	18982	9035	15266
北　京	5060	2877	27257
天　津	3583	2704	2546
河　北	4838	10556	16911
山　西	967	344	1406
内蒙古	895	810	238
辽　宁	3068	653	7843
吉　林	5974	1607	6652
黑龙江	3407	2264	11767
上　海	5393	5460	24014
江　苏	15038	15468	48028
浙　江	10634	18014	32687
安　徽	2164	1722	4530
福　建	2253	1851	2931
江　西	3124	229	916
山　东	9502	13375	38539
河　南	5447	913	3927
湖　北	4821	8378	5842
湖　南	1974	3069	5593
广　东	14065	5666	27554
广　西	2991	1297	598
海　南	678	661	1703
重　庆	2818	2901	2661
四　川	3935	2025	4444
贵　州	1303	25	1010
云　南	2595	747	1363
西　藏	566	298	55
陕　西	903	640	944
甘　肃	2439	41	1110
青　海	292	100	
宁　夏	55		2807
新　疆	190	151	37

9-26 续表 17

单位：万元

地　区	化学纤维制造业		
	使用来自政府部门的科技活动经费	研究开发费用加计扣除减免税	高新技术企业减免税
总　计	**13348**	**32546**	**21234**
东部地区	10943	32095	20687
中部地区	471	440	547
西部地区	1934	11	
北　京			337
天　津			
河　北	204		
山　西			
内蒙古			
辽　宁	167	96	
吉　林	336		
黑龙江			
上　海	70		45
江　苏	5230	26525	15783
浙　江	2450	4613	3587
安　徽	90	440	547
福　建	258		
江　西			
山　东	602	818	801
河　南			
湖　北	20		
湖　南	25		
广　东	1962	43	135
广　西			
海　南			
重　庆			
四　川	1858	11	
贵　州			
云　南	16		
西　藏			
陕　西			
甘　肃			
青　海			
宁　夏			
新　疆	60		

9-26 续表 18

单位：万元

地　区	橡胶制品业		
	使用来自政府部门的科技活动经费	研究开发费用加计扣除减免税	高新技术企业减免税
总　计	**14390**	**16921**	**42658**
东部地区	11164	13058	36942
中部地区	1240	2840	4903
西部地区	1986	1022	813
北　京		100	276
天　津	488	105	859
河　北	74		600
山　西			
内蒙古	50		
辽　宁	420	104	480
吉　林			
黑龙江	59	53	
上　海	433	2150	2492
江　苏	839	1547	9389
浙　江	339	4595	6659
安　徽	406	2500	2762
福　建	4241	7	3577
江　西	57	27	
山　东	3337	4275	11916
河　南	475	161	2000
湖　北	101		
湖　南	143	100	140
广　东	994	176	696
广　西	990		
海　南			
重　庆	300	50	
四　川	161	104	613
贵　州	136	426	15
云　南	20		
西　藏			
陕　西	199	20	
甘　肃			
青　海			
宁　夏	30	423	185
新　疆	100		

9-26 续表 19

单位：万元

地　区	塑料制品业		
	使用来自政府部门的科技活动经费	研究开发费用加计扣除减免税	高新技术企业减免税
总　计	**17113**	**17861**	**34190**
东部地区	12458	13603	29286
中部地区	1836	585	3868
西部地区	2818	3673	1036
北　京	17	313	1161
天　津	430	57	
河　北	55	160	791
山　西	325		
内蒙古		3350	
辽　宁	381	30	
吉　林	110	39	40
黑龙江	48	15	15
上　海	631	3218	4971
江　苏	571	1827	7502
浙　江	1256	4794	5484
安　徽	238	371	1427
福　建	1484	1494	967
江　西	50	56	324
山　东	565	40	148
河　南	499		16
湖　北	525	90	2046
湖　南	42	14	
广　东	6783	1670	8261
广　西	303		
海　南	285		
重　庆	50		
四　川	395	220	752
贵　州	100		
云　南	142	46	284
西　藏			
陕　西			
甘　肃	941		
青　海			
宁　夏			
新　疆	888	58	

9-26 续表 20

单位：万元

地区	非金属矿物制品业		
	使用来自政府部门的科技活动经费	研究开发费用加计扣除减免税	高新技术企业减免税
总　计	**52924**	**32669**	**91708**
东部地区	35033	21916	76863
中部地区	11972	5633	8065
西部地区	5920	5120	6781
北　京	9410	2493	6395
天　津	312	860	348
河　北	595	690	558
山　西	637	151	158
内蒙古	424	965	5025
辽　宁	861	839	396
吉　林	549	534	356
黑龙江	39	164	304
上　海	593	2210	2712
江　苏	7142	4473	51444
浙　江	2723	4231	2072
安　徽	2483	691	852
福　建	2737	1227	671
江　西	420	28	188
山　东	5649	2506	9485
河　南	4323	3196	4925
湖　北	2443	317	295
湖　南	1079	552	988
广　东	4996	2387	2782
广　西	586	451	133
海　南	16		
重　庆	1278	295	255
四　川	2346	2416	697
贵　州	153		
云　南	456	50	
西　藏			
陕　西	516	11	
甘　肃	11		
青　海			
宁　夏	86	703	671
新　疆	64	228	

9-26 续表 21

单位：万元

地 区	黑色金属冶炼及压延加工业制造业		
	使用来自政府部门的科技活动经费	研究开发费用加计扣除减免税	高新技术企业减免税
总 计	**59385**	**182357**	**46947**
东部地区	42359	71930	30226
中部地区	8616	39623	12591
西部地区	8410	70804	4131
北 京	4267	157	1106
天 津	8287	18108	
河 北	1846	11641	2590
山 西	1806	14555	
内蒙古	1432		56
辽 宁	6383	6494	162
吉 林	310		
黑龙江	70		
上 海	5081	23247	511
江 苏	8588	4039	15635
浙 江	1223	2381	7151
安 徽	2268	5776	8147
福 建	762		32
江 西	383	1650	
山 东	4907	5863	
河 南	1693	7157	3085
湖 北	675	7286	980
湖 南	1411	3199	378
广 东	1014		3039
广 西	240	297	
海 南			
重 庆	155		
四 川	3906	1422	
贵 州	1345	1096	
云 南	250	183	
西 藏			
陕 西	512	65689	4075
甘 肃	420	750	
青 海	100		
宁 夏	10		
新 疆	40	1368	

9-26 续表 22

单位：万元

地 区	有色金属冶炼及压延加工业		
	使用来自政府部门的科技活动经费	研究开发费用加计扣除减免税	高新技术企业减免税
总 计	**83896**	**35120**	**67218**
东部地区	20139	10247	43958
中部地区	20237	11568	20628
西部地区	43520	13305	2632
北 京	1898	560	991
天 津	405		
河 北	555	1141	879
山 西	1696	664	444
内蒙古	900	233	
辽 宁	893	33	10
吉 林	156	1744	3738
黑龙江	2135	167	143
上 海	53	140	785
江 苏	3581	825	2114
浙 江	2906	1598	3444
安 徽	4152	260	8683
福 建	4390	2715	29814
江 西	3664	829	1421
山 东	1990	1270	3355
河 南	3381	5919	3662
湖 北	1295	123	11
湖 南	3758	1862	2525
广 东	3455	1964	2568
广 西	2837	806	701
海 南	15		
重 庆	11161	6048	
四 川	350	1006	90
贵 州	993	278	18
云 南	12395	700	929
西 藏			
陕 西	10615	425	894
甘 肃	1466	1190	
青 海	59		
宁 夏	2745	2619	
新 疆			

9-26 续表 23

单位：万元

地 区	金属制品业		
	使用来自政府部门的科技活动经费	研究开发费用加计扣除减免税	高新技术企业减免税
总 计	**34157**	**28114**	**40583**
东部地区	20421	20962	31728
中部地区	8879	4843	7598
西部地区	4857	2310	1257
北 京	652	505	4008
天 津	1023	2652	3917
河 北	454	100	1779
山 西	90		
内蒙古	18	12	
辽 宁	870	101	487
吉 林		120	100
黑龙江	508		70
上 海	564	1859	4968
江 苏	8527	3537	5920
浙 江	2684	6967	5321
安 徽	4193	289	2757
福 建	607	1012	1623
江 西	21	595	
山 东	1059	356	261
河 南	477	291	430
湖 北	2650	1199	1783
湖 南	941	2349	2458
广 东	3982	3873	3444
广 西	129		11
海 南			
重 庆	502	58	
四 川	1829	1427	12
贵 州	1249	584	
云 南	150	3	5
西 藏			
陕 西	142	145	637
甘 肃	604	79	592
青 海			
宁 夏	100	3	
新 疆	135		

9-26 续表 24

单位：万元

地　区	通用设备制造业		
	使用来自政府部门的科技活动经费	研究开发费用加计扣除减免税	高新技术企业减免税
总　计	**176929**	**159075**	**317988**
东部地区	115148	106663	249442
中部地区	32009	19469	52742
西部地区	29772	32943	15804
北　京	3872	1321	7750
天　津	6220	1364	10786
河　北	782	2151	5993
山　西	1046	297	7
内蒙古	43	300	
辽　宁	15877	19035	7138
吉　林	679	181	57
黑龙江	8293	6955	24339
上　海	16885	16387	54561
江　苏	23315	17090	62713
浙　江	14749	38104	45848
安　徽	3981	2667	14499
福　建	3556	201	1162
江　西	671	128	882
山　东	18116	7354	13064
河　南	9533	2935	4942
湖　北	3396	2662	3445
湖　南	4409	3643	4570
广　东	11776	3656	40429
广　西	709	1554	
海　南			
重　庆	2528	804	5393
四　川	6485	24120	3371
贵　州	2000	150	15
云　南	817	826	2170
西　藏			
陕　西	11954	3507	2060
甘　肃	2326	1113	
青　海	649		93
宁　夏	1946	570	2698
新　疆	316		4

9-26 续表 25

单位：万元

地　区	专用设备制造业		
	使用来自政府部门的科技活动经费	研究开发费用加计扣除减免税	高新技术企业减免税
总　计	**204460**	**202971**	**189466**
东部地区	114311	95625	112723
中部地区	53005	86903	61039
西部地区	37111	20442	15705
北　京	19997	5145	33015
天　津	6380	2464	2578
河　北	2654	3233	4502
山　西	20146	57809	379
内蒙古	3904	4256	115
辽　宁	12037	8232	8542
吉　林	946	298	799
黑龙江	9132	3446	7097
上　海	20178	6983	9222
江　苏	16746	18050	20784
浙　江	9257	12806	11759
安　徽	2777	1611	2370
福　建	4114	4775	4796
江　西	137	76	300
山　东	9844	24699	7127
河　南	11096	13006	16686
湖　北	3069	2373	4882
湖　南	5702	8284	28526
广　东	12894	9227	10385
广　西	2723	4942	2282
海　南	210	10	15
重　庆	10877	1935	2348
四　川	6185	5449	2445
贵　州	1603	319	274
云　南	608	95	68
西　藏			
陕　西	9334	2546	6351
甘　肃	1013	281	1714
青　海			
宁　夏	407	604	
新　疆	457	16	109

9-26 续表 26

单位：万元

地　区	交通运输设备制造业		
	使用来自政府部门的科技活动经费	研究开发费用加计扣除减免税	高新技术企业减免税
总　计	**727633**	**271808**	**301212**
东部地区	322710	145492	201008
中部地区	199246	65293	85689
西部地区	205677	61024	14516
北　京	88339	5442	11684
天　津	2669	1008	1658
河　北	3823	5303	5470
山　西	1952	4280	775
内蒙古	215		19
辽　宁	127020	7490	22500
吉　林	15026	8311	934
黑龙江	55397	3477	1981
上　海	21753	70581	35202
江　苏	26190	9649	33254
浙　江	10469	18208	22780
安　徽	59010	12651	19461
福　建	4037	2091	10379
江　西	23701	3860	11926
山　东	11501	13650	43234
河　南	9540	9539	26108
湖　北	26287	15770	20134
湖　南	8333	7406	4370
广　东	26731	12071	14847
广　西	12263	8667	854
海　南	180		
重　庆	6060	23074	2097
四　川	50622	21580	1675
贵　州	17384	612	913
云　南	1246	470	1944
西　藏			
陕　西	116998	6621	7015
甘　肃			
青　海	891		
宁　夏			
新　疆			

9-26 续表 27

单位：万元

地区	电气机械及器材制造业		
	使用来自政府部门的科技活动经费	研究开发费用加计扣除减免税	高新技术企业减免税
总计	**179881**	**146581**	**533492**
东部地区	135212	112548	464239
中部地区	25594	22741	44793
西部地区	19072	11293	24460
北京	1931	4153	84620
天津	5749	1392	2504
河北	2679	3515	5470
山西	620	202	10
内蒙古	211		1574
辽宁	5655	4869	9808
吉林	461		217
黑龙江	2604	3631	6671
上海	12257	11484	29612
江苏	46549	22401	120609
浙江	12775	42784	47290
安徽	5071	1754	15943
福建	3927	2114	8002
江西	4139	2442	770
山东	15164	6398	25264
河南	5531	8084	8446
湖北	5375	3496	2584
湖南	1794	3131	10152
广东	28392	13152	129605
广西	1307	109	423
海南	135	285	1456
重庆	959	215	
四川	6166	2060	2226
贵州	417	223	22
云南	1171	779	2375
西藏			
陕西	6329	4211	5127
甘肃	1236	2725	
青海	11		
宁夏	290	83	1276
新疆	976	888	11438

9-26 续表 28

单位：万元

地　区	通信设备、计算机及其他电子设备制造业		
	使用来自政府部门的科技活动经费	研究开发费用加计扣除减免税	高新技术企业减免税
总　计	**328026**	**210140**	**641922**
东部地区	241250	188979	618989
中部地区	45418	11671	13063
西部地区	41358	9490	9871
北　京	16054	17149	18245
天　津	2235	5072	2763
河　北	1038	1476	964
山　西	710	77	545
内蒙古	382		113
辽　宁	9674	880	793
吉　林	311	144	608
黑龙江	1754	58	673
上　海	26022	27631	23700
江　苏	25788	21513	58563
浙　江	15939	22204	20953
安　徽	8133	675	2086
福　建	13863	6768	8181
江　西	1617	601	304
山　东	28627	4245	11500
河　南	3430	1545	2893
湖　北	22153	7932	3590
湖　南	7310	639	2364
广　东	102010	82041	473326
广　西	892	310	46
海　南			
重　庆	849	298	685
四　川	20598	4465	4825
贵　州	4986	1581	1920
云　南	100	2	
西　藏			
陕　西	12679	1958	1464
甘　肃	673	876	818
青　海			
宁　夏			
新　疆	200		

9-26 续表 29

单位：万元

地区	仪器仪表及文化、办公用机械制造业		
	使用来自政府部门的科技活动经费	研究开发费用加计扣除减免税	高新技术企业减免税
总计	**65515**	**47313**	**83195**
东部地区	41965	36784	60714
中部地区	17845	6502	19817
西部地区	5706	4028	2664
北京	4293	1508	8113
天津	1206	352	1326
河北	770	585	1110
山西	1622	1001	808
内蒙古			
辽宁	4676	1940	1640
吉林	507	175	187
黑龙江	161	589	824
上海	3245	4169	4678
江苏	14609	8442	15814
浙江	5215	10606	8971
安徽	4362	1079	1070
福建	1234	691	990
江西	7764	216	783
山东	1887	1712	4027
河南	1273	1703	6204
湖北	927	261	1002
湖南	1229	1478	8939
广东	4830	6781	14045
广西	233	44	33
海南			
重庆	1852	760	152
四川	434	169	140
贵州	340		810
云南	275		88
西藏			
陕西	1714	3012	1440
甘肃	208		
青海	120		
宁夏	520	42	
新疆	10		

9-26 续表 30

单位：万元

地　区	工艺品及其他制造业		
	使用来自政府部门的科技活动经费	研究开发费用加计扣除减免税	高新技术企业减免税
总　计	**9253**	**7532**	**10173**
东部地区	4375	3454	8442
中部地区	2017	1977	1532
西部地区	2861	2101	199
北　京	121	151	4740
天　津	15		
河　北			
山　西			
内蒙古			
辽　宁	10		7
吉　林			
黑龙江	92		
上　海	36	648	190
江　苏	220	301	86
浙　江	659	1120	2109
安　徽	713	209	134
福　建	1260	763	977
江　西	23		
山　东	890	231	
河　南	168	340	1276
湖　北	544	1392	101
湖　南	476	36	21
广　东	1164	240	334
广　西	168	6	1
海　南			
重　庆	3		
四　川	250	327	195
贵　州	1138	1593	
云　南	8	175	3
西　藏			
陕　西	137		
甘　肃	1157		
青　海			
宁　夏			
新　疆			

9-26 续表 31

单位：万元

地区	电力、燃气及水的生产和供应业		
	使用来自政府部门的科技活动经费	研究开发费用加计扣除减免税	高新技术企业减免税
总计	**19743**	**20042**	**20398**
东部地区	11015	10147	18164
中部地区	4302	7518	2187
西部地区	4426	2377	48
北京	1067	110	72
天津	505		34
河北	519		
山西	101	4022	
内蒙古	335		40
辽宁	1370		
吉林	550		957
黑龙江	130	120	43
上海	762	5887	2214
江苏	1334	675	
浙江	2438	3166	900
安徽	126	415	
福建	26		
江西	10	137	
山东	77	309	49
河南	1382	18	639
湖北	931		324
湖南	1073	2805	224
广东	2918		14895
广西	2185	588	
海南			
重庆	26	1480	
四川	244		8
贵州	105		
云南	7	9	
西藏			
陕西	350		
甘肃	134		
青海			
宁夏	35		
新疆	1005	300	

十、技术获取和技术改造情况

10-1 企业技术获取和技术改造

单位：万元

项 目	引进国外技术支出	引进技术消化吸收经费支出	购买国内技术经费支出	技术改造经费支出
总 计	**4221705**	**1819883**	**2033590**	**43446823**
按企业规模分组				
大中型企业	3946130	1638464	1747221	36713512
大型企业	2894420	1289903	1216715	26489488
中型企业	1051710	348561	530506	10224024
小型企业	275575	181418	286369	6733311
按企业控股情况分组				
国有控股	2034863	1217848	1225684	26091432
集体控股	90248	38720	84760	1070720
私人控股	467220	339675	498062	12647152
港澳台商控股	281607	77116	76620	1184255
外商控股	1016503	92933	88293	1297105
按登记注册类型分组				
内资企业	2233966	1360486	1748076	38638926
国有企业	304685	137355	281845	8423122
集体企业	5720	6144	16169	208152
股份合作企业	4812	9495	17265	208028
联营企业	2000	7844	11274	172635
有限责任公司	927738	780699	586859	15551415
#国有独资公司	307948	289012	244001	5868991
股份有限公司	767201	245089	525233	7160017
私营企业	216642	168468	301661	6848990
其他内资企业	5168	5393	7770	66567
港澳台商投资企业	298595	97717	118275	1803698
外商投资企业	1689144	361679	167239	3004199

10-2 大中型企业技术获取和技术改造

单位：万元

项 目	引进国外技术支出	引进技术消化吸收经费支出	购买国内技术经费支出	技术改造经费支出
总 计	**3946130**	**1638464**	**1747221**	**36713512**
按企业控股情况分组				
国有控股	2022217	1206888	1199830	25595357
集体控股	84250	27127	54537	843677
私人控股	357336	245236	317071	7552135
港澳台商控股	262857	37096	66269	912908
外商控股	906839	76362	68686	1007957
按登记注册类型分组				
内资企业	2116284	1243912	1507456	32735249
国有企业	303451	131880	279748	8188938
集体企业	5638	4868	4012	127413
股份合作企业	4136	4086	7872	160531
联营企业	2000	7784	11060	160493
有限责任公司	894068	753429	520158	14104278
#国有独资公司	307481	288623	242944	5830720
股份有限公司	762828	235934	510914	6947223
私营企业	139164	100684	170374	3008338
其他内资企业	4999	5248	3320	38035
港澳台商投资企业	274295	54274	103611	1428955
外商投资企业	1555551	340279	136155	2549309

10-3 大型企业技术获取和技术改造

单位：万元

项 目	引进国外技术支出	引进技术消化吸收经费支出	购买国内技术经费支出	技术改造经费支出
总 计	**2894420**	**1289903**	**1216715**	**26489488**
按企业控股情况分组				
国有控股	1794308	1111565	1032499	22229204
集体控股	32288	12925	9794	327913
私人控股	159831	96098	88861	2818353
港澳台商控股	185257	14466	39282	405085
外商控股	430575	28513	26195	335877
按登记注册类型分组				
内资企业	1706609	1009220	1095036	24429521
国有企业	257655	117499	245954	7030463
集体企业	5382	1227	2102	66858
股份合作企业	2854		714	10712
联营企业	1800	7784	11060	157982
有限责任公司	738502	652829	381067	11187119
#国有独资公司	287742	282693	228181	5549042
股份有限公司	643740	191956	404241	5148210
私营企业	52298	33814	48898	810330
其他内资企业	4377	4111	1000	17848
港澳台商投资企业	189723	17617	44103	552600
外商投资企业	998088	263067	77576	1507367

10-4　中型企业技术获取和技术改造

单位：万元

项　　目	引进国外技术支出	引进技术消化吸收经费支出	购买国内技术经费支出	技术改造经费支出
总　　计	**1051710**	**348561**	**530506**	**10224024**
按企业控股情况分组				
国有控股	227909	95323	167331	3366152
集体控股	51961	14202	44743	515764
私人控股	197506	149138	228210	4733782
港澳台商控股	77601	22630	26987	507823
外商控股	476264	47850	42492	672080
按登记注册类型分组				
内资企业	409675	234692	412420	8305728
国有企业	45796	14381	33794	1158476
集体企业	256	3640	1909	60555
股份合作企业	1282	4086	7158	149819
联营企业	200			2511
有限责任公司	155566	100600	139091	2917159
#国有独资公司	19739	5930	14763	281678
股份有限公司	119087	43978	106672	1799013
私营企业	86867	66870	121476	2198008
其他内资企业	622	1137	2320	20187
港澳台商投资企业	84572	36657	59508	876354
外商投资企业	557463	77211	58578	1041942

10-5　小型企业技术获取和技术改造

单位：万元

项　　目	引进国外技术支出	引进技术消化吸收经费支出	购买国内技术经费支出	技术改造经费支出
总　　计	**275575**	**181418**	**286369**	**6733311**
按企业控股情况分组				
国有控股	12647	10960	25855	496076
集体控股	5999	11593	30223	227043
私人控股	109884	94439	180992	5095017
港澳台商控股	18749	40020	10351	271347
外商控股	109664	16571	19606	289148
按登记注册类型分组				
内资企业	117683	116574	240620	5903678
国有企业	1235	5475	2097	234184
集体企业	82	1276	12158	80740
股份合作企业	676	5409	9393	47497
联营企业		60	214	12142
有限责任公司	33670	27270	66701	1447137
#国有独资公司	467	389	1057	38271
股份有限公司	4373	9155	14320	212794
私营企业	77478	67784	131287	3840652
其他内资企业	169	146	4450	28532
港澳台商投资企业	24299	43443	14665	374743
外商投资企业	133593	21401	31084	454891

10-6 按行业分企业技术获取和技术改造

单位：万元

行 业	引进国外技术支出	引进技术消化吸收经费支出	购买国内技术经费支出	技术改造经费支出
总 计	**4221705**	**1819883**	**2033590**	**43446823**
采矿业	**106661**	**147698**	**66366**	**2957753**
煤炭开采和洗选业	94830	139053	51106	2531034
石油和天然气开采业	8047	2665	4060	37583
黑色金属矿采选业		355	696	107676
有色金属矿采选业	1165	1287	2720	147780
非金属矿采选业	2618	4338	7783	133681
制造业	**4111159**	**1643672**	**1934086**	**37984790**
农副食品加工业	20241	17572	21932	710423
食品制造业	38939	9020	13767	321590
饮料制造业	36372	8145	20502	712693
烟草制品业	6633	28758	37589	648610
纺织业	73072	73681	47811	861800
纺织服装、鞋、帽制造业	6429	2903	8310	119726
皮革、毛皮、羽毛(绒)及其制品业	4803	2207	4476	59420
木材加工及木、竹、藤、棕、草制品业	8695	6201	7959	206025
家具制造业	1958	1574	1153	40767
造纸及纸制品业	230570	21318	13047	687058
印刷业和记录媒介的复制	27163	4721	10703	195007
文教体育用品制造业	4501	2190	3532	63765
石油加工、炼焦及核燃料加工业	71692	22397	33052	2029026
化学原料及化学制品制造业	483457	139447	182701	3745340
医药制造业	56446	52051	99667	830973
化学纤维制造业	22443	9533	13007	345362
橡胶制品业	34341	8725	20291	282246
塑料制品业	8566	6651	36987	271745
非金属矿物制品业	37833	33395	67599	1441826
黑色金属冶炼及压延加工业	546593	311336	670967	10424841
有色金属冶炼及压延加工业	214503	140980	87777	2126908
金属制品业	34493	25150	16698	521071
通用设备制造业	213122	108323	90367	1941520
专用设备制造业	95641	42240	63370	1753593
交通运输设备制造业	969812	431424	201204	4096792
电气机械及器材制造业	257759	87508	76500	2204072
通信设备、计算机及其他电子设备制造业	545668	31993	65801	961189
仪器仪表及文化、办公用机械制造业	56407	12304	13158	292865
工艺品及其他制造业	3009	1895	4011	74308
电力、燃气及水的生产和供应业	**3885**	**28513**	**33138**	**2504281**
电力、热力的生产和供应业	3712	28379	30363	2291810
燃气生产和供应业		39	1874	108743
水的生产和供应业	172	95	901	103728

10-7 按行业分大中型企业技术获取和技术改造

单位：万元

行　业	引进国外技术支出	引进技术消化吸收经费支出	购买国内技术经费支出	技术改造经费支出
总 计	**3946130**	**1638464**	**1747221**	**36713512**
采矿业	**106167**	**129354**	**48492**	**2169099**
煤炭开采和洗选业	94457	122319	35750	1892720
石油和天然气开采业	8047	2665	3920	20124
黑色金属矿采选业		355	659	85504
有色金属矿采选业	1165	1050	2348	90580
非金属矿采选业	2497	2964	5815	80171
制造业	**3836873**	**1482563**	**1672216**	**32352328**
农副食品加工业	15889	9366	8593	362556
食品制造业	35572	7274	8333	215992
饮料制造业	31385	5660	17876	427567
烟草制品业	6633	28709	37589	645726
纺织业	56227	41779	37127	617826
纺织服装、鞋、帽制造业	3458	1724	5129	87917
皮革、毛皮、羽毛(绒)及其制品业	3508	970	2631	34224
木材加工及木、竹、藤、棕、草制品业	8075	5026	5791	81259
家具制造业	1377	1050	399	19760
造纸及纸制品业	228859	19788	6967	534864
印刷业和记录媒介的复制	21011	4261	8497	117190
文教体育用品制造业	2602	1776	1449	41160
石油加工、炼焦及核燃料加工业	63372	19653	32253	1984151
化学原料及化学制品制造业	436111	121107	152083	3132922
医药制造业	42329	42094	65555	627433
化学纤维制造业	21338	8991	11551	306997
橡胶制品业	33662	7775	19585	230093
塑料制品业	5233	4813	33220	117531
非金属矿物制品业	24217	18422	48328	864026
黑色金属冶炼及压延加工业	545817	311161	663799	10228133
有色金属冶炼及压延加工业	205387	137980	78834	1966266
金属制品业	26515	20673	10613	315338
通用设备制造业	190612	98792	67943	1322433
专用设备制造业	76762	29350	46764	1449935
交通运输设备制造业	943365	424660	180826	3805286
电气机械及器材制造业	228451	71652	57040	1788183
通信设备、计算机及其他电子设备制造业	525808	26318	50039	777220
仪器仪表及文化、办公用机械制造业	50679	10223	10468	208262
工艺品及其他制造业	2621	1516	2898	42070
电力、燃气及水的生产和供应业	**3090**	**26548**	**26514**	**2192085**
电力、热力的生产和供应业	3030	26464	24587	2025485
燃气生产和供应业		34	1860	94720
水的生产和供应业	60	50	67	71880

10-8 按行业分大型企业技术获取和技术改造

单位：万元

行 业	引进国外技术支出	引进技术消化吸收经费支出	购买国内技术经费支出	技术改造经费支出
总 计	**2894420**	**1289903**	**1216715**	**26489488**
采矿业	**103035**	**124684**	**41716**	**1838706**
煤炭开采和洗选业	94267	119394	30061	1713658
石油和天然气开采业	8047	2665	3875	20097
黑色金属矿采选业		50	20	22483
有色金属矿采选业		640	2077	39049
非金属矿采选业	720	1935	5683	43419
制造业	**2790657**	**1152368**	**1170404**	**23590489**
农副食品加工业	1936	2662	450	127041
食品制造业	29210	3881	2360	75117
饮料制造业	10714	4371	14415	311518
烟草制品业	3624	26613	28448	542150
纺织业	18583	9093	11709	212058
纺织服装、鞋、帽制造业	1553	516	1978	38165
皮革、毛皮、羽毛(绒)及其制品业	596	392	322	18285
木材加工及木、竹、藤、棕、草制品业	7550	3366	3016	35309
家具制造业				4189
造纸及纸制品业	216130	15723	2661	298629
印刷业和记录媒介的复制	11607	3475	7878	26069
文教体育用品制造业	106	122	1108	108
石油加工、炼焦及核燃料加工业	62699	16549	26527	1846510
化学原料及化学制品制造业	245240	66488	56616	1723431
医药制造业	4335	17109	26551	211721
化学纤维制造业	6906	6624	4221	123386
橡胶制品业	30971	6562	14174	189433
塑料制品业	370	82	360	3970
非金属矿物制品业	6668	12248	3844	184187
黑色金属冶炼及压延加工业	542886	306272	649794	9937090
有色金属冶炼及压延加工业	193947	130255	60863	1468212
金属制品业	14898	16535	1512	161086
通用设备制造业	79060	59780	35243	644788
专用设备制造业	41274	10843	34020	1093410
交通运输设备制造业	730181	390395	126689	2904269
电气机械及器材制造业	124553	23538	19538	953309
通信设备、计算机及其他电子设备制造业	378314	12350	33773	376712
仪器仪表及文化、办公用机械制造业	25914	6022	1445	74559
工艺品及其他制造业	834	502	890	5778
电力、燃气及水的生产和供应业	**729**	**12851**	**4595**	**1060293**
电力、热力的生产和供应业	729	12817	4595	981776
燃气生产和供应业		34		21008
水的生产和供应业				57509

10-9　按行业分中型企业技术获取和技术改造

单位：万元

行　业	引进国外技术支出	引进技术消化吸收经费支出	购买国内技术经费支出	技术改造经费支出
总　计	**1051710**	**348561**	**530506**	**10224024**
采矿业	**3132**	**4670**	**6776**	**330393**
煤炭开采和洗选业	190	2925	5689	179062
石油和天然气开采业			46	27
黑色金属矿采选业		305	639	63021
有色金属矿采选业	1165	410	271	51531
非金属矿采选业	1777	1029	132	36752
制造业	**1046216**	**330195**	**501812**	**8761839**
农副食品加工业	13953	6704	8143	235515
食品制造业	6362	3393	5973	140875
饮料制造业	20671	1289	3461	116049
烟草制品业	3009	2096	9141	103576
纺织业	37644	32685	25419	405768
纺织服装、鞋、帽制造业	1905	1208	3151	49751
皮革、毛皮、羽毛(绒)及其制品业	2912	578	2309	15940
木材加工及木、竹、藤、棕、草制品业	525	1660	2775	45950
家具制造业	1377	1050	399	15571
造纸及纸制品业	12729	4065	4306	236235
印刷业和记录媒介的复制	9404	786	619	91121
文教体育用品制造业	2496	1654	340	41052
石油加工、炼焦及核燃料加工业	672	3104	5726	137641
化学原料及化学制品制造业	190871	54619	95467	1409491
医药制造业	37994	24985	39004	415712
化学纤维制造业	14432	2367	7329	183611
橡胶制品业	2691	1213	5411	40661
塑料制品业	4863	4731	32860	113561
非金属矿物制品业	17548	6174	44484	679838
黑色金属冶炼及压延加工业	2931	4889	14005	291043
有色金属冶炼及压延加工业	11440	7725	17971	498055
金属制品业	11616	4139	9101	154251
通用设备制造业	111552	39012	32700	677645
专用设备制造业	35488	18506	12744	356525
交通运输设备制造业	213184	34265	54137	901018
电气机械及器材制造业	103899	48114	37501	834873
通信设备、计算机及其他电子设备制造业	147494	13968	16267	400508
仪器仪表及文化、办公用机械制造业	24765	4201	9023	133703
工艺品及其他制造业	1787	1014	2008	36292
电力、燃气及水的生产和供应业	**2361**	**13697**	**21918**	**1131792**
电力、热力的生产和供应业	2301	13647	19992	1043709
燃气生产和供应业			1860	73712
水的生产和供应业	60	50	67	14371

10-10 按行业分小型企业技术获取和技术改造

单位：万元

行　业	引进国外技术支出	引进技术消化吸收经费支出	购买国内技术经费支出	技术改造经费支出
总　计	**275575**	**181418**	**286369**	**6733311**
采矿业	**494**	**18345**	**17874**	**788654**
煤炭开采和洗选业	373	16734	15356	638313
石油和天然气开采业			140	17459
黑色金属矿采选业			37	22173
有色金属矿采选业		237	372	57199
非金属矿采选业	121	1374	1969	53510
制造业	**274287**	**161109**	**261871**	**5632462**
农副食品加工业	4352	8206	13340	347868
食品制造业	3367	1745	5434	105597
饮料制造业	4987	2485	2626	285126
烟草制品业		49		2884
纺织业	16845	31902	10684	243974
纺织服装、鞋、帽制造业	2972	1179	3180	31809
皮革、毛皮、羽毛(绒)及其制品业	1295	1238	1846	25196
木材加工及木、竹、藤、棕、草制品业	620	1175	2168	124766
家具制造业	581	524	754	21007
造纸及纸制品业	1711	1530	6080	152194
印刷业和记录媒介的复制	6152	460	2206	77817
文教体育用品制造业	1899	415	2084	22605
石油加工、炼焦及核燃料加工业	8320	2743	798	44875
化学原料及化学制品制造业	47346	18340	30618	612418
医药制造业	14117	9957	34112	203540
化学纤维制造业	1105	542	1457	38365
橡胶制品业	679	950	706	52153
塑料制品业	3333	1838	3767	154215
非金属矿物制品业	13617	14974	19271	577800
黑色金属冶炼及压延加工业	776	175	7168	196708
有色金属冶炼及压延加工业	9116	3001	8944	160642
金属制品业	7979	4477	6085	205734
通用设备制造业	22510	9531	22424	619087
专用设备制造业	18879	12890	16606	303659
交通运输设备制造业	26446	6764	20378	291505
电气机械及器材制造业	29308	15856	19461	415890
通信设备、计算机及其他电子设备制造业	19860	5675	15762	183969
仪器仪表及文化、办公用机械制造业	5728	2081	2690	84604
工艺品及其他制造业	389	379	1113	32239
电力、燃气及水的生产和供应业	**794**	**1965**	**6624**	**312196**
电力、热力的生产和供应业	682	1915	5776	266325
燃气生产和供应业		5	15	14023
水的生产和供应业	112	45	834	31848

10-11　按行业分国有控股企业技术获取和技术改造

单位：万元

行　业	引进国外技术支出	引进技术消化吸收经费支出	购买国内技术经费支出	技术改造经费支出
总　计	**2034863**	**1217848**	**1225684**	**26091432**
采矿业	**104252**	**122899**	**43281**	**1870284**
煤炭开采和洗选业	94427	119001	31013	1638645
石油和天然气开采业	8047	2665	4009	20117
黑色金属矿采选业		300	200	76158
有色金属矿采选业		640	2570	71848
非金属矿采选业	1777	293	5489	63516
制造业	**1926794**	**1068292**	**1151128**	**21934310**
农副食品加工业	91	508	1098	66068
食品制造业	9030	2871	1919	123931
饮料制造业	9394	2852	12254	309286
烟草制品业	6633	28758	37589	645669
纺织业	6802	2925	5231	74842
纺织服装、鞋、帽制造业		18	198	4625
皮革、毛皮、羽毛(绒)及其制品业	699	63		364
木材加工及木、竹、藤、棕、草制品业	50	342	384	25799
家具制造业		77		4047
造纸及纸制品业	6556	3960	2612	157735
印刷业和记录媒介的复制	8293	1373	7938	66713
文教体育用品制造业	218			833
石油加工、炼焦及核燃料加工业	63127	18996	28986	1908102
化学原料及化学制品制造业	136604	80458	97624	1698851
医药制造业	7055	12078	22122	146825
化学纤维制造业	365	136	887	49817
橡胶制品业	1420	2150	1808	109441
塑料制品业		6	20	31869
非金属矿物制品业	2581	1907	2439	288282
黑色金属冶炼及压延加工业	502888	279691	645379	9229778
有色金属冶炼及压延加工业	190496	128061	56727	1478045
金属制品业	5504	13548	3441	77747
通用设备制造业	111011	54712	14104	644148
专用设备制造业	33301	18083	37772	1113374
交通运输设备制造业	688406	392366	146822	2988432
电气机械及器材制造业	39453	11711	8313	374938
通信设备、计算机及其他电子设备制造业	84418	9330	8607	255341
仪器仪表及文化、办公用机械制造业	12217	1316	6757	37769
工艺品及其他制造业	182		97	21639
电力、燃气及水的生产和供应业	**3817**	**26657**	**31276**	**2286838**
电力、热力的生产和供应业	3712	26558	29052	2117635
燃气生产和供应业		39	1870	79429
水的生产和供应业	105	60	354	89773

10-12 按行业分内资企业技术获取和技术改造

单位：万元

行　业	引进国外技术支出	引进技术消化吸收经费支出	购买国内技术经费支出	技术改造经费支出
总　计	**2233966**	**1360486**	**1748076**	**38638926**
采矿业	**105568**	**145861**	**63807**	**2901923**
煤炭开采和洗选业	94457	138992	51106	2526839
石油和天然气开采业	8047	2665	4049	20129
黑色金属矿采选业		305	676	107176
有色金属矿采选业	1165	1207	716	126751
非金属矿采选业	1898	2692	7260	121029
制造业	**2124581**	**1189067**	**1656796**	**33604822**
农副食品加工业	5382	12863	17757	507096
食品制造业	11204	6759	12022	251015
饮料制造业	14968	7206	11376	653144
烟草制品业	6633	28758	37589	648133
纺织业	58661	36391	43552	740350
纺织服装、鞋、帽制造业	4986	2007	5156	76386
皮革、毛皮、羽毛(绒)及其制品业	3827	2011	4198	38493
木材加工及木、竹、藤、棕、草制品业	8653	5695	6307	194404
家具制造业	1808	1342	1149	30039
造纸及纸制品业	226752	20050	11739	541109
印刷业和记录媒介的复制	23736	4425	10553	181896
文教体育用品制造业	3712	1960	2178	43099
石油加工、炼焦及核燃料加工业	71572	21023	32120	2006997
化学原料及化学制品制造业	217685	119381	153163	3452911
医药制造业	19674	39288	79772	670395
化学纤维制造业	18810	5295	10899	269537
橡胶制品业	2915	4522	5080	173261
塑料制品业	4611	4548	32288	231118
非金属矿物制品业	18967	21510	59321	1221603
黑色金属冶炼及压延加工业	520127	306030	651149	10091088
有色金属冶炼及压延加工业	200979	137046	85180	2019881
金属制品业	27143	22077	14873	381996
通用设备制造业	128891	43514	75406	1723061
专用设备制造业	52447	33828	54930	1640256
交通运输设备制造业	257086	220007	145102	3035965
电气机械及器材制造业	98174	52558	54648	1886107
通信设备、计算机及其他电子设备制造业	89753	17400	26404	600421
仪器仪表及文化、办公用机械制造业	23398	9905	9786	227893
工艺品及其他制造业	2032	1637	2976	52984
电力、燃气及水的生产和供应业	**3817**	**25558**	**27473**	**2132181**
电力、热力的生产和供应业	3712	25457	25221	1950612
燃气生产和供应业		39	1874	85835
水的生产和供应业	105	61	378	95733

10-13 按行业分国有企业技术获取和技术改造

单位：万元

行业	引进国外技术支出	引进技术消化吸收经费支出	购买国内技术经费支出	技术改造经费支出
总计	**304685**	**137355**	**281845**	**8423122**
采矿业	**9937**	**1083**	**3146**	**438565**
煤炭开采和洗选业	8160	399	2467	309701
石油和天然气开采业		124	256	11526
黑色金属矿采选业				71525
有色金属矿采选业		560	423	19945
非金属矿采选业	1777			25868
制造业	**293318**	**133196**	**272253**	**6643611**
农副食品加工业		192		3768
食品制造业		61	60	2705
饮料制造业	1134	495	988	35588
烟草制品业	5788	28653	34244	512975
纺织业	187	234	1489	26583
纺织服装、鞋、帽制造业				2017
皮革、毛皮、羽毛(绒)及其制品业	699	63		322
木材加工及木、竹、藤、棕、草制品业				684
家具制造业				5
造纸及纸制品业	4823	1697	555	35616
印刷业和记录媒介的复制	1863	587	35	35692
文教体育用品制造业				18
石油加工、炼焦及核燃料加工业	1600	3716	16682	220596
化学原料及化学制品制造业	36344	27298	7892	346297
医药制造业	3168	2040	5634	25925
化学纤维制造业		112	855	30157
橡胶制品业	20	50	278	2754
塑料制品业		6		13199
非金属矿物制品业	284	170	932	51006
黑色金属冶炼及压延加工业	96326	11705	173171	3965643
有色金属冶炼及压延加工业	51695	12611	8654	175569
金属制品业	34	13302	62	44081
通用设备制造业	7079	3343	2108	119035
专用设备制造业	4449	2664	2045	268872
交通运输设备制造业	59835	18109	10653	507477
电气机械及器材制造业	14195	1163	772	146138
通信设备、计算机及其他电子设备制造业	3402	4876	1507	38049
仪器仪表及文化、办公用机械制造业	394	50	3571	17296
工艺品及其他制造业			68	15545
电力、燃气及水的生产和供应业	**1430**	**3076**	**6446**	**1340946**
电力、热力的生产和供应业	1350	3021	6152	1316264
燃气生产和供应业		5	10	1859
水的生产和供应业	80	50	284	22824

10-14 按行业分港澳台商投资企业技术获取和技术改造

单位：万元

行业	引进国外技术支出	引进技术消化吸收经费支出	购买国内技术经费支出	技术改造经费支出
总计	**298595**	**97717**	**118275**	**1803698**
采矿业		**61**		**18527**
煤炭开采和洗选业		61		788
石油和天然气开采业				17453
非金属矿采选业				285
制造业	**298527**	**95916**	**115263**	**1630435**
农副食品加工业	1017	3499	1329	104457
食品制造业	11901	334	646	19859
饮料制造业	2337	211	1070	27996
烟草制品业				476
纺织业	12502	35962	2943	84331
纺织服装、鞋、帽制造业	1257	858	2560	33948
皮革、毛皮、羽毛(绒)及其制品业	618	131	31	9284
木材加工及木、竹、藤、棕、草制品业	9	266	636	5177
家具制造业	50	75	4	6418
造纸及纸制品业	3049	383	820	58064
印刷业和记录媒介的复制	1604	296	144	8379
文教体育用品制造业	559	230	1239	9406
石油加工、炼焦及核燃料加工业			432	8532
化学原料及化学制品制造业	139636	4982	18007	91333
医药制造业	1121	5323	9957	49575
化学纤维制造业	2827	1826	988	35231
橡胶制品业	5960	210	11221	23350
塑料制品业	1941	1442	3394	23691
非金属矿物制品业	6648	9327	4321	128002
黑色金属冶炼及压延加工业		139	9344	261630
有色金属冶炼及压延加工业	678	1890	678	24027
金属制品业	1451	2164	1358	28819
通用设备制造业	8015	3895	3245	65223
专用设备制造业	4279	2084	2826	51492
交通运输设备制造业	12348	4757	11986	145006
电气机械及器材制造业	9100	9035	5776	153922
通信设备、计算机及其他电子设备制造业	67530	6233	19452	157621
仪器仪表及文化、办公用机械制造业	2081	351	725	5550
工艺品及其他制造业	10	14	108	9594
电力、燃气及水的生产和供应业	**68**	**1740**	**3013**	**154735**
电力、热力的生产和供应业		1706	2490	147737
燃气生产和供应业				500
水的生产和供应业	68	34	523	6499

10-15 按行业分外商投资企业技术获取和技术改造

单位：万元

行　　业	引进国外技术支出	引进技术消化吸收经费支出	购买国内技术经费支出	技术改造经费支出
总　计	**1689144**	**361679**	**167239**	**3004199**
采矿业	**1093**	**1776**	**2559**	**37303**
煤炭开采和洗选业	373			3407
石油和天然气开采业			11	
黑色金属矿采选业		50	20	500
有色金属矿采选业		80	2004	21029
非金属矿采选业	720	1646	524	12367
制造业	**1688051**	**358688**	**162028**	**2749532**
农副食品加工业	13842	1210	2847	98870
食品制造业	15834	1927	1100	50716
饮料制造业	19067	728	8055	31553
纺织业	1909	1328	1316	37120
纺织服装、鞋、帽制造业	187	38	594	9391
皮革、毛皮、羽毛(绒)及其制品业	359	66	247	11643
木材加工及木、竹、藤、棕、草制品业	34	240	1016	6444
家具制造业	100	157		4311
造纸及纸制品业	769	886	488	87885
印刷业和记录媒介的复制	1824		6	4732
文教体育用品制造业	229		116	11259
石油加工、炼焦及核燃料加工业	120	1374	500	13497
化学原料及化学制品制造业	126136	15083	11531	201095
医药制造业	35651	7440	9938	111003
化学纤维制造业	806	2412	1121	40594
橡胶制品业	25466	3992	3990	85635
塑料制品业	2013	661	1305	16937
非金属矿物制品业	12218	2559	3956	92221
黑色金属冶炼及压延加工业	26466	5166	10475	72122
有色金属冶炼及压延加工业	12846	2044	1920	83001
金属制品业	5900	909	467	110257
通用设备制造业	76217	60914	11716	153236
专用设备制造业	38915	6328	5614	61846
交通运输设备制造业	700378	206660	44116	915821
电气机械及器材制造业	150485	25915	16076	164044
通信设备、计算机及其他电子设备制造业	388384	8360	19946	203147
仪器仪表及文化、办公用机械制造业	30929	2047	2646	59423
工艺品及其他制造业	968	245	926	11730
电力、燃气及水的生产和供应业		**1215**	**2653**	**217365**
电力、热力的生产和供应业		1215	2653	193461
燃气生产和供应业				22408
水的生产和供应业				1496

10-16 各地区企业技术获取和技术改造

单位：万元

地区	引进国外技术支出	引进技术消化吸收经费支出	购买国内技术经费支出	技术改造经费支出
总计	**4221705**	**1819883**	**2033590**	**43446823**
东部地区	3253632	1150787	1356069	22073628
中部地区	523238	418654	350383	11362461
西部地区	444835	250442	327139	10010735
北京	130545	13239	18023	1001329
天津	206527	58028	51724	1112896
河北	94558	207123	49538	1859674
山西	56557	116530	29508	1217882
内蒙古	25464	36689	58569	1097138
辽宁	280215	49353	195942	2393828
吉林	44723	6778	6159	639538
黑龙江	69961	32530	21036	606354
上海	609478	294505	328769	1385137
江苏	325619	153930	191094	5346210
浙江	213677	99058	160832	3293638
安徽	70280	97791	74021	1336033
福建	181828	30325	107901	907003
江西	59153	38387	23121	497568
山东	487362	152535	143384	2889379
河南	48131	57820	116768	1906792
湖北	115314	20189	23616	2761209
湖南	59119	48627	56153	2397084
广东	721965	88637	107437	1876455
广西	3099	4135	13977	1799239
海南	1858	4054	1425	8078
重庆	148674	22272	63311	745102
四川	77535	44488	51465	3132660
贵州	2441	2341	10868	921595
云南	43812	5973	40646	267195
西藏				1822
陕西	44740	8924	20754	1030372
甘肃	57429	108052	38190	528772
青海	302	348	1707	47592
宁夏	26676	8492	12998	301277
新疆	14663	8730	14655	137973

10-17 各地区大中型企业技术获取和技术改造

单位：万元

地　区	引进国外技术支出	引进技术消化吸收经费支出	购买国内技术经费支出	技术改造经费支出
总　计	**3946130**	**1638464**	**1747221**	**36713512**
东部地区	3024356	1033133	1197717	18893064
中部地区	496277	378808	293505	10175195
西部地区	425497	226523	255999	7645253
北　京	122254	11873	14229	987928
天　津	204314	56450	45008	1060259
河　北	92789	206652	44261	1810961
山　西	55300	113064	28195	1171228
内蒙古	24220	24368	39252	929537
辽　宁	274163	46810	189247	2303016
吉　林	42816	6318	3541	593886
黑龙江	67388	32159	19460	576845
上　海	570849	284888	324561	1325462
江　苏	271520	131945	151609	4046570
浙　江	161357	71235	115814	2402404
安　徽	64894	89559	65419	1164168
福　建	165276	25336	87460	647704
江　西	59089	37914	22150	448981
山　东	483912	120687	131752	2663543
河　南	41948	49570	109317	1587321
湖　北	109364	16591	19086	2655716
湖　南	55478	33634	26337	1977051
广　东	676216	73403	92571	1641997
广　西	2758	3762	13455	1043545
海　南	1708	3853	1207	3221
重　庆	146722	18598	46852	577274
四　川	74881	39869	33814	2132381
贵　州	2421	2002	10307	783959
云　南	42945	5552	38730	224466
西　藏				1300
陕　西	42250	7840	19174	1004757
甘　肃	57359	107998	37813	503343
青　海	302	348	1699	47129
宁　夏	26351	8343	12420	292005
新　疆	5287	7842	2484	105558

10-18 各地区大型企业技术获取和技术改造

单位：万元

地 区	引进国外技术支出	引进技术消化吸收经费支出	购买国内技术经费支出	技术改造经费支出
总 计	**2894420**	**1289903**	**1216715**	**26489488**
东部地区	2117122	784238	856436	12994479
中部地区	439975	317846	218379	8318636
西部地区	337324	187819	141900	5176373
北 京	21744	7594	5678	794323
天 津	164478	53752	41015	924692
河 北	88509	204659	38089	1538642
山 西	50287	112414	25914	1067372
内蒙古	20826	16847	8842	738016
辽 宁	251213	43853	174456	2134027
吉 林	41100	4406	1040	469248
黑龙江	66768	31318	18414	510266
上 海	435250	246161	309353	1071701
江 苏	122858	73838	51695	2338128
浙 江	51809	16430	42940	1130955
安 徽	48688	73874	34202	768811
福 建	94453	11933	36854	365410
江 西	54418	36627	19523	370731
山 东	387499	84778	92012	1727988
河 南	37351	42764	93627	1170250
湖 北	96364	7465	14046	2380224
湖 南	44999	8979	11613	1581735
广 东	499310	41239	64344	968614
广 西	268	869	9384	495582
海 南				
重 庆	110448	11310	25155	276016
四 川	67259	34756	21612	1439095
贵 州	1932	1405	3059	560850
云 南	24411	1997	13745	68374
西 藏				
陕 西	27561	5261	9431	828887
甘 肃	54749	106192	36774	456778
青 海	90	310	1699	40124
宁 夏	24494	6071	10796	209676
新 疆	5287	2801	1403	62974

10-19　各地区中型企业技术获取和技术改造

单位：万元

地　区	引进国外技术支出	引进技术消化吸收经费支出	购买国内技术经费支出	技术改造经费支出
总　计	**1051710**	**348561**	**530506**	**10224024**
东部地区	907234	248895	341281	5898585
中部地区	56303	60962	75126	1856559
西部地区	88173	38704	114099	2468880
北　京	100510	4279	8552	193606
天　津	39837	2699	3993	135567
河　北	4280	1993	6172	272320
山　西	5014	650	2281	103856
内蒙古	3394	7521	30410	191521
辽　宁	22950	2957	14791	168989
吉　林	1716	1912	2501	124639
黑龙江	620	841	1046	66578
上　海	135599	38728	15208	253761
江　苏	148662	58107	99913	1708442
浙　江	109548	54805	72874	1271449
安　徽	16207	15685	31217	395357
福　建	70822	13403	50606	282294
江　西	4671	1287	2626	78251
山　东	96412	35908	39740	935555
河　南	4596	6805	15690	417071
湖　北	13000	9126	5040	275491
湖　南	10478	24655	14725	395317
广　东	176907	32164	28226	673383
广　西	2490	2893	4071	547963
海　南	1708	3853	1207	3221
重　庆	36275	7288	21698	301258
四　川	7622	5113	12201	693286
贵　州	489	597	7248	223109
云　南	18534	3555	24985	156092
西　藏				1300
陕　西	14689	2579	9743	175869
甘　肃	2611	1807	1039	46565
青　海	212	38		7004
宁　夏	1857	2272	1624	82329
新　疆		5042	1081	42584

10-20 各地区小型企业技术获取和技术改造

单位：万元

地 区	引进国外技术支出	引进技术消化吸收经费支出	购买国内技术经费支出	技术改造经费支出
总 计	**275575**	**181418**	**286369**	**6733311**
东部地区	229276	117654	158351	3180563
中部地区	26961	39845	56878	1187266
西部地区	19338	23919	71140	2365482
北 京	8291	1366	3794	13401
天 津	2213	1578	6716	52637
河 北	1770	470	5277	48712
山 西	1257	3466	1313	46655
内蒙古	1244	12321	19317	167601
辽 宁	6052	2543	6695	90812
吉 林	1907	461	2618	45652
黑龙江	2573	372	1576	29509
上 海	38629	9616	4209	59676
江 苏	54099	21985	39485	1299639
浙 江	52320	27823	45018	891235
安 徽	5385	8232	8603	171865
福 建	16552	4989	20441	259299
江 西	64	474	972	48587
山 东	3450	31849	11632	225837
河 南	6183	8251	7451	319471
湖 北	5950	3598	4530	105494
湖 南	3642	14993	29816	420032
广 东	45749	15234	14867	234459
广 西	341	373	523	755694
海 南	150	201	218	4857
重 庆	1952	3674	16458	167828
四 川	2654	4618	17651	1000279
贵 州	20	339	561	137637
云 南	867	420	1916	42729
西 藏				522
陕 西	2489	1084	1580	25615
甘 肃	70	54	377	25429
青 海			8	463
宁 夏	325	149	578	9272
新 疆	9376	887	12171	32415

10-21 各地区国有控股企业技术获取和技术改造

单位：万元

地　区	引进国外技术支出	引进技术消化吸收经费支出	购买国内技术经费支出	技术改造经费支出
总　计	**2034863**	**1217848**	**1225684**	**26091432**
东部地区	1222990	708839	797706	11461605
中部地区	423867	312930	231646	8605035
西部地区	388006	196079	196333	6024792
北　京	30661	10954	9209	960087
天　津	36724	44400	43206	868087
河　北	81184	204566	40507	1623703
山　西	50194	112056	25110	1115096
内蒙古	20896	17650	8872	677290
辽　宁	261476	43856	186317	2184425
吉　林	41364	4684	705	522791
黑龙江	67282	32130	18264	491089
上　海	462576	262555	320545	1254577
江　苏	42455	51062	34076	1132489
浙　江	6313	8916	32151	854928
安　徽	35101	74194	51857	927757
福　建	22955	12040	13946	282306
江　西	56668	37212	21341	354697
山　东	137131	42235	53597	1384306
河　南	25773	31811	89678	984636
湖　北	98293	8186	9892	2537060
湖　南	49191	12658	14799	1671910
广　东	139659	24663	63562	912092
广　西	2728	1908	12390	692843
	1858	3591	591	4606
海　南				
重　庆	129240	15166	44007	407558
四　川	69103	33754	21698	1595675
贵　州	2421	2169	10092	729294
云　南	42732	5279	36204	165889
西　藏				
陕　西	35473	7411	11594	915502
甘　肃	54976	103684	36872	475102
青　海	90	310	1699	40124
宁　夏	25060	5859	10792	257207
新　疆	5287	2892	2113	68308

10-22 各地区内资企业技术获取和技术改造

单位：万元

地区	引进国外技术支出	引进技术消化吸收经费支出	购买国内技术经费支出	技术改造经费支出
总计	**2233966**	**1360486**	**1748076**	**38638926**
东部地区	1498912	743275	1133587	18428412
中部地区	404310	374624	331139	10835687
西部地区	330745	242587	283350	9374828
北京	25061	9433	10619	940022
天津	39439	57054	38353	914386
河北	84217	204897	44673	1720217
山西	56152	115613	28778	1210759
内蒙古	25380	36645	57616	1069053
辽宁	267928	48089	181733	2273795
吉林	43566	5383	6159	610028
黑龙江	69935	32502	20784	545254
上海	209815	70750	309394	1000755
江苏	123951	118156	150606	4199929
浙江	135961	71537	136388	2732156
安徽	42967	88433	71993	1240402
福建	38653	12931	35257	656172
江西	54212	16611	18673	454443
山东	465317	113664	135658	2594430
河南	46688	54969	114110	1806639
湖北	37701	13872	15701	2629722
湖南	53089	47243	54940	2338441
广东	108421	36455	90603	1389890
广西	2778	3683	6041	1513238
海南	150	311	303	6661
重庆	50758	21064	40534	556571
四川	75175	41605	48607	3058869
贵州	2441	2341	10868	916282
云南	43797	5909	40263	258105
西藏				522
陕西	42053	6539	19180	1019980
甘肃	56200	108049	38190	527769
青海	302	268	53	24132
宁夏	26575	8492	12917	298819
新疆	5287	7993	9082	131488

10-23 各地区国有企业技术获取和技术改造

单位：万元

地区	引进国外技术支出	引进技术消化吸收经费支出	购买国内技术经费支出	技术改造经费支出
总计	**304685**	**137355**	**281845**	**8423122**
东部地区	160844	70889	211295	2290495
中部地区	106080	54644	56470	3849925
西部地区	37761	11822	14079	2282702
北京	1139	113	5812	138585
天津	6727	9550	265	108280
河北	7253	7952	2602	182014
山西		172	288	45296
内蒙古	3123	1272	55	75097
辽宁	106965	14256	156411	591638
吉林	41264	3114	605	175206
黑龙江	719	1670	1840	60093
上海	9687	902	3674	178949
江苏	10084	24487	3827	498321
浙江	592	3348	13482	148787
安徽	761	1511	1280	153106
福建	42	1607	3665	32323
江西	51814	14823	13106	34404
山东	18355	8674	20538	262924
河南	2711	25916	27467	192800
湖北	8170	5200	3656	1960593
湖南	641	2237	8228	1228428
广东			1018	148676
广西	2470	1069	4214	384145
海南				
重庆	8112	1878	1758	62266
四川	16247	2835	2228	944911
贵州	200	457	1581	359186
云南	100	150	137	23814
西藏				
陕西	7509	3597	2604	358389
甘肃			97	16853
青海				6400
宁夏				34215
新疆		565	1405	17426

10-24 各地区港澳台商投资企业技术获取和技术改造

单位：万元

地 区	引进国外技术支出	引进技术消化吸收经费支出	购买国内技术经费支出	技术改造经费支出
总 计	**298595**	**97717**	**118275**	**1803698**
东部地区	280294	86070	103058	1473976
中部地区	12940	10859	4651	144942
西部地区	5361	789	10565	184780
北 京	4047	93	4952	13122
天 津	6326	103	37	20053
河 北	8168	617	1441	35015
山 西		120	180	1507
内蒙古	68	34	523	8766
辽 宁	640	217	8620	81088
吉 林				269
黑龙江				610
上 海	12589	1959	1152	29378
江 苏	35250	13966	27824	445058
浙 江	17776	9283	4977	287258
安 徽	11835	8855	1633	43069
福 建	34035	5774	37455	149092
江 西	1	46	76	8243
山 东	2566	31762	2793	125022
河 南	498	1393	1900	62403
湖 北	442	389	569	9559
湖 南	163	57	293	19282
广 东	158897	22297	13809	288570
广 西		20	53	102263
海 南				320
重 庆	5278	145	9532	38504
四 川	0	562	91	27103
贵 州				1071
云 南	15	24	234	3846
西 藏				
陕 西			133	2457
甘 肃		3		753
青 海				
宁 夏				15
新 疆				3

10-25 各地区外商投资企业技术获取和技术改造

单位：万元

地 区	引进国外技术支出	引进技术消化吸收经费支出	购买国内技术经费支出	技术改造经费支出
总 计	**1689144**	**361679**	**167239**	**3004199**
东部地区	1474426	321442	119423	2171240
中部地区	105989	33170	14593	381831
西部地区	108729	7067	33223	451127
北 京	101438	3714	2452	48185
天 津	160761	872	13334	178457
河 北	2173	1609	3424	104442
山 西	406	797	550	5616
内蒙古	17	10	430	19318
辽 宁	11648	1047	5589	38945
吉 林	1157	1396		29241
黑龙江	26	29	252	60490
上 海	387074	221796	18224	355004
江 苏	166418	21808	12664	701223
浙 江	59940	18239	19466	274224
安 徽	15478	502	395	52562
福 建	109141	11620	35189	101739
江 西	4940	21731	4372	34882
山 东	19479	7110	4933	169928
河 南	945	1458	758	37750
湖 北	77171	5929	7346	121929
湖 南	5867	1328	920	39361
广 东	454648	29885	3026	197996
广 西	322	432	7883	183739
海 南	1708	3743	1122	1097
重 庆	92638	1063	13245	150027
四 川	2360	2321	2766	46688
贵 州				4242
云 南		40	149	5244
西 藏				1300
陕 西	2687	2385	1441	7935
甘 肃	1229			249
青 海		80	1654	23460
宁 夏	101		81	2443
新 疆	9376	737	5573	6482

10-26 各地区分行业企业技术获取和技术改造

单位：万元

地区	采矿业			
	引进国外技术支出	引进技术消化吸收经费支出	购买国内技术经费支出	技术改造经费支出
总 计	**106661**	**147698**	**66366**	**2957753**
东部地区	25628	11019	18322	607316
中部地区	53077	111142	23592	1022493
西部地区	27956	25537	24452	1327943
北 京				2219
天 津			263	26306
河 北	680	3000	865	195150
山 西	46205	104047	16286	560425
内蒙古	93	20378	17776	273277
辽 宁	4603	579	1709	60794
吉 林				128
黑龙江	1290	1808	220	14094
上 海			129	
江 苏	1497	3228	5283	30661
浙 江	121	50	25	2168
安 徽			4	39052
福 建		150	183	29436
江 西	1165		45	8542
山 东	18727	4013	9854	232633
河 南	2639	2983	5194	319495
湖 北	1777			24812
湖 南		2305	1843	55946
广 东			11	25625
广 西	160	60	20	52944
海 南				2324
重 庆			2598	71455
四 川	720	1797	144	554446
贵 州		250	114	129091
云 南		189	271	22508
西 藏				
陕 西		885	1214	14205
甘 肃				9934
青 海		80	1654	20709
宁 夏	21696	98	419	151092
新 疆	5287	1801	244	28282

10-26　续表 1

单位：万元

地　区	制造业			
	引进国外技术支出	引进技术消化吸收经费支出	购买国内技术经费支出	技术改造经费支出
总　计	**4111159**	**1643672**	**1934086**	**37984790**
东部地区	3225776	1115310	1312705	20125194
中部地区	469254	304561	323136	9831558
西部地区	416130	223800	298245	8028038
北　京	130545	13239	18023	739207
天　津	206527	57994	51461	1072463
河　北	93878	193513	46359	1509848
山　西	10352	12354	13042	620585
内蒙古	25304	16277	40211	770856
辽　宁	274138	48774	194233	2261344
吉　林	44723	6778	6024	620551
黑龙江	68610	29237	20566	526591
上　海	609478	294505	328640	1283134
江　苏	324122	140842	172471	5030673
浙　江	213402	97690	154734	3195925
安　徽	70280	97441	73314	1225510
福　建	181828	30175	107710	823891
江　西	57782	38038	22946	476355
山　东	468035	148142	133352	2560888
河　南	45492	54578	109698	1397794
湖　北	113537	20189	23476	2689190
湖　南	58478	45947	54070	2274981
广　东	721965	86382	104298	1642068
广　西	2939	4075	13635	1638780
海　南	1858	4054	1425	5754
重　庆	148674	22272	60355	645638
四　川	76133	42361	50424	2491349
贵　州	2441	1701	9302	557272
云　南	43812	5784	40298	227579
西　藏				1822
陕　西	44740	8039	19407	952654
甘　肃	57429	108052	38170	513654
青　海	302	268	53	17670
宁　夏	4979	8394	12579	124060
新　疆	9376	6579	13811	86703

10-26 续表 2

单位：万元

地区	农副食品加工业			
	引进国外技术支出	引进技术消化吸收经费支出	购买国内技术经费支出	技术改造经费支出
总　计	**20241**	**17572**	**21932**	**710423**
东部地区	18346	10043	10104	254319
中部地区	960	7008	10239	168343
西部地区	935	520	1589	287761
北　京		40		1227
天　津				356
河　北	78			5827
山　西		91		3796
内蒙古			58	11816
辽　宁	170	965	594	9033
吉　林				1706
黑龙江		3	2	925
上　海			4	681
江　苏	1133	689	1678	65947
浙　江	556	458	3888	25356
安　徽	64	471	820	24545
福　建	3085	2296	1030	19332
江　西		174	312	3463
山　东	1060	5365	2119	74460
河　南	255	838	1348	46551
湖　北	45	675	809	15972
湖　南	597	4756	6949	71384
广　东	12264	226	761	51959
广　西	45	50	144	180318
海　南		5	30	141
重　庆	100	63	56	9561
四　川	78	91	590	53020
贵　州			3	2030
云　南	600	72	375	13085
西　藏				497
陕　西	87	85	4	578
甘　肃		98	5	546
青　海				1218
宁　夏	25	62	153	3495
新　疆			200	11598

10-26 续表 3

单位：万元

地　区	食品制造业			
	引进国外技术支出	引进技术消化吸收经费支出	购买国内技术经费支出	技术改造经费支出
总　计	**38939**	**9020**	**13767**	**321590**
东部地区	29246	4502	8613	119823
中部地区	339	1285	1617	102130
西部地区	9354	3233	3537	99637
北　京	4089		158	4475
天　津	30	30	33	3752
河　北	7948	201	124	1271
山　西		44	182	636
内蒙古	9060	2617	1726	41750
辽　宁			20	19581
吉　林				960
黑龙江		30	240	12401
上　海	2045	55	20	5212
江　苏	406	115	263	3472
浙　江	511	601	611	21025
安　徽		178	224	6680
福　建	419	504	1851	9620
江　西		5	22	4113
山　东	295	1555	1863	33247
河　南	209	592	209	11970
湖　北	130	85	30	51358
湖　南		351	710	14013
广　东	13504	1332	3519	17763
广　西	3	90	405	31395
		110	152	406
海　南				
重　庆		103	117	5124
四　川				14254
贵　州		60	17	1704
云　南	46	73	873	1360
西　藏				
陕　西		105		2534
甘　肃	45		34	398
青　海				
宁　夏	200	175	365	330
新　疆		10		787

10-26 续表 4

单位：万元

地 区	饮料制造业			
	引进国外技术支出	引进技术消化吸收经费支出	购买国内技术经费支出	技术改造经费支出
总 计	**36372**	**8145**	**20502**	**712693**
东部地区	24345	3142	4946	254853
中部地区	2244	2713	4031	59473
西部地区	9783	2290	11525	398367
北 京	1134	113	866	2457
天 津		12		9074
河 北				7289
山 西	57	107	374	3599
内蒙古	1100	220	70	6076
辽 宁	182	20		1102
吉 林				204
黑龙江			154	285
上 海	589			1470
江 苏	756	704	1718	50806
浙 江	141	129	274	126056
安 徽		80	653	14320
福 建	2347	660	1596	11223
江 西	209	332	379	4027
山 东	2103	1463	445	35690
河 南	137	526	476	12858
湖 北	1825	1168	596	10549
湖 南	16	500	1400	13631
广 东	17094	41	46	9687
广 西		32	120	38776
海 南				
重 庆	2035	30	6788	3092
四 川	4975	1451	1962	198316
贵 州	1382	432	2192	137219
云 南	291		148	9289
西 藏				1300
陕 西		125	103	2623
甘 肃				192
青 海			8	
宁 夏			134	166
新 疆				1319

10-26 续表 5

单位：万元

地　区	烟草制品业			
	引进国外技术支出	引进技术消化吸收经费支出	购买国内技术经费支出	技术改造经费支出
总　计	**6633**	**28758**	**37589**	**648610**
东部地区	42	1101	6552	179447
中部地区	3601	26603	28492	307847
西部地区	2990	1054	2545	161316
北　京				24398
天　津				
河　北				1021
山　西				901
内蒙古				38576
辽　宁				
吉　林				37667
黑龙江				12955
上　海				108301
江　苏				308
浙　江				31350
安　徽				22750
福　建	42	1101	6552	3762
江　西	1521	1557	1671	5280
山　东				3691
河　南	2080	25020	26821	32505
湖　北				21000
湖　南		26		174789
广　东				6617
广　西	2145	985	2545	6748
海　南				
重　庆				168
四　川				7126
贵　州				2283
云　南	23	69		6482
西　藏				
陕　西				99932
甘　肃	822			
青　海				
宁　夏				
新　疆				

10-26 续表 6

单位：万元

地区	纺织业			
	引进国外技术支出	引进技术消化吸收经费支出	购买国内技术经费支出	技术改造经费支出
总 计	**73072**	**73681**	**47811**	**861800**
东部地区	62520	44860	31989	576223
中部地区	8642	26936	13440	171486
西部地区	1909	1885	2381	114091
北 京	360	135	410	2113
天 津	82	334	615	1507
河 北		5		3382
山 西				1160
内蒙古		206	25	6299
辽 宁			2	2268
吉 林				15
黑龙江				
上 海	200	150		1699
江 苏	14064	7589	10451	270577
浙 江	16225	4418	11600	169302
安 徽	4288	8704	1228	41995
福 建	10277	1986	5430	43820
江 西	27		14	6293
山 东	5156	30239	3390	70729
河 南	1202	1295	957	29918
湖 北	1790	161	75	30305
湖 南	1336	16777	11167	61801
广 东	16157	6	90	10824
广 西	165	5		33269
海 南				
重 庆	968	360	744	8662
四 川	716	801	1567	58668
贵 州				88
云 南		4	1	16
西 藏				
陕 西			29	1644
甘 肃				1200
青 海				
宁 夏	60	509	16	
新 疆				4246

10-26 续表 7

单位：万元

地区	纺织服装、鞋、帽制造业			
	引进国外技术支出	引进技术消化吸收经费支出	购买国内技术经费支出	技术改造经费支出
总计	**6429**	**2903**	**8310**	**119726**
东部地区	6416	2828	7489	101321
中部地区	13	75	624	9747
西部地区			197	8658
北京		17		109
天津				
河北				98
山西				
内蒙古				208
辽宁				219
吉林				822
黑龙江				
上海			6	2527
江苏	1367	456	309	22042
浙江	2024	986	615	25747
安徽		5	203	1671
福建	253	414	4422	32157
江西		18		230
山东	186	92	364	15475
河南	2	52	15	1421
湖北	11		2	519
湖南			404	5083
广东	2586	863	1774	2947
广西				895
海南				
重庆				230
四川			197	5733
贵州				142
云南				
西藏				
陕西				
甘肃				280
青海				
宁夏				1170
新疆				

10-26 续表 8

单位：万元

地区	皮革、皮毛、羽毛(绒)及其制品			
	引进国外技术支出	引进技术消化吸收经费支出	购买国内技术经费支出	技术改造经费支出
总计	**4803**	**2207**	**4476**	**59420**
东部地区	4600	1913	3633	44155
中部地区	153	216	775	9040
西部地区	49	79	68	6225
北京				
天津				
河北	699	63		140
山西				
内蒙古				42
辽宁				
吉林				
黑龙江				46
上海				
江苏	50	50	100	3374
浙江	2729	1482	3093	12927
安徽	80		370	1098
福建	1080	223	100	21355
江西		10		213
山东	43	15	107	4462
河南	10	205	279	6503
湖北				35
湖南	63	1	126	1145
广东		80	233	1898
广西				3292
海南				
重庆	49	34	40	595
四川		45	28	2220
贵州				
云南				76
西藏				
陕西				
甘肃				
青海				
宁夏				
新疆				

10-26 续表 9

单位：万元

地　区	木材加工及木、竹、藤、棕、草制品业			
	引进国外技术支出	引进技术消化吸收经费支出	购买国内技术经费支出	技术改造经费支出
总　计	**8695**	**6201**	**7959**	**206025**
东部地区	8468	5615	6666	120893
中部地区	225	485	1018	43328
西部地区	3	102	275	41805
北　京				12
天　津				
河　北				724
山　西				
内蒙古				1273
辽　宁				57
吉　林		10		2166
黑龙江				1595
上　海	5	5		4
江　苏	7927	4134	3674	55267
浙　江	486	1012	1161	19284
安　徽	225	48	86	8437
福　建	50	395	1267	34761
江　西				1315
山　东		65	504	7310
河　南		270	209	2794
湖　北				2382
湖　南		158	723	24639
广　东		4	61	3473
广　西				30394
海　南				1
重　庆	3		150	352
四　川		100	125	7032
贵　州				20
云　南		2		2484
西　藏				
陕　西				50
甘　肃				200
青　海				
宁　夏				
新　疆				

10-26 续表 10

单位：万元

地　区	家具制造业			
	引进国外技术支出	引进技术消化吸收经费支出	购买国内技术经费支出	技术改造经费支出
总　计	**1958**	**1574**	**1153**	**40767**
东部地区	1811	1438	908	27069
中部地区	95	136	245	10706
西部地区	52			2992
北　京		77		128
天　津	10	2	10	305
河　北				890
山　西				
内蒙古				70
辽　宁				
吉　林			81	
黑龙江	80			2
上　海				3897
江　苏	100	100	20	2641
浙　江	1563	1095	668	10032
安　徽		1	3	85
福　建		155	169	1655
江　西				23
山　东	110		39	4648
河　南	15	33	17	704
湖　北				2
湖　南		102	144	9890
广　东	28	9	2	2874
广　西				
海　南				
重　庆	52			277
四　川				2645
贵　州				
云　南				
西　藏				
陕　西				
甘　肃				
青　海				
宁　夏				
新　疆				

10-26 续表 11

单位：万元

地　区	造纸及纸制品业			
	引进国外技术支出	引进技术消化吸收经费支出	购买国内技术经费支出	技术改造经费支出
总　计	**230570**	**21318**	**13047**	**687058**
东部地区	226906	17643	7353	379127
中部地区	2234	3322	4271	148030
西部地区	1430	353	1423	159901
北　京				2626
天　津		103		5701
河　北		68		3412
山　西				4
内蒙古		60		448
辽　宁				369
吉　林				2000
黑龙江				4041
上　海				345
江　苏	5379	1069	3409	66980
浙　江	3682	574	605	46775
安　徽	289	684	642	18550
福　建		275	405	130985
江　西				2966
山　东	215579	14797	2334	90361
河　南	1601	434	1090	27312
湖　北			1505	8973
湖　南	344	2204	1034	84184
广　东	2267	757	600	31574
广　西		33	12	91545
海　南				
重　庆	1121		392	8144
四　川	200	100	725	45784
贵　州				528
云　南	109	119	56	1582
西　藏				
陕　西			108	2520
甘　肃			5	779
青　海				
宁　夏		41	125	3297
新　疆				5274

10-26 续表 12

单位：万元

地　区	印刷业和记录媒介的复制			
	引进国外技术支出	引进技术消化吸收经费支出	购买国内技术经费支出	技术改造经费支出
总　计	**27163**	**4721**	**10703**	**195007**
东部地区	18529	1953	9302	95080
中部地区	8634	2363	1290	29390
西部地区		405	111	70536
北　京	5		7	1521
天　津				330
河　北				11526
山　西			99	3
内蒙古				122
辽　宁		129	226	4700
吉　林				
黑龙江				100
上　海	6842	721	7894	17819
江　苏	2005		116	17891
浙　江	7906	270	560	27052
安　徽	6776	2054	990	6197
福　建			420	1288
江　西	1858	181		14082
山　东	135			1850
河　南		81	61	456
湖　北				990
湖　南		47	141	7562
广　东	1636	833	80	11079
广　西				25309
				25
海　南				
重　庆			78	2940
四　川				20566
贵　州				18625
云　南			6	332
西　藏				
陕　西		405	28	1142
甘　肃				
青　海				
宁　夏				1500
新　疆				

10-26 续表 13

单位：万元

地区	文教体育用品制造业			
	引进国外技术支出	引进技术消化吸收经费支出	购买国内技术经费支出	技术改造经费支出
总计	**4501**	**2190**	**3532**	**63765**
东部地区	4428	2143	3038	49071
中部地区		24	406	4700
西部地区	73	23	89	9994
北京	106			84
天津				820
河北				7049
山西		21		5
内蒙古				
辽宁				10
吉林				
黑龙江				18
上海	106		3	185
江苏	36	29	48	2503
浙江	1731	417	1633	12536
安徽			91	1616
福建	36	150	1230	671
江西			10	11
山东				1071
河南			263	180
湖北				
湖南		4	42	2871
广东	2413	1547	125	24141
广西	73	23	89	9975
海南				
重庆				
四川				19
贵州				
云南				
西藏				
陕西				
甘肃				
青海				
宁夏				
新疆				

10-26 续表 14

单位：万元

地 区	石油加工、炼焦及核燃料加工业			
	引进国外技术支出	引进技术消化吸收经费支出	购买国内技术经费支出	技术改造经费支出
总 计	**71692**	**22397**	**33052**	**2029026**
东部地区	11210	7960	26470	1717962
中部地区	60481	14363	5610	234736
西部地区		74	971	76327
北 京				138291
天 津			110	29420
河 北				72236
山 西	400	8055	1802	11869
内蒙古				8071
辽 宁	266		85	452893
吉 林			720	1640
黑龙江	52177	1120	580	35524
上 海			1642	66949
江 苏		1707	558	130882
浙 江	4200		394	444412
安 徽	104			47545
福 建			432	213
江 西	1600	1169	1000	22044
山 东	6744	6253	21845	157886
河 南	3820	1775		33879
湖 北		1000		68323
湖 南	2380	1245	1509	13912
广 东			1405	224780
广 西				4673
海 南				
重 庆				2712
四 川		8	621	36548
贵 州				1415
云 南			350	4163
西 藏				
陕 西		66		8532
甘 肃				270
青 海				1298
宁 夏				5361
新 疆				3285

10-26 续表 15

单位：万元

地　区	化学原料及化学制品制造业			
	引进国外技术支出	引进技术消化吸收经费支出	购买国内技术经费支出	技术改造经费支出
总　计	**483457**	**139447**	**182701**	**3745340**
东部地区	354653	84899	82573	1923865
中部地区	20237	12284	25399	917738
西部地区	108567	42263	74729	903737
北　京	11617	32	512	82441
天　津	6012	730	3838	46554
河　北	1570	3159	4349	54815
山　西	6768	1386	4737	58212
内蒙古	60	2247	139	23099
辽　宁	19688	14229	2774	29798
吉　林		500		249031
黑龙江	2213	10	963	26969
上　海	28758	9802	1304	49458
江　苏	26265	11748	25379	814089
浙　江	22430	22098	15937	270262
安　徽	5772	2728	2471	201424
福　建	10028	1787	4906	49585
江　西	15	228	223	12263
山　东	64826	14811	21397	476906
河　南	617	1516	4795	179682
湖　北	3320	3787	5530	79099
湖　南	1531	2129	6680	111059
广　东	163461	6505	2147	49957
广　西		813	227	124205
			30	
海　南				
重　庆	19041	7533	10550	120769
四　川	24325	25244	12594	333405
贵　州		704	6023	96302
云　南	42059	3282	35769	64350
西　藏				25
陕　西	12178	142	1989	88286
甘　肃	1229	771	182	8017
青　海				4326
宁　夏	300	80	844	24597
新　疆	9376	1447	6411	16356

10-26 续表 16

单位：万元

地 区	医药制造业			
	引进国外技术支出	引进技术消化吸收经费支出	购买国内技术经费支出	技术改造经费支出
总 计	**56446**	**52051**	**99667**	**830973**
东部地区	47501	34350	70879	510555
中部地区	4584	11306	15013	180821
西部地区	4361	6395	13775	139598
北 京	1215	644	964	3595
天 津	2032	276	9754	6466
河 北	1635	1713	3834	16333
山 西	1350	501	1638	2425
内蒙古			2	2499
辽 宁	146	1002	1122	38094
吉 林	500	971	2396	27902
黑龙江	197	222	884	20051
上 海	12735	3472	1345	19941
江 苏	9430	9710	22088	132355
浙 江	5826	4599	11518	132012
安 徽	32	2497	1980	15082
福 建	36	312	1825	11080
江 西	23	119	1838	11260
山 东	2028	5169	12060	122914
河 南	633	3773	2278	46410
湖 北	1480	1250	1460	17492
湖 南	369	1973	2539	40198
广 东	10561	3591	5156	26236
广 西		1034	425	35338
	1858	3863	1213	1528
海 南				
重 庆	3280	3149	7536	25417
四 川	146	1020	2966	52113
贵 州			170	2091
云 南		75	1036	3090
西 藏				
陕 西	5	426	1547	11151
甘 肃			20	5371
青 海				263
宁 夏	930	691	73	2240
新 疆				25

10-26 续表 17

单位：万元

地　区	化学纤维制造业			
	引进国外技术支出	引进技术消化吸收经费支出	购买国内技术经费支出	技术改造经费支出
总　计	**22443**	**9533**	**13007**	**345362**
东部地区	21745	8917	12374	285358
中部地区	684	450	510	19496
西部地区	15	166	124	40509
北　京				
天　津				
河　北				1568
山　西				
内蒙古				
辽　宁			759	173
吉　林				1112
黑龙江				
上　海				
江　苏	7682	3387	2512	100994
浙　江	13782	4180	8094	159704
安　徽	350			9570
福　建	280	50	529	10968
江　西		2		579
山　东		1300	473	9551
河　南		2	3	6005
湖　北				1016
湖　南	334	446	506	1214
广　东			8	2401
广　西				
海　南				
重　庆				763
四　川		142	92	35280
贵　州				
云　南	15	24	32	110
西　藏				
陕　西				
甘　肃				
青　海				
宁　夏				
新　疆				4356

10-26 续表 18

单位：万元

地区	橡胶制品业			
	引进国外技术支出	引进技术消化吸收经费支出	购买国内技术经费支出	技术改造经费支出
总计	**34341**	**8725**	**20291**	**282246**
东部地区	34254	7352	18271	223690
中部地区	87	1243	570	26806
西部地区		130	1449	31750
北京				
天津	322	55	230	2033
河北				2850
山西				139
内蒙古				
辽宁				758
吉林				
黑龙江				
上海	169	109		9553
江苏	20257	522	484	28812
浙江	482	137	1082	71481
安徽		722	145	2852
福建	5710	520	13130	12485
江西				894
山东	5724	6002	3345	91206
河南	87	495	205	7958
湖北				7826
湖南		25	220	7137
广东	1590	8		4513
广西				593
海南				
重庆			1195	2107
四川		130	145	8119
贵州			48	19198
云南				
西藏				
陕西				76
甘肃				420
青海				
宁夏			61	
新疆				1237

10-26 续表 19

单位：万元

地　区	塑料制品业			
	引进国外技术支出	引进技术消化吸收经费支出	购买国内技术经费支出	技术改造经费支出
总　计	**8566**	**6651**	**36987**	**271745**
东部地区	7512	4229	32965	149963
中部地区	953	1179	1603	37384
西部地区	100	1243	2419	84398
北　京	506	47	6	624
天　津		125		7200
河　北	278	356	1901	2136
山　西		6		236
内蒙古		650	1760	12054
辽　宁		8	26	1517
吉　林	744			8664
黑龙江	180	130	2	178
上　海	10	1113	9	3305
江　苏	646	237	20693	42480
浙　江	2706	1272	3628	54853
安　徽		29	100	5979
福　建	2017	317	6126	15149
江　西			171	337
山　东	220	310	111	8408
河　南		24	173	3582
湖　北	18	936	678	11613
湖　南	12	54	479	6794
广　东	1128	444	466	14190
广　西				35472
海　南				103
重　庆				3450
四　川			20	29155
贵　州				404
云　南				635
西　藏				
陕　西				24
甘　肃	100	500	500	1997
青　海				
宁　夏				
新　疆		93	139	1207

10-26 续表 20

单位：万元

地　区	非金属矿物制品业			
	引进国外技术支出	引进技术消化吸收经费支出	购买国内技术经费支出	技术改造经费支出
总　计	**37833**	**33395**	**67599**	**1441826**
东部地区	28407	21827	15714	596297
中部地区	5003	6041	11245	242572
西部地区	4423	5528	40639	602957
北　京	900	1084		6714
天　津	1202	16	5	211
河　北	2	182	120	92586
山　西		49	108	11574
内蒙古	3334	1743	29070	64996
辽　宁	2708	668	260	4835
吉　林		90		12933
黑龙江			152	2565
上　海	4116	110	338	5600
江　苏	6755	2480	4195	142979
浙　江	1454	2347	6074	73066
安　徽	12	473	1405	35743
福　建	6282	318	613	53324
江　西	753	66	129	28538
山　东	3281	5550	1958	173439
河　南	3700	2507	6174	63321
湖　北	376	35	123	30489
湖　南	162	2820	3153	57411
广　东	1708	9034	2152	43545
广　西	10	32	36	123446
海　南		38		
重　庆		38	3428	103070
四　川	107	651	5868	189795
贵　州		10	10	17315
云　南	6	4	616	3280
西　藏				
陕　西			150	35702
甘　肃	400	3000		12442
青　海				
宁　夏	566		474	45058
新　疆		50	987	7853

10-26 续表 21

单位：万元

地　区	黑色金属冶炼及压延加工业制造业			
	引进国外技术支出	引进技术消化吸收经费支出	购买国内技术经费支出	技术改造经费支出
总　计	**546593**	**311336**	**670967**	**10424841**
东部地区	509934	277479	592484	4745366
中部地区	22292	18854	61057	4068345
西部地区	14368	15003	17426	1611129
北　京			492	364786
天　津	36585	53699	22662	661557
河　北	70962	182046	32106	995558
山　西			1106	438559
内蒙古	8600	7200	6403	461942
辽　宁	161987	3463	174228	1252099
吉　林	100	100	50	70153
黑龙江			505	69166
上　海	122669	3818	273657	259811
江　苏	4606	4467	6674	603574
浙　江	1204	623	13518	39868
安　徽	895	5563	6	136433
福　建	977	375	4254	64631
江　西		880	4500	229272
山　东	47551	18328	11466	226218
河　南	18307	8800	43826	191349
湖　北	2500	3360	4320	1885455
湖　南	490	151	6744	1047960
广　东	63393	10659	53427	277231
广　西			1311	305844
海　南				33
重　庆		135	1777	26561
四　川	3001	561	4989	632224
贵　州	118		340	122632
云　南		116	242	17371
西　藏				
陕　西	2649	2803	653	19229
甘　肃		3989	1710	18630
青　海				
宁　夏		200		1732
新　疆				4964

10-26 续表 22

单位：万元

地 区	有色金属冶炼及压延加工业			
	引进国外技术支出	引进技术消化吸收经费支出	购买国内技术经费支出	技术改造经费支出
总 计	**214503**	**140980**	**87777**	**2126908**
东部地区	55899	11142	22355	461019
中部地区	88475	23739	12870	647710
西部地区	70129	106100	52552	1018180
北 京				80
天 津				9808
河 北			25	1430
山 西	317		15	33478
内蒙古	17		150	16789
辽 宁		217		80342
吉 林		1296		26475
黑龙江				21007
上 海	25739	120	263	6454
江 苏	12879	914	11024	161198
浙 江	314	868	1609	44784
安 徽	9110	3311	311	164409
福 建	8186	348	1386	69673
江 西	47021	11833	8508	9079
山 东	8069	5908	4791	67239
河 南	402	587	1691	204745
湖 北	300			83316
湖 南	31324	6713	2345	105202
广 东	712	2767	3258	20011
广 西				101416
海 南				
重 庆	5228			65811
四 川	1555	280	325	34833
贵 州	700	260	49	51806
云 南	421	2	180	55572
西 藏				
陕 西	7760	1284	300	217507
甘 肃	51650	98210	35205	441892
青 海			30	6925
宁 夏	2798	6023	10313	25440
新 疆		41	6000	189

10-26 续表 23

单位：万元

地区	金属制品业			
	引进国外技术支出	引进技术消化吸收经费支出	购买国内技术经费支出	技术改造经费支出
总计	**34493**	**25150**	**16698**	**521071**
东部地区	26047	22840	12788	398278
中部地区	2037	2090	1792	53295
西部地区	6410	220	2118	69498
北京	506		13	2026
天津		72	40	12286
河北	31	22	91	2060
山西				5062
内蒙古		10	75	254
辽宁	2111		3	6899
吉林	68			4475
黑龙江	522	68	96	3794
上海	1298	41	2478	8336
江苏	5918	16301	3565	241894
浙江	13687	2821	3699	59601
安徽	32	171	179	9302
福建	915	1886	1817	1265
江西	10	10		1295
山东	1134	1144	185	38618
河南	731	509	81	3820
湖北	596	1230	622	9125
湖南	78	103	814	16424
广东	447	553	898	25295
广西			15	20281
海南				
重庆	901	8	40	6366
四川	1177	14	1142	26309
贵州				10002
云南	5	9		923
西藏				
陕西	4326		736	781
甘肃			75	150
青海				
宁夏				2636
新疆		180	35	1797

10-26 续表 24

单位：万元

地 区	通用设备制造业			
	引进国外技术支出	引进技术消化吸收经费支出	购买国内技术经费支出	技术改造经费支出
总 计	**213122**	**108323**	**90367**	**1941520**
东部地区	152797	93205	63474	1238923
中部地区	33004	10655	9888	382263
西部地区	27321	4462	17005	320334
北 京	9490	393	531	5842
天 津	664	1083	121	18434
河 北	1981	151	782	16356
山 西	160	621	613	15550
内蒙古		10		3846
辽 宁	5660	1960	624	95697
吉 林	50	60	88	1655
黑龙江	9011	808	4223	62287
上 海	68042	47182	4574	79189
江 苏	10189	8022	10372	452408
浙 江	20394	10778	14693	348494
安 徽	1215	3541	1987	86240
福 建	3075	390	1995	23167
江 西		25	147	5485
山 东	22673	9040	29596	146769
河 南	570	806	969	67606
湖 北	21201	3371	431	108741
湖 南	797	1423	1430	34700
广 东	10629	14207	186	51702
广 西	20	20	43	34049
海 南				866
重 庆	3749	412	3582	46019
四 川	11988	2698	5175	138285
贵 州	20	84	23	7851
云 南	30	57	211	5702
西 藏				
陕 西	10997	552	7776	72470
甘 肃	327	400	140	4679
青 海	90	230	15	3290
宁 夏	101		20	4104
新 疆			20	39

10-26 续表 25

单位：万元

地 区	专用设备制造业			
	引进国外技术支出	引进技术消化吸收经费支出	购买国内技术经费支出	技术改造经费支出
总 计	**95641**	**42240**	**63370**	**1753593**
东部地区	63246	31459	30681	765862
中部地区	19377	5691	14413	516564
西部地区	13019	5091	18276	471168
北 京	6428	3766	1002	11072
天 津	1637	15	2391	20645
河 北		157	1997	76963
山 西	650	1168	2013	22747
内蒙古	3123	1313	358	65196
辽 宁	1947	1924	2779	137362
吉 林	54	400	22	18768
黑龙江		30	757	151994
上 海	6901	6064	6230	34640
江 苏	10976	7285	4040	165178
浙 江	10865	5798	3585	131478
安 徽	13308	840	721	21279
福 建	7820	767	2925	56248
江 西			21	2239
山 东	15518	4950	1739	105869
河 南	3812	1783	10451	168582
湖 北	1309	710		15753
湖 南	244	760	428	115202
广 东	1154	732	3993	26367
广 西	308	408	45	81322
海 南				40
重 庆	4712	492	13346	16839
四 川	1320	2815	4164	279484
贵 州		30	30	2632
云 南	108	30	120	3944
西 藏				
陕 西	3447		211	14614
甘 肃		3	2	5335
青 海				
宁 夏				1803
新 疆				

10-26 续表 26

单位：万元

地　区	交通运输设备制造业			
	引进国外技术支出	引进技术消化吸收经费支出	购买国内技术经费支出	技术改造经费支出
总　计	**969812**	**431424**	**201204**	**4096792**
东部地区	684344	297687	99059	2212985
中部地区	159770	117471	77710	1035369
西部地区	125698	16267	24435	848438
北　京	67013	5902	7396	67577
天　津	10783	876	11250	180859
河　北	2107	4551	612	113684
山　西				8915
内蒙古	10	1	375	4514
辽　宁	31707	23623	9012	76037
吉　林	42588	3117	522	134342
黑龙江	3104	25941	11603	70201
上　海	241154	202581	19670	522831
江　苏	31050	20365	10756	340232
浙　江	23930	9858	17139	328075
安　徽	23663	61919	48093	273839
福　建	14994	10466	10247	37859
江　西	4462	21309	3759	83828
山　东	48869	4488	3434	363337
河　南	5508	2028	5700	154844
湖　北	71237	1786	6767	158289
湖　南	9208	1370	1266	151111
广　东	212737	14940	9545	182495
广　西	126	315	7938	242970
海　南		38		
重　庆	101140	9054	9795	151514
四　川	21428	4621	2436	149413
贵　州	200	20	97	44726
云　南	100	1376		26269
西　藏				
陕　西	2483	841	3783	228176
甘　肃			12	
青　海	212	38		351
宁　夏				
新　疆				506

10-26 续表 27

单位：万元

地 区	电气机械及器材制造业			
	引进国外技术支出	引进技术消化吸收经费支出	购买国内技术经费支出	技术改造经费支出
总 计	**257759**	**87508**	**76500**	**2204072**
东部地区	231519	73225	60361	1697238
中部地区	14842	6583	14095	245281
西部地区	11398	7700	2045	261554
北 京	2825	711	326	13447
天 津	371	108	332	27985
河 北	6569	820	384	14749
山 西	150	85	95	1048
内蒙古				200
辽 宁	658	399	631	23888
吉 林	500	235	2010	496
黑龙江	1126	875		27982
上 海	53103	16855	1515	35923
江 苏	49350	24333	15280	644324
浙 江	40141	13820	18617	377639
安 徽	3826	3170	10237	60198
福 建	18389	2448	9213	44469
江 西	271	62	171	18260
山 东	7450	3725	7961	124919
河 南	1525	577	499	52508
湖 北	6922	415	487	42872
湖 南	522	1164	596	41919
广 东	52665	10008	6102	387285
广 西		152	265	49106
海 南				2611
重 庆	4941	465	462	7845
四 川	3637	755	722	65096
贵 州			30	4606
云 南		211	283	5946
西 藏				
陕 西	291	445	203	107051
甘 肃	2529	649	60	7026
青 海				
宁 夏		266		1116
新 疆		4758	20	13563

10-26 续表 28

单位：万元

地区	通信设备、计算机及其他电子设备制造业			
	引进国外技术支出	引进技术消化吸收经费支出	购买国内技术经费支出	技术改造经费支出
总计	**545668**	**31993**	**65801**	**961189**
东部地区	541123	29216	56402	720309
中部地区	1440	909	3284	89409
西部地区	3105	1869	6115	151471
北京	23938	278	4728	1400
天津	146797	279	17	2739
河北				3193
山西	500	110	260	95
内蒙古				
辽宁	46305	34	5	1766
吉林	120		135	301
黑龙江			405	19
上海	28878	2136	2397	28846
江苏	69404	7093	10939	362922
浙江	9112	3524	6387	88762
安徽	27	42	275	3202
福建	85398	1840	22789	50139
江西	13	54	60	6338
山东	8600	6849	991	60768
河南		2	208	30918
湖北	477	220	5	6538
湖南	303	482	1936	41999
广东	122692	7184	8149	119774
广西	44	24		24317
海南				
重庆	738		162	21419
四川	1478	786	3853	53159
贵州		85	128	10139
云南				
西藏				
陕西	518	541	1787	31583
甘肃	327	433	185	2753
青海				
宁夏				
新疆				8102

10-26 续表 29

单位：万元

地　区	仪器仪表及文化、办公用机械制造业			
	引进国外技术支出	引进技术消化吸收经费支出	购买国内技术经费支出	技术改造经费支出
总　计	**56407**	**12304**	**13158**	**292865**
东部地区	47159	10734	11487	227730
中部地区	8608	514	1435	43080
西部地区	639	1055	236	22056
北　京	379		613	2148
天　津		180	52	24421
河　北	20	20	34	693
山　西		110		574
内蒙古				
辽　宁	605	134	784	21604
吉　林				17066
黑龙江				2155
上　海	6118	172	5294	10159
江　苏	24869	7249	1891	96876
浙　江	3613	2265	1630	31686
安　徽	30	210	5	2414
福　建	135	140	839	920
江　西		4	11	1870
山　东	316	538	309	32173
河　南	210	41	893	4943
湖　北			37	6726
湖　南	8368	149	489	7332
广　东	11104	36	43	7051
广　西		59	16	1366
海　南				
重　庆	615	397	42	4762
四　川	3	47	1	6812
贵　州	21	15	142	2520
云　南				1255
西　藏				
陕　西		190		5231
甘　肃			35	95
青　海				
宁　夏		348		15
新　疆				

10-26 续表 30

单位：万元

地　区	工艺品及其他制造业			
	引进国外技术支出	引进技术消化吸收经费支出	购买国内技术经费支出	技术改造经费支出
总　计	**3009**	**1895**	**4011**	**74308**
东部地区	2770	1585	3716	41089
中部地区	239	21	102	23176
西部地区		290	193	10044
北　京	35			15
天　津				
河　北				11
山　西				
内蒙古				681
辽　宁			300	245
吉　林				
黑龙江				333
上　海				
江　苏	624	89	229	6649
浙　江	1709	1236	2399	6413
安　徽	182		53	2045
福　建		55	214	12084
江　西				600
山　东	367	188	527	11618
河　南	57	11	8	4104
湖　北				14292
湖　南		10	41	1801
广　东	35	16	46	4053
广　西				766
海　南				
重　庆			75	801
四　川			118	4337
贵　州				994
云　南		260		260
西　藏				
陕　西		30		1221
甘　肃				984
青　海				
宁　夏				
新　疆				

10-26 续表 31

单位：万元

地区	电力、燃气及水的生产和供应业			
	引进国外技术支出	引进技术消化吸收经费支出	购买国内技术经费支出	技术改造经费支出
总　计	**3885**	**28513**	**33138**	**2504281**
东部地区	2228	24457	25042	1341117
中部地区	907	2951	3655	508410
西部地区	750	1105	4441	654754
北　京				259903
天　津		34		14128
河　北		10609	2314	154675
山　西		130	180	36873
内蒙古	68	34	583	53005
辽　宁	1474			71690
吉　林			135	18859
黑龙江	60	1486	250	65669
上　海				102003
江　苏		9860	13340	284876
浙　江	154	1318	6073	95546
安　徽		350	703	71471
福　建			8	53676
江　西	206	350	130	12672
山　东	600	380	179	95858
河　南		260	1877	189503
湖　北			140	47207
湖　南	641	376	241	66157
广　东		2255	3128	208762
广　西			322	107515
海　南				
重　庆			357	28009
四　川	682	330	897	86865
贵　州		391	1453	235232
云　南			78	17107
西　藏				
陕　西			133	63513
甘　肃			19	5183
青　海				9213
宁　夏				26124
新　疆		350	600	22988

附录　主要统计指标解释

主要统计指标解释

主营业务收入 指企业在销售商品、提供劳务等日常活动中所产生的收入总额。

研究与试验发展（R&D） 指在科学技术领域，为增加知识总量、以及运用这些知识去创造新的应用而进行的系统的、创造性的活动，包括基础研究、应用研究、试验发展三类活动。

R&D 人员 指报告期企业内部从事 R&D 活动的人员。包括直接参加 R&D 项目活动的人员，R&D 项目管理人员，以及为 R&D 活动提供资料文献、材料供应、设备维护等直接服务的人员。

研究人员 指 R&D 人员中具备中级以上职称或博士学历（学位）的人员。

R&D 人员全时当量 指报告期企业 R&D 全时人员（全年从事 R&D 活动累积工作时间占全部工作时间的 90%及以上人员）工作量与非全时人员按实际工作时间折算的工作量之和。例如：有 2 个 R&D 全时人员(工作时间分别为 0.9 年和 1 年)和 3 个 R&D 非全时人员(工作时间分别为 0.2 年、0.3 年和 0.7 年)，则 R&D 人员全时当量＝1+1+0.2+0.3+0.7=3.2(人年)。

R&D 经费内部支出 指企业在报告年度用于内部开展 R&D 活动的实际支出。包括用于 R&D 项目（课题）活动的直接支出，以及间接用于 R&D 活动的管理费、服务费、与 R&D 有关的基本建设支出以及外协加工费等。不包括生产性活动支出、归还贷款支出以及与外单位合作或委托外单位进行 R&D 活动而转拨给对方的经费支出。

日常性支出 指企业在报告年度为开展 R&D 活动而发生的人员劳务费，及其各项管理费用和购买非资产性的材料、物资费用等日常支出。

资产性支出 指企业在报告年度为开展R&D活动而进行建造、购置、安装、改建、扩建固定资产，以及进行设备技术改造和大修理等实际支出的费用。

政府资金 指企业R&D经费内部支出中来自各级政府部门的各类资金。

企业资金 指企业R&D经费内部支出中来自本企业的自有资金和接受其他企业委托而获得的经费。

R&D 经费外部支出 指报告期企业委托外单位或与外单位合作进行 R&D 活动而拨给对方的经费。

R&D 项目 指报告期企业在当年立项并开展研究工作、以前年份立项仍继续进行研究的研究开发项目或课题，包括当年完成和年内研究工作已告失败的研发项目或课题。

企业办研发机构数 指企业自办或与外单位合办，在管理上同生产系统相对独立（或者单独核算）的专门研究开发机构。

研发机构人员 指报告期末企业办研发活动机构中从业人员合计。

机构经费支出 指报告期企业办研发机构用于内部开展研发活动实际支出的总费用，包括机构人员劳务费（含工资）支出、机构业务费支出、管理费支出、固定资产购建支出以及其他维持机构正常工作的日常费用等的支出总和。

新产品 指采用新技术原理、新设计构思研制、生产的全新产品，或在结构、材质、工艺等某一方面比原有产品有明显改进，从而显著提高了产品性能或扩大了使用功能的产品。

专利申请数 指企业在报告期内向国内外知识产权行政部门提出专利申请并被受理的件数。

发明专利申请数 指企业在报告期内向国内外知识产权行政部门提出发明专利申请并被受理的件数。

有效发明专利数 指报告期末企业作为专利权人在报告期拥有的、经国内外知识产权行政部门授权且在有效期内的发明专利件数。

专利所有权转让及许可数 指报告期企业向外单位转让专利所有权或允许专利技术由被许可单位使用

的专利件数。

专利所有权转让及许可收入 指报告期企业向外单位转让专利所有权或允许专利技术由被许可单位使用而得到的收入。包括当年从被转让方或被许可方得到的一次性付款和分期付款收入，以及利润分成、股息收入等。

研究开发费用加计扣除减免税 指企业在报告期按有关政策和税法规定税前加计扣除的研究开发活动费用所得税。

高新技术企业减免税 指新技术企业在报告期高按照国家有关政策依法享受的企业所得税减免额。

引进国外技术经费支出 指企业在报告期用于购买境外技术的费用支出，包括产品设计、工艺流程、图纸、配方、专利等技术资料的费用支出，以及购买关键设备、仪器、样机和样件等的费用支出。

引进技术消化吸收经费支出 指对引进技术的掌握、应用、复制而开展的工作，以及在此基础上的创新。引进技术的消化吸收经费支出包括：人员培训费、测绘费、参加消化吸收人员的工资、工装、工艺开发费、必备的配套设备费、翻版费等。

购买国内技术经费支出 指企业在报告期购买境内其他单位科技成果的经费支出。包括购买产品设计、工艺流程、图纸、配方、专利、技术诀窍及关键设备的费用支出。

技术改造经费支出 指企业在报告期进行技术改造而发生的费用支出。技术改造指企业在坚持科技进步的前提下，将科技成果应用于生产的各个领域（产品、设备、工艺等），用先进工艺、设备代替落后工艺、设备，实现以内涵为主的扩大再生产，从而提高产品质量、促进产品更新换代、节约能源、降低消耗，全面提高综合经济效益。